中国社会科学院创新工程学术出版资助项目

U0509978

金融衍生工具与资本市场译库

DERIVATIVES AND CAPITAL MARKETS SERIES

能源价格风险

Energy Price Risk

[英] 汤姆·詹姆斯（Tom James）◎著

高峰 刘君 刘枫 车凌 仰映 汪黎莉◎译

刘君 高峰◎校

经济管理出版社

ECONOMY & MANAGEMENT PUBLISHING HOUSE

北京市版权局著作权合同登记：图字：01-2004-2325 号

图书在版编目（CIP）数据

能源价格风险／（英）汤姆·詹姆斯著；高峰等译. —北京：经济管理出版社，2022.4
ISBN 978-7-5096-8373-6

Ⅰ.①能… Ⅱ.①汤… ②高… Ⅲ.①能源价格—价格风险—研究 Ⅳ.①F407.2

中国版本图书馆 CIP 数据核字（2022）第 054926 号

组稿编辑：范美琴
责任编辑：范美琴 李光萌
责任印制：黄章平
责任校对：张晓燕

出版发行：经济管理出版社
　　　　　（北京市海淀区北蜂窝 8 号中雅大厦 A 座 11 层　100038）
网　　址：www. E-mp. com. cn
电　　话：（010）51915602
印　　刷：北京晨旭印刷厂
经　　销：新华书店
开　　本：787mm×1092mm/16
印　　张：31.75
字　　数：659 千字
版　　次：2022 年 4 月第 1 版　2022 年 4 月第 1 次印刷
书　　号：ISBN 978-7-5096-8373-6
定　　价：98.00 元

重印说明

  《金融衍生工具与资本市场译库》系列丛书自 2005 年起陆续出版，得到学者和社会各界的认可。此套丛书对相关学者研究金融领域的问题具有较高的学术价值，对于我国开展金融监管、防控金融风险具有重要的理论和实践意义。为了能够重印，我社特申请了中国社会科学院创新工程学术出版资助。

  这套著作的翻译、出版得到了中国社会科学院以及金融领域的许多专家学者的支持和协助，对于所有参与翻译、编写，提供帮助的研究机构与研究人员，谨在此一并表示衷心的感谢。

  限于时间和水平，书中难免存在一些不足，希望读者批评指正。

《金融衍生工具与资本市场译库》编委会名单

译者序

当今，石油等能源产品成为众多利益的纠结体，一些国家政府、能源大亨、国际炒家以此为筹码在国际政治经济舞台上长袖善舞，演绎出一幕幕兼并收购、制裁反制裁的政治经济大戏。在中国，出击、出击、再出击，到国外市场上去找油已是三大国有石油巨头们近几年经营战略的主线；A股市场上，"新能源概念"一再受到众多投资者的追捧，相关股票价格一年以来翻了两三番；居民消费市场上，低耗能小排量的汽车、节能电器成为消费者的新宠。

尤其是2002年以来，我国部分地区开始出现能源紧缺问题，引发了人们对我国经济发展模式、能源安全和环境保护的忧虑。其实，抛开能源紧缺问题，过去20多年来我国在能源领域成就斐然，令世人瞩目。下面，译者将从我国能源领域面临的挑战与问题的宏观背景出发，谈谈本书的应用价值。

能源领域成就杰出

1979~2005年，我国GDP年均增长9.6%，能源消费年均增长4.9%，能源消费弹性系数平均为0.5左右（能源消费弹性系数反映了经济每增长1个百分点，相应能源消费需要增长多少个百分点。从某种意义上讲，能源消费弹性系数越大，就意味着经济增长利用能源效率越低，反之则越高）。在此期间的GDP增长了近7倍，而能源消费只增长了两倍多，2005年的单位GDP能耗与1979年相比削减了2/3左右，这是相当了不起的。

然而，上述情况在2001年之后开始改变。2001年末，中国加入WTO，开始步入新一轮的高速增长周期，工业化和城市化进程大大加快，产业结构不断向重型化发展，导致我国的能源消费弹性系数（2002~2004年该系数近十几年来首次大于1，2005年回落到0.96）和单位产出能耗（万元GDP能耗2001年为1.33吨标准煤，2005年为1.43吨标准煤，2006年能耗增幅趋缓，但上半年仍比同期增长0.8%）呈波动性向上增加趋势，并开始频频受到能源"瓶颈"问题的困扰。对此，专家学者纷纷建言献策，译者是从事这一行业研究的，对我国能源问题的症结也有些不一样的看法。译者认为，在21世纪前20年的重要战略机遇期中，我国能源问题的症结在于我国将持续面临着四大艰巨挑战。能否成功地应对这四大挑战，决定了我国在未来 20 年能否有效地解决能源紧缺问题，能否化解环境压力不断增大的问题，从而保障我国国民经济健康、快速、可持续发展。

挑战之一：能源消费结构逆转下环境压力增大的挑战

第一个挑战就是，在能源消费结构中，我国能源消费历来以煤为主，并在可预见的未来仍然会以煤为主。20 世纪 60 年代末之前，我国的能源消费结构几乎是单一煤型。例如，1953 年煤炭在一次能源消费结构中的比重高达 94.3%，到 1961 年仍高达 91.3%。随着 20 世纪六七十年代我国一些油田和气田的发现与开发，能源消费构成发生了较大改变。煤炭在能源消费结构中的比重由 1953 年的 94.3% 下降到 1976 年的 69.9%，石油在能源消费结构中的比重由 1953 年的 3.8% 增加到 1976 年的 23.0%。然而这种趋势并未持续下去，目前煤在我国能源消费构成中的比重在 70% 上下波动。而发达国家的能源消费主要以石油和天然气为主，石油和天然气的消费平均占比为 70% 左右。就世界平均水平而言，石油和天然气消费平均占比也达到了 60% 左右，煤炭的消费占比仅为 30% 左右。

世界工业化国家的历史经验证明，在各国的重工业发展达到较高水平时，从能源消费结构看，都出现了从以煤为主向以石油和天然气为主的转变。由于石油和天然气被称为"清洁能源"，热值高而有害气体排放少，虽然在重化工业达到相当比重后能源消费的增长率会加速，但对环境的破坏性影响却不会随着能耗的上升而显著增强。反观中国的情况，重工业化倾向加剧后却没有出现能源结构的转换，如从石油消费在能源消费中的比重看，1999 年为 24.6%，而 2005 年却下降到 21.1%。而且能源消费结构的这种逆转，在可预见的未来还将是一个长期趋势，原因有二：

第一，世界的石油资源是有限的，而中国又是一个石油资源稀缺的国家，根据目前情形预测中国在未来石油的最大年产量只能在 2 亿吨左右。从国际比较看，在工业化完成阶段，按桶计算的石油消费量，美国为人均 28 桶，日本和韩国为人均 17 桶，中国目前只有 1.7 桶，仅相当于美国的 1/16、日本和韩国的 1/10。美国是世界上消耗能源最多的国家，日本和韩国是工业化国家中能源利用效率最高的国家。如果按日本和韩国的石油消费水平计算，到 2030 年中国基本完成工业化的时候，每年的石油总消费量就要增加到 36 亿吨，这意味着将有 34 亿吨石油需要依靠进口。但是，世界石油资源并不丰裕，目前每年世界全部的石油生产量约为 45 亿吨，其中可贸易的量为 22 亿~23 亿吨。即使今后世界石油产量和贸易量还会增长，相对于中国的巨大需求仍然是远远不够的。日本和韩国也没有什么石油资源，是依赖世界资源完成从以煤为主的能源结构向以石油为主的能源结构转换的。但由于从人口数量来看，它们是中小国家，虽然人均石油进口量很高，但石油需求总量却不大。中国是人口大国，没有可能依靠世界资源完成这个转换。2003 年中国原油加成品油进口达 1.2 亿吨，2004 年上升到 1.5 亿吨，2005 年有所回落，降到 1.4 亿吨，已经把世界当年新增石油贸易量的 40% 左右拿到了中国，许多人甚至把油价上涨的主要因素归结为中国的需求。即便如此，还是难以阻挡石油消费在中国能源总消费中的比重下降，这已经充分说明了中国依赖世界资源转换能源消费结构的困难。

第二，中国大量进口石油还可能导致越来越激烈的国际冲突，使进口石油的增长受到严重限制。事实上，在目前的世界石油可贸易量中，超过 2/3 为世界工业发达国家所占有。2005 年，美国的石油进口量为 6.7 亿吨，欧洲为 6.5 亿吨，日本为 2.6 亿吨。如果中国的石油进口超过了国际石油贸易的新增量，就会影响到发达国家已经占有的国际石油贸易份额，从而引发同发达国家的石油矛盾。因此，中国未来的石油进口量肯定还会上升，但是进口达到一定规模，不仅有经济的可能性问题，还有政治和军事安全问题。2005 年中海油收购优尼科失败的案例已经很明显地反映出这个问题。

因此，中国在重工业加速发展的较长一段时间内能源消费结构还是以煤为主，而煤又是一种环境污染比较大、有害气体排放多的燃料（据统计，全国烟尘排放量的 70%、二氧化硫排放量的 90%、氮氧化物的 67%、二氧化碳的 70% 都来自于燃煤），这决定了能源消费结构逆转带来的最重大问题就是我国在实现 2020 年 GDP 比 2000 年翻两番的过程中，必将遭遇到极大的环境压力，甚至有可能在未来 5~10 年时间里环境持续恶化。

挑战之二：产业结构重型化趋势下能耗增加的挑战

第二个挑战就是，我国产业结构重型化的发展趋势在未来 20 年仍将持续，这是一个无法逾越的阶段。由于重工业的能耗远大于轻工业与其他产业的能耗，产业结构重型化发展的趋势将使我国始终面临着产出能耗增加的压力，并对我国的能源供应形成严峻的挑战。为什么说我国重工业化的发展趋势仍将持续，而不能绕开这个阶段呢？近年来，我国重工业化发展加快的主要原因是钢铁、房地产、汽车、水泥、电解铝等高耗能行业投资加速，但这些重工业行业快速发展的背后却有着来自需求方的坚实基础。因为随着人均收入水平的提高，我国居民对住房和汽车等新一代高档耐用消费品的需求不断增加。2000~2005 年，中国汽车产量从 207 万辆增加到 570 万辆，其中轿车产量从 60 万辆增加到 295 万辆，是 2000 年的近 5 倍。商品房销售面积从 1.86 亿平方米增加到 5.57 亿平方米，是 2000 年的近 3 倍。家用冰箱、空调、洗衣机、彩电的产量也分别由 1210 万台、1826 万台、1443 万台、3936 万台增加到 2004 年的 3033 万台、6646 万台、2348 万台和 7328 万台。我国居民消费已从以衣、食、用为主的温饱型结构向以住、行为主的小康型结构转变，正是这种消费结构的升级带动了产业结构迅速地向重型化转变，首先从房地产、汽车增长加速带动钢铁、水泥、乙烯、有色金属等原材料工业迅速增长，进而传导到上游的采掘业并带动大型装备制造业、运输设备制造业快速发展。另外，近年来中国城市化步伐明显加快，1978 年城市化率为 17.9%，在中华人民共和国成立后的约 30 年时间内只提高了 4.3 个百分点；1978~1998 年，城市化率年均提高 0.7 个百分点；1998~2005 年，城市化率年均提高 1.4 个百分点；2005 年的城市化率达到 42.99%。也就是说，近年每年有 1500 万~1800 万人从农村流入城市。据测算，城市人口人均消耗能源数量是农村人口的 3.5 倍，城市化进程加快无疑也加剧了能源的供求矛盾，而且这种城市化进程加快的趋势在 20 年内不会减缓，因为解决农村亿万富余劳动力需要加快城市化进程（与中等收入国家 60% 左右的城市化率相比，我国城市化率还有很大的发展空间），为进城农民提供城市基础设施和住宅。

以上所说的这一切都必须由重工业来支撑。要绕开重工业化发展的阶段，就势必会影响到居民对住房、汽车等的消费，影响到国家对公共基础设施建设的投入，这显然不符合我国经济建设的根本目标。同时，我国对重工业产品的需求大部分也不可能通过国际交换来满足。这是因为我国是有着巨大人口和辽阔国土的经济体，世界市场不可能完全满足中国的需求，而且我国是一个大国、强国，为了自身的经济安全，必须有自己独立的工业体系，其中当然包括具有自主创新能力的装备制造业等重工业产业。日前，国务院颁发了《关于加快振兴装备制造业的若干意见》，明确了国家发展装备制造业的目标。这也证明了我国要发展有比较优势、有自主创新能力的重工业，我国现代化建设必然会走过一段重工业加速发展的时期。这样，我国未来 20 年的能源消费很难降下来。

挑战之三：能源价格倒挂下过度消费的挑战

在市场经济中，价格是最基本也是最有效的资源配置手段，价格充当着一只"看不见的手"，指挥着资源供求双方达到平衡。因此，若市场价格被人为地进行干预，就必然会背离供求双方的真实意愿，从而造成某种扭曲，损害社会福利。

我国能源领域面临的第三大挑战就是，能源市场化的异步性引起能源价格的倒挂，从而造成能源的过度消费和能源利用的低效率，这不利于经济的健康发展。目前，我国能源市场化改革滞后且不协调，政府行政干预和企业垄断同时存在，使得能源价格不能反映资源的稀缺性，不能起到调控余缺的作用。例如，我国的原油和成品油定价机制不同，我国的原油价格已经与国际市场接轨，随国际市场价格而动，但成品油价格却没有与国际市场接轨，仍然实行政府指导价（成品油供应价严重偏低），从而导致成品油价格与原油价格倒挂。这种上游产品原油和下游产品成品油价格机制改革的异步性也是造成近些年部分地区发生"油荒"的直接原因，一方面，炼油商因为成品油供应价格受政府管制一直亏损而不愿意多供应成品油；另一方面，消费者因为价格低而过度消费，结果使成品油供应紧张。另外，天然气和电的价格也被政府管制，实行指导价。总之，能源价格长期受管制，严重低于市场真实价格，无法反映出真实的供求关系和使用成本，导致企业、个人对能源的滥用和浪费，使其没有动力去采用节能技术以提高能源利用效率。

我国能源市场化的改革依然长路漫漫。首先，长期以来计划经济体制下的能源产业中大多是国有企业，这些企业患有长期的"体制病"，它们是计划经济体制下的既得利益集团，任何对它们利益的触动都会招致其对市场化改革的抵制。其次，相关产业的改革不协调（如铁路部门改革滞后影响煤炭部门改革）。最后，对相关产业和能源部门的就业者、居民消费者而言，他们习惯了低廉的能源供应价格，需要增强对能源价格变化的承受和适应能力。所有这些因素都决定了我国能源市场化改革困难重重、路途迢迢，这对我国未来 20 年实现降低能耗、提高能源使用效率目标来说，是一个巨大的挑战。

挑战之四：争夺能源定价权之能源金融市场发展不足的挑战

我国能源领域的第四大挑战是，能源金融市场发展缓慢，能源衍生品交易品种太少，导致我国在能源领域不具备定价话语权，只能被动地接受国际价格，并且由于企业缺少相关能源衍生品避险工具，在日常经营中承受着巨大的能源价格波动风险。

20 世纪 70 年代以前，国际石油价格的波动性很小。20 世纪 70 年代之后，几次中东战争的爆发，使几大主要产油国的石油供应受到影响，再加上有些阿拉伯产油国有意以石油为武器抬高石油价格，这些因素加在一起使石油价格的波动性加大。特别是最近 20 多年来，在世界经济强劲增长导致对能源需求剧增的同时，能源衍生品市场得到了长足的发展，现已有数万亿美元对冲基金在其中投机炒作，这使得石油价格经常偏离实体因素，随着心理预期、政治事件等短期因素而上下剧烈波动。总而言之，能源衍生品市场的发展，以及能源衍生品投资的活跃，已使得国际能源期货市场价格成为最主要的定价基准。如以地域划分，所有在北美生产或销往北美的原油都以 WTI 原油（纽约商品交易所上市交易的原油期货）作为基准来作价；从苏联、非洲以及中东销往欧洲的原油则以布伦特原油（伦敦国际石油交易所交易）作为基准来作价；中东产油国生产或从中东销往亚洲的原油以前多以阿联酋迪拜原油为基准油作价；远东市场参照的油品主要是马来西亚塔皮斯轻质原油（TAPIS）和印度尼西亚的米纳斯原油（MINAS）。

以上内容分析了国际能源金融期货市场在能源定价上发挥着重要作用。其实，价格发现（定价）是金融市场的一个最重要基本功能。金融市场集中了各方面的参加者，集聚了成千上万种基础资产的供求信息和市场预期，然后通过交易所类似拍卖方式的公开竞价，形成了市场均衡价格。金融市场资产的这种价格形成机制有利于提高信息的透明度，从而提高整个市场的效率。遗憾的是，由于我国长期实行计划经济政策，市场经济改革前所有能源产品都实行政府指导价，并由行政部门统一调配，其他个人、社会团体及企业不能互相交易能源产品，更不会考虑到能源的价格风险问题。因此，反映我国能源需求的能源市场价格机制无法形成，也就导致了基于能源市场价格机制的各种金融工具发展不起来。至今，我国能源金融市场仅在2005年出现了燃料油期货一个衍生品品种。虽然该燃料油期货平稳运行了一年多，具备了一定的价格发现功能，并在国际燃料油市场上拥有了一定的定价话语权，但也仅这一个产品而已，其他能源产品期货品种仍在规划中（如成品油中的其他品种、天然气、煤、电等），这些品种的推出如上所述需要能源市场化改革的相应推进，也需要形成一个真正市场化的能源价格机制，而这不是短期能够完成的。上述能源衍生品市场发展不足，致使能源定价权旁落，后果是我国只能被动地接受市场的剧烈波动，蒙受巨大的损失，而无法对国际能源市场上存在着的"亚洲溢价"（Asia Premium）现象说不。更为关键的是，由于这种国际价格不是本国供求变动的真实参照，被动地接受只能损失效率，造成社会福利的损失和某些产业扭曲发展的连带后果。

金融市场还具有另外一个核心功能，即风险规避或风险分担。参与市场活动的各个主体具有不同的风险承担能力，金融市场所起的作用就是在这些市场参与者之间进行风险配置，使更能承受风险的人承担更大的风险，而不太能承受风险的人承担更小的风险，并且收益与承担的风险相匹配，从而最终达到资源的优化配置。在进行风险规避时，金融衍生品有两个基本策略：一是用确定性代替变动性，如期货；二是保留有利变动，消除不利变动，如期权。因此，通过这些衍生品工具可以平抑价格波动，减少因为不确定而在实体经济领域产生的损失。我国现阶段正是因为缺少这些能源衍生品工具，企业不能通过金融市场去化解价格波动的风险，并进行相应的套期保值操作，结果自然是企业独自承受着巨大的成本上涨压力，或者由政府承担价格的上涨，再通过税负转嫁给全体国民。

本书的价值

前文谈了我国在未来20年的重要战略机遇期，能源领域面临的四大艰巨挑战。能否成功地应对这些挑战，将决定我国的经济发展是否具备能源保障，我国的环境是否能够可持续发展。关于前三大挑战的应对办法，学术界与理论政策界有许多好的建议，有些建议已经成为政策并处于实践阶段。唯有如何应对能源金融市场发展不足这一挑战，我国显得动作有些迟缓且准备不足。反映在我国图书市场上，关于国外能源衍生品市场介绍与研究的丛书极其稀少，更不用说利用能源衍生品进行风险控制与价格管理方面的书籍了。由经济管理出版社引进的麦克米林（Macmillan）出版社出版的《能源价格风险》（*Energy Price Risk*）一书恰好弥补了我国图书市场在这一领域的空白。

《能源价格风险》一书的作者 Tom James 有十多年从事场外衍生品交易的丰富经验，尤其是在能源和商品衍生品方面。他的职业领域囊括了衍生品交易、经纪业、通过衍生品提供结构化金融服务、风险管理咨询与培训。由他撰写的这本书介绍了各种能源商品（包括原油、石油产品、天然气、液化石油气和电力）的衍生品交易品种，并详细说明了如何利用这些衍生品工具来进行风险控制与套期保值，这些介绍与说明不仅具有一定的理论价值，更具有相当前瞻性的实务价值。

可以说上文谈到的第四个挑战，需要通过建立各种能源衍生品品种并完善相关衍生品交易的风险控制与监管法规来解决。本书则提供了几乎所有能源衍生品的素材，并附有一些国际通行的风险控制与相应衍生品交易的会计准则文件。这对我国发展能源衍生品市场、完善能源衍生品交易的风险控制与监管方面的法规具有很好的借鉴意义。希望本书的翻译，从宏观层面讲，能为我国应对上述第四个挑战，发展能源金融市场提供一个很好的素材参考；从微观层面讲，能为我国能源企业、能源从业人员在国际市场上利用衍生品进行风险管理提供专业方面的指导。如能达到这两个目的，则不仅是原作者所乐见的，更是对参加翻译的同仁们半年多辛苦的最好报酬。

以下同志参加了本书的翻译：交银国际信托有限公司的刘君同志，复旦大学的刘枫、车凌、仰映同志，上海对外贸易学院的高峰与汪黎莉同志。具体分工是：刘君组织翻译了全书，负责翻译了前言、序、书中图表及术语表部分；高峰翻译了第4章、第11章、第14章、第16章、附录1、附录4及部分术语表；刘枫翻译了第1章、第2章、第3章、第10章及附录3；车凌翻译了第5章、第6章、第7章、第8章、第9章；汪黎莉翻译了第12章、第13章、第15章、附录2及部分术语表；仰映翻译了第17章、第18章及部分术语表。最后，由刘君和高峰统一校对了全书。另外，特别感谢经济管理出版社的杨世伟社长，正是由于杨社长对译者的信任，译者才得以翻译这样一部非常有意义和开拓性的著作。本书编辑老师精益求精的工作态度、丰富的图书编辑经验及与译者卓有成效的沟通为此书能够顺利出版付出了辛苦劳动，在此一并表示感谢。当然，由于能源衍生品在中国尚属新鲜事物，很多术语没有对应的翻译，再加上译者的水平有限，翻译中难免出现一些疏漏，还请读者朋友谅解并提出批评意见，对待新事物大家需要共同学习进步。

注：本文删节版发表在《南方周末》2006年9月7日的能源版上，原文题为《中国能源领域面临四大挑战》。

刘　君

交银国际信托有限公司

序

当凯恩斯 1944 年来到布雷顿森林时，他的公文包里装了四份文件，正是这四份文件决定了建立世界性的金融机构组织以作为促进"二战"后经济复苏和稳定增长的基石。其中的三份文件付诸实践成立了我们今天所知的世界银行（WB）、世界贸易组织（WTO）和国际货币基金组织（IMF）。第四个文件的提议——成立世界商品基金组织（WTF）——没有实现，这对当时处于困境中的战后经济来说是一个难以承受的挑战。

自从那时起，政府和商业界中的精英们一直在尝试着解决商品依赖型国家和企业的经济问题。他们尝试过缓冲储备、价格支持机制和其他的一些方法，但这其中的大多数方法都失败了。在联合国和世界银行，第三世界的债务问题常常是谈判的主题，但是在许多情形下债务仅仅是一个表象——真实情况是商品问题。

幸运的是，时至今日，现代金融服务业已拥有完备的风险管理工具去管理那些极易波动的商品市场的风险，且现在这些工具被跨国机构认为是对那些浪费的旨在援助贫穷国家传统项目的一种较为可行的替代。能源风险管理对那些重负债国家来说具有较高的优先性。

在 20 世纪的前 70 年里，尽管存在着一些世界性的冲突，但是能源价格还是相当稳定的，而能源业务很大程度上也是在政府和跨国蓝筹企业之间展开的。这一切都在 1973 年突然发生了变化，此时中东各国已经意识到它们拥有的"黑金"的真正价值；石油价格也开始随着石油输出国组织欧佩克（OPEC）对石油供应的控制而疯涨。从那时起，在公开和透明交易市场上的交易活动量开始飙升：首先是石油，接着是天然气及现在的电力和天气。

套期保值活动也变得非常频繁，开始主要是能源高消费者——航空公司、铝业冶炼厂、发电厂和类似机构——在进行着这些风险对冲的活动。今天在为这类公司所做的投资建议或陈述中，没有一个股权投资分析师会不涉及对套期保值策略和头寸的详细阐释。由于未对原油进行套期保值而可能造成经济紊乱，现在能源供给商也开始运用能源消费者所应用的套期保值方法。

这些价格风险工具的潜在使用者经常会被复杂的交易术语和数学公式所蒙蔽。你没有必要知道价格风险管理工具的数学原理，只需知道如何有效地使用它们。本书为读者揭开了当今世界风险管理的"神秘面纱",向读者清晰地展示了目前市场上可用的风险缓冲工具和策略。没有应用这些风险管理工具的投资活动就是真正的投机。

Roy Leighton

欧洲期货与期权协会主席

前　言

风险与回报之间的关系是商业的核心。从任何方面来说，重大损失的风险都可被视作可观回报的另一注解，而低风险的企业只会要求适中的利润。或许出于这个原因，最具风险和回报的生意有时被描述成一种高赌注的卡西诺纸牌游戏，但是这种对比是有误导性的。所有成功的企业必须学会评估和管理风险，减少自身暴露在不可预知因素的同时尽可能地抓住良机。市场越波动，风险管理的过程就变得越重要。

能源行业及其相关市场的波动性非常大。事实上，历史学家把这一行业过去发生的动荡性事件（如1973年的石油价格的冲击、1991年的海湾战争）当成是经济史中的里程碑事件。所以，这些年来，能源行业把风险管理锤炼成一种完美的艺术，尽管风险管理可能还不算是一门精确的科学。

这种"完美的艺术"中的一个关键概念就是对衍生品的使用：衍生品是一种金融工具，它的价值衍生于其标的资产。衍生品合约允许一些参与者在市场上对冲其风险而其他参与者则利用这些对冲活动所提供的机会。就像在其他的金融市场上一样，三个主要的工具是期货、期权和互换。期货合约是指买卖双方在未来交割资产的合约，而期权是指一方赋予另一方的一种权利而非义务，使其能买卖在未来交割资产的合约。互换是一种在浮动市场上锁定交易价格的协议。

在能源市场使用衍生品交易的想法由来已久。1979年，纽约商品交易所出现了第一份取暖油期货合约，而第一次原油互换交易在1986年就有报道过（这个交易是在一家银行、一家石油交易商和一家亚洲的航空公司之间进行的）。但是，1991年的海湾战争才真正使能源市场上的衍生品交易大大地繁荣起来。

由于对1990年8月伊拉克入侵科威特会威胁到世界石油供应的担忧，原油价格在一个月内飙升了50%以上。市场从来没有遗忘这个惨痛的教训。自从那时起，中东持续紧张的形势、法律的变化和正在自由化的经济体导致了在极易波动的石油、电力和天然气市场上的人们越来越多地使用衍生品交易，结果是能源衍生品的需求在近些年里呈指数化增长趋势。

希望本书能给读者提供一个关于能源衍生品交易的实用介绍以及作为价格风险管理的实际应用。这些通常被认为是高度专业化的内容，但是这并不意味着需要把这两个内容分开论述。这需要放到更大的图景中，否则能源衍生品就不能被正确地理解或有效地运用。当一个公司选择通过应用衍生品来控制价格风险时，它可能发现这会增加其他业务领域的风险，例如，这可能会增加公司的运营、法律或税收方面的风险。正因为这个原因，本书围绕着能源价格风险的管理涵盖了众多的相关问题，这样做的目的是希望衍生品的使用不会引起任何不想要的或未计划到的困难。

Tom James

tomjames@ energycollege. org

目　录

第1章 风险管理

在大多数金融市场上，能够简便地应用到定价模型和风险管理模型中的基本定价因素相当少。例如，在货币市场上，交割的商品是现金，它是便于储藏、转移，对气候条件不敏感的一页纸。

能源市场涉及的是体积大并且具有危险性的商品，这些商品必须经过远距离的运输，途经世界上一些政治不稳定的区域。这意味着有大量因素影响能源价格，可能包括但不限于以下因素：天气、供需平衡、政治局势、国家领导人的评论、欧佩克组织采取的战略、分析家的报告、运输问题、税收制度和法律体系的变化。所有这些因素都会造成能源市场高度的波动性，经常会引起其每天甚至每一分钟的价格突然变化。

风险矩阵

风险矩阵可以用来理解这些因素是如何共同影响能源价格的，如图 1-1 所示。它揭示了各种风险的关联性和非二维性，着重指出在没有评价一个人或一家企业可能面临的所有其他风险的情况下，要有效地进行价格风险管理是不可能的，即必须综合考虑所有因素以有效地管理价格风险。

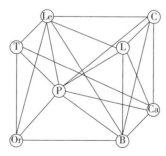

P——价格风险　C——信用风险　　L——流动性风险　Ca——现金流风险
B——基差风险　Le——法律风险　T——税收风险　　Or——操作风险

图 1-1 风险矩阵

如图 1-1 所示，当一个组织出于交易目的或者是价格风险管理目的使用衍生品时，需要管理的风险主要是：信用风险、流动性风险、现金流风险、基差风险、法律风险、税收风险和操作风险。所有这些风险将会对使用何种衍生品和交易参与者的选择有着直接的意义。它们也会影响交易发生地点（取决于管辖权和税收风险）和交易数量（取决于操作风险）。

金融风险

价格风险

价格风险是指在能源市场上由于价格变动而遭受的损失，又被称为市场风险。通常情况下，当价格下降时，生产者会遭受损失；当价格上升时，使用者会发现自己赔钱了。

信用风险

信用风险是指由于合约对方违约而遭受损失的风险。套期保值合约的可靠性取决于对方的信用等级，并且信用风险管理已成为能源行业最重要的课题，这一观点已被普遍接受。美国的能源部门从"安然事件"中感受到信用崩溃的危险，这一信用风险促使能源交易商开始评价信用政策，选择有效的方法控制或降低所有可能的风险。

流动性风险

本书中，流动性风险是指由于衍生品市场不具有流动性所造成损失的风险。在海湾战争中曾发生流动性风险，当时市场波动极大以致银行和石油交易商无法给出买卖报价。暴露于这些市场的公司有时无法抛售头寸，即便能够抛售也是以巨大损失为代价的。

现金流风险

现金流风险是一个组织无法获得现金以履行其衍生品义务的风险。20 世纪 90

年代后期，韩国航空公司发生现金流风险，结果遭受了巨大损失。这家公司过去一直使用以美元为面值的衍生品为其飞机燃油价格变化进行套期保值。当韩元突然对美元贬值时，公司发现用于履行衍生品合约的美元成本已急剧增加。由于没有对韩元和美元之间价差的反向变动风险进行套期保值，这家公司彻底溃败。

流动性风险和现金流风险：Metallgesellschaft AG 公司

1993 年，一家德国企业 Metallgesellschaft AG 宣布由其精炼及营销集团（MGRM）承担 15 亿美元的巨额损失，这一损失是由于在美国商品交易所卖出石油期货合约所导致的。然而具有讽刺意味的是，从经济学的角度来看，这一行为是相当正确的，公司的种种困难是因为它忽视了流动性风险和现金流风险。

20 世纪 90 年代早期，MGRM 达成这样一个协议：在十年间定期按固定价格卖出 1.6 亿桶石油。当时，这种远期合约看起来是一种赚钱的策略，只要石油现货价格仍然低于 MGRM 远期合约的固定价格，公司就一定会赚取利润。然而，这一策略对石油价格上涨十分敏感，所以它采用了期货合约进行套期保值。如果石油价格上涨，公司将会在固定价格的远期合约上遭受损失，期货合约会获利。如果价格下跌，远期合约会获利，期货合约会亏损。表面看来，MGRM 对价格风险进行了完全套期保值，但不幸的是，它没有考虑流动性和现金流风险。

MGRM 的一个问题是它所建立头寸的规模。它承诺卖出的 1.6 亿桶石油相当于科威特 83 天石油的全部产量。据估计，对这一头寸进行套期保值所需要的期货合约大约为 55000 份。众所周知，NYMEX 是一个规模大、流动性强的市场，但是，它与 MGRM 头寸相关的合约交易量平均每天为 15000~30000 份。理论上，MGRM 可能有无法清算期货头寸的风险，这是显而易见的。MGRM 建立的头寸本身就成为市场定价的一个因素，由于许多其他参与者都意识到了这一点，导致了市场的不平衡，价格不可避免地向不利于公司的方向变动。

源于 MGRM 已经建立的套期保值方式的现金流风险加大了流动性风险。如上所述，当石油价格下跌时，公司的远期合约价格上升，期货价格下降。尽管远期合约价格上升，它们却无法产生现金流以定期补交期货合约的保证金，于是问题出现了。这一套期保值结构在整个套保过程中成功规避了价格风险，但却无法应付短期的现金流风险。这可能是这家公司遭受令人惊愕的损失的主要原因。

基差风险

基差风险

基差风险是指由于两种价格（通常为不同商品）之间预期价差反向变动受到损失的风险。在价格风险管理中，基差风险是指套利（使用衍生品合约）的价值与所进行的套期保值的头寸价格不一致的风险。

在能源市场上，诸如糟糕的气候条件、政治形势、自然事件或制度变化等都可能引起市场价格变化。在下列情况下可能会引发基差风险：

（1）由于运输问题，某地的原材料无法缓解另一地方的短缺。

（2）没有其他产品能够替代严重短缺的能源产品。在管道煤气和电力市场上，如果运输网络出现问题，上述情况就会经常发生。

（3）没有足够时间运输或生产能源产品以缓解市场的短缺。

在进行价格风险管理时，理想的衍生品合约是使能源的保护价格没有风险或是只有最低的基差风险。基差风险越大，用于风险管理的衍生品作用越小。

场外市场互换和期权的吸引人之处在于基差风险有时可以为零，原因是场外市场合约可以不按照原油参考价格定价。然而，在例如国际石油交易所、纽约商品交易所和东京商品交易所等场内交易的期货合约的参考定价和期限满足交易所的规定，这意味着如果参考定价与标的原材料风险不匹配，它们或者接受基差风险或者是转向场外市场（在以后章节会更多介绍场内交易和场外交易的差异、优点和缺点）。

基差风险的构成

地点基差风险见图 1-2。

● **地点基差**

——你可以使用一份衍生品合约，该合约完全是根据你正在对冲价格风险的标的能源来进行定价的。然而该衍生品合约虽然是依据同种能源合约来定价，但存在地理区域的差别。

——你面临地理位置差别的风险。在任何一个衍生合约定价的地方或者现货供应所在地，地方化的供给要素、政治局势、电网问题或者是烃类气体/天然气的管道问题等都可能使得衍生合约不但没有降低风险，反而还会增加公司负债。

图 1-2　地点基差风险

● 时间基差

在许多市场中，时间基差都是一种常见的风险。

——在能源市场，时间基差风险可能是非常危险的，尤其是在需求突然转向或者交通事故发生的时候。

- 例如，Merchant Power 是一家位于美国的发电商，该公司预计天然气价格在夏季到来之时会走高（由于空调使用增加等因素），于是，它买入纽约商业交易所 8 月份 Henry Hub 天然气期货合约来为其天然气头寸进行套期保值。如果一波高温热浪在夏季提前到来，比如说 6 月底就开始很热了，那么 7 月份天然气价格可能比 8 月份天然气价格要高得多。
- 因此，这个 8 月份天然气期货合约就没能给 7 月份天然气需求以适当的价格保护。

混合基差风险

当对某一基础头寸进行套期保值时，在进行价格风险管理的能源和正在使用的衍生工具定价参考指数之间出现一种以上的类型不匹配，这时混合基差风险就发生了。比如说，用一份 3 月份航空煤油互换合约来为一桩 1 月份柴油（取暖油）货物进行套期保值，这时在时间和产品方面就都出现了基差风险。

布伦特石油期货和库欣垫子

布伦特石油期货合约的成功是关于能源市场上基差风险重要性的一个有趣的例子。在纽约商业交易所推出西得克萨斯中质油（WTI）期货合约两年后，即 1983 年，布伦特石油期货合约最早出现在伦敦国际石油交易中心（IPE）。从表面来看，两个合约的功能相似，至少都是出于套期保值目的。然而，这些年来，为什么国际公司选择使用 IPE 的布伦特石油期货合约进行套期保值，而不是采用美国的建立更早、流动性更强的 WTI 期货合约呢？

答案在于一种特殊的基差风险，在业界被称为库欣垫子（Cushing Cushion）（以俄克拉荷马州的库欣炼油厂命名，该炼油厂是美国东南部几个主要的石油管道的终点）。库欣垫子是指美国的 WTI 原油价格的表现可能与国际市场价格完全独立。这可能是由于海湾地区的管道"瓶颈"阻止其他国外原油到达内陆炼油厂，或者是坏天气导致路易斯安那离岸卸货端关闭，阻止外国原油卸货进而注入管道体系。

在这些情况下，投机者和依赖管道系统石油的炼油厂的第一反应是在纽约商品交易市场上购买 WTI 期货合约。有时 WTI 期货价格比 IPE 布伦特价格每桶溢价 3 美元，原因可能是 LOOP 问题，或是管道问题，或者两个都有。

所以，对于任何对国际原油（如西非、布伦特）和中东原油（如迪拜）进行套期保值的人来说，NYMEX 的 WTI 合约都含有显著的基差风险。然而，IPE 布伦特没有基差风险，这当然是成功的关键之一。

法律风险、操作风险和税收风险

法律风险

法律风险是指在某些环境中，衍生品合约可能无法执行。这一领域最普遍的关注包括结算网、交易网和破产方面的条款以及清算合约不能被执行。关于世界范围的许多管辖权的观点可从国际互换交易者协会获得（ISDA）（第 17 章讲述法律合约问题和谈判指针）。

操作风险

操作风险是指衍生品交易过程和结算过程中由于人为错误和疏忽而导致的风险。应该使用内部控制和适当的办公系统（人工或者使用计算机）减少操作风险。

税收风险

当以某种方式直接影响衍生品市场或者影响原材料标的能源市场的税收规定发生变化时，税收风险就会发生，这会给交易带来额外的成本。衍生品合约对任何结算支付征税的问题包括在 ISDA 合约中（见第 17 章）。

小 结

当设计一个能源价格风险管理或交易项目时，掌握能源市场上涉及的风险以及它们相互作用的方式是至关重要的。这些风险可概括如下：信用风险、流动性风险、现金流风险、基差风险、法律风险、税收风险和操作风险。但是，仅仅关注其中一种风险而忽视其他风险的套期保值策略有可能比根本不采取套期保值策略更糟糕，记住这一点是非常重要的。

第2章 能源衍生品市场：场内市场和场外市场

衍生品常常由于各种错误的原因成为头条新闻。在公众看来，衍生品经常与贪婪的投机活动和高度宣传的公司财务危机相关。这与本来的期望是相反的，因为本质上衍生品是管理和降低风险的工具。创造衍生品是为了最小化价格风险，同时减少平衡表的波动和潜在损失。的确存在一些使用衍生品导致了惊人损失的案例，但这一般是没有能力的或者是残忍的人误用或是完全滥用衍生品的结果。当然，在正常的商业活动中，衍生品是价格风险管理中应谨慎使用的、不可或缺的工具。

衍生品合约的价格或价值取决于标的资产的价格或价值。衍生品合约有三种主要的类型：期货合约、互换合约和期权合约。

■ 能源期货合约是合法的标准化合约，在有管制的期货交易所，在将来的某个固定日期，以交易达成的价格交付某一特定能源产品（如石油、天然气、煤和电力）。

■ 能源互换合约是指双方有义务交换现金流，通常情况下，一个是按达成的固定价格执行，另一个取决于合约期间浮动价格的平均值。没有基础标的能源的实际交付，仅仅是资金结算。

■ 期权合约是双方达成的给予期权合约买方某种权利（而不是义务）使其在将来某一确定的日期或这一日期之前以确定的价格买进或卖出某种资产的协议。它们可应用于一个特定的期货合约（期货期权）或者是特定的现金流（场外期权）或者被用来买卖一个特定的互换合约。当执行期权时，期权买方必须以确定的价格交付标的资产或者合约。确定的价格被称为执行价格，不管你是卖方还是买方，它是期权开始获利的价格水平。

通常衍生品属于表外业务项目。使用这一术语是因为过去公司的资产负债表无须包括衍生品项目（现在只有使用衍生品合约进行套期保值时才出现在资产负债表上）。衍生品项目无须出现在资产负债表上是因为衍生品合约不需要转移合约本金，换句话说，没有借贷的契约。例如，当交易100万美元的互换合约时，100万美元的本金是不交换的。交换的是不同现金流，这是由衍生品工具商定的固定价格和作为衍生品定价参考的远期浮动价格之间的差异所导致的。

场内市场和场外市场

在能源行业有两种买卖衍生品的方式：场内市场和场外市场。场内市场是建立在规范的金融交易所中的期货市场，如纽约商品交易所和伦敦国际石油交易所（IPE）。场外市场交易的是非标准化的互换合约和场外市场期权。它们通常是由能源市场上的两家公司（委托人以及参与者）直接交易。

对能源行业来说，尽管期货市场很重要，但是它更依赖场外衍生品市场。这是因为场外衍生品是客户化交易，然而场内交易的期货合约是标准化合约。理论上，场外市场的每笔交易都是独一无二的，所以说，在使用场外衍生品时留心合同术语、定价机制和参考价格是非常重要的。一些公司发现，场外市场合约风险的度量和控制可能更困难一些，原因是场外市场价格和流动性缺乏透明度（与正规的期货市场不同，正规期货市场会实时地公布价格数据），这会导致预料不到的损失。与场内期货合约相比，场外衍生品有时会有附加的法律风险、信用风险和操作风险。然而，场外市场仍然是一个受欢迎的价格风险管理方案。许多公司发现可以从场外衍生品的灵活性中受益，因为衍生品可以按照正在生产或消费的能源参考价格定价。

如图 2-1 所示，场外能源衍生品市场未偿付价值占世界衍生品市场比重不到0.05%，流动性远不如大多数金融衍生品市场强（见表 2-1）。这意味着，能源市场的参与者，不管是做市商、交易商还是最终使用者（通常是具有已套期保值的能源价格风险的公司、生产者、消费者），都需要在使用衍生品以前制定明确的使用政策，包括强有力的管理控制和有效的组织报告结构。他们也应该为股东提供一些信息，使股东不必为公司使用衍生品而担心。的确，由于世界上的管理者和公众股东都十分关注公司使用衍生品，国际会计准则（见第 18 章）现在需要公司披露越来越多的信息。

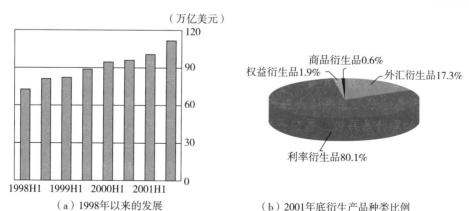

（a）1998年以来的发展　　　　（b）2001年底衍生产品种类比例

图 2-1　场外衍生品合约：全球交易金额

资料来源：国际清算银行（http：//www.bis.org/）。

表 2-1 全球场外衍生品市场：交易金额[①] 单位：十亿美元

	名义金额				总市值			
	2000 年 6 月底	2000 年 12 月底	2001 年 6 月底	2001 年 12 月底	2000 年 6 月底	2000 年 12 月底	2001 年 6 月底	2001 年 12 月底
总计	94008	95199	99755	111115	2572	3180	3045	3788
外汇合约	15494	15666	16910	16748	578	849	773	779
远期与外汇互换	10504	10134	10582	10336	283	469	395	374
货币互换	2605	3194	3832	3942	239	313	314	335
外汇期权	2385	2338	2496	2470	55	67	63	70
利率合约[②]	64125	64668	67465	77513	1230	1426	1573	2210
远期利率协议 （FRAs）	6771	6423	6537	7737	13	12	15	19
利率互换	47993	48768	51407	58897	1072	1260	1404	1969
利率期权	9361	9476	9521	10879	145	154	154	222
权益连结合约	1645	1891	1884	1881	293	289	199	205
权益远期与互换	340	335	329	320	62	61	49	58
权益期权	1306	1555	1556	1561	231	229	150	147
商品合约[③]	584	662	590	598	80	133	83	75
黄金	261	218	203	231	19	17	21	20
其他商品	323	445	387	367	61	116	62	55
商品远期与互换	168	248	229	217	—	—	—	—
商品期权	155	196	158	150	—	—	—	—
其他[④]	12159	12313	12906	14375	392	483	417	519
总信用风险	—	—	—	—	937	1080	1019	1171
备注项目： 交易所交易合约	13918	14215	19464	23540	—	—	—	—

注：①所有金额数字都对重复计算进行了调整。通过将交易对方头寸减半，名义交易金额得到了调整。总市值则等于总的正合约市值和非报告方总的负合约市值之和。②仅指单一币种合约。③对被估的重复计算进行了调整。④估计值。

资料来源：国际清算银行报告，2002 年 5 月 15 日版，场外市场规模（http：//www.bis.org/）。

表 2-2 显示了更多的历史数据。

表 2-2 场外衍生工具的名义交易金额 单位：十亿美元

	1998 年 6 月	1998 年 12 月	1999 年 6 月	1999 年 12 月	2000 年 6 月	2000 年 12 月	2001 年 6 月	2001 年 12 月
全部商品合约	451	415	444	548	584	662	590	598

续表

	1998 年 6 月	1998 年 12 月	1999 年 6 月	1999 年 12 月	2000 年 6 月	2000 年 12 月	2001 年 6 月	2001 年 12 月
黄金	193	182	192	243	261	218	203	231
远期与互换	103	76	87	119	120	101	88	101
期权	82	99	102	124	141	116	116	130
其他贵金属	25	50	62	54	57	55	25	30
远期与互换	15	22	24	14	9	11	10	16
期权	11	28	38	40	49	44	15	14
其他商品	233	183	190	251	266	389	361	337
远期与互换	138	114	103	148	159	238	218	201
期权	95	69	87	103	106	152	143	135

资料来源：国际清算银行（http：//www.bis.org/）。

期货市场

期货市场的简单历史回顾

从 19 世纪 50 年代美国开采石油开始，经过特别谈判的现货供给合约就已经存在了。然而，直到 20 世纪 70 年代，石油期货合约才开始在金融交易所内交易。纽约商品交易所是第一家正规的期货交易所，它于 1977 年开始交易民用燃料油合约，随后出现了西得克萨斯中质油（WTI）合约。在大西洋东岸，1981 年建立了伦敦国际石油交易所，现在拥有布伦特原油期货合约，它是世界性的原油现货市场定价的基准，大约 70% 的世界原油市场某种程度上以布伦特原油合约为基准定价。纽约商品交易所和伦敦国际石油交易所同时也经营天然气和电力期货市场。最近，布伦特原油现货市场的流动性下降受到广泛关注，结果一些主要的石油生产商主动参与布伦特—福地斯—奥斯博格（BFO）相关交易的发展，而不再仅局限于布伦特（Brent）相关交易。定价信息服务如普氏（Platts）已经修改了布伦特价格报告中包括的能源种类，甚至 IPE 也开始研究 BFO 价格在价格指数中的使用（2002 年 9 月），该价格指数用于布伦特期货合约的结算。

在远东，新加坡国际金融交易所（SIMEX，现已被 SGX 合并）的燃料油期货合约交易活跃，在 20 世纪 90 年代早期，场外衍生品市场交易量超过 SIMEX。现在亚洲能源市场的风险管理完全依赖场外衍生品市场，然而，东京商品交易所（TOCOM）的中东原油合约已经受到关注，交易量在迅速攀升，特别是亚洲石油炼化高度依靠中东原油进口，中东原油合约可能成为为中东原油进行套期保值的一个有用的场内期货合约。

期货市场和场外衍生品市场

区分期货市场和场外衍生品市场是很容易的，使用两个市场的利弊观点也被人们所认可。如图2-2所示，当风险管理经理或交易商使用期货合约时，他们知道这一合约应在交易所内交易，在高度规范的交易所内运行以及他们应在期货经纪人那里开立账户。他们也可以在屏幕上看到合约的价格，他们确信交易清算所可以保证合约的安全性及其收益。然而上述保证又是由保证金（在特定交易所建立头寸的任何投资者的履约支付）、交易所自筹资金和清算经纪人成员提供的资金保证的。

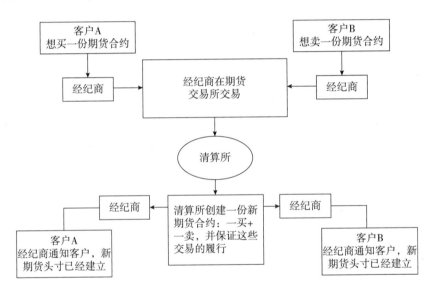

图2-2　期货交易的基本交易流程

期货市场的保证金有两种类型：初始保证金和变更保证金。初始保证金是存放在清算所用于履约的存款或者是交易者新建仓时缴纳的履约保证金。变更保证金是清算所对资产组合的每日再评估价值。如果价值为负，你或你的经纪人（假设你有一个信用底线）必须追加保证金以弥补负的变更保证金。假如第二天这个投资组合变更保证金投资组合为正（如意外获利），因为头寸没有交易或者是还没有被抛售，一部分保证金便可以取回。

然而，当使用场外衍生品合约时，交易中总是存在其他公司的信用风险以及流动性风险，由于不存在实时显示价格的屏幕，价格也缺乏透明度。

场外衍生品市场和期货市场的融合

随着场外能源衍生品市场和期货市场的融合，它们之间的差别在逐渐消失。世界各地的清算所已经开始接受场外衍生品市场交易合约，为合约的履行提供保证。这意味着交易双方签订场外衍生品合约之后，可能会同意将合约上交清算所。这种做法基本上使得清算所成了场外衍生品合约交易的对方，清算所有较高的信用度，以及会为结算和冲销头寸提供更多的交易机会，因此场外衍生品合约双方都会从中获益。

场外市场交易者通常的做法是直接与对方签订衍生品合约，承担对方一旦违约的信用风险（见图 2-3）：

图 2-3　场外市场交易者的做法

下面是场外衍生品市场和期货市场融合后的情形（见图 2-4）：

图 2-4　场外衍生品市场和期货市场融合

我们看到新建的电力和天然气市场已经大规模地使用电子交易平台，尽管其在能源部门的市场份额占有率还比较低。像期货市场一样，使用者可以在屏幕上了解到交易价格，这无疑提高了价格透明度。理所当然，电力和天然气市场最先使用场外交易所。

到期日期货合约的结算

在到期日，所有的能源期货合约都必须进行实物和现金交割（伦敦国际石油交易所布伦特原油期货除外）。所以如果卖方（在市场上处于空头）持有期货合约至到期日，他就必须交付标的实物能源（石油、天然气和电力）；如果买方（在市场上处于多头）持有期货合约至到期日，他就必须提取标的实物能源。然而，期货市场如纽约商品交易所或伦敦国际石油交易所很少进行实物交割，一般来说不到未平仓合约总数（流通在外的合约总数）的 2%。这些市场上大多数的交易都是出于套利或投机目的，石油的消费者或者生产商更倾向于在普通的现货市场交易，而不是在期货市场交易。

互换和期权

到期日互换合约的结算

与期货合约不同，互换合约从不进行实物交割。互换合约是单纯基于财务而合法构造的合约，这使得公司能够从导致互换价格的基础资产的价格/价值的变动中获益。我们把它称为互换，是因为交易的双方，买方和卖方（多头和空头）彼此进行现在的固定协议价格和将来的不确定浮动价格的交换。当交易者对场外市场交易进行谈判商议时，主要关注以下内容：

- 固定价格
- 浮动价格参考
- 定价期间（例如，一个月、一个季度、一年）
- 起始日期或有效期
- 截止日期
- 到期日支付（例如，按美国或欧洲浮动价格参考定价的互换合约，一般是在每个定价期间最后一天之后的第 5 个工作日支付。在能源和普通商品市场，场外衍生品合约是月份定价合约，即使交易的是季度合约，在定价期间的每个月后，将对合约的 1/3 进行定价，某个组织将会支付价款或者是收到支付价款。基于亚洲浮动价格参考的合约，支付结算一般是在定价期间截止的第 10 个工作日，有时长达 14 个工作日。）

到期日期权合约

到期日期权合约会发生什么、什么时候执行或者是否执行（转换基础资产）很大程度上取决于期权的类型，以及它是否是期货期权（在期货市场交易指场内买卖期权）或是否是场外期权合约。

在期货交易所持有场内买卖期权头寸时，如果到期日期权处于实值，清算所会提示结算经纪人通知他们的客户：期权处于实值，询问他们是否愿意执行期权，因为这时执行会获利。当期权具有内在价值时期权处于实值，也就是说，执行期权，买入标的期货合约（就场内买卖期权而言），然后再卖出期货合约获利。在一些情况下，如果场内买卖期权价值大大超过实值状态价值，期货交易所的清算所可能会自动地执行该期权合约，担当这一市场使用者的安全网。

然而，在场外衍生品市场没有这样的安全网。如果你持有获利的互换头寸，而你却忘记了告诉你的交易对方你想在商定的时间（最初的期权合约中记载的）之前执行，此时你只有与你的交易对方协商。他们是否允许你执行互换合约取决于对方，即使他们同意了，那也需要付出很高代价。

能源市场的互换类型

普通互换交易

普通互换交易（Plain Vanilla Swap）（见图 2-5）是最简单、最普遍的利率互换，它有如下特征：

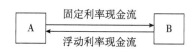

图 2-5 普通互换交易

■ 在未来将固定利率现金流量和浮动利率现金流量进行交换。

■ 这类互换被广泛应用于石油、液化石油气体和液化天然气相关的套期保值交易。

■ 在签订交易合约时，双方商讨价格固定利率和浮动价格参考利率，以便用于结算。

下面是一个固定利率与浮动利率互换现金流量的普通互换交易的例子：

■ A 方买入固定价格 15 美元（买入固定价格，卖出浮动价格）。

■ B 方卖出固定价格 15 美元（卖出固定价格，买入浮动价格）。

■ 选定浮动参考价格，例如，某一价格期间，2003 年 3 月的 Platts 平均价格 = 16.00 美元 ［译者注：Platts 是 The McGraw-Hill Companies（纽约证券交易所代码：MHP）旗下的一个全球性的能源信息部门］。

■ 净损益：

● A 方 = +1.00 美元（固定价格和浮动价格之间的差额）
● B 方 = -1.00 美元
● B 方支付给 A 方 1.00 美元，交换的仅仅是差额，而不是名义本金

差额互换

差额互换（Differential Swap）与固定利率和浮动利率互换很相似，只有一点例外。后者是固定利率与浮动利率互换，而差额互换基于两种产品固定价格的差额。在石油部门，最普遍的差额互换是航油（Jet Kero）和柴油（Gasoil）互换（见图 2-6）。

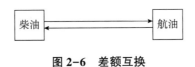

图 2-6　差额互换

下面是一个差额互换现金流量的例子：

■ A 以固定价格买入航油，以比每桶航油 0.5 美元溢价的固定价格卖出柴油。
■ B 以固定价格卖出航油，以比每桶航油 0.5 美元溢价的固定价格买进柴油。
■ 选定浮动价格参考，例如，某一价格期间（比如 2003 年 3 月）Platts 航油和柴油平均价差 = 0.6 美元。
■ 净损益：
　● A = +0.10 美元（固定价差和浮动价差之间的差额）
　● B = -0.10 美元
　● B 支付给 A 0.10 美元，只交换价差，而不交换名义本金

差额互换应用于整个能源行业。在电力和天然气市场我们看到点火差价（Spark Spread），套利者和交易商使用的衍生品是以电力和能源市场价差定价的（见表 2-3）。这是根据在有效市场上按照标准的能源转化效率消耗天然气卖出电力的数目得到的。一般的利用率是 49.13%，点火差价以兆瓦时（MW·h）报价。

表 2-3　点火差价

日期	天然气价格		电价 （英镑/兆瓦时）	点火差价 （英镑/兆瓦时）
	便士/摄姆	英镑/兆瓦时		
9 月	12.15	4.15	12.70	4.26
10~12 月	20.55	7.01	16.35	2.08
7~9 月	16.50	5.63	14.55	3.09

在煤和电力市场上存在着所谓的黑暗差价（Dark Spread），其原理与点火差价相同，在互换交易确认书上载有两个固定价格和两个浮动价格。然而，净风险仅仅是两种产品或者两个工具之间的差额。在英国，黑暗差价使用 5000 兆吨（Mt）煤生产 55 兆瓦（MW）电能的能源转换率，即 38%（第 3 章对此有更详细的介绍）。

分享利益互换

分享利益互换（Participation Swaps）与普通的固定利率和浮动利率互换类似，当价格上涨超过协议的固定价格时，固定价格的买方能够完全锁定风险；当价格下跌低于协议的固定价格时，固定价格的卖方能够百分之百地受到保护。

然而，与普通的互换不同，客户按商定的百分比分享价格下降的收益。利益分配率会影响互换的固定价格。固定价格的买方如果想分享价格下降的利益，可能会发现利益分享互换报出的固定价格要比一般互换的价格高一些。相反，如果你是固定价格的卖方，想要分享价格上升的利益，此时你的空头互换头寸亏损，你可能会发现分享利益互换的固定价格比一般互换的价格低一些。

双倍互换

双倍互换（Double up Swaps），互换使用者可以获得比实际的市场价格更优惠的价格，但是互换提供者在定价期间开始前保留使数量增倍这一权利。如果一个公司面临能源价格上涨的风险，而当前的固定利率与浮动利率互换合约价格不能满足预算，它可能会意识到一个数量增倍互换可以对它需要的数量水平进行套期保值，这一数量更接近于预算套期保值的水平。风险使市场价格的走势可能对衍生品头寸不利，互换价格可能会超过最初执行数量的两倍。市场上使用的双倍互换，并不是主要出于价格风险管理的目的（如果套期保值者对当前的互换价格不感兴趣，他们更倾向于使用期权合约）。然而，一些投机者认为完全了解他们特定的能源价格走势，想要领先一步，就以比当前固定利率与浮动利率互换优惠的价格买入，或者以比利率互换报价更高的价格卖出。对这些投机者来说，双倍互换是一个绝好的机会。

利润率互换

当一组织因业务流程各个环节中能源的输入与输出而面临多方面价格风险时，利润率互换（Margin Swaps）这种互换形式就可构造出一种完美的互换结构，该种结构能保证公司的总体利润率。机构或组织可自行选择复杂的套期保值以保护其能源输入/输出方面，避免价格风险，但是在管理和多个交易对手之间的众多单个头寸方面就会发生很大的成本。因此，同一个愿意提供涵盖全部价格风险的合约的交易对手达成一笔利润率互换就会更加经济、更加容易（见图 2-7）。

然而，需要记住的是，价格风险管理向来没有免费的午餐，总会在公司的任何控制职能上存在成本，无论是外部的还是内部的。依据组织的期望在衍生品上的活动层级，如果有必要的话，公司的行政管理和可利用的人力资源也将被评估和调整。

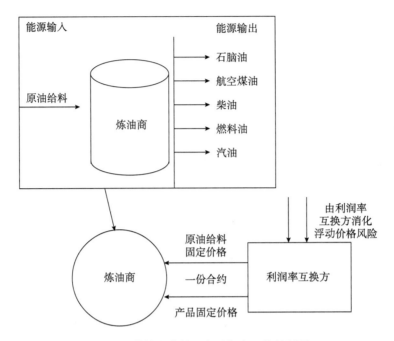

图 2-7 某炼油商的一个利润率互换的例子

敲入期权和敲出期权——互换和期权的融合

障碍期权是指期权的收益依赖于标的资产的价格在一段特定时间内是否达到了某个特定的水平（临界值），这个临界值就叫作"障碍"水平。它有两种常见类型：一种是敲出障碍期权（Knock-out Options）：当标的资产价格触及预先设立的障碍水平时，该期权作废（即被"敲出"）；另一种是敲入障碍期权（Knock-in Options）：正好与敲出期权相反，只有该期权标的资产价格在规定时间内触及障碍水平，该期权才生效（即"敲入"）。这种期权的做市者和交易商一般会报出更有吸引力的价格，因为买方给期权卖方在最初的到期日之前取消期权合约的机会。这使得期权卖方降低了潜在的风险，因此比一般具有相同执行价格、期限和标的价格参考的期权价格要低一些。敲入障碍期权和敲出障碍期权可以与互换和期权融为一体。

图 2-8 显示了在某些情况下，障碍期权或者生效（即"敲入"）或者作废（即"敲出"）。实际上，期权的生效或者作废是以价格水平（即"障碍"水平）界定的。

举一个常见的例子，在能源市场上，能源生产商通常购买上涨失效卖权，为他们天然的多头头寸套期保值。

除了一般的下限期权或者看跌期权外，上涨失效卖权可能是又一个有吸引力的

图 2-8　障碍期权——上限期权/下限期权

选择，因为它更便宜，如果价格下降它能够提供同样的价格保护。然而，如果价格上涨，标的商品价格的上涨降低了按预先设定的执行价格对价格下降进行保护的需要。如果价格涨到足以超过预先设立的障碍价格，那时期权就作废了。

所有者可能会考虑重新建立套期保值头寸，以更高的执行价格再买入一个上涨失效卖权，与作废的较低执行价格的卖权相比会提供更有价值的保护。障碍期权可能会有一个折扣。对于一个敲出期权来说，折扣是指在期权于正常到期日之前作废支付给持有者作为补偿。

上涨失效障碍期权比标准的亚式、欧式或者美式期权都要便宜，因为标的资产价格在最初上涨，触及障碍价格然后作废之后跌到执行价格以下。然而，在市场上能够以这种更复杂的期权策略报价的交易商数目有限，这种策略可能会有流动性问题。

常见的具有更强流动性的能源期权市场有看涨期权和看跌期权、上限期权和下限期权。

在期货交易所，场内买卖期权指的是看涨期权和看跌期权；在场外衍生品市场，被称为上限期权和下限期权。如果一个组织支付期权费买入看涨期权或者是上限期权，当市场价格超过协议价格，即执行价格，期权买方就获得了价格保护。执行价格是参与者可以进行期权合约交易的水平。

如果一个组织支付期权费买入看跌期权或者是下限期权，当市场价格低于执行价格，期权买方获得了价格保护。图 2-9 列举了各种可能性。

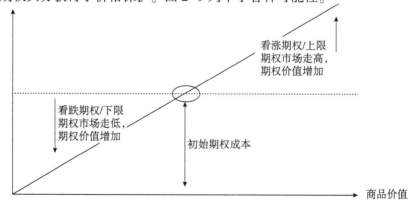

图 2-9　看涨期权和看跌期权、上限期权和下限期权

期权策略非常灵活，可以帮助公司达到它们希望的风险降低或风险暴露水平。当买方购入期权，合约的成本是支付的期权费，无论市场价格走高走低，买方都无须支付溢价。

如果一期权以其自身为基础而被出售，这种期权就被称为裸期权（Naked Option）。这意味着期权出售方根本不拥有针对该出售期权的标的实物商品或期货、互换合约头寸。在这种情况下，如果市场价格逆向变动的话，风险将会是无限的（见图 2-10）。

如果某期权被作为裸期权出售：

上限期权/ 看涨期权	存在潜在的无限损失风险，如果基础资产市场价格上涨并超过期权执行价格
下限期权/ 看跌期权	存在潜在的无限损失风险，如果基础资产市场价格下跌并低于期权执行价格

图 2-10　裸期权风险

主要的期权形式

■ 美式期权——标的工具（如期货合约）可以在到期日前的任何一个工作日执行所有伦敦国际石油交易所（IPE）和纽约商品交易所（NYMEX）关于能源的期货期权合约。美式期权的购买者有更大的弹性执行期权，所以美式期权的价格高于欧式期权的价格。

■ 欧式期权——在能源市场上并不常见，欧式期权的购买者只能在到期日执行期权。欧式期权的价格低于美式期权的价格，但通常高于亚洲场外期权。

■ 亚洲场外期权——这是场外衍生品市场最普遍的期权形式，有时也称为"回顾期权"或"路径依赖期权"。原因是它们是平均价格期权，利润取决于作为价格参考的标的能源市场的历史价格，全部或者部分是期权特定阶段的历史价格。

期权成本——期权费

有许多可以使用的期权类型，每一期权的特定用途都取决于所使用的期权类型。作为使用者，我们不必深入理解期权的数理模型，但应该知道模型中设置的变量以获得正确的答案，这些变量能够解释得出的结果。可以说，图 2-11 显示了在期权价值决定中起重要作用的核心因素。

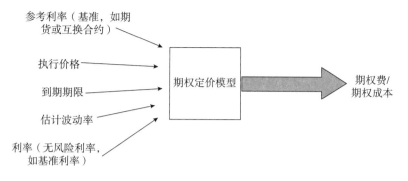

图 2-11　期权费计算原理——期权费

利润率期权

有这样一些期权，它们不是基于简单的浮动价格参考来定价，而是根据一个复杂的差分结构来进行定价。本章前面部分，我们已经看到了针对一炼油商的利润率互换的图解。那个炼油商也可以不使用互换策略而是买入一份基于其炼油利润率的期权。该期权策略最初可能似乎缺少吸引力，因为它还有一个前端期权费的成本（即买入该期权之时就要支出一笔期权费，译者注），而互换策略则不要求任何这类成本。然而，如果利润率走高的话，期权策略提供的灵活性就很明显。如果炼油商采用了互换策略，那么即使公司利润率提升，其获利也将是固定的，而互换的损失将由现货资产——石油产品以更好价格再出售得以弥补。在该案例中，只有机会成本。但是，如果为期权策略（如利润率期权）支付一笔期权费，那么如果利润率上升并且超过期权策略的成本，公司仍然能够在利润率上升的情况下获利。在当前交易日甚至未来一段时间内利润率为负的情况下，期权策略将是最有效的。所谓的负利润率情形是炼油商在某些燃料油市场经历过的相当长一段时间的利润率为负的事实。在本案例中，炼油商可能已经拥有较好的利润率，他们希望利用有关中间馏分（如石脑油、柴油和发动机用油）的互换来锁住该利润率，但他们仍然面临燃料油利润率进一步变负（即亏损更大）的风险（同时，他们不想锁住一个负的利润率）。在该例子中，炼油商可以采用裂解期权（Crack Option）（原油和燃料油），这样他们在该产品利润率提高时仍可以通过该类期权获得利益。

期权费用现金流

在期货交易所购买期权时应建立保证金账户并存放一定的保证金，这种保证金通常是一种履约存款（大约是名义价值的 10%，在交易时受市场波动的影响）。之后，这一头寸将逐日盯市，在保证金账户为负时，应追加保证金。如果是场外市场期权合约，买方通常提前向卖方支付期权费。场外市场期权为需要融资的商品或能源相关的项目提供了好机会，于是产生现金费用。现金流可以再投资于这一项目，或者是公司的其他商业活动（这些活动通常与银行的结构金融部门有关）。有可能建立一个在产生现金流的同时能够提供价格风险套期保值的结构。

对于试图对能源价格风险投机获利的交易者来说，期权有以下作用：

■ 建立从价格变化中获利的交易策略。
■ 建立可以从价格特定变化幅度获利的交易策略。
■ 建立在价格不变时使用频繁交易获利的交易策略，并不是从市场价格上下波动中获利，而是在价格反复的上升或下降中获利。

小　结

能源衍生品市场为风险经理和交易者进行价格风险管理和投机提供了众多的选择工具。传统上能源行业更倾向于场外衍生品市场，它能够以为客户定制的方式满足交易双方的不同需要。然而，一些公司已经发现了场外衍生品市场的缺点，如缺乏流动性或缺乏价格透明度。但是，随着场外市场与场内市场的融合，为相关双方提供更有效的服务，这些问题都可以消除。

一些关键的期权术语

美式期权：允许在到期日及之前有效期内任何一天执行的期权。美式期权比欧式期权的选择余地更多，所以价格更高。

亚洲期权：一种路径依赖型期权，也叫作均价期权。该期权的结算以敲定执行价格和基础资产浮动参考价格在一段时期内的平均价格之间的差额为基础。

两平期权（ATM）：执行价格等于标的资产市场价格的期权。

德尔塔（Delta）：德尔塔值给出了一个数理测量结果，以表示期权价格和基差能源市场价格变化之间的敏感性。德尔塔值在 0~1，比如，德尔塔值为 0.5，这就表示如果基础资产价格变动 1 美元，该期权价格就变动 0.5 美元，或者说其价格变动是整个能源市场价格变动的一半。

欧式期权：只允许在到期日当天执行的期权。

公平价值：包含了内在价值和时间价值，可以通过期权定价模型计算得出。

隐含波动率：期权报价上的波动值。

实值期权：表明该期权是可获利的期权。如果执行该期权或者出售该期权，就可从中获利。

内在价值：期权合约的执行价和相应资产市场价格之间的价差。

虚值期权：非实值期权，如果执行该期权或者出售该期权，将不会获利。

期权费：期权的购买价格或成本。

执行价格：期权持有人在行使期权合约时可以买入或卖出的相关资产的价格。

时间价值：期权费和内在价值的价差，取决于期权合约到期日的远近，期权合约价格波动率和持仓成本（利率百分比）。

交割日：基础资产结算或交割的日期。

波动率：基础期货/互换合约的年化标准差。

一些关键的衍生品术语

放弃：指期权持有者选择不执行其持有的期权。

套利：购买或出售一种金融工具的同时在另一个定价有出入的相关市场吸入数量相等方向相反的某种头寸。比如，在石油市场上，主要的套利发生在纽约市场取暖油和欧洲市场柴油之间，以及欧洲市场柴油和新加坡市场柴油之间。

指令（期货）：期货交易所的清算机构向期权空头（期权卖方）发出其期权被执行的通知。

指令（互换）：一笔互换交易的原始交易对手将其头寸转移给接收该头寸从而成为该互换交易对手之一的第三方。2001年安然倒闭之后，我们看到发生了很多这种例子。

均价合约：一种在平均市价而不是在某一天的单一市价基础上建立的合约。在场外石油市场中，最普通的均价合约是月均价互换合约。

后台：一个有关负责处理操作职能的部门的术语，该部门通过交易操作系统处理已经完成的交易。

倒价：期限越长市场上的远期或期货的价格反而越低（即能源市场价格在未来变得进一步便宜）。

基准：一种定价参考，其他能源市场都与其进行比较或者运用和其相同的定价公式来定价（例如，世界上70%的原油市场都以英国北海布伦特原油作为基准来进行定价。世界上许多天然气则是以原油作为基准来进行定价）。

账面、名册：衍生品组合投资中的又一个术语［例如，"这家公司的账面显示是多头（买入）第四季度德国电力"］。

看涨/上限期权：看涨期权是指相当于场外上限期权的期货市场。这种期权使得其购买者有一种权利（而不是义务）在未来某一时点以一个确定的期权执行价格购买该期权的基础资产（执行价格是指如果你买入该期权，那么你将同意购买；如果你出售该期权，那么你将同意出售基础标的资产的价格，而无论该期权是以期货合约还是互换合约为基础）。

持有成本：从一个定价或价格月份到另一个月份当中，储藏能源、石油或天然气等的成本。比如，为了在西北欧的阿姆斯特丹—鹿特丹—安特卫普存储区域储存柴油，你会发现最普遍的储存成本是每月每公吨 1.25 美元。如果今日的伦敦国际石油交易所柴油期货合约价格是 250 美元/公吨，下个月是 252 美元/公吨，那么如果在一个很完善的世界中，你可能会以 250 美元/公吨的价格买入柴油并存储起来，利用期货市场或者场外互换市场锁定 252 美元/公吨的价值，从而赚取 0.75 美元/公吨的利润（252 美元−1.25 美元的储存成本−250 美元的柴油购入成本＝0.75 美元/公吨）。

现金结算的合约：交易对手双方不是采用真实的石油、天然气或电力进行结算，而是采用现金交换来进行结算的衍生合约。现金货币交换的基础是标的能源的价值。衍生合约采用实物交割而不是现金方式结算会影响到公司应用的会计规则，即便该公司是在套期保值而不是在投机（见第 18 章）。

顺价：越远期的期货合约价格越高的情形（在美国也叫作"正常"市场）。

交易对手风险：合约一方不能履行合约义务的风险。

信用衍生工具：也叫信用违约互换，缩写为 CDS。它能交易从而转移或减少来自于某一特定机构或者某一组机构的信用风险。CDS 目前在能源市场上使用得越来越广泛。通常，CDS 比传统的交易信用保险要昂贵，但同时 CDS 的触发事件比信用保险合同中的那些要具体得多，这能给用户带来更多方便。

交易记录：描述记录某一衍生品合约在某一组织的交易账户上的操作过程。

即日买卖：同一个交易日内建仓和平仓某一头寸。

交割：期货合约、互换合约或者期权合约通过现金结算或实物交割的形式进行最终结算的过程。

德尔塔（Delta）：德尔塔值表示某期权基础资产价格每变化一个单位时该期权总体价值的变动（期权价格相对于其所依据的期货合约或互换合约的价格变动而发生的变动）。

衍生合约：一种价格（价值）来自于基础能源价格或资产的金融合约。

提前执行：在期权到期日之前行使期权，仅限于美式期权。

嵌入式期权：在某一合约上嵌入一个选择权，而不是一个真正完整的期权。

终端用户：通常只指衍生合约或风险管理服务的买方，他们出于自己的目的要使用石油、天然气或电力。

EFET：欧洲电力贸易者联盟。该组织创建了 EFET 主协议，欧洲大陆的远期电力和天然气市场通常在该协议下进行交易。

事件：在衍生品合约当中，事件是指在现实世界中发生继而触发某个互换协议事件的一些事情。比如说，当安然公司的信用评级被降低时，这就触发了它的一些衍生交易中的"信用事件"，从而安然公司被迫向其交易对手提供更多的担保抵押，这又带来了巨大的现金流危机，从而导致其倒台。该词也有另外的意思，即考虑在市场当中，它指触及能源市场价格快速变动的极端事件。

交易所：通常是指一个有监管的交易中心，该中心提供标准化的合约，要求使用其清算所，要求进行保证金交易。

执行：行使期权合约权利的过程。

奇异合约：具有复杂结构的衍生品合约。与其相对的是简单的传统单纯合约。

奇异期权：带有屏障的新场外期权。

到期日期（Expiration）：远期、期货、互换或期权合约到期/终止的日期。在场外交易中，通常被描述为结束日期。

外在价值：期权费超过期权内在价值的金额部分，通常由期权的时间价值所引起。

前台：一个描述营销、交易和管理交易账户等交易操作的术语。通常是提供公司套期保值或交易策略执行方式的部门。

GTMA：电网交易主协议。由英国伦敦的 Allen & Overy 律师事务所创建。与其他在 ISDA 主协议下交易的能源互换合约不一样，英国远期电力市场在 GTMA 主协议下进行交易。

套期保值：一种减少或转移可能存在于组织日常业务操作中的价格风险的衍生交易。例如，航空公司通过使用航空燃油/煤油相关的衍生品合约为其航空燃油价格风险进行套期保值。

历史波动率：能源市场过去波动率的指标。

初始保证金：存放于期货交易所的清算所或者为场外合约而支付的善意担保金额。初始保证金在一份新的衍生头寸建立时就支付。交易所根据当前的市场环境，包括价格波动，为每一笔衍生品合约设置一个初始保证金级别。在衍生合约因到期或由使用者按相反头寸操作而平仓时，初始保证金就返还给使用者。

隐含波动率：来自于某一期权市场价格的波动率。可利用期权估价模型并结合市场报出的期权费反向推出隐含波动率。

ISDA：国际互换和衍生品协会（http：//www.isda.org/），该组织创建了1992 ISDA 主协议，该协议是大多数能源相关衍生品交易的核心（英国电力、欧洲电力以及 Nat 场外天然气的交易除外，它们分别在 GTMA、NBP 以及 ETEF 协议下进行交易）。

IPE：伦敦国际石油交易所（http：//www.ipe.uk.com）。

流动性：对于某一特定的衍生品合约，其流动性依赖于交易的金额。流动性越大，合约使用者对市场效率的信心就越大，从而市场产生的价值就越大。在选择用于套期保值或投机目的的衍生品合约时，流动性起了相当大的作用。

多头：交易术语，描述某人买入期货合约、看涨期权或互换；或者指持有衍生合约，当能源价格上涨时能从合约中获利的人。

逐日盯市（Marked-to-Market）：对衍生品投资组合的每日估值，有时也写作 Marking-to-Market。在能源市场交易当中，逐日盯市是为了进行风险管理、一般管理报告和管理控制。交易者可以参考他们的 MTM 值，这是他们的衍生品投资组合甚至衍生品加实物能源头寸组合的最新价值。

到期日（Maturity）：合约到期的时间。

名义（金额）：衍生合约基础资产的美元价值。比如，某一用户以 28 美元的固定价格出售 500000 桶原油互换，则这笔交易的名义价值是 500000×28 美元 = 14000000 美元。

NYMEX：纽约商品交易所（http：//www.nymex.com）。

未平仓头寸：还没有平仓的期货合约数。

纸货合约：允许交易对手通过现金结算而不通过实物交割来结算的衍生合约。所有的互换合约都是现金结算，而大多数期货合约都采取实物交割。

结算价格：所有的期货进行结算的价格，或者是指一天交易结束时具有代表性的价格。

互换期权：互换交易基础上的期权。这种期权买卖的基础合约是互换，它们可能是美式期权，也可能是欧式期权。

最小波动点（Tick）：标准的最小价格波动，通常指交易所期货合约的最小价格波动。然而，场外能源市场也创建了它们自己的标准。

价格发现：决定某个特定能源衍生品合约市场价值的过程。

风险管理：评估、测量和管理某一公司投资组合在金融、能源以及资产等方面的各种风险的过程。

空头：卖出期货、互换或买入看跌/下限期权的人，他们从市场走低的变化当中获利。同时也指能源市场上天生的短缺者。比如，能源消费者天生就是短缺者，如果他们不做套期保值的话，他们就一直暴露在能源价格上涨的风险之下。

风险价值（VAR）：风险价值是一种衍生品头寸分析方法，它在一个设定的概率参数内（通常是 24 小时内 95% 或 99% 的置信水平），提供给衍生品使用者一个可能的损益。VAR 分析有不同的方法，这些将在后面的章节中讨论。

变动（保证金）：来自交易所清算会员账户的每日变动，这是对期货和期权头寸进行每日盯市的结果。随着一些场外合约现在也开始通过期货清算所进行清算，变动保证金也开始应用于场外合约。

衍生品行业内使用的公认石油转换因子

	桶/吨
原油	6.5~7.9
布伦特原油	7.57
石脑油	9.0
汽油	8.0~8.9
柴油和航空煤油	7.45
燃料油	6.3~6.9
取暖油（纽约商品交易所）	从美式加仑价到美元每公吨价 取暖油价格×3.1323 例如：74.00（美分/美式加仑）× 3.1323 = 231.79 美元/公吨

该转换公式用来计算伦敦国际石油交易所柴油期货合约和纽约商品交易所纽约港取暖油（两个类似级别石油产品）之间的套利。所获套利等于这两种不同地方的类似级别产品之间的价格差

	从美式加仑价到美元每桶价
取暖油（NYMEX：http://www.nymex.com/）	取暖油价格×42 例如：0.74 美元/加仑×42 = 31.08 美元

公认天然气转换因子

	升/吨
乙烷	2730
丙烷	1962
丁烷	1735
石脑油（蒸馏给料）	1463
航空涡轮燃料	1248
航空涡轮燃料，宽馏分	1260
中间馏分给料	944
车用柴油	1182
轻柴油	1172
1 吨液体甲烷	16 桶 = 50000 立方英尺
每天 1 亿立方英尺天然气	= 每年 3.6 亿摄姆
1 摄姆	= 100000Btu（英热单位） = 105.5 兆焦耳 = 29.3 千瓦时
1Btu（英热单位）	= 1.055 千焦
1Btu/升	= 2.326 千焦/千克
千瓦时（kW·h）	= 3.6 兆焦耳

体积

1 加仑（美式）	= 3.78541 升
1 桶	= 42 加仑（美式）= 158.987 升

API 比重和每吨密度/体积

60 华氏度下的 API 度数	15 摄氏度下密度值	桶/吨
25.0	903.7	6.97
26.0	897.9	7.02
27.0	892.3	7.06
28.0	886.7	7.10
29.0	881.1	7.15
30.0	875.7	7.20
31.0	870.3	7.24
32.0	865.0	7.28
33.0	859.7	7.33
34.0	854.5	7.37
35.0	849.4	7.42
36.0	844.3	7.46
37.0	839.3	7.51
38.0	834.4	7.55
39.0	829.5	7.60
40.0	824.7	7.64
41.0	819.9	7.69
42.0	815.2	7.73

电力和天然气转换因子

	千瓦时	十亿焦耳	摄姆	百万英热单位	立方英尺	立方米	1 吨液化天然气	1 吨石油当量
1 千瓦时	—	0.0036	0.0342	0.00342	3.3367	0.094515	0.000066	0.0000855
十亿焦耳	277.8	—	9.478	0.95	950	26.25	0.018	0.022
1 摄姆	29.3071	0.1055	—	0.1	96.59	2.766	0.0019	0.0024
1 百万英热单位	293.1	1.055	10	—	965.9	27.66	0.019	0.024
1 立方英尺	0.2997	0.0011	0.0102	0.001	—	0.0283	0.000019	0.000024
1 立方米	10.58	0.0381	0.362	0.0362	35.3023	—	0.00072	0.00083
1 吨液化天然气	15.000	52	520	52	48.690	1.379	—	1.2
1 吨石油当量	11.700	42.2	400	40	39.220	1.110	0.77	—

注：kW·h：千瓦时；GJ：十亿焦耳；therm：摄姆；mn Btu：百万英热单位；ft³：立方英尺；m³：立方米；1 t LNG：1 吨液化天然气；1 t oe：1 吨石油当量。

第3章 能源期货合约

引 言

商品交易者利用期货市场已经有几百年的历史了。早在18世纪早期，日本大阪出现了大米期货交易。纽约商品交易所（NYMEX）是世界上最大的有管制的能源期货交易所，建立于1872年，当时叫作纽约黄油奶酪交易所，十年后重新命名为纽约商品交易所。

场内交易的期货和期权合约创造了重要的经济利益。在这样的公开市场上，大量的潜在买方和卖方竞争最有利的价格，期货市场，如东京商品交易所（TOCOM）、新加坡交易所（SGX）、伦敦国际石油交易所、德国的欧洲能源交易所（EEX）、北欧电力交易所（Nord Pool）、纽约商品交易所（NYMEX）、美国之外的洲际交易所（Intercontinental Exchange）等，都可以使能源公司发现并获得有竞争力的价格。这些期货市场提供杠杆投资机会，这是吸引大量风险资本的一部分原因。期货市场是全球最具有流动性的金融市场之一，交易成本低，进入和退出容易。反过来，这鼓励了想要管理价格风险的各个行业和投资者使用期货市场。

今天的期货交易所和许多久经考验的制度协议一起运行，这些制度协议包括清算所的保证和交易所的自我管制。

期货合约的关键因素

期货合约是双方达成的一种标准化协议：

■ 在将来给定的日期或之前承诺按照预先设定的价格，一方买入，另一方卖出规定数量和等级的石油、天然气、电力、煤或其他特定产品。

■ 只要合约未平仓，就需要对收益和损失逐日结算。

■ 如果期货合约到交易终止日仍未平仓，期货合约到期，或者交付标的实物能源产品或者支付现金（现金结算）。

期货合约的一些重要特征：

■ 期货合约的买方，即多头，同意接货。

■ 期货合约的卖方，即空头，同意交付。

■ 正规的场内交易合约或者在特定交易地点（称为期货交易所）公开拍卖，或者通过计算机网络交易。

■ 期货合约按每日收盘价格结算，逐日盯市。每日的收益和损失传送到经纪人为顾客持有的期货损益账户。

■ 在合约到期前的任何时候，实行抵偿交易（如与已建立的头寸数量相等，方向相反的交易）可以终止期货合约。绝大多数的期货合约或者平仓或者最终现金支付，很少实物交割。例如，在IPE和纽约商品交易所（NYMEX），每月最后只有不到2%的能源期货未平仓合约实物交割。

一个标准化的能源期货合约具有以下项目：

■ 标的工具：作为合约基础的能源商品或价格指数。

■ 规模：每份合约包含的标的项目的数量。

■ 交货周期：合约可以交易的特定月份。

■ 到期日：某一期货合约交易月份的到期日，因此期货合约下的义务也将终止。

■ 等级或质量说明书和交付地点：对交易的能源或其他商品的详细描述，以及合约允许的交付不同质量的商品或者在备用的交付地点交付应溢价或折价的详细说明。例如，纽约商品交易所（NYMEX）的WTI原油期货合约允许交易者交付其他质量的原油，它们为那些替代原油制定了溢价折价表。

■ 结算机制：关于标的商品实物交割或最终现金支付的条款。事实上，期货合约唯一非标准化的项目是一个标的单位的价格，这是在交易场内确定的。

期货交易机制简单易懂：买卖双方向经纪公司交纳初始保证金，确保他们履行合约，经纪公司可能是期货交易所的会员清算公司，附属于交易所。初始保证金数目通常比率很小，大约占全部名义合约价值的10%。

买入（持有多头）期货合约，价格上涨时，获得利润等于价格上涨幅度乘以合约数量；反过来，价格下跌，亏损的数量是价格下跌幅度乘以合约数量。卖出（持有空头）期货合约，价格下跌时，获得的利润是价格下跌幅度乘以合约数量；价格上涨，亏损的数目是价格上涨幅度乘以合约数量。通过期货变更保证金账户每日支付损益，经纪人必须以他们客户的名义每天将现金存入清算所，经纪人或者为客户融资，或者要求其客户为未来的可能损失提供担保。

一些期货交易所对投机者、交易商或套利者设置不同的头寸数量限制，有时实施每日最大价格变化。通常只有美国交易所的合约应用这些限制规定，例如，IPE石油期货合约不使用价格限制和头寸限制。在海湾战争期间，一些交易者发现，纽约商品交易所被迫暂停交易，而国际石油交易所继续交易，在选择期货合约时需要考虑这些情况。

期货期权合约

期货期权合约是指在到期日或者之前以协议价格买卖一定数量的标的期货合约或一定数量能源商品或指数的权利，而不是义务，协议价格是期权的执行价格。期货期权合约在交易标的期货合约的交易所内交易，标的期货合约的数量、到期日和执行价格（标的期货合约可以买卖的价格）都是标准化的。期权类型有两种：看涨期权和看跌期权。

期货合约的看涨期权给予买方在期权存续期间以特定价格（执行价格）购买标的合约的权利，并非必须购买的义务。期货合约的看跌期权给予买方在期权到期日之前以执行价格卖出标的合约的权利，而不是义务。获得买卖权利的成本称为期权价格，这是交易场内或交易所电子交易系统的买卖报价。期货合约，场内交易期权头寸通过做一笔与先建立的头寸数量相等，方向相反的交易可以平仓。

期货与期权合约的主要不同点是期权买方和卖方的不同义务，期货合约的买卖双方必须执行合约，平仓或者交割，期货合约双方的损益等于合约建立与终止时的价差。

相反，期权合约的买方没有义务执行期权合约。期权买方的损失限于支付的期权价格，看涨（看跌）期权，若现货价格高于（低于）执行价格的部分大于已支付的期权价格时，期权买方就可以获利。期权卖方获得期权价格，若买方选择执行期权则必须执行。在到期日之前如果期权有价值（处于实值状态）则执行期权。期权卖方承担无限的价格风险（除非建立其他期权或期货头寸对冲风险），这是现在的一些公司禁止交易员卖出期权的原因，这些公司可能认为它没有适当地控制系统管理空头期权价格风险。

期货市场套期保值

套期保值的目的是规避不利的市场价格走势导致的较大损失。现货市场和期货市场并不总是完全相关，所以不存在完美套期保值，几乎总是存在利润或损失（基差风险）。

在期货市场，套期保值者建立与现货市场头寸相反的期货头寸。更确切地说，种植玉米的农业合作社可以做玉米期货空头，保护农业不受价格波动的影响。日本小汽车的进口商做日元期货多头，保护它的债务不受汇率波动的影响，稀有金属商人购买黄金期货合约，以保护确定价格的黄金销售合约，能源生产商或者消费者预见市场价格上涨或下跌时会考虑买卖能源期货，锁定价格风险。

利用期货合约管理价格风险的例子包括：

■ 稳定现金流。

■ 确定商品和证券的买卖价格。

■ 保证资产负债表平衡。

■ 降低交易成本。

■ 降低存储成本。

■ 以持有成本锁定远期利润，如存储能源数月，在期货市场卖出远期合约，你可以通过持有存货获利。

■ 锁定未来的实物交割，最小化持有存货成本，最小化存货所需的证券规模。清算所保证合约的履行。

图 3-1 是期货交易的运作过程。图 3-2 至图 3-4 显示了石油、天然气和电力期货市场的结构。随着东南亚国家使用内部管道网络勘探天然气，再过十几年，有望在泰国、马来西亚、新加坡、印度尼西亚等国家发展天然气交易和天然气期货市场。

世界上其他实物远期合约和场外电力市场将在第 4 章场外衍生品市场讲述。

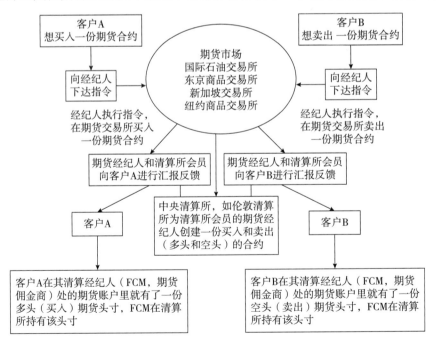

图 3-1　期货交易运作过程

资料来源：伦敦能源学院，http://www.energycollege.org/。

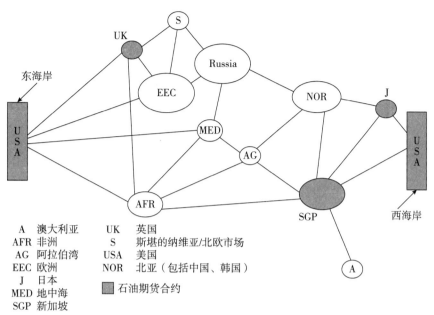

A 澳大利亚   UK 英国
AFR 非洲   S 斯堪的纳维亚/北欧市场
AG 阿拉伯湾   USA 美国
EEC 欧洲   NOR 北亚（包括中国、韩国）
J 日本
MED 地中海   ▨ 石油期货合约
SGP 新加坡

图 3-2 东京商品交易所

注：在东京商品交易所（http://www.tocom.or.jp/）、伦敦国际石油交易所（http://www.ipe.uk.com/）、
新加坡交易所（http://www.sgx.com/）和纽约商品交易所（http://www.nymex.com/）交易的石油期货。交
易的这些期货是 IPE 布伦特原油期货、IPE 柴油期货、NYMEX WTI 原油期货、NYMEX 取暖油（如柴油）期
货和 NYMEX 汽油期货。

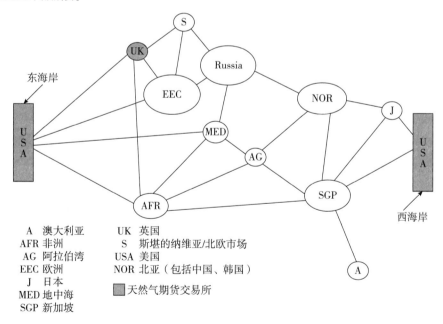

A 澳大利亚   UK 英国
AFR 非洲   S 斯堪的纳维亚/北欧市场
AG 阿拉伯湾   USA 美国
EEC 欧洲   NOR 北亚（包括中国、韩国）
J 日本
MED 地中海   ▨ 天然气期货交易所
SGP 新加坡

图 3-3 纽约商品交易所

注：在纽约商品交易所（http://www.nymex.com/）和伦敦国际石油交易所（http://www.ipe.uk.com/）
交易的天然气期货。这些交易的期货合约是 IPE 国家平衡点（价格参考）英国天然气期货和 NYMEX Henry
Hob 天然气期货。

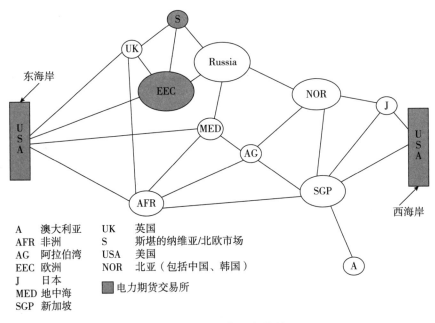

东海岸

西海岸

A	澳大利亚	UK	英国	
AFR	非洲	S	斯堪的纳维亚/北欧市场	
AG	阿拉伯湾	USA	美国	
EEC	欧洲	NOR	北亚（包括中国、韩国）	
J	日本			
MED	地中海	▓	电力期货交易所	
SGP	新加坡			

图 3-4　北欧电力交易所

注：在北欧电力交易所（http：//www.nordpool.com/）和 EEX 欧洲能源交易所（http：//www.eex.de/）交易的电力期货。北欧电力交易所交易挪威、瑞典、丹麦、芬兰的电力期货和期权；EEX 则交易德国电力市场的期货。

期货转现货交易（EFP）和期货市场交割

有两个能源期货市场提供 EFPs 交易，分别是位于纽约的纽约商品交易所和位于伦敦的国际石油交易所。通常，期货交易所只有 2%～5% 的能源期货合约进行实物交割（国际石油交易所的布伦特是唯一到期日较大地使用现金结算，不进行实物交割的能源期货合约）。

公司可以采用以下几种方案进行交割，它们可以选择标准交割（按照符合期货交易所制定的期货合约的详细说明）或者可以尝试商定一个备用交割程序（ADP）。在能源交易商不希望按照期货合约规定的条件交割时（所以不能通过交易所或清算程序进行交割），或者双方无法摆脱某一头寸，希望直接对现金结算进行协商时，通常就会使用这种方案。在备用交割程序中，交易所和清算经纪人免除与交割相关的所有义务，交易商和套期保值者也可以做期货转现货交易（EFP）。

期货转现货交易

利用能源期货合约套期保值的公司常常并不真正想在某个确定的地点交货或提货。在许多情况下，它们对由交易所匹配的交易伙伴并不感兴趣。然而，有时利用期货的套期保值者发现按照与期货合约不同的条款进行实物能源交割更划算。由于 EFP 灵活性更强，是完成上述交易最常用的方法。EFPs 可以使公司选择交易伙伴、交割地点、产品等级、交割日期。EFP 交易机制允许买方和卖方按协议价格交易实物能源。然而，EFP 交易的现货数量必须与 EFP 期货交易规定的数量大体相等。这是期货交易所的关注所在，它们不断研究以确保 EFPs 交易双方的现货与期货数量相等。

达成 EFP 交易后，双方将 EFP 清算价格提交给他们的期货经纪人，再由经纪人提交到期货交易所来登记该笔交易。EFP 建立的期货头寸价格可以超过期货市场的每日交易价格范围，这是 EFP 的名义价格。EFP 交易双方达成的价格能够影响现货市场价格。

一笔 EFP 交易的实际机制

两个期货市场参与者——多头和空头套期保值者，如果双方也存在现货交易，那么就可以达成 EFP 交易。

例如，期货市场多头（买方）和空头（卖方）达成 EFP 交易，可能会交割原油。在交易中，买卖双方都得以平仓，原油的实物交割并不通过期货交易所。

EFP 市场通常是由期货经纪人报价，所以一个组织留心发现 EFP 交易伙伴是第一位的。

案例 1：使用 EFP 交易建立头寸

12 月 15 日，一个炼油商希望卖出期货，以保护部分石油存货不受价格下降的影响。同时，汽油分销商担心价格上涨，希望现在买入以保护远期购买不受价格上涨的影响。他们商定了汽油价格、净价差，向期货交易所（国际石油交易所或纽约商品交易所）登记 EFP 交易。

一旦登记完毕，双方各自就会以某个价格收到一个期货头寸，该价格反映了选定的期货合约的价格和特定现货柴油价格之间的精准价差。

1 月 14 日，该柴油炼油商同分销商安排燃料的现货交割。在那时，炼油商和分销商通过他们的经纪人独立地在交易所为其各自期货头寸平仓。

在这个案例中，多头（买方）将其期货头寸卖回给交易所，而空头（卖方）套期保值者通过交易所买入空头套期保值。他们"交换"期货合约义务，从而终止了其各自原来在交易所的合约义务。相关期货合约未平仓头寸也因此而得以减少。换句话说，如果考虑到他们现货市场头寸的交换，他们在期货合约到期之前实际上就已经完成了平仓。该交易的价格、发生的地点以及时间等均由交易双方自行协商。

案例 2：使用 EFP 交易变现（平仓）头寸

12 月 15 日，一原油交易公司欲替其未来即将购买的西非原油进行避险，所以该公司以 24 美元/桶的价格在交易所买入 500 份（500000 桶）2 月份国际石油交易所布伦特石油期货合约。

大约在同时，亚洲某原油生产商正在为其原油现货销售合约未来价格波动寻求价值保护。所以该生产商以 24.15 美元/桶的价格（在不同于上述交易公司买入合约的某一天）卖出 500 份（500000 桶）国际石油交易所布伦特石油期货合约。

1 月 12 日，上述两家公司同意现金交易 500000 桶波泥轻原油（Bonny Light Crude Oil），相当于 500 份国际石油交易所布伦特期货合约。

由于两家公司已经在其期货经纪人账户中为其头寸进行了套期保值，因此他们同意利用 EFP 来对其套期保值头寸进行平仓。

由于他们可以在交易所以他们双方同意的任意价格注册该 EFP，因此，他们协商使用相当于交割点和交易所报价之间的精确价差来作为 EFP 的价格。

通过运用 EFP，原来的套期保值通过该精确价格而被取消。这避免了在交易所未平仓市场上涵盖原套期保值的可能风险，该交易所对于变现套期保值的价格是不存在担保的。由于该套期保值头寸能够在现货交易执行的同时进行平仓或净额结算，因此这也就消除了择时风险。通常，原油市场交易商们都交易 VLCC（Very Large Crude Carriers，巨型原油船），该船能够载运 200 万桶或 2000 批次的纽约商品交易所 WTI 期货合约或国际石油交易所布伦特期货合约中所列的原油。如果不是为了 EFP 机制的话，在不因期货市场流动性问题而负面影响期货市场价格的情况下，试图对头寸进行平仓将会花掉很多时间来作出决定。平均说来，通常交易的最大规模的 IPE 布伦特期货合约或 NYMEX WTI 期货合约数量是 100 批次或者 100000 桶。

EFPs 包含的交割地点不同于那些在基础期货合约中特定的地点，且/或包含不同的能源商品，且/或包含不同的交割期限，而交易价格则由 EFPs 交易双方协商决定。这些协商后的价格反映了品质、地点、时机等方面的差异，包括两种产品以及交割地点的运输差异和品质差异。

交易所的清算公司将 EFPs 交易视作追求保证金的交易。一旦该 EFP 交易生效，保证金就应在该 EFP 交易登记日之后的下一个营业日被释放出来。

在包含期货市场套期保值者和起初未持有期货头寸的现货市场参与者的 EFPs 当中，套期保值者的保证金在该 EFPs 登记之后的下一个营业日得以释放出来。此时，现货市场参与者就要开始负责维持原先的保证金账户使其有足够的保证金，直到该套期保值变现或者合约交割完成。

纽约商品交易所 NYMEX 要求有关 EFPs 交易的书面文件，为此，它们提供了文件的标准化格式文本。伦敦国际石油交易所 IPE 市场不要求书面文件，但是它保留在任何时候进行随意询问的权利。

需要提交的信息包括：

■ 一笔 EFP 交易生效的事实。

■ 该 EFP 交易引起某特定能源商品所有权变更的声明。

■ 交易发生的日期。

■ 包含在该 EFP 交易中的能源期货的类型和数量。

■ 该期货交易将被清算的价格。

■ 在该 EFP 交易中涉及的清算经纪人的姓名。

买方和卖方的清算会员必须向交易所确保该交易是一笔合法的 EFP 交易。该 EFP 交易中的有关现货商品所有权变更的证据以及卖出该现货商品的公司得到的付款凭证等都必须保证能随时提交给交易所，代表该 EFP 交易双方当事人的清算经纪会员为此提供担保。

国际石油交易所（伦敦）布伦特原油期货标准合约

1988 年 7 月 23 日。现金结算，不进行实物交割。

交易时间

电子交易时间：08：00～09：00

公开喊价交易时间：10：02～19：30

交易单位

1000 桶（42000 加仑）布伦特原油。

合约规格

通过管道运送至萨洛姆湾的布伦特混合油。

报价方式

美元及美分每桶。

最小价格波动

0.01 美元每桶，相当于每张合约 10 美元。

每日最大价格波动

无最大价格波动限制。

每日保证金

未平仓合约逐日盯市。

合约月份

12 个连续月份，一季度后扩展至最长 24 个月，半年后至最长 36 个月。

持仓限额

没有持仓数量限制。

国际石油交易所（伦敦）布伦特原油期权标准合约

1989 年 5 月 11 日。

交易时间

当地时间 10：02~19：30

交易单位

一份伦敦国际石油交易所（IPE）布伦特原油期货合约。

报价方式

美元及美分每桶。

期权行权价格

行权价格的增量是每桶 50 美分的倍数。每个月份合约最少有 5 个行权价格，一个接近于前一营业日的该月份合约的结算价，两个或两个以上行权价高于该价格，两个或两个以上行权价低于该价格。每天交易所可能增加一个或几个最接近于最后所列价格的行权价。

最小价格波动

1 美分每桶。

每日最大价格波动

没有限制。

每日保证金

所有未平仓合约都是逐日盯市。

期权价格

由于期货使用保证金形式，在交易时不支付或收到期权价格，而是根据期权价值变化，每日结算保证金账户。只有平仓（相反方向的卖出或买进对冲，执行或到期）时才能了解支付或收到的总价值。买方从不支付期权价格以外的成本，这是期权交易的一条基本原则。

合约月份

布伦特原油期货合约的前 6 个报价月份合约，一旦有期权到期，马上引入新的月份合约，这样始终保持有 6 个交易月份合约。

持仓限额

没有持仓规模限制。

最后交易日

比该期权合约对应的期货合约提早 3 个交易日结束期权交易。

期权的行使

IPE 布伦特原油期权可以运用到布伦特原油期货合约中。IPE 布伦特原油期权是美式期权，买入看涨期权或者看跌期权的交易者最晚可以在合约期限内的任意营业日 17：00 前，通知伦敦清算所执行期权（除了到期日）。

在到期日交易终止后一小时内，买方仍可以执行期权。届时，伦敦清算所会代表会员执行所有处于实值的期权，会员另有指示的除外。

国际石油交易所（伦敦）柴油期货标准合约

1981 年 4 月 6 日。到期日实物交割。

交易时间

电子交易时间，当地时间 08：00～09：00

公开喊价交易时间，当地时间 09：15～17：27

合约范围

在交割月份的第 16 天一直到最后一天，交割来自阿姆斯特丹、鹿特丹、安特卫普地区的炼油厂的柴油期货合约。

交易单位

100 公吨柴油/手，即每份合约 118.35 立方米相当于在真空 15 摄氏度时，密度为 0.845 千克/公升的 100 公吨柴油。

合约规格

柴油应大批量交割，无留置权和要求权，质量符合规定。

原产地

任何原产地，可以是欧盟国家。

报价方式

美元及美分每桶。

最小价格波动

25 美分每公吨，相当于每份合约 25 美元。

每日最大价格波动

无限制。

每日保证金

所有未平仓合约都逐日盯市。

合约月份

12 个连续月份，一季度后扩展至最长 24 个月，半年后至最长 36 个月。

持仓限额

没有持仓数量限制。

国际石油交易所（伦敦）柴油期权标准合约

1987 年 7 月 20 日。

交易时间

当地时间 09：15～17：27

合约单位

一份 IPE 柴油期货合约。

报价方式

美元及美分每桶。

期权行权价格

行权价格的增量是每公吨 2.50 美元倍数。每个月份合约最少有 5 个行权价格，一个接近于前一营业日的该月份合约的结算价，两个或两个以上行权价高于该价格，两个或两个以上行权价低于该价格。每天交易所可能增加一个或几个最接近于最后所列价格的行权价。

最小价格波动

5 美分/公吨。

每日最大价格波动

没有限制。

每日保证金

所有未平仓合约都是逐日盯市。

期权价格

由于期货使用保证金形式，在交易时不支付或收到期权价格，而是根据期权价值变化，每日结算保证金账户。只有平仓（相反方向的卖出或买进对冲，执行或到期）时才能了解支付或收到的总价值。买方从不支付期权价格以外的成本，这是期权交易的一条基本原则。

合约月份

布伦特原油期货合约的前 11 个报价月份合约，一旦有期权到期，马上引入新的月份合约，这样始终保持有 11 个交易月份合约。

持仓限额

没有持仓数量限制。

最后交易日

比该期权合约对应的期货合约提早 3 个交易日结束期权交易。

期权的行使

IPE 柴油期权可以运用到柴油期货合约中。IPE 期权合约是美式期权,买入看涨期权或者看跌期权的交易者最晚可以在合约期限内的任意营业日的 17：00 前,通知伦敦清算所执行期权（除了到期日）。

在到期日交易终止后一小时内,买方仍可以执行期权。届时,伦敦清算所会代表会员执行所有处于实值的期权,会员另有指令的除外。

国际石油交易所天然气期货标准合约

1997 年 1 月 31 日。

交易时间

英国时间 09：30～17：00 （日交易合约 09：30～16：00）

交易机制

电子能源交易系统,期货转现货交易。

合约单位

每份合约每日 1000 千卡（1 千卡＝29.3071 千瓦·时）。

合约规模

最少 5 份 1000 千卡的合约（例如,9 月份 5 份合约＝5×1000 千卡×30 天＝150000 千卡）。

报价方式

英镑及便士每千卡。

最小价格波动

0.01 便士每千卡。

每日最大价格波动

没有限制。

合约描述

定期合约是 6 个独立且连续的合约月份,一般是 4～9 月和 10～3 月。季度合约是 3 个单个且连续的合约月份。季度合约有以下几种：（1 月、2 月、3 月）或（4 月、5 月、6 月）或（7 月、8 月、9 月）或（10 月、11 月、12 月）。

月份合约是由一系列单日连续的日合约组成。

初始保证金

伦敦清算所向其清算会员要求缴纳根据全部未平仓合约计算的初始保证金,用来抵偿会员平仓时违约，清算所遭受的损失。平仓或到期日返还初始保证金。

变更保证金

在每个交易日结束后，全部未平仓合约逐日盯市结算，变更保证金根据每份合约未平仓数量计算，合约的结算价格每日都在发生变化。

纽约商品交易所 WTI 轻质低硫原油期货合约

交易单位

期货：1000 桶（42000 加仑）。

期权：一份 NYMEX WTI 轻质低硫原油期货合约。

交易时间

期货和期权：场内公开竞价交易为上午 10：00 至下午 2：30。

场内交易收市后可通过基于互联网的交易平台 NYMEX ACCESS 进行交易，每周一至周四下午 3：15 开始、次日上午 9：30 结束，周日该交易市始于下午 7：00。上述时间均为纽约时间。

交易月份

期货：30 个连续月份，加上最初挂牌的，距到期日较远的 36 个月、48 个月、60 个月、72 个月和 84 个月的期货合约。

期权：12 个连续月份，加上最初挂牌的，距到期日较远的 18 个月、24 个月、36 个月的期权合约。

报价方式

期货和期权：美元及美分/桶。

最小价格变动

期货和期权：0.01 美元/桶（即 10 美元每张合约）。

每日最大价格波动

期货：除前两个月份外，其他月份合约最初限幅为 3.00 美元/桶；如果前一天的结算价达到了 3 美元/桶的限幅，则第二天该限幅升至 6 美元/桶。如果前两个月份的合约中任何一个出现了价格波动，则交易先暂停 1 小时，然后所有月份的价格限幅均扩大为 7.50 美元/桶。

期权：没有价格限制。

最后交易日

期货：交易终止于交割月前一个月的第 25 个公历日之前的第 3 天交易收盘时。如果第 25 个公历日是非工作日，交易应止于第 25 个公历日前最后 1 个工作日之前的第 3 个交易日收盘时。

期权：该期权合约对应的期货合约提早 3 个交易日结束期权交易。

期权的行使

每日当标的期货结算价格公布后 45 分钟内，或者当天 17：30 之前，通过 NY-MEX 清算行的一个清算会员行权，直到该期权到期日为止。

期权行权价格

共有至少 61 个行权价，居中的是平值行权价，然后以该价格为基础向上下每变动 0.50 美元每桶为一档，上下各 20 档，然后以目前最高的行权价为基础向上每增加 2.50 美元每桶为一档，共 10 档；以目前最低的行权价为基础向下每减少 2.50 美元每桶为一档，共 10 档。如此就有 61 个行权价，其中平值行权价是与前一日标的期货合约价格最接近的那个价格。根据标的期货价格变动，行权价系列的边界也随之变动。

交割

以 F. O. B. 卖方的设施，在俄克拉荷马州的库欣，以罐装、管道、权利凭证转移或设施间转移的方式进行。交割应自交割月的第一个公历日当日或之后开始，并于交割月最后一个公历日前结束。

交割期限

所有交割应当在整个交割月即当月的第一天至最后一天，均匀安排。

备用交割程序（ADP）

在当前交割月份合约交易中止之后，买卖双方在交易所为之配对之后，经协商可以以不同于合约规定的交割条件交割，在双方共同向交易所提交一份通知告知其意图之后，可以按其协商的结果交割。

期货转现货（EFP）

买卖双方可以向交易所申请互换手中的期货及现货头寸，交易所在收到申请之后会协助建立或清算其期货头寸。

交易等级

美国国内原油主要指标为：含硫量不高于 0.42%，API 在 37～42。可交割的原油品种包括：西得克萨斯中质油（WTI）、低硫混合油、新墨西哥低硫原油、俄克拉荷马低硫原油、南得克萨斯低硫原油。上述原油均按结算价格进行交割。

外国原油的标准是高于 34° API 或低于 42° API。下列外国原油是可交割的：英国的布伦特和挪威的奥斯博格混合原油，卖方应该获得最后结算价每桶 30 美分的折扣。尼日利亚和哥伦比亚交割时应有 15 美分的贴水。尼日利亚夸伊博原油交割时有 5 美分的贴水。

持仓限额

对于目前正在交易的不同月份到期的各个合约，其总持仓量不得超过 20000 个净期货头寸；对于单个合约，其持仓量也不得超过 10000 个净期货头寸；对于当前交割月份合约，在其最后 3 个交易日内持仓量不得超过 1000 个净期货头寸。

货物检验

货物检验应依照管道运输惯例。买方或卖方可以指定特定机构检验交割的原油的质量。由要求检验的一方承担成本，并且通知对方将对货物进行检验。

保证金要求

建立期货头寸或者卖空期权都需要付保证金，而期权买方的保证金不超过其权利金。

WTI 轻质低硫原油日历价差期权

为了帮助市场参与者减轻期货合约不同交割月份之间的相当大的价格风险，纽约商品交易所推出了关于轻质低硫原油期货合约的日历价差期权。

日历价差期权合约通过利用同一种商品但不同交割月份之间的价差变动获利。与其他任何市场相比，能源市场对天气变化和世界局势最为敏感，因此不同交割月份之间的价差有时变化极大。各交割月份之间的价格变化幅度较大，使得市场参与者暴露相当严重的价格风险，会降低存货套期保值或提高存货价值的效率，已经套期保值的市场参与者利用日历价差期权还可以获得有利的市场走势。

要正确使用市场关系，必须记住以下关于市场曲线的两种定义。当近月合约价格高于远月合约价格时，这一市场被称为现货溢价。这通常意味着由于供给短缺价格偏高，在这种情况下，日历价差期权合约的执行价格为正。反过来，当近月价格低于远月价格时，市场为期货溢价。当价格曲线显示为期货溢价时，日历价差合约的执行价格为负，在价差关系中，负的执行价格并不罕见。

商品价格曲线随时可能发生变化。公司可以利用日历价差合约管理由这些变化带来的风险。原油生产商的风险管理者会使用期货合约为生产套期保值。

在期货溢价市场，作为原油卖方的生产者，可能会买入看跌期权，以保护自己不受价格下降的影响；原油的买方可能会买进看涨期权。在价格曲线处于期货溢价时，具有大量存储能力的原油生产商通过买进比较便宜的当月合约，卖出价格较高延期月份期权合约，就可以获利。

反过来，在市场处于现货溢价时，空余的存储能力并不能产生现金流。卖出日历价差的看跌期权可以产生现金流，拥有空余存储能力作为支撑，使得石油公司可以卖出看跌期权。

此外，在险峻的现货溢价市场，在一个套期保值策略已经升值以后想买回成本是相当大的。买进日历价差看涨期权可以减少这项成本，考虑参加风险市场执行空头套期保值。

在概念上，日历价差期权与 1994 年推出的裂解价差期权相似。轻质低硫原油日历价差期权合约可以使用以下任何月份的组合：最初的 4 个月，13 个挂牌月份中任意两个连续月份。

执行时，看跌期权合约的买方在期货市场近月持有空头，远月持有多头。看涨期权合约的买方在期货市场近月持有多头，远月持有空头。

纽约商品交易所取暖油期货合约

交易单位

期货：1000 桶（42000 加仑）。

期权：一份纽约商品交易所分部取暖油期货合约。

交易时间

期货和期权：场内公开竞价交易为上午 10：05 至下午 2：30。

场内交易收市后可通过基于互联网的交易平台 NYMEX ACCESS 进行交易，每周一至周四下午 3：15 开始、次日上午 9：30 结束，周日该交易市始于下午 7：00。上述时间均为纽约时间。

交易月份

期货：从下一个日历月份开始的 18 个连续月份中交易（例如，合约于 2002 年 1 月 2 日建立，交易发生在 2002 年 2 月至 2003 年 7 月的所有月份）。

期权：18 个连续月份。

报价方式

期货和期权：美元（美分）/加仑。例如，0.7527 美元（75.27 美分）/加仑。

最小价格变动

期货和期权：0.0001 美元/加仑（即 4.20 美元每张合约）。

每日最大价格波动

期货：除前两个月份外，其他月份合约最初限幅为 0.06 美元（6 美分）/加仑；如果前一天的结算价达到了 0.06 美元/加仑的限幅，则第二天该限幅升至 0.09 美元（9 美分）/加仑。如果前两个月份的合约中任何一个出现了价格波动，则交易先暂停 1 小时，然后所有月份的价格限幅均扩大为 0.20 美元/加仑。

期权：没有价格限制。

最后交易日

期货：交易终止于交割月前一个月的最后 1 个工作日收盘时。

期权：该期权合约对应的期货合约提早 3 个交易日结束期权交易。

期权的行使

每日当标的期货结算价格公布后 45 分钟内，或者当天 17：30 之前，通过 NY-

MEX 清算行的一个清算会员行权，直到该期权到期日为止。

期权行权价格

共有至少 61 个行权价，居中的是平值行权价，然后以该价格为基础向上下每变动 1 美分/加仑为一档，上下各 20 档，然后以目前最高的行权价为基础向上每增加 5 美分/加仑为一档，共 10 档；以目前最低的行权价为基础向下每减少 5 美分/加仑为一档，共 10 档。如此就有 61 个行权价，其中平值行权价是与前一日标的期货合约价格最接近的那个价格。根据标的期货价格变动，行权价系列的边界也随之变动。

交割

以 F. O. B. 卖方的设施，纽约港，离岸。支付所有的义务、权利、赋税、费用等。对卖方离岸设施的要求：能够将货物装到驳船上。如果卖方能够做到，买方可以要求用卡车运输，支付一定额外费用，也可以罐装、管道、权利凭证转移或设施间转移的方式进行。交割必须遵守相应的联邦、各州和当地的专卖法和税法。

交割期限

所有交割应当在整个交割月即当月的第 5 个工作日之后至最后一天，均匀安排。

备用交割程序（ADP）

在当前交割月份合约交易中止之后，买卖双方在交易所为之配对后，经协商可以以不同于合约规定的交割条件交割，在双方共同向交易所提交一份通知告知其意图之后，可以按其协商的结果交割。

期货转现货（EFP）

买卖双方可以向交易所申请互换手中的期货及现货头寸，交易所在收到申请之后会协助建立或清算其期货头寸。

等级和质量标准

通常符合 No. 2 替代取暖油的行业标准。

货物检验

买方可能要求对交割货物的等级和质量进行检验，需要检验驳船、油罐等设施转移的数量。如果买方不要求数量检验，卖方也会要求检验。数量检验的成本由买卖双方平均分担。如果货物符合数量和质量标准，数量检验的成本由买卖双方共同分担。如果货物不符合标准，成本由卖方承担。

持仓限额

对于目前正在交易的不同月份到期的各个合约，其总持仓量不得超过 7000 个净期货头寸；对于单个合约，其持仓量也不得超过 5000 个净期货头寸；对于当前交割月份合约，在其最后 3 个交易日内持仓量不得超过 1000 个净期货头寸。

保证金要求

建立期货头寸或者卖空期权都需要付保证金，而期权买方的保证金不超过其权利金。

纽约商品交易所纽约港无铅汽油期货和期权合约

交易单位

期货：1000 桶（42000 加仑）。

期权：一份纽约商品交易所分部纽约港无铅期货合约。

交易时间

期货和期权：场内公开竞价交易为上午 10：05 至下午 2：30。

场内交易收市后可通过基于互联网的交易平台 NYMEX ACCESS 进行交易，每周一至周四下午 3：15 开始、次日上午 9：30 结束，周日该交易市始于下午 7：00。上述时间均为纽约时间。

交易月份

期货：12 个连续月份。

期权：12 个连续月份。

报价方式

期货和期权：美元（美分）/加仑。例如，0.8522 美元（85.22 美分）/加仑。

最小价格变动

期货和期权：0.0001 美元/加仑（即 4.20 美元每张合约）。

每日最大价格波动

期货：除前两个月份外，其他月份合约最初限幅为 0.06 美元（6 美分）/加仑；如果前一天的结算价达到了 0.06 美元/加仑的限幅，则第二天该限幅升至 0.09 美元（9 美分）/加仑。如果前两个月份的合约中任何一个出现了价格波动，则交易先暂停 1 小时，然后所有月份的价格限幅均扩大为 0.20 美元/加仑。

期权：没有价格限制。

最后交易日

期货：交易终止于交割月前一个月的最后 1 个工作日收盘时。

期权：该期权合约对应的期货合约提早 3 个交易日结束期权交易。

期权的行使

每日当标的期货结算价格公布后 45 分钟内，或者当天 17：30 之前，通过 NY-MEX 清算行的一个清算会员行权，直到该期权到期日为止。

期权行权价格

共有至少 61 个行权价，居中的是平值行权价，然后以该价格为基础向上下每变动 1 美分/加仑为一档，上下各 20 档，然后以目前最高的行权价为基础向上每增加 5 美分/加仑为一档，共 10 档；以目前最低的行权价为基础向下每减少 5 美分/加仑为一档，共 10 档。如此就有 61 个行权价，其中平值行权价是与前一日标的期货合约价格最接近的那个价格。根据标的期货价格变动，行权价系列的边界也随之变动。

交割

以 F. O. B. 卖方的设施，纽约港，离岸。支付所有的义务、权利、赋税、费用等。对卖方离岸设施的要求：能够将货物装到驳船上。如果卖方能够做到，买方可以要求用卡车运输，支付一定额外费用，也可以罐装、管道、权利凭证转移或设施间转移的方式进行。交割必须遵守相应的联邦、各州以及当地的专卖法和税法。

交割期限

所有交割应当在整个交割月即当月的第 5 个工作日之后至最后一天，均匀安排。

备用交割程序（ADP）

在当前交割月份合约交易中止之后，买卖双方在交易所为之配对后，经协商可以以不同于合约规定的交割条件交割，在双方共同向交易所提交一份通知告知其意图之后，可以按其协商的结果交割。

期货转现货（EFP）

买卖双方可以向交易所申请互换手中的期货及现货头寸，交易所在收到申请之后会协助建立或清算其期货头寸。

仓位限制

所有月份/任何一个月份：净仓位不得超过 7000 张合约，但在即期月份的最后 3 天不能超过 1000 张。

等级和质量标准

通常符合复合成品油欧 II 标准。

纽约港无铅汽油规格如表 3-1 所示。

表 3-1　纽约港无铅汽油规格

含氧量	按重量计不低于 1.7%	
苯含量	按容积计不高于 1.3%	
月份	雷特蒸气压（RVP）值	挥发性有机化合物（VOC）减少量
一月	不超过 15	n/a
二月	不超过 15	n/a
三月	不超过 13.5	n/a
四月	n/a	不低于 23.4
五月	n/a	不低于 23.4
六月	n/a	不低于 23.4
七月	n/a	不低于 23.4
八月	n/a	不低于 23.4

续表

含氧量	按重量计不低于 1.7%	
苯含量	按容积计不高于 1.3%	
月份	雷特蒸气压（RVP）值	挥发性有机化合物（VOC）减少量
九月 1～15 日	n/a	不低于 23.4
九月 16～30 日	不超过 13.5	n/a
十月	不超过 13.5	n/a
十一月	不超过 15	n/a
十二月	不超过 15	n/a

纽约商品交易所亨利中心天然气期货和期权合约

交易单位

期货：100 亿英国热量单位（mmBtu）。

期权：一份纽约商品交易所分部天然气期货合约。

交易时间

期货和期权：场内公开竞价交易为上午 10：00 至下午 2：30（在任何期货交易终止日星期三天然气期货和期权合约在下午 2：45 收市）。

场内交易收市后可通过基于互联网的交易平台 NYMEX ACCESS 进行交易，每周一至周四下午 3：15 开始、次日上午 9：30 结束，周日该交易市始于下午 7：00。上述时间均为纽约时间。

交易月份

期货：从下一个日历月份开始的 72 个连续月份，例如：合约于 2002 年 1 月 2 日建立，交易发生在 2002 年 2 月至 2008 年 1 月期间的所有月份。

期权：12 个连续月份，加上最初挂牌的，以 3 月、6 月、9 月、12 月为周期的 15 个月、18 个月、21 个月、24 个月、27 个月、30 个月、33 个月、36 个月、39 个月、42 个月、45 个月、48 个月、51 个月、54 个月、57 个月、60 个月、63 个月、66 个月、69 个月和 72 个月的期权合约。

报价方式

期货和期权：美元（美分）/百万英国热量单位。例如，2.850 美元/百万英国热量单位。

最小价格变动

期货和期权：0.001 美元（0.1 美分）/加仑（即 10.00 美元每张合约）。

每日最大价格波动

期货：所有月份最初限幅都是 1.00 美元/百万英国热量单位。如果任何合约在 5 分钟内经出价报价后交易，交易暂停 15 分钟。交易继续后，如果前两个月份的合约中任何一个出现了价格波动，则价格限幅均扩大为 2.00 美元/加仑。在当月交割的最后 3 天没有价格限制。

期权：没有价格限制。

最后交易日

期货：交易终止于交割月第一个日历日的前 3 个工作日收盘时。

期权：该期权合约标的期货合约到期日之前的工作日收市时结束期权交易。

期权的行使

每日当标的期货结算价格公布后 45 分钟内，或者当天 17：30 之前，通过 NY-MEX 清算行的一个清算会员行权，直到该期权到期日为止。

期权行权价格

共有至少 61 个行权价，居中的是平值行权价，然后以该价格为基础向上下每变动 0.05 美元/百万英国热量单位为一档，上下各 20 档，在最初的 3 个近月以平值行权价为基础，每增加 0.05 美元/百万英国热量单位为一档，再增加 20 个行权价格。然后以目前最高的行权价为基础向上每增加 0.25 美元（25 美分）/百万英国热量单位为一档，共 10 档；以目前最低的行权价为基础向下每减少 5 美分/加仑为一档，共 10 档。如此在最初的 3 个近月有 81 个行权价格，4 个月或以上有 61 个行权价格。其中，平值行权价是与前一日标的期货合约价格最接近的那个价格。根据标的期货价格变动，行权价系列的边界也随之变动。

交割地点

路易斯安那州赛宾管道线公司亨利中心。卖方负责通过亨利中心运送天然气，而买方负责接收来自亨利中心的天然气。发生在亨利中心的费用由卖方支付。

交割期限

所有交割应当在整个交割月即当月的第一个工作日之后至最后一天，均匀安排。

备用交割程序（ADP）

在当前交割月份合约交易中止之后，买卖双方在交易所为之配对之后，经协商可以以不同于合约规定的交割条件交割，在双方共同向交易所提交一份通知告知其意图之后，可以按其协商的结果交割。

期货转现货（EFP）

买卖双方可以向交易所申请互换手中的期货及现货头寸或者期货及互换头寸，交易所在收到申请之后会协助建立或清算其期货头寸。

等级和质量标准

交割时的管道规格标准。

持仓限额

对于目前正在交易的不同月份到期的各个合约，其总持仓量不得超过 7000 个净期货头寸；对于单个合约，其持仓量也不得超过 5000 个净期货头寸；对于当前交割月份合约，在其最后 3 个交易日内持仓量不得超过 1000 个净期货头寸。

东京工业品交易所中东原油期货合约

东京工业品交易所（也叫东京商品交易所，译者注）确定佣金率。挂牌日期：2001 年 9 月 10 日。

原油类型

中东原油（以迪拜和阿曼的平均价格为指标的中东原油）。

合约单位

100 千升。

交易方法

计算机持续交易。

报价方式

日元/千升。

最小价格波动

10 日元/千升。

每日价格波动

标准限价。①

价格幅度

不到 6000 日元时，300 日元/千升；

6000~12000 日元时，500 日元/千升；

12000~18000 日元时，700 日元/千升；

高于 18000 日元时，900 日元/千升。

交易所可以根据市场变化改变价格波幅。

客户持仓限额（多头和空头）

当前合约月份：40 张合约，在每月的 10 日或以后（如果 10 日是休息日，则为顺延后的第一个工作日）

80 张合约：从第一个工作日到每月的 9 日

第二个合约月份：160 张合约；第三个合约月份：400 张合约

---

① 除最近一个月份外，所有月份前一交易日收盘价的平均价。

其他合约月份：每月 800 张合约，总共：2400 张合约

客户初始保证金

标准价格①　　　　　　保证金

不到 6000 日元时　　　每份合约 45000 日元

6000～12000 日元时　　每份合约 75000 日元

12000～18000 日元时　　每份合约 105000 日元

高于 18000 日元时　　　每份合约 135000 日元

以上是由经济、贸易和工业部长确定的最低保证金，交易所有权调高保证金。

期货清算商收取的客户交易手续费②

3800 日元。

交易时间

9：00～11：00a. m. ，12：30～3：30p. m. 。

合约月份

从当前合约月份开始 6 个连续月份。

最后交易日

1～11 月：当前月份最后营业日的前面第三个营业日。

12 月：12 月 24 日前的第三个营业日，如果 24 日是休息日，则提前 1 个工作日。

在最后交易日不能开立新的头寸，持有头寸的必须在市场上对冲其头寸。

交割方式

现金交割（没有实物交割）。

最后结算价

交易所根据路透社（Reuters）、彭博（Bloomberg）、阿各斯（PetroleumArgus）、美联社（Telerate）、艾斯罗（ICIS-LOR）等信息提供机构的报价购买的每月阿曼和迪拜油价的日元平均价值。

东京工业品交易所也挂牌交易煤油和柴油期货合约，用于日本国内市场的套期保值。应注意到，在本书出版时，通常认为这些合约（包括原油合约）大部分交易数量是来自零售商的投机活动。这可能会影响期货市场和相应的实物现货市场。

新加坡交易所挂牌交易后，更多的现货交易商和套期保值者进入原油市场。在 2002 年底，东京工业品交易所的原油合约将以美元/桶报价。场外互换市场参与者和交易商在以日元/千升报价的 TOCOM 合约、以美元/桶报价的 SGX 合约和迪拜及

---

① 除前一个月最后三天外，所有交割月份的月平均收盘价格。

② 上述手续费由合约单边支付，在日交易的情况下，手续费由合约双方支付。

综合账户的原经纪人与期货清算经纪公司可以协议商定手续费；期货经纪公司与客户之间商议手续费，客户使用电子传达交易指令，由期货经纪公司向期货交易所登记免除固定手续费；交易、生产或加工实物产品的客户可以商议手续费。

数量折扣：在交易或实物交割时，若客户执行合约的数量超过 1000 张，期货经纪公司应对超过部分的手续费给予 30% 的折扣，但即日买卖、综合账户头寸、基金头寸和商人头寸除外。

阿曼原油场外互换市场发现更多的套利机会。

东京工业交易所煤油标准期货合约

挂牌时间：1999 年 7 月 5 日。

标准品

JIS K2203 一等煤油。

合约单位

100 千升。

交割单位

100 千升。

交易方式

电子连续交易。

报价方式

日元/千升。

最小价格波动

10 日元/千升。

每日价格波动

标准限价①	价格限幅
不到 17000 日元时	400 日元/千升
17000～24000 日元时	500 日元/千升
24000～31000 日元时	600 日元/千升
高于 31000 日元时	700 日元/千升

交易所可以根据市场变化改变价格波幅。

客户持仓限额（多头和空头）

当前合约月份：70 张合约

第二个合约月份：80 张合约

第三个合约月份：600 张合约

其他合约月份：每月 1200 张合约

总共：4000 张合约

---

① 除最近一个月份内，所有月份前一交易日收盘价的平均价。

客户初始保证金

标准价格①   保证金

不到 17000 日元时   每份合约 60000 日元

17000～24000 日元时   每份合约 75000 日元

24000～31000 日元时   每份合约 90000 日元

高于 31000 日元时   每份合约 105000 日元

以上是由经济、贸易和工业部长确定的最低保证金。

期货经纪公司交易手续费②

每份合约 3800 日元。

期货经纪公司交割手续费

同上。

交易时间

9：00～11：00a. m.，12：30～3：30p. m.。

合约月份

从当前合约月份开始 6 个连续月份。

最后交易日

交割月份之前一个月的第 20 日（如果恰遇假日，最后交易日将被提前）。

交割时间

整个交割月。

交割地点

位于东京、神奈川和千叶的炼油厂和油罐提供驳船和货运交割设施，由董事会指定（如果用卡车交货，买方负责支付董事会确定之外的费用）。

交割方式

实物交割（非现金交割）。

交割商品

JIS K2203 一等煤油，在日本国内炼油或通过海关结算。

合约价格和税收

合约价格包括东京海湾地区的炼油厂或油罐的运输成本，不包括消费税。

交割方法

由卖方指定交割条款：

---

① 除前一个月最后三天外，所有交割月份的月平均收盘价格。

② 上述手续费由合约单边支付，在日交易的情况下，手续费由合约双方支付。

综合账户的原经纪人与期货清算经纪公司可以协议商定手续费；期货经纪公司与客户之间商议手续费，客户使用电子传达交易指令，由期货经纪公司向期货交易所登记免除固定手续费；交易、生产或加工实物产品的客户可以商议手续费。

数量折扣：在交易或实物交割时，若客户执行合约的数量超过 1000 张，期货经纪公司应对超过部分的手续费给予 30％的折扣，但即日买卖、综合账户头寸、基金头寸和商人头寸除外。

交割方法：用驳船或卡车送达。

买方选择交割方法：

原则上买方指定交割日期。

买卖双方的匹配：抽签决定，在最后交易日到抽签日期间交割双方自己找到交割对方的除外。

分开交割：交割可分。

交割数量公差

每份交割量的±2%。

东京工业品交易所汽油期货标准合约

挂牌日期：1999 年 7 月 5 日。

标准品

JIS K2202 二等标准煤油。

合约单位

100 千升。

交割单位

100 千升。

交易方式

电子连续交易。

报价方式

日元/千升。

最小价格波动

10 日元/千升。

每日价格波动

标准限价①	价格限幅
不到 17000 日元时	400 日元/千升
17000~22000 日元时	500 日元/千升
22000~27000 日元时	600 日元/千升
高于 27000 日元时	700 日元/千升

交易所可以根据市场变化改变价格波幅。

---

① 除最近一个月份外，所有月份前一交易日收盘价的平均价。

客户持仓限额（多头和空头）

当前合约月份：100 张合约

第二个合约月份：200 张合约

第三个合约月份：600 张合约

其他合约月份：每月 1200 张合约

总共：4000 张合约

客户初始保证金

标准价格①	保证金
不到 17000 日元时	每份合约 60000 日元
17000~22000 日元时	每份合约 75000 日元
22000~27000 日元时	每份合约 90000 日元
高于 27000 日元时	每份合约 105000 日元

以上是由经济、贸易和工业部长确定的最低保证金，交易所有权调高保证金。

期货经纪公司客户交易手续费②

每份合约 3800 日元。

期货经纪公司客户交割手续费③

同上。

交易时间

9：00~11：00a. m.，12：30~3：30p. m.。

合约月份

从当前合约月份开始 6 个连续月份。

最后交易日

交割月份之前一个月的第 20 日（如果恰遇假日，最后交易日将被提前）。

交割时间

整个交割月。

交割地点

位于东京、神奈川和千叶的炼油厂和油罐提供驳船和货运交割设施，由董事会指定（如果用卡车交货，买方负责支付董事会确定之外的费用）。

交割方式

实物交割（非现金交割）。

---

① 除前一个月最后三天外，所有交割月份的月平均收盘价格。

②③ 上述手续费由合约单边支付，在日交易的情况下，手续费由合约双方支付。

综合账户的原经纪人与期货清算经纪公司可以协议商定手续费。期货经纪公司与客户之间商议手续费，客户使用电子传达交易指令，由期货经纪公司向期货交易所登记免除固定手续费。交易、生产或加工实物产品的客户可以商议手续费。

数量折扣：在交易或实物交割时，若客户执行合约的数量超过 1000 张，期货经纪公司应对超过部分的手续费给予 30% 的折扣，但即日买卖、综合账户头寸、基金头寸和商人头寸除外。

交割商品

交割商品：JIS K2202 二等标准煤油。

柴油税收：合约价格不包括柴油税；在提货时买方须向卖方支付柴油税。

合约价格和税收

合约价格包括东京海湾地区的炼油厂或油罐的运输成本，不包括消费税。

交割方法

由卖方指定交割条款：

交割方法：用驳船或卡车送达。

买方选择交割方法：

原则上买方指定交割日期。

买卖双方的匹配：抽签决定，在最后交易日到抽签日期间交割双方自己找到交割对方的除外。

分开交割：交割可分。

交割数量公差

每份交割量的±2%。

燃煤期货

与其他任何国家相比，美国的燃煤质量最高，占世界烟煤和无烟煤储备的比重接近30%。只有中国的采煤量高于美国，但是中国大部分是国内消费。美国的燃煤出口，主要是中部的阿巴拉契亚煤矿，占世界出口市场的16%，是世界燃煤价格的重要影响因素。根据当前的开采和使用率，估计美国燃煤储备可持续250年。在美国，煤力发电站占全部电力产量的比重大约为55%，从这一事实可看出燃煤的重要性。

由于燃煤体积较大，属于大宗商品，运输是其价格和使用的重要方面。美国一半以上的煤由铁路运输，运输专列也常用来运煤。在阿巴拉契亚以及美国西部经常会看到这样一种场景：拥有几个火车头的运输专列拖着60~120节车厢在铁路线上奔驰来往，车厢里唯一装载的就是煤。内河水路系统是煤炭运输的另一个主要交通模式，尤其是沿俄亥俄河和密西西比河。

烧煤对环境的破坏是一个严重的问题。任何减少空气排放物方面的努力都包括减少用煤这一项，即便煤燃烧导致的空气污染量在过去30年来已经大大减少。举例来说，发电厂用煤量从1970年的3.2亿吨增长到20世纪90年代末的10亿吨，增长超过200%，然而来自于烧煤工厂的二氧化硫的排量却减少了27%。

煤炭价格仍然是场外市场中交易的主要对象。然而，不论是对于美国煤矿开采业还是对于电力行业，纽约商品交易所煤炭期货合约都提供了一系列减少风险的办法。对于国际煤炭交易或消费市场，它也提供了另一种价格监控和降低价格风险的工具，这种工具可能是以欧洲或其他地区场外对冲市场（如位于英国的场外 API2 级煤互换）的套利为基础。

煤炭生产商可卖出一些期货合约以锁定在即将到来的月份中他们打算出产的煤的数量和价格。电力工业组织可买入一些煤期货合约以防止他们的主要发电燃料——煤未来价格的上涨。电力市场交易商既面临发电方面的风险，又面临电力市场电力配送的价格风险，因此他们可以通过煤期货合约对冲以减少其面临的发电价格的风险，同时可以通过电力期货合约对冲以控制其面临的配送电力的价格风险。非公用事业行业的煤炭用户，如钢铁厂，可以通过使用煤期货合约以锁定其自己的煤炭供给成本。国际煤炭交易公司可利用煤期货为其进出口价格进行套期保值。使用煤和天然气进行发电的发电企业可利用煤期货，并结合纽约商品交易所 Henry Hub 天然气期货合约对冲季节性成本变动并可发挥"点火差价"（Spark Spread）——两种燃料的成本和其各自发电所带来的价值之间的差额——的优势。

一些非常有用的煤炭现货市场价格信息和相关分析可从 Argus 网站获得（http：// www.argusonline.com）。

中阿巴拉契亚煤期货

交易单位

1550 吨煤。

交易时间

公开喊价交易从上午 10：30 开始，到下午 2：00 结束。所有时间都是纽约时间。

交易月份

在季度时间表基础上的 24~26 个连续月份。当合约到期时，第 26 个月将向前滚动直到它变成第 23 个月，此时，新的第 24 个月、第 25 个月和第 26 个月合约将被补充进来。

报价单位

美元（美分）/吨。

最小价格波幅

每吨 0.01 美元（每份合约 15.50 美元）。

最大价格波幅

对于所有月份，最大价格波幅为每吨 12 美元（每份合约 18600 美元）。如果任何合约在该限额内进行了 5 分钟的交易或报价，那么交易就会中止暂停休息 10 分钟。当交易恢复后，此处扩大的限幅允许价格在前一日结算价的基础上朝任意一个方向最大波动 24 美元，在即期月份的最后 3 个交易日不存在价格限制。

最后交易日

在交割月份之前的一个月的第四个营业日至最后一个营业日，交易终止。

合约交割单位

卖方应就每份合约交割 1550 吨煤。允许的装载误差是 60 吨或交割合约总量的 2%，两者中取较大者为准。

交割地点

交割按 F. O. B. 形式进行，在俄亥俄河 306~317 里程碑或者在大桑迪河的卖方交割设施处装上买方指定的驳船。交割前的所有关税、权利金、普通税款、费用以及其他收费均由卖方支付。对于运往大桑迪河目的港的交割，有一个较最终结算价格每吨低 0.10 美元的折扣。

热含量

每磅最少含有 12000Btu 的热量。

含灰量

按重量算最大含灰量为 13.50%。

含硫量

最多 1.00%。

水分含量

最多 10.00%。

挥发性物质

最少 30.00%。

硬度/易磨性

最低哈德格罗夫可磨性指数（Hardgrove Index）为 41，容忍度分析值可在此基础上向下浮动 3 个点。将煤研磨成粉，通过观察注入熔炉火焰中的难度来测量煤的硬度。

尺寸

最大 3 英寸，名义上最多允许 55% 能够通过 1/4 平方英寸或更小的金属筛网，这要在机械选样系统中的主要切割机的基础上来决定。

期货换现货交易

通过向交易所提交通知，买卖双方可以用期货头寸交换等量同质的现货头寸。EFPs 交易既可以用来建立期货头寸，又可以用来变现期货头寸。EFP 交易的每日截止时间是交易终止后第一个营业日的纽约时间上午 10：00。

头寸持有水平

任何一个月份或者所有月份为 5000 份期货净头寸，但在即期月份最后 3 个交易日内则不能超过 200 份。

交易代码

QL。

第4章 场外能源及相关衍生品市场

场外能源衍生品市场

几乎所有场外（OTC）衍生品交易的关键条款都是可以协商的，这意味着定价参考、支付条款和交易数量都能进行调整以适合交易双方的交易。如果某一组织面临一特定或具体风险，该风险要求采用One-Off套期保值工具，那么OTC衍生交易市场就会是有利的。一般来说，尽管为满足顾客精确和可能的需要而报出的衍生工具价格不可能总是有吸引力的，但是在场外能源市场上，任何事情都是有可能的。幸运的是，出于更好地进行风险管理的目的，核心能源市场像石油、天然气和电力市场都有一些活跃的、相当标准化的场外交易合约。这些合约无论是其浮动价格参考还是通常情况下交易的最小合约数量，都是标准的。实际上，普通型（Plain Vanilla）场外交易市场中日益增加的标准化导致了大量电子交易平台的发展。

人们常常会问，为什么管制的（正规的）期货交易所似乎不能够发行新的石油期货合约，答案是这类合约的市场需求已经由建设良好且极具流动性的场外衍生品市场满足了。上述疑问的另一个答案是期货交易所在发行天然气和电力期货合约方面已经取得了很大的成功，原因是金融业放松监管后，管制（正规）的期货市场发展迅速，而放松监管是在场外市场自身建立之前或与场外市场同时进行的。

在亚洲也能看到场外市场的有效性。几年前，亚洲已经取代欧洲成为世界上第二大石油消费地区。今天，世界第二、第三、第七、第八、第九大石油进口国或地区都在亚洲，分别是日本、韩国、印度、中国和中国台湾。然而，亚洲至今仍未出现富有流动性并被国际认可的能源期货市场。这是因为现有的OTC市场（以新加坡为主要交易枢纽）较好地满足了该地区对能源相关衍生合约的需求。

只有一个交易基地支撑亚洲能源期货业：东京商品交易所（TOCOM）。东京商品交易所（又称东京工业品交易所，译者注）在中东原油期货合约和成品期货方面取得了长足的进步。但是，在市场参与者范围以及市场流动性方面，东京商品交易所与伦敦国际石油交易所（IPE）或纽约商品交易所（NYMEX）相比，仍然还有相当长的一段路要走。2002年第四季度，新加坡交易所（SGX）在新加坡发行了东京商品交易所中东原油合约，不过是以美元和桶数为计量单位，而不是用日元和千升为计量单位。此外，该做法是否会成功目前还不是很清楚。新加坡交易所没有试图去创造一个新合约，而是采用了一个有趣的方法：创造一个东京商品交易所中东原油合约的外汇混合体。因为交易商无论是在交易所/清算所层面，还是在其清算经纪人层面，都应该有能力弥补新加坡交易所合约（用"美元/桶"计价）和东京商品交易所合约（用"日元/千升"计价）之间的保证金缺口。这两个合约之间存在着有趣的外汇套利机会。另外，在东京商品交易所和新加坡交易所同时交易的迪拜/阿曼场外市场合约、纽约商品交易所的西得州中质（WTI）原油期货合约以及伦敦国际石油交易所的布伦特（Brent）期货合约也都存在套利机会。很明显，目前东京商品交易所中东原油合约与迪拜/阿曼场外互换套利以及纽约商业交易所 WTI 期货合约之间，已经存在一些投机交易。

场外石油衍生品市场

绝大多数实物交易和场外互换的定价都是以一份行业认可的公共出版物——普拉茨公司（Platts）能源信息出版物为依据的。普拉茨公司是麦格劳—希尔出版集团下属的一个分支机构。根据普拉茨的一套标准，该机构每天出版发行对任何地方的任何原油或石油产品价格作出的评估报告，同时它也会出版对远期曲线的评估。这些每日价格评估以全球不同地理区域特定时间内［通常是每个主要时区内每个交易日收盘价格：亚洲（新加坡）、欧洲（伦敦）、美国（纽约及西海岸）］，众多经纪商和交易商的总体买卖报价为基础。

互换的定价通常偏离普氏估价的月平均值，并且每月有一笔财务支付，支付额等于交易的固定价格与计算的平均浮动价格之差乘以每月的合约数量。由于只支付差额，并且没有实物能源的交易，因此不存在交割风险。

主要石油场外交易/定价中心

图 4-1 列示了主要石油场外交易/定价中心：

■ 亚洲：新加坡是主要定价中心。
■ 欧洲：地中海价格、阿拉伯海湾价格、西北欧（N. W. E.）和阿姆斯特丹—鹿特丹—安特卫普（ARA）是主要的定价中心。
■ 美国：纽约港、美国海湾地区、美国西海岸（洛杉矶管线）是一些国际市场石油市场的参考点。

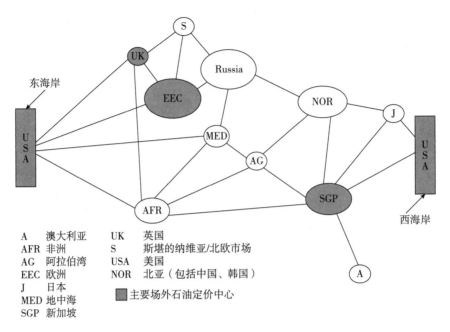

东海岸

西海岸

A	澳大利亚	UK	英国
AFR	非洲	S	斯堪的纳维亚/北欧市场
AG	阿拉伯湾	USA	美国
EEC	欧洲	NOR	北亚（包括中国、韩国）
J	日本		
MED	地中海		
SGP	新加坡		

■ 主要场外石油定价中心

图 4-1　主要石油场外交易/定价中心

一体化的世界能源衍生品市场

在写作本书的时候（2002 年 9 月），与石油相关的场外衍生品交易（有时也被称为纸货交易）无论是在交易数量上、参与者数目上，还是合约类型上都已经呈现出一片大好势头。许多新进入者在安然公司倒闭后进入市场，生产商和消费者自 1998 年末以来就一直持续地感受到金融冲击和更大的石油价格波动中的有利条件。原油每日的实际消费量已经超过 8000 万桶，年交易量将近 1 万亿美元。纸货能源交易的增长似乎让人确信：不断开发的新金融产品能够满足石油开采商、炼油厂、市场以及消费者的需要。

如此大量的市场参与者在全世界分布范围如此广泛，这创造了一个接近于实时的"一体化世界能源衍生品市场"。正是因为能源衍生品市场对实物能源市场近乎实时的冲击，因此，所有的能源公司即便自己并没有使用衍生工具，现在都不得不密切监控衍生品市场。如果它们不这样做，那么当未预测到的价格大幅逆向变动影响它们的机构时，它们就面临着在其管理层或股东面前无法作出解释的情形。

场外石油交易并不是在规定的有固定场所的金融交易所（如 NYMEX 纽约商品交易所、IPE 伦敦国际石油交易所、TOCOM 东京商品交易所或 SGX 新加坡交易所）进行交易，它是一个受到监控但并不被政府机构监管的市场。然而，随着场外市场和期货市场日益增加的趋同水平，这点从清算所开始允许场外衍生品通过现有期货清算所如 NYMEX（http：//www.nymex.com）或伦敦清算所（http：//www.lch.

com）进行清算就可以看出，所以当前核心场外能源衍生品正变得越来越与期货交易不可分辨。

场外石油市场的月交易量数据（2002）

新加坡（亚洲石油定价中心）

新加坡市场最早是以货物运输开始的，所以个人交易（有时也称 Clips）相对于 IPE 伦敦国际石油期货交易所布伦特期货合约要大得多，后者要求的最低交易量是 1000 桶。在新加坡市场中，几乎每一样东西都以 50000 桶 Clips 被卖掉，典型的货物规模是 150000 桶，但用于轮船动力燃料的高硫燃料油是唯一的例外。180CST（主要的 OTC 燃料油互换市场）和 380CST 市场的燃料油以 5000 公吨作为基本交易单位（即每手合约 5000 公吨，译者注），但是也能在 Clips 上以最小 1000 公吨为基本交易单位。虽然用户本应期望看到同一燃料油互换中出现价格差异，但是无论是报价 5000 公吨 Clips 交易的合约，还是报价 1000 公吨 Clips 交易的合约，都有同样的有效期。这是因为做市商和交易商报出 1000 公吨互换时，承担了流动性风险（因为大多数人只按 5000 公吨交易）。交易商可能不太能够轻易地同其他 OTC 市场参与者进行交易，以释放掉或用套期保值规避掉这种流动性风险（除非他们能够在自己的投资组合中为 5000 公吨进行建仓，然后在市场上卖出 5000 公吨 Clips）。

新加坡 OTC 互换交易量（不含期权交易量）

根据伦敦能源学院（http：//www. energycollege. org）所做的调研，在新加坡，OTC 场外互换交易截至 2002 年 10 月，平均每月有 300000000 桶。将增长因素考虑进去的话，新加坡互换市场早在 1998 年每月互换交易量就大约是 150000000 桶。

新加坡市场主要场外互换

表 4-1 是来自 OTC 经纪人的典型报价表的示例，用来阐释有关 OTC 石油衍生品交易的重要市场。图 4-2 列示了新加坡该市场的分类。

在新加坡，通过协助市场价格发现积极活跃的场外互换经纪团体（新加坡大约有 10 家活跃的 OTC 经纪公司）为石油买家及卖家开展双边市场（即相持市场），从而增加了市场流动性。最典型的是，大多数亚洲石油产品和相关原油能够进行长达 18 个月的远期交易，其中大多数流动性在 1~12 个月的远期市场。对于超过两年的远期，报价参与者的数目就变得非常有限（主要是一些大银行和主要的国际石油公司）。

欧洲石油 OTC 市场交易量

图 4-3 列示了以公吨为单位的欧洲市场每月石油互换合约估计交易量。截至 2002

年 10 月，每月交易的石油互换数目是 600000000 桶，即桶当量为 600000000 桶。

表 4-1　OTC 经纪人的典型报价表

Market Report（Crude，Rroducts，crack）Access Oct 28. 28-0. 11 16/08/2002 12：10 Singapore time

Crude	Sep	Sep/Oct	Oct	Oct/Nov	Nov	Nov/Dec	Dec	Q4，02	Q4/Q1	Q1，03	Q1/Q2	Q2，03
EFP Brent	26.73	0.00	26.73	0.25	26.48	0.25	26.23	—	—	—	—	—
IPE Brt Swap	26.49	0.14	26.35	0.26	26.10	0.26	25.84	26.09	0.77	25.32	0.67	24.65
Dubai Swap	25.38	0.23	25.15	0.23	24.92	0.23	24.69	24.92	0.71	24.21	0.64	23.57
Tapis Swap	27.09	0.43	26.66	0.14	26.52	0.18	26.34	26.50	0.51	25.99	0.46	25.53

Brent/Dub	Sep	Oct	Nov	Dec	Q4，02	Q1，03	Q2，03					
EFS/Swap	1.35	1.58	1.56	1.54	—	—	—					
IPE Swap/Swap	1.11	1.20	1.18	1.15	1.17	1.11	1.08					
Appi Tapis vs	Sep	Oct	Nov	Dec	Q4，02	Q1，03	Q2，03	WTI/Brent		Oct		1.55
EFs brent	0.36	-0.07	0.04	0.11	—	—	—			Nov		1.28
Brent Swap	0.60	0.30	0.42	0.50	0.41	0.67	0.88					
Dubai Swap	1.71	1.51	1.60	1.65	1.58	1.78	1.96					
Dated Brt	Sep	Oct	Nov	Dec	Q4，02	Q1，03	Q2，03					
vs Dub Swap	1.36	1.33	1.31	1.28	1.30	1.24	1.12					

Products	Sep	Sep/Oct	Oct	Oct/Nov	Nov	Nov/Dec	Dec	Q4，02	Q4/Q1	Q1，03	Q1/Q2	Q2，03
Naphtha	25.70	0.15	25.55	0.10	25.45	0.10	25.35	25.45	0.30	25.15	0.25	24.90
Gas Oil	28.90	0.05	28.85	0.03	28.82	0.02	28.80	28.82	0.60	28.22	0.45	27.77
Kerosene	29.75	-0.47	30.22	-0.30	30.52	-0.38	30.90	30.55	0.21	30.34	1.52	28.82
Regrade	0.85	-0.52	1.37	-0.33	1.70	-0.40	2.10	1.72	-0.40	2.12	1.07	1.05
Fuel（ton）	######	2.75	######	2.50	######	1.75	######	######	—	—	—	—

	Crack Spreads vs Dubai Swap						vs Tapis Swap					
/Bbl	Sep	Oct	Nov	Dec	Q4，02	Q1，03	Sep	Oct	Nov	Dec	Q4，02	Q1，03
Naphtha	0.32	0.40	0.53	0.66	0.53	0.94	-1.39	-1.11	-1.07	-0.98	-1.05	-0.84
Gas Oil	3.52	3.70	3.90	4.11	3.90	4.01	1.82	2.20	2.31	2.47	2.32	2.23
Kerosene	4.37	5.07	5.60	6.21	5.63	6.13	2.67	3.57	4.01	4.57	4.05	4.35
Fuel	-1.15	-1.34	-1.50	-1.54	-1.46	-1.94	-2.85	-2.85	-3.09	-3.18	-3.04	-3.72

资料来源：Ginga Petroleum（OTC Brokers）Singapore（http：//www. ginga. com. sg/；Tel：+6562928484）。

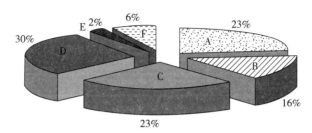

A：柴油   B：煤油   C：燃料油   D：迪拜原油/马来西亚塔皮斯轻质原油
E：石脑油   F：规格未定石脑油

图 4-2 新加坡场外互换交易量的（估计）百分比比例

资料来源：伦敦能源学院（http://www.energycollege.org/）。

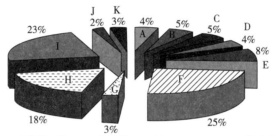

A：IPE布伦特互换   B：布伦特Diff互换   C：3.5%驳船鹿特丹
D：西北欧Fob石油   E：SGP/IPE阿拉伯湾   F：布伦特5级柴油
G：布伦特5级汽油   H：地中海/西北欧柴油   I：喷气发动机用燃油
J：石脑油   K：石脑油裂解组分

图 4-3 欧洲互换交易量的百分比比例

资料来源：伦敦能源学院（http://www.energycollege.org/）。

主要石油和天然气相关场外互换

亚洲

除非交易商或经纪商特别说明，一般情况下，一份基于新加坡的互换合约的报价总是以普氏（普拉茨）最高、最低评估值的平均数为准，该评估值是对有关的新加坡实物市场价格的评估。固定化的浮动利率互换、利率上限以及上下限期权等通常都将有确定的市场。

一般来说，这些衍生工具的期限和可获得的流动性之间大致有如下的关系：

■ 1~6个月的远期，流动性很强。

■ 6~12 个月的远期，流动性较好。

■ 12~24 个月的远期，流动性一般。

主要产品：

■ 新加坡 0.5% 柴油。

■ 新加坡喷气式航空燃料煤油。

■ 精选——介于新加坡柴油和新加坡喷气式燃料油之间的层级。

■ 180CST 燃料油。

■ 380CST 燃料油。

■ 石脑油。

■ Tapis 原油——马来西亚出口原油。

■ 迪拜/阿曼原油——中东标志性原油，许多亚洲炼油商都以迪拜/阿曼原油报价基准作价来买入原油作为其炼油厂的给料。

欧洲

除非交易商或经纪商特别说明，一般情况下，一份基于欧洲的互换合约的报价总是以普氏（普拉茨）最高、最低评估值的平均数为准，该评估值是对有关欧洲实物市场价格的评估。通常在下列市场可以获得固定化的浮动利率互换、利率上限以及上下限期权等：

■ 优质无铅船用燃料油，阿姆斯特丹—鹿特丹—安特卫普离岸价格。

■ 优质无铅裂解互换，西北欧。

■ 石脑油裂解，西北欧。

■ 柴油裂解互换，西北欧。

■ 含硫 0.2% 货运柴油，西北欧成本加保险加运费价格。

■ 含硫 0.2% 货运柴油，地中海离岸价格。

■ 液化石油气丙烷，阿姆斯特丹—鹿特丹—安特卫普离岸价格。

■ 布伦特（Brent）/迪拜（Dubai）互换。

■ 西得克萨斯（WTI）中质原油与布伦特（Brent）原油互换市场。

■ 鹿特丹柴油含硫 0.2%，船用燃料油。

■ 喷气式飞机燃料油，西北欧成本加保险加运费价格。

■ 喷气式飞机燃料油，鹿特丹船用油离岸价格。

■ 伦敦国际石油交易所（IPE）柴油互换。

　● 其价格以第一线 IPE 柴油期货合约为准（不包括滚入下一个期货合约的最后一个交易日的合约）。

■ 含硫 1% 燃料油，西北欧成本加保险加运费价格。

■ 含硫 1% 燃料油，西北欧离岸价格。

■ 含硫 3.5% 燃料油，鹿特丹油离岸价格。

■ 载明日期的布伦特相关互换（载明日期的布伦特石油是即期北海石油）。

● 目前，普氏载明日期布伦特即期市场评估将 Brent，Osenberg 和 Forties 原油交易都考虑了进去。这主要是因为在北海现货石油市场交易的 Brent 原油产量的下跌受到了行业极大关注。

■ 布伦特伦敦国际石油交易所（Brent IPE）期货相似互换。

● 其价格以第一线 IPE 柴油期货合约为准（不包括滚入下一个期货合约的最后一个交易日的合约）。

■ 布伦特子弹（Brent Bullet）互换。

● 其价格以第一线 IPE 布伦特期货合约为准。

■ 迪拜原油互换，出售给伦敦（也含新加坡）。

■ EN590 级柴油，西北欧成本加保险加运费价格。

■ EN590 级柴油，地中海货运价格。

■ 汽油——鹿特丹欧洲级船用。

■ 石脑油，西北欧成本加保险加运费价格互换。

■ 欧洲天然气公司实物、固定价。

■ 欧洲天然气公司实物、固定价、泽布勒赫和 NBP 价差。

■ 英国国家平衡点挂钩的 OTC 场外互换基准 NBP97 合约。

■ 液化石油气 LPG 中东/北非/亚洲——沙特阿拉伯 CP（合约价格）的定价被用作 OTC 场外互换的指数。

■ 其他有与原油相关定价公式的 LPG 能够与 LPG 定价有关的原油互换合约来对冲。

更多的一次性奇异衍生结构化工具通常都是可以得到的，欧洲石油互换市场参与者数目越多，该传统市场的流动性就越高。

一般来说，这些衍生工具的期限和可获得的流动性之间大致有如下的关系：

■ 1~6 个月的远期，流动性很强。

■ 6~12 个月的远期，流动性很强。

■ 12~24 个月的远期，流动性较好。

■ 24~36 个月的远期，流动性一般。

■ 期限长达 5 年的远期，也可有报价。

■ 期限长达 10 年的远期，也可从有限数量的金融机构/石油专业机构处获得报价（对于原油报价，期限可以更长）。

欲查最新的交易量数据及合约信息请查阅：

http：//www. platts. com/

http：//www. carrfutures. com/

http：//www. prebon. com/

http：//www. theice. com/

http：//www. tfsenergy. com/

http：//www. tullett. com/

美国

除非交易商或经纪商特别说明，一般情况下，一份基于美国的互换合约的报价总是以普氏（普拉茨）最高、最低评估值的平均数为准，该评估值是对有关欧洲的实物市场价格的评估。通常在下列市场可以获得固定化的浮动利率互换、利率上限以及上下限期权等：

■ 纽约商品交易所与 WTI 相关的第一线期货互换。
■ 纽约商品交易所与 WTI 相关的子弹互换。
■ 纽约商品交易所与取暖油（Heating Oil）期货相关子弹互换。
■ 纽约商品交易所与汽油期货相关的第一线期货互换。
■ 纽约商品交易所与汽油相关的子弹互换。
■ 纽约港 2#加热油，船用。
■ 含硫 1%燃料油，纽约港成本加保险加运费价格。
■ 含硫 3%美国海湾燃料油。
■ 纽约港改良 RFG 汽油 87。
■ 加拿大天然气公司实物现货固定价。
■ 加拿大天然气公司实物、加拿大天然气价格报告。
■ 天然气，固定换浮动（Inside FERC）。
■ 天然气，固定换浮动（NGI）。

就好像欧洲，更多的一次性奇异衍生结构化工具通常都是可以得到的，欧洲石油互换市场参与者数目越多，该传统市场的流动性就越高。

在美国，这些衍生工具的期限和流动性也有类似的情况：

■ 1~6 个月的远期，流动性很强。
■ 6~12 个月的远期，流动性很强。
■ 12~24 个月的远期，流动性非常好。

■ 24～36 个月的远期，流动性一般。

■ 期限长达 5 年的远期，也可有报价。

■ 期限长达 10 年的远期，也可从有限数量的金融机构/石油专业机构处获得报价（对于原油报价，期限可以更长）。

欲查最新的交易量数据及合约信息请查阅：

http：//www.platts.com/

http：//www.carrfutures.com/

http：//www.prebon.com/

http：//www.theice.com/

http：//www.natsource.com/

http：//www.tullett.com/

http：//www.nymex.com/

欧洲电力和天然气市场

图 4-4 列出了欧洲 5 家主要能源中心。

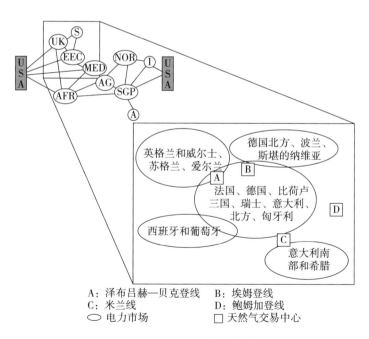

A：泽布吕赫—贝克登线　　B：埃姆登线
C：米兰线　　D：鲍姆加登线
◯ 电力市场　　▢ 天然气交易中心

图 4-4　欧洲主要能源中心

全球电力市场——发达或发展中的衍生品市场

阿姆斯特丹（http：//www. apx. n1/）

■ 前一日电力交易

■ 德国电力市场计划失败

莱比锡/欧洲能源交易所（EEX）（http：//www. eex. de/）

■ 即期现货市场和电力期货合约的混合

■ 相对于其他欧洲国家，该市场放松监管要更早（在 1998 年）

■ 德国电力交易量是德国实际电力消费量的 6 倍（一般来说，为了达到稳定交易的目的，一个衍生市场的交易量要求是基础资产实物交易量的 6 倍左右，所以这里说得有点像德国 OTC 场外电力交易）

■ 流动性方面，该 OTC 市场通常是长达一年的远期

汉诺威清算银行（http：//www. clearing-bank. de/）

■ 德国电力的实物和 OTC 场外清算机构

巴黎能源交易所（Powernext Paris）（http：//www. powernext. fr）

■ 前一日电力交易

■ 法国电力供应市场于 2000 年 2 月开始对外放开了部分竞争。到目前为止，大约 30% 的电力供应市场放开了竞争

■ 到 2003 年 2 月，居民用电方面放开竞争的最低限度将会是 90 亿瓦特时（9GWh），开发程度将会占到整个市场的 34%

■ 巴黎能源交易所于 2002 年 11 月 26 日起开始交易

■ 计划在 2003 年开发 OTC 场外衍生工具交易

■ 法国电力交易是一个正在发展上升的业务

匈牙利电力交易所（http：//www. exaa. at）

■ 该交易所是一家新电力交易所，因此目前交易还不是太活跃

■ 当前只有即期电力市场交易

华沙电力交易所（http：//www. polpx. pl）

■ 2002 年还不是很活跃

■ 前一日现货实物电力交易

■ 期货市场发展还比较有限

马德里—西班牙电力市场（http：//www.spectrongroup.com）

■ 在西班牙，实物现货制度已经放松管制

■ 西班牙 OTC 场外电力交易似乎从 2001 年第一季度开始起飞，相比较于 2000 年全年的 4.3TWh，估计 2001 年总交易量可以达到 7.9TWh

瑞士电力（http：//www.spectrongroup.com）

■ 瑞士国会已经于 2000 年 12 月通过了《瑞士电力市场法》，该法律是放松电力市场管制的关键

■ 瑞士市场有望在 2003 年放开

■ 目前瑞士仍然没有电力交易所（截至本书写完的 2003 年，译者注）

■ 2001 年 OTC 电力交易量预测大约是 35TWh，根据测算，该交易量数值大约是整个瑞士电力消费量的一半

意大利电力

■ 意大利电力市场根据 77 号、99 号法令（更多时候称为 Bersani 法令），在 1999 年 3 月部分放开了竞争

■ 大约 2000 家大的电力用户消费了意大利 30% 的电力供应，从 1999 年 4 月开始，它们能够自由选择其电力供应商。2000 年 1 月，意大利电力市场放开程度进一步扩大到 35%

■ 2002 年 1 月 1 日，意大利电力市场进一步放开市场竞争，放开程度达到 40%。2001 年通过的新法律，将使意大利电力市场在意大利 Enel 电力公司卸下总计 15000MW 的发电容量之后，放开程度达到 60%

■ 根据 Bersani 法令，Enel 电力公司的这些内容是必需的，并且必须在 2003 年 1 月 1 日前完成

■ 2000 年，该放开的市场中，自用部分是 25.8TWh，或者说是整个放开市场的 36%。事实上，Enel 公司报告指出，该公司符合条件的用户的销售量仅占该公司在当前放开水平下总销售量的 19%。该报告显示，这一百分比在 2002 年保守估计也将会稳步上升到 25%

■ 目前，意大利 OTC 场外电力市场仍然没有富有流动性的远期

北欧电力交易所（Nord Pool）（http：//www.nordpool.com/）

■ 最具流动性的电力交易市场

■ 覆盖整个斯堪的纳维亚（半岛）

■ 包括 OTC 交易、双边交易、OTC 场外清算、实物远期等

英国电力交易所（UKPX）（http：//www.ukpx.com）

■ 英国电力交易所提供电力方面的即期和期货合约交易。同时，该所也充当场外交易清算所的角色

■ 英格兰和威尔士电力市场在 1990 年成为电力监管放松的先锋

■ 1999 年 6 月，一家瑞典的交易操作公司（OM）宣布打算创建英国第一个独立电力交易所。英国电力交易所（UKPX）在其现有的基于英国的认可投资交易所——OM 伦敦交易所有限公司中采用了 OM 的电力市场体系。英国电力交易所已于 2000 年 5 月 26 日开业

■ 英国电力交易所是一个富有流动性的市场

■ 据报道，2001 年场外和场内交易所交易的电力是英国全国消费电量的 3 倍左右，2002 年交易量以更高的增速上升

美国电力市场（http：//www.thice.com/）

■ 美国电力市场监管非常松

■ 电力交易实际上是随着安然在线系统的出现才开始真正腾飞起来，目前安然在线系统已经被洲际交易所取代

■ 如果你出于交易或套期保值的目的而想交易 OTC 衍生工具的话，在该市场会有大量的经常变化的产品组合供你选择

■ 在美国，最大的问题是有关电力的有效物理分配方面，在最需要电的地方，没有足够的电量可以提供。在过去 5 年间，有几次这种情形出现，当时造成了很大的价格钉子，严重损害了能源交易共同体的利益

■ 在电力交易上流动性相当好

新加坡电力市场

■ 新加坡电力市场发展仍然处于初期

■ 目前还没有衍生工具市场，但是可以期待在未来 8 年内泛东盟衍生市场会出现并前景光明

■ 发展东盟内部连线的市场可能是最具前景的，这最终将形成一个从泰国向下经马来西亚、新加坡到印度尼西亚的电力交易网络

■ 新加坡公用事业管理局（PUB）成立于 1963 年，负责向新加坡全部人口供应电力、管道煤气和自来水。公用事业管理局于 1995 年进行了重组，此后它继续负责自来水的供应，但是同时承担了监管电力和管道煤气产业的新角色

■ 为了在发电和供电领域引入竞争，新加坡纵向一体化的电力产业被进行了重组。两家发电公司（Power Senoko 有限公司和 Power Seraya 有限公司）、一家输配电公司（PowerGrid 新加坡电网有限公司）和一家供电公司（Power Supply 有限公司）在新加坡电力公司的领导下成立

■ 第三家发电公司 Tuas Power 电力公司，接管了 Tuas Power Station（Tuas 电站）的发展和运营业务。1998 年 4 月 1 日，从事电力批发的市场——新加坡电力市场（SEP）开始在一个竞争性的环境下从事批发电力的交易

■ 各发电公司将不得不通过该市场竞争售电。供电商将以竞争性的价格在该市场购买电然后以零售价格再出售。由于发电和供电竞争的出现和发展，对监管的依赖将会变少

■ 1999 年，新加坡政府以通过发电和售电的竞争来进一步提高效率，同时以确保供电的可靠性和安全性为目的，再次全面检查了全国电力行业结构。基于检查结果，政府在 2000 年 3 月发起了下列主动措施来进一步放松对电力行业的管制：

● 发电领域的竞争

● 为保证在一个层面公平竞争，发电公司将与电网运营商 PowerGrid 公司隔离开来

● 电力零售领域的竞争，2001 年 4 月 1 日开始，向大型工商业用户零售电力将是全面竞争；而对于较小的用户零售竞争目前还没有展开

● 成立一家独立系统运营商——通过对目前的 PowerGrid 新加坡电网公司在系统和市场运营功能方面进行分离，建立一家专门的独立市场和系统运营商（ISO）

● PowerGrid 新加坡电网公司将只是拥有电网

■ 新加坡 Tuas Power 有限公司主席 Goh Geok Ling 说："作为新加坡批发电力市场第一家独立电力参与者，Tuas Power 公司将正在进行的电力行业重组视为一个有利于本行业竞争者和消费者的积极发展机遇。2001 年 4 月 Power Senoko 和 Power Seraya 从新加坡电力（Singapore Power）的剥离、电力批发市场规则的重新设计以及电力零售市场的市场化等将会带给电力行业参与者一个更高层次的竞争领域。"

欧洲天然气市场

欧洲

最大的欧洲天然气市场

■ 英国：国家平衡点（National Balancing Point，NBP）

http：//www. heren. com/

http：//www. ipe. uk. com/

http：//www.theice.com/

http：//www.spectrongroup.com/

在伦敦国际石油交易所（IPE）还可以看到期货合约。

OTC 场外市场交易量大约是国际石油交易所 IPE 期货市场交易量的 6 倍，现在基于洲际交易所交易执行的英国 Nat Gas 的 OTC 场外衍生工具能够由伦敦清算所进行清算。虽然 OTC 场外合约和期货合约不可相互替代，也不能为了结算的目的而对冲，但是伦敦清算所提供了保证金对冲。于是一个同时在 OTC 市场和 IPE 期货合约方面持有数量相等方向相反头寸的交易者，能够获得最多 75% 的保证金对冲，从而在总体上减少其未平仓头寸的保证金资金需求（2002 年 9 月开始）。

OTC 场外市场交易的价格有期货价格和 Heren 报告价格。关于广泛使用的 Heren 指数每日报告的更多详细信息可以在 http：//www.heren.com/找到。

图 4-5 表示了英国天然气互换交易的活跃水平。

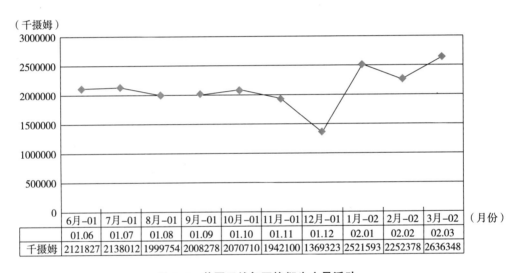

	6月–01	7月–01	8月–01	9月–01	10月–01	11月–01	12月–01	1月–02	2月–02	3月–02	（月份）
	01.06	01.07	01.08	01.09	01.10	01.11	01.12	02.01	02.02	02.03	
千摄姆	2121827	2138012	1999754	2008278	2070710	1942100	1369323	2521593	2252378	2636348	

图 4-5　英国天然气互换衍生交易活动

注：在安然公司倒闭时期交易量急剧下降，安然公司是一个特别大的市场参与者。

■ 比利时：泽布勒赫（Zeebrugge）交易中心

该市场也是非常活跃的，每日的场外交易作为价格参考，该市场最大的问题是天然气内部互连问题。2002 年仍然有一些问题出现，这些问题导致了市场的波动。

■ 其他欧洲天然气交易中心

荷兰：Bunde-Oude

德国：Aachen

奥地利：Baumgarten

法国：Blaregnies

使用者在天然气市场可以获得下列衍生工具合约：

■ 指数工具
■ 金融互换
■ 欧式、亚式和每日金融期权及实物期权
■ 所有的实物远期

下列是在英国和欧洲大陆国家能够获得的市场：

■ NBP
■ Zeebrugge（Hub/Flange）
■ Bunde Ouden
■ Eynatten
■ St. Fergus Capacity

点火差价——电力相对于天然气

英国点火差价的例子——英国场外市场也能得到

几年前，有关 60 兆瓦（MW）的电相当于 100000 摄姆（Therms）燃气的标准开始出台。该标准将燃气的以日历计算的天数默认为同时适用于电力和燃气。然而，由于燃气天数是按每天 06：00 ~ 6：00 计算，而电力的天数是按每天 23：00 ~ 23：00 计算，所以该标准并非总是一个完美的匹配。举个例子：一份冬季点火差价，对于电力交易而言，起止期限是 9 月 30 日 23：00 开始，到次年 3 月 31 日 23：00 结束；对于燃气起止期限则是当年 10 月 1 日 6：00 开始，到次年 4 月 1 日 6：00 结束。

当一份点火差价指令在市场交易时，它通常以一个差价来报价，报价单位是€/MWh（英镑/兆瓦特时），同时优先的固定电力价格也会随不同的差额和必要的点火差价一起提供。

在交易当中，我们运用 49.1349% 的转换比率（表示 100000therms/60MW）将固定的电价作为该差价交易的一条腿，就可以按下面的计算公式以便士/摄姆（pence/therms）为单位，精确到小数点后三位来计算燃气的价格：

$$\text{燃气价格（便士/摄姆）} = \frac{(\text{电价}-\text{差价})\times24\times100\times\text{电量}}{\text{燃气量}}$$

$$= \frac{(\text{电价}-\text{差价})\times24\times100\times60}{100000}$$

这些合约都是以 Allen 和 Overy 两位律师在伦敦起草制定的电网交易管理合同（GT-MA）和 NBP 1997 为基础的。关于这一点，最近有一个新的升级，该升级来自于伦敦 Spectron 经纪公司（http：//www.spectrongroup.com/），一家在欧洲场外电力市场领先的经纪商，升级后原来的计算方法等还是可用的，只不过标准做了些许改变。

虽然天然气和电力的日期在天数上不总是匹配，但是很多公司还是宁愿保持各自的通常日期，所以，日期的不匹配有时最多相差可达 6 天。然而，这些日期不管多少只要都是连续伸展的，那么很显然和匹配的日期相比交易起来就不会有任何不同。交易量不再必须是 60MW 和 100000therms，但交易效率还保持和以前一样。结果，15MW 和 30MW 分别对应于 25000therms 和 50000therms 的交易就变得很多很平常了。大约有 6 家做市商定期地给予该点火差价活动以支持。

Spectron 经纪公司也同时指出，短期交易是该点火差价交易的一条腿，其交易量在整个电力/天然气市场交易量中所占份额多达 50%。

欧洲煤互换（现金结算而非实物结算）

这里谈到的都是基于 ISDA（国际互换与衍生工具协会）的合约。目前欧洲还没有煤期货。

煤炭市场

金融交易中的煤主要是指国际近海锅炉用煤市场交易的煤，该市场交易的煤主要用于发电厂发电。大多数煤都是从专门煤矿挖掘出来的，并通过铁轨运输不超过 50 英里最后到达发电厂。在过去的 20 年，国际煤交易增长了 25 倍，大都是通过远距离海运将煤从主要出口国（南非、澳大利亚、哥伦比亚等国）运到主要煤消费国（欧洲、日本等）。造成这种现象，有一部分是由于英国政府补贴型煤矿的关闭和日本赚不到钱的国内制造商。

规模

2000 年，近海锅炉用煤预计产量是 34800 万公吨，大约占世界总产量的 12%。煤价格方面的金融互换主要是交易基于估计煤价的互换指数。尽管交易量数据比较粗略，但经纪商预计 2000 年该交易量大约是 8500 万公吨。

行业层面的观点是，随着欧洲煤炭行业管制放松、行业内竞争加剧、对冲和套期保值活动的增加以及近海煤市场的持续增长，该行业场外衍生工具市场将会大幅增长。就欧洲而言，普遍接受的估计是，未来 10 年欧洲每年的交易量将大约增长5%。该增速超过了电力需求的增长速度。

OTC 场外煤互换市场

场外煤互换市场有四家大煤生产供应商和众多的客户。这四家主要的供应商是澳大利亚必和必拓公司（BHP Billiton）、英国 RTZ 公司、南非英美资源集团（Anglo American）和瑞士 Glencore 公司。上述四家公司控制了整个近海煤炭资源贸易。其他一些目前还不是最重要但影响力可能上升的公司或地区是：法国的道达尔菲纳埃尔夫公司（Total Elf）、一些美国公司（如 Consol 能源公司）、俄罗斯、中国以及波兰等。

在消费方面，所有一体化的发电公司（如 TXU，RWE 和 AEP）以及一些"纯"交易商都是购煤主力。目前，交易银行基本还不包括在内，但是，摩根士丹利（Morgan Stanley）是一个例外，因为该投资银行与西班牙能源公司 Endessa 成功地开设了一家合资公司，该合资公司业务覆盖煤炭交易和电力交易。

当前，最关键的生产供应商是 Billiton 公司，按照股东权益计算该公司是最大的生产供应商，在互换市场最活跃，同时也在南非主要港口理查德湾煤炭码头Richard's Bay（RBCT）处于垄断地位。近年，南非船舶吨位成了供求平衡的基本吨位，因为当一些新生产供应商以及中国有回转的吨位时，南非既能往东运，又能往西运。中国的地位以及最近生产方式的结构性转变（大量小煤矿被强制关闭等）是影响全球煤矿供给的关键。

目前，还没有统治性的消费方（购买方）或交易商，但是总的来说，美国电力（AEP）、杜克能源（Duke）、得州公用（TXU）、荷兰 Nuon 电力公司、荷兰公用事业公司（Essent）、美国嘉吉公司（Cargill）、法国电力（EdF）、摩根士丹利等是欧洲市场最重要的电煤消费者或交易商。

煤交易场外市场的主要经纪商包括：

■ TFS（传统金融服务公司），其煤价指数是目前大多数交易商的基础（http：// www. tfsenergy. com／）

■ GFI（http：／／www. gfinet. com／）

■ Spectron（http：／／www. spectrongroup. com／）

■ Natsource Tulletts（http：／／www. natsource. com／）

对于发展煤衍生市场，有一个固定的购买消费方、生产供应商和金融交易者基础是相当重要的。该行业发展的一个利好消息是 2002 年在消费者和交易者方面，一些大的新进入者，包括柏林电力（Bewag）、阿奎拉资源公司（Aquilla）和 Nordic PowerHouse 公司加入了该市场。同时，更多的金融交易商如高盛也一直在期待加入到该市场中来。

用来对欧洲煤衍生工具定价的指数所复制的主要交易方式是传统上运往安特卫普—鹿特丹—阿姆斯特丹（ARA 地区）的吨位。因为有时绝大多数运往 ARA 地区的煤都按南非船上交货价运输，所以该交易方式也包含来自美国和哥伦比亚的吨位（依据市场情况而定）。

煤互换合约的定价参考

该市场有许多讨论的指数：

■ 环球煤炭 RB 指数（www. globalcoal. com/）。该指数刚出现没多久，但是必须被密切注视，因为环球煤炭（Global Coal）是一个由 26 家主要的煤炭生产供应商或消费商所共同拥有的中心节点。该指数可能会变成权威性和统治性的指数，但这需要一段时间，它的成功将依赖于其签订的实物合约。

■ TFS 指数（http：//www. tfsenergy. com/），也叫 APis，是目前场外交易所采用的主要指数。环球煤炭指数和 APis 指数的主要不同是，前者是根据结束时的实物交易数据计算出来的，而后者则是根据估计的交易数据间接推算出来的。与 APi 二级（APi2）有关的煤互换合约具有流动性，与 APi 四级有关的交易也有一些。该指数不仅被经纪商 TFS 采用来进行代理交易，而且也被 Spectron，Natsource，GFI 等用来进行代理交易。

由一些领先的煤炭经纪商所做的内部评估表明，到 2002 年底，场外煤炭互换市场的交易量在按年计算的基础上可能会从 2000 年号称的 8000 万公吨增长到 12000 万~15000 万公吨。该数字还考虑到了由于安然公司倒闭而引起市场轻微倒退的因素，所以煤炭交易市场目前发展良好，即便是安然公司，在其倒闭前也是煤衍生市场的积极参与者和主要的市场股东。

当前煤互换合约的主要定价参考：APi 指数

有四种 APi 指数：

■ APi1 指数——静态美式合约，该指数没有任何真实实物交易。
■ APi2 指数——按成本加运费加保险费交货，目的港是阿姆斯特丹—鹿特丹—安特卫普，即 CIF ARA。这通常是最活跃的一类合约。

■ APi3 指数——在装运港澳大利亚 Waratah 港、悉尼北部纽卡斯尔港（New-castle）、澳大利亚港（Australia）交货，即 FOB PWCS Australia。

■ APi4 指数——在南非装运港交货，即 FOB RBCT SA，欧洲互换经纪商在基于该线交货的互换合约上非常活跃。

上面这些就是我们所说的煤互换合约，它们只需要一个 ISDA（国际互换与衍生工具协会）证，就可以交易了。目前，经由欧洲衍生工具所清算的合约还没有。合约运用者不得不承担交易对手的信用风险。

市场交易量区分

大约 2/3 的煤互换业务都是 APi2，APi3 很少交易。比较居中的 APi4，该互换合约往往不怎么具有流动性，价差较大，这在相当程度上是由于供应商控制了其拥有股权的 RBCT 终端。

煤互换市场的即期交易方式

典型的交易是季度交易和日历交易，尽管月份交易主要对 APi2 进行。最小的交易规模是 5000 公吨/月，而通常正常的交易规模是 10000 公吨/月，超过 25000公吨/月的交易就被认为是大宗交易了。根据报道，在 2002 年就已经出现了长达 3年的远期交易和 4 年期基于指数之实物合约的远期了。大多数参与者都在现金结算煤互换市场，积极交易两年期的远期合约。

据经纪商报告，在繁忙交易日（如 2002 年中），典型的每日交易吨位范围在100 万~200 万公吨，这代表了 20~35 份互换合约。甚至有报道说，目前在场外煤炭金融市场上出现了相关看涨看跌期权的交易活动。

其他利用上述衍生工具的交易机会和套期保值机会

■ "黑烟" 价差（"Soot" Spreads），有时也叫 "黑暗" 价差（煤 VS 电）。

■ 气/煤等的相对价值。

■ APi2/APi4 套利——利用与波罗的海贸易海运交易所（The Baltic Exchange）4 号航线等同的航线运费套利。投资人可能会将各种运费成分和煤炭规格进行分离以此来锁定其利润。不过这只是一小部分，就像我们在后面章节将要讨论的新加坡运费费率互换市场的发展一样。新加坡费率互换市场的交易是从新加坡出口到日本的 Opec-Spec 石脑油现货实物和根据普氏报价的新加坡石脑油金融互换，这些交易由经纪商 Ginga Petroleum 石油公司负责完成（http：//www. ginga. com. sg/）。

天气风险金融衍生工具

你不可能改变天气（尽管在英国我们一直希望生活所处的气候可能改变），但是由于一种相对较新叫作天气衍生物（衍生工具）的商品产品的出现，你可以凭此来保护你自己，使得当天气变得对你的业务不利时而免受金钱损失。

天气衍生工具的增长趋势

仅从 20 世纪 90 年代中期的一些交易来看，正式的天气风险管理工具的交易所就已经成交了大量业务。根据最近普华永道为天气风险管理协会所做的一份调查，结果显示，截至 2002 年 3 月 31 日，天气风险衍生工具交易量跳跃式地增长了 72%，现在该行业总交易值是 43 亿美元。

天气风险包括各种自然现象变化，但是如果核心仅限于温度变化的话，那么该市场看起来就会像任何一个商品期货市场一样。事实上，2002 年天气风险管理协会（WRMAhttp：//www. wfma. org/）进行的调查结果表明，基于温度的天气风险衍生工具占了整个天气风险衍生工具交易量的 80% 以上（如日高温度/日低温度）。

与温度有关的天气衍生工具帮助人们进行套期保值或者以事先协定的世界各地温度来进行交易。据报道，该市场在欧洲有 300 多个常规性的报价点可供交易者进行温度衍生工具的交易。

天气风险管理发展方面，北美比其他地区要发展得更早、更快。日本和欧洲的天气风险市场在行业覆盖方面发展得更为分散、更为多样化，但是场外市场标准化产品仍然只有温值互换与期权。

虽然欧洲行业组合一直以来都是以比美国有更多的非能源终端用户为特征，但是 2002 年，能源驱动的天气套期保值有一个很强的上升。随着最近几年批发市场并构和重组活动实践逐渐被吸收消化（如英国新电力交易安排），能源公司正越来越多地暴露在天气风险面前，许多新交易平台已经或短期内将会建立起来。在这个市场上没有一个国家比德国增长得更快，德国在天气衍生工具市场交易方面已经使北欧电力交易市场黯然失色。尽管伦敦的希思罗机场到目前为止仍然是最繁忙的交易标准港，但是市场正在迅速扩张，并对参考以前不怎么出众的一些地方的标准港如位于德国埃森（Essen）的港站表现出日益增加的兴趣。

最近的一些发展受到了非能源部门终端用户的成功交易的支持，这些部门的用户与能源公司有着大量方向相反的风险。这就扩大了总体风险承受能力。过去一年，银行、再保险公司和能源公司的大量新平台的进入也起到了相当大的作用。在 2001

年夏季，该类合约的欧洲场外交易屈指可数，但到 2002 年夏季，交易就有了急速增长，交易商之间平均每月平仓交易就有 100~200 宗。交易商以每天超过 10 份的数目来报告客户要求，同时为这些交易的一半进行平仓。

非常有趣的是，尽管交易商报出的非能源部门的各种合约数目不断增加，但是对天气环境分散化（既有跨商品/双重触点产品，又有基于各种因素而不是简单温度的结构化产品）的动力也受到了来自能源部门强烈需求的驱动。由于可恢复能源资源的不断进步，风速和降雨量套期保值方面的合约越来越多。同样地，通过使用天气衍生物技术，那些允许能源公司为其客户精确需要（比如，通过确保足够的能源供给来管理需求急剧增加的风险）而量身定制的能源风险管理解决方案的产品能够被更加精确地定价，更好地用来套期保值。

天气衍生市场的另一个有趣的发展是"Shortend"短期交易的发展。该市场每月维度风险产品已经崛起，现在每季度交易（传统产品居多的交易）中都有 10 宗该类交易。一些特别短期的产品（本质上来看就是预测未来几个营业日的风险）正在将一种非常熟悉的气候要素带到该产品中来；能源公司的快速平台现在能够交易天气维度，并将任何实物维度的交易进行隔离。由于在交易该类风险管理工具方面已经积累了大量经验，因此，我们现在看到交易天气预测产品的合约越来越多，而不是刚开始时的交易值。

能源业利用天气衍生工具套期保值的例子

天气衍生工具的最普遍运用是用来对由于温度波动而引起能源需求的不确定性进行套期保值。出于这个目的，天气衍生工具交易通常都参考一段时期内的高温日或低温日。这就需要度量每天温度相对参考温度（如 18 摄氏度）的偏离，然后把负的［对于 HDDs（日高温度）而言］和正的［对于 CDDs（日低温度）而言］偏离日分别进行加总。这就给出了一个居民家庭对能源数量的近似替代值，由此值可知道居民花了多少能源用来加热或者制冷以将他们那所处的温度维持到室温。

然而，我们所进行的交易并非一定要采用日温度来构造，也可以简单地参考过去一段时期的平均温度。举例来说，我们考虑一下在某个气候温和的国家，一家供气商和一家发电商所面临的夏季供求缺口。该国气候在每一个季节都呈现出较强的温度黏性，如夏季要么就很热，要么气温比较温和，但很少出现平均的情况。对于这两家公司（供气商和发电商）而言非常不幸的是，居民都是用气而不是用电来加热，而且气作为一种燃料在发电组合中所占比例非常低。因此，该供气公司在气候温和的夏季将会经历非常强烈的燃气市场需求，而该电力公司则将面临相反的需求敏感度（见图 4-6）。

这些公司可以在平均温度互换的基础上交换今后的支付，以此来熨平其未来收益的波动性。夏季的真实平均温度在该季结束时才能计算出来，该平均气温每超过

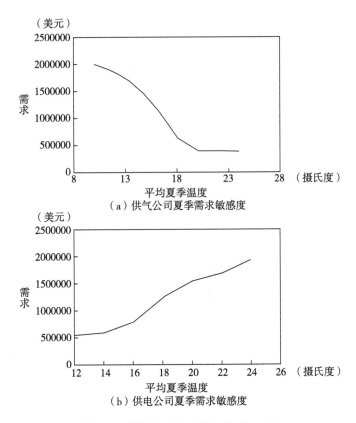

（美元）

（a）供气公司夏季需求敏感度

（美元）

（b）供电公司夏季需求敏感度

图4-6 煤气和电力公司的需求敏感度

17 摄氏度 0.1 度，电力公司就支付 20000 美元给供气公司。如果该平均气温低于 17 摄氏度，则每低 0.1 度，供气公司就支付 20000 美元给电力公司。由于合约规定的最大支付额是 400000 美元，所以该交易允许两家公司在最大概率范围内可能的温度变化范围（15~19 摄氏度）下，熨平期望收益的波动（见图4-7）。

两家公司通过互换合约获得了平稳的即将到来的夏季预期收益，这给予了公司在预算规划方面更大的确定性。一家公司的"坏"年景与另一家公司的"好"年景有效地抵消了。

并非所有的风险都能被很好地提前转移。通常最好的风险防护都是由做市商或风险吸收商来提供，这些机构能有效地管理分散化的天气风险组合。该组合效应意味着一位套期保值者能够获得有吸引力的价格，即使其对手交易者没有正好完全相反的风险。这些衍生产品通常主要是期权，而不是互换。在这里，套期保值者的风险被完全覆盖了，只要其事先支付给套期保值产品提供者一笔初始费用金额。这有点类似于购买一份保险产品。

举个例子，一个水力发电商对低降雨量非常关心，但是该风险仅仅当蓄水容量低于某一设定触发水平时才会显著呈现出来。发电商才可能会去购买一份合约，比如，降雨量看跌期权，合约约定每年降雨量不到平均水平的 30% 时就动用该期权，

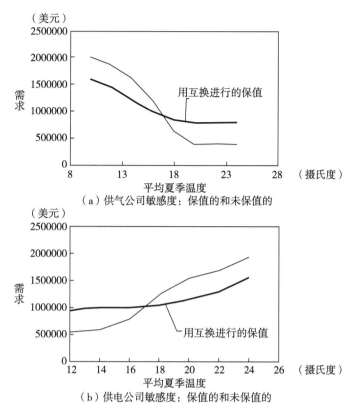

（美元）

需求

（a）供气公司敏感度：保值的和未保值的

平均夏季温度

用互换进行的保值

（美元）

需求

（b）供电公司敏感度：保值的和未保值的

平均夏季温度

用互换进行的保值

图 4-7　对需求敏感度进行套期保值

而另外一个产品仅当降雨量连续两年低于平均值 50% 时才履行支付。

在期权估价方面需要注意的重要一点是，对套期保值者而言，期权价值不是简单的未来结果被保值的概率上的价值（比如：对于一个 5 年期合约的一年的保护，其价值应该高于 20%）。因为套期保值者也必须估计一下如果不做任何保护措施（如自我保值）会产生多大的成本。公司应该将内部资本成本也计算在内，因为该成本是针对不利事件发生的概率而准备的备付金所形成的。此外，其他一些成本也应该被考虑进来，比如，出乎意料的收益减少给公司声誉带来的冲击（如敌意股票分析师的新闻报道）、执行事先预算好的资本支出的能力减弱等。一次"坏天气攻击"可能会降低公司的收益率并恶化公司的资本成本。

总体来说，天气衍生产品给那些能源公司提供了一个灵活的、强有力的风险管理工具。这些产品主要从能源部门发展而来，因此能够最直接地描述能源公司的风险。金融上的天气风险管理技术的使用自从 1997 年以来就变得非常普遍，现在公司不得不向公众证明为什么它们没有用这些衍生产品。

拓宽使用面

由于更多的企业开始知晓天气衍生工具，因此天气风险管理需求在急剧增加，而这一工具仅仅在 5 年前才被创新出来，作为一种套期保值的方法，帮助那些在暖冬（Warmer-than-Normal Winter）或凉夏（Cooler-than-Normal Summer）面临损失的公司来尽力套期保值。同时，一些根据特定企业的需要而设计的新型衍生产品也被开发出来。

"天气衍生工具是公用事业部门用来熨平其收益冲击的方法之一。"Entergy-Koch Trading 公司新闻发言人 Mark Palazzo 指出，该公司上年占据了天气衍生物交易整个世界市场的 35%。"为了避免天气状况引起的损失，你不必考虑收益率上升。"

一些新进展——运费费率互换（现金结算）

运输是全球能源业务不可缺少的一个部门，运往世界各地的石油或天然气，其运费都直接或间接地在某些方面影响电价。在一笔国际石油交易中，最大的也是最不可冲销的风险就是运费费率变动风险。

近年来，运费费率互换市场上出现了一些有趣的进展。在过去，远期运费费率市场主要集中于固体干货的运费上，这对于试图交易煤、咖啡和可可的运费费率风险是有用的，但是对于任何交易石油的人而言就没有太多用处。

考虑到流动性以及未来能源行业参与者的数目和类型，可能最引起关注的进展是新加坡费率互换市场。新加坡 Ginga Petroleum 公司（http：//www. ginga. com. sg/）于 2000 年 5 月开始研发适合于亚洲清洁石油产品罐车的"油轮运费互换"。主要航线包括：新加坡到日本，30000 公吨载量；阿拉伯湾到日本，55000 公吨载量和 75000 公吨载量。这些互换都是以现金结算的，其结算依据是麦克劳—希尔出版集团出版的普拉茨清洁油轮费率评估的每日价格的平均值（http：//www. platts. com/）。

油轮费率互换对于能源行业而言是一个非常有益的风险管理工具。因为在过去，很多能源公司无论是在实物头寸还是纸头头寸上都面临一些不可冲销的运费风险敞口。该市场的主要参与者是石油产品交易商和船运公司或租船公司，以及油轮东家和银行。该类互换交易量可按用户需求量身定做，最普遍的交易份额是 10000 公吨每合约月份。最常谈到的互换期限是未来 2~3 个月期限，然而买卖报价的常常都是期限长达 6 个月的合约。表4-2 为油轮运费互换的例子。

表4-2　油轮运费互换报告

Platt's Clean Tanker Rate Assessment（WS）	MR（SIN/P）	LR1（AG/JP）	LR2（AG/JP）	MR/LR1 spread	MR/LR2 spread	LR1/LR2 spread
As of July 26	188	160	135	28	53	25

续表

Platt's Clean Tanker Rate Assessment（WS）	MR（SIN/P）	LR1（AG/JP）	LR2（AG/JP）	MR/LR1 spread	MR/LR2 spread	LR1/LR2 spread
As of July 25	188	155	135	33	53	20
Average for July	190.95	153.4	133.3	37.55	57.65	20.1
Average for June	185.111	132.5	126.666	42.61	58.44	15.83
Average for May	164.954	134.863	122.954	30.09	42	11.91
SWAPS Requirement	Period	Buy	Sell			
30KMT（SG/JP）	Aug	WS190（1）				
	Sep	WS190（1）				
	Oct					
	Q4	WS197.5（1）	WS205（1）			
	Q1	WS190（1）	WS202.5（1）			
55KMT（AG/JP）	Aug	WS155（1）	WS160（1）			
	Sep					
	Oct					
	Q4					
75KMT（AG/JP）	Aug	WS132.5（1）	WS140（1）			
	Sep	WS130（1）	WS140（1）			
	Oct	WS130（1）	WS140（1）			
	Q4	WS130（1）	WS140（1）			

　　资料来源：Ginga Ptroleum（新加坡）私人有限公司（http：//www.ginga.com.sg/）；联系人：Chisa Wada 女士，电话：+65 6292 8484。

　　该报告中的费率报价是以 World Scale Levels 为基础的，和前面提到的一样，该互换也是以普氏清洁油轮评估价格水平报告来结算的。

衍生工具远期曲线评估

　　最近推出的新进展是由一些专门公司开发引荐出来的，这些公司为日益增加的能源衍生市场进行远期曲线的独立评估。对全世界的风险管理经理而言，这都是一个相当新的管理工具，它使得银行和终端用户能够拥有一个值得共同信任的第三方远期曲线，以便进行每日估值和记账统计。2001 年的"安然丑闻"动摇了许多股东对公司运用能源衍生工具及其定价和会计的信心，所以就有机会利用第三方远期曲线市场评估来对衍生工具进行合理的价值评估。事实上，在美国财务会计准则133号（FAS133）的新的会计制度以及国际会计准则（见第18章）的基础上，衍生工具需要按照一个常规性的基础进行重新估值，即便它们已经被某一终端用户如发电商或航空公司采用。

在本书出版的时候，已经有两家公司开始在能源领域提供远期曲线定价服务。

■ 麦克劳—希尔集团普拉茨公司：http：//www. platts. com/
■ Totem Risk 公司：http：//www. totemvaluations. com/

普拉茨远期曲线服务公司（PFC）

普拉茨远期曲线服务公司是第一家为全球石油衍生市场提供基于真实交易、买卖报价的评估和历史数据的独立服务商。

普氏远期曲线公司提供的服务有：

■ 对欧洲、亚洲和美国石油市场上基于真实市场活动（而非模型）的互换合约的独立评估
■ 独立的互换市场评论

该公司的全部服务既涵盖了交易所交易的期货和期权，又涵盖了场外市场互换合约，它允许服务购买者：

■ 对其衍生工具组合进行逐日盯市
■ 为风险管理模型设定基准
■ 执行全面的盈利和损失分析

欧洲系列

普氏远期曲线为涵盖原油和原油产品的150多个数据点提供互换评估和三年期远期分析等。

原油互换评估：

■ 布伦特差价合约（Brent CFD）
■ 西得州中质原油—布伦特互换合约

■ 布伦特—迪拜期现货调换合约（Brent-Dubai EFS）
■ 迪拜月份间互换合约

石油产品

■ 裂解差价互换，主要是汽油、石脑油和柴油相对于布伦特原油的价值差价
■ 包括汽油、石脑油、喷气式飞机燃油、柴油以及燃料油在内的欧洲基准互换的选择

亚洲系列

除了亚洲对两个主要的区域标志性原油——马来西亚 Tapis 原油和迪拜原油的互换提供评估外，普氏远期曲线还提供针对这两个市场原油的裂解差价互换估值以及新加坡石油产品和产品时间价差互换的估值。

美国系列

美国系列是指对在美国交易的互换的评估：大西洋海岸、海湾海岸以及西海岸的交易。原油互换涵盖了布伦特原油、西得州中质—布伦特原油以及包括汽油、喷气式飞机燃料、2 号柴油和民用柴油互换在内的产品。

关于这方面更多的信息可以通过下列途径获得：Platts，Wimbledon Bridge House，1 Hartfield Road，London SW19 3RU，UK. Tel：+44（0）20 8543 1234 Fax：+44（0）20 8545 6635；http：//www. platts. com/。

Totem Risk 估值公司

另外一家最近进入能源领域提供基于每日能源交易团体的远期曲线数据的公司是 Totem 公司（http：//www. totemvaluations. com/），该公司现在对世界大多数市场的交易都进行报价。

关于 Totem Risk 公司的更多信息，以及它们的服务如何协助那些在 FAS 133 和 IASC 会计准则下面临新的更严格的衍生工具会计制度的公司，在第 18 章关于衍生工具国际会计准则部分可以阅读到。

表 4-3 列示了 Totem Risk 公司发布出版的远期曲线表。

表 4-3　Totem Risk 公司发布出版的远期曲线表

指数名缩写	标的资产名称（指数1）	差价估值的标的资产名称（指数2）	参考出版物	价格单位	转换因子	期权类型
		石油指数数				
		原油指数组				
WTI	Light, Sweet Crude Oil (first nearby contract)		NYMEX	US$/Bbl	Outright	S A O Average rate
Brent	Brent Crude (first nearby contract)		IPE	US$/Bbl	Outright	S A O Average rate
Dated/Brent	BRENT (DTD)	Brent Crude (first nearby contract)	PLATTS/IPE	US$/Bbl	Spread	S
Brent/Dubai	Brent Crude (first nearby contract)	Dubai (front month)	IPE/PLATTS	US$/Bbl	Spread	S
Tapis/Brent	Tapis	Brent Crude (first nearby contract)	APPL/IPE	US$/Bbl	Spread	S
		取暖油指数组				
Nymex number 2Heat	Heating Oil (first nearby contract)		NYMEX	US$/Gal	Outright	A O Average rate
Nymex number 2Heat Crack	Heating Oil (first nearby contract)	Light, Sweet Crude Oil (first nearby contract)	NYMEX	US$/Bbl	Spread	S
IPE Gasoil	Gasoil (first nearby contract)		IPE	US$/MT	Outright	A O Average rate
IPE Gasoil Crack	Gasoil (first nearby contract)	Brent Crude (first nearby contract)	IPE	US$/Bbl	Spread	S
East/West Gasoil	Singapore Gasoil Reg 0.5%	Gasoil (first nearby contract)	PLATTS/IPE	US$/MT	Spread 7.45 Bbls/MT	S
USGC No. 2/Nymex No. 2 Heating Oil	USGC No. 2	Heating Oil (first nearby contract)	PLATTS/NYMEX	US$/Gal	Spread	S
EN590 CIF NWE/IPE Gasoil	Cargoes CIF new EN590	Gasoil (first nearby contract)	PLATTS/IPE	US$/MT	Spread	S
Gasoil. 2 FOB MED/IPE Gasoil	Cargoes FOB Med Gasoil. 2	Gasoil (fist nearby contract)	PLATTS/IPE	US$/MT	Spread	S
Gasoil. 2 Barges FOB Rotterdam/IPE Gasoil	Barges FOB Rotterdam Gasoil. 2	Gasoil (first nearby contract)	PLATTS/IPE	US$/MT	Spread	S

指数缩写	标的资产名称（指数 1）	差价估值的标的资产名称（指数 2）	参考出版物	价格单位	转换因子	期权类型
Gasoil.2 CIF NWE/IPE Gasoil	Cargoes CIF new Gasoil.2	Gasoil (first nearby contract)	PLATTS/IPE	US $/MT	Spread	S
		航空油指数组				
Jet CIF NWE	Cargoes CIF new Jet		PLATTS	US $/MT	Outright	A Average rate
Jet CIF NWE/IPE Gasoil	Cargoes CIF new Jet	Gasoil (first nearby contract)	PLATTS/IPE	US $/MT	Spread	S
USGC 54 Jet/Nymex No.2 Heating Oil	Gulf Coast JET54	Heating Oil (first nearby contract)	PLATTS/NYMEX	US $/Bbl	Spread	S
Jet FOB Barges/IPE Gasoil	Barges FOB Rotterdam Jet	Gasoil (first nearby contract)	PLATTS/IPE	US $/MT	Spread	S
Jet FOB Cargoes MED/Jet CIF NWE	Cargoes FOB Med Jet	Jet CIF NWE	PLATTS	US $/MT	Spread	S
Singapore Regrade	Singapore Kero	Singapore Gasoil Reg 0.5%	PLATTS	US $/Bbl	Spread	S
		汽油指数组				
NYMEX Unleaded	Unleaded		NYMEX	US $/Gal	Outright	A Average rate
NYMEX Unleaded Crack	Unleaded	Light, Sweet Crude Oil (first nearby contract)	NYMEX	US $/Bbl	Spread	S
USGC Unleaded Crack	US GULF COAST PIPELINE Unl-87	Light, Sweet Crude Oil (first nearby contract)	PLATTS/NYMEX	US $/Bbl	Spread	S
Eurograde	Barges FOB Rotterdam Prem Unl	Light, Sweet Crude Oil (first nearby contract)	PLATTS/IPE	US $/Bbl	Spread 8.33 Bbls/MT	A Average rate
Eurograde Crack	Barges FOB Rotterdam Prem Uni`	Brent Crude (first nearby contract)	PLATTS/IPE	US $/Bbl	Spread 8.33 Bbls/MT	S

续表

指数名称缩写	标的资产名称（指数1）	差价估值的标的资产名称（指数2）	参考出版物	价格单位	转换因子	期权类型
		燃料油指数组				
3.5% Barges Fuel	Barges FOB Rotterdam 3.5PCT		PLATTS	US $/MT	Outright	A Average rate
3.5% Barges Fuel Crack	Barges FOB Rotterdam PCT	Brent Crude (first nearby contract)	PLATTS/IPE	US $/Bbl	Spread 6.35 Bbls/MT	S
East/West Fuel	Singapore HSFO 180 CST	Barges FOB Rotterdam3.5 PCT	PLATTS	US $/MT	Spread	S
1%CIF NYH Fuel crack	NEW YORK CARGO NO61	Light, Sweet Crude Oil (first nearby contract)	PLATTS/NYMEX	US $/Bbl	Spread 6.35 Bbls/MT	S
3%USGC Fuel Crack	GULF COAST WATERBORNE NO63	Light, Sweet Crude Oil (first nearby contract)	PLATTS/NYMEX	US $/Bbl	Spread	S
1% new Fuel Crack	Cargoes FOB new 1 PCT	Brent Crude (first nearby contract)	PLATTS/IPE	US $/Bbl	Spread 6.35 Bbls/MT	S
		天然气指数				
		北美天然气指数组				
Henry Hub	Henry Hub Natural Gas	Henry Hub Natural Gas	NYMEX	US $/mmBtu	Outright	SA O European
ANR, La	ANR Pipeline Co., Louisisana	Henry Hub Natural Gas	NYMEX/Inside FERC	US $/mmBtu	Spread	S
Chicago City Gate	Midwest, Chicago Citygate	Henry Hub Natural Gas	NYMEX/NGI	US $/mmBtu	Spread	S
Columbia Gulf, Louisiana	Columbia Gulf Transmission Co., Louisiana	Henry Hub Natural Gas	NYMEX/Inside FERC	US $/mmBtu	Spread	S
Permian	Transwestern Pipelines Co., Permian Basin	Henry Hub Natural Gas	NYMEX/Inside FERC	US $/mmBtu	Spread	S

续表

指数名缩写	标的资产名称（指数 1）	差价估值的标的资产名称（指数 2）	参考出版物	价格单位	转换因子	期权类型
San Juan	El Paso Natural Gas Co, San Juan Basin	Henry Hub Natural Gas	NYMEX/Inside FERC	US $/mmBtu	Spread	S
Henry Hub	South Louisiana, Henry Hub	Henry Hub Natural Gas	NYMEX/Inside FERC	US $/mmBtu	Spread	S
Houston Ship Canal	East Texas, Houston Ship Canal, Large Packages	Henry Hub Natural Gas	NYMEX/Inside FERC	US $/mmBtu	Spread	S
MICHICON	Citygates, Mich-Michcon	Henry Hub Natural Gas	NYMEX/GD	US $/mmBtu	Spread	S
MALIN	California, Malin	Henry Hub Natural Gas	NYMEX/NGI	US $/mmBtu	Spread	S
Southern California Border	Socal Topock, Southern California Border Average	Henry Hub Natural Gas	NYMEX/NGI	US $/mmBtu	Spread	S
NGPL, South Texas zone	Natural Gas Pipeline company of America, Louisiana zone	Henry Hub Natural Gas	NYMEX/Inside FERC	US $/mmBtu	Spread	S
NGPL, south Texas zone	Natural Gas Pipeline company of America, South Texas zone	Henry Hub Natural Gas	NYMEX/Inside FERC	US $/mmBtu	Spread	S
Panhandle	Panhandle Eastern pipe-lines Co, TX OK (Mainline)	Henry Hub Natural Gas	NYMEX/Inside FERC	US $/mmBtu	Spread	S
PGE city-gate	PG&E city-gate	Henry Hub Natural Gas	NYMEX/Inside FERC	US $/mmBtu	Spread	S
Northwest, Rocky Mountains	Northwest pipeline Corp. Rocky Mountains	Henry Hub Natural Gas	NYMEX/Inside FERC	US $/mmBtu	Spread	S
Tennessee, Texas (zone 0)	Tennessee, Texas (zone 0)	Henry Hub Natural Gas	NYMEX/Inside FERC	US $/mmBtu	Spread	S

续表

指数名称缩写	标的资产名称（指数1）	差价估值的标的资产名称（指数2）	参考出版物	价格单位	转换因子	期权类型
TETCO South Texas zone	Texas Eastern Transmission Corp, South Texas zone	Henry Hub Natural Gas	NYMEX/Inside FERC	US $/mmBtu	Spread	S
TENN-LA	Tennessee Gas Pipelines Co, La, & Offshore (zone1)	Henry Hub Natural Gas	NYMEX/Inside FERC	US $/mmBtu	Spread	S
Transco Zone 1	Transco zone 1 (pooling point)	Henry Hub Natural Gas	NYMEX/Inside FERC	US $/mmBtu	Spread	S
Transco Zone 6	Northeast, Transco Zone 6	Henry Hub Natural Gas	NYMEX/Inside FERC	US $/mmBtu	Spread	S
CNG Southpoint	CNG Transmission Corp, Appalachia	Henry Hub Natural Gas	NYMEX/Inside FERC	US $/mmBtu	Spread	S
TECO	Columbia Gas Transmission Corp, Appalachia	Henry Hub Natural Gas	NYMEX/Inside FERC	US $/mmBtu	Spread	S
WAHA	West Texas, WAha	Henry Hub Natural Gas	NYMEX/Inside FERC	US $/mmBtu	Spread	S
TETCO-ELA	Texas Eastern Transmission Corp, East Louisiana zone	Henry Hub Natural Gas	NYMEX/Inside FERC	US $/mmBtu	Spread	S
TETCO-M3	Market Center Spot-Gas Prices, Northeast, Texas Eestern zone M-3	Henry Hub Natural Gas	NYMEX/Inside FERC	US $/mmBtu	Spread	S
Transco Zone 3	Transcontinental Gas Pipelines Corp, zone 3	Henry Hub Natural Gas	NYMEX/Inside FERC	US $/mmBtu	Spread	S

续表

指数名缩写	标的资产名称（指数 1）	差价估值的标的资产名称（指数 2）	参考出版物	价格单位	转换因子	期权类型
欧洲天然气合约组						
Belgian Gas	Zeebrugge Hub		Physical Delivery	Pence/therm	Spread	S
German Gas	Bunde Hub		Physical Delivery	Euro/MWh	Outright	S
UK Gas	NBP	NBP	Physical Delivery	Pence/therm	Outright	S A O European
电力指数						
欧洲电力合约组						
Austrian Power	Austrian（St. Peter）Hight Voltage Grid	German high voltage grid	Physical Delivery+Financial	Euro/MWh	Spread	S
Dutch Power-basload	Dutch high voltage grid		Physical Delivery	Euro/MWh	Outright	S
Dutch Power-Peakload	Dutch high voltage grid		Physical Delivery	Euro/MWh	Outright	S
French Power-baseload	French high voltage grid		Physical Delivery	Euro/MWh	Outright	S
French Power-Peakload	French high voltage grid		Physical Delivery	Euro/MWh	Outright	S
German Power-baseload	German high voltage grid		Physical Delivery	Euro/MWh	Outright	S A O European
German Power-Peakload	German high voltage grid		Physical Delivery	Euro/MWh	Outright	S
Nordic Power	Nordpool system price		Nordpool System Price	Euro/MWh	Outright	S A O European
Spanish Power	Spanish grid price		Spanish Grid Price	Euro/MWh	Outright	S
Swiss Power	German high voltage grid	German high voltage grid	Physical Delivery+Financial	Euro/MWh	Spread	S
UK PowerBaseload	As defined by GTMA		Physical Delivery	£ /MWh	Outright	S A O European
UK PowerBaseload	As defined by GTMA		Physical Delivery	£ /MWh	Outright	S

注：表中的合约和指数中提供了常规市场估值。如有特别需要额外的合约或工具也可提供。估值期限与每个标的资产的市场约定相符，但通常有月度、三个月、季度和日历年度。欲知进一步的详细情况，可联系 Tom charlesworth。Tel+44 20 7212 2693　Fax+44 20 7804 1735　www.totemvaluations.com。E-mail：tcharlesworth@totemvaluations.com

第5章 期权——交易和套期保值应用策略

与简单的场内期货合约或者场外固定或浮动的互换合约相比，能源期权更复杂。能源期权类似于保险单，需要支付一笔期权费（期权权利金），但是若市场的走势朝不利方向发展，除了这笔期权费，人们将不会遭受更多的经济损失。人们为他们的家庭财产投保，即购买一种可以在财产遭遇偷窃的情况下，索取相应补偿的权利（或期权）。同样地，对能源期权的购买者而言，如果他参与的能源市场的价格超过了合约中的规定价格（即执行价格），他仍可以按照执行价格执行期权，从而规避价格波动的风险（或作为一个交易者受益）。

期权正如其名所示：交易者购买石油期权，他们就是在购买一种权利，而不是一种义务，这种权利能够使他们在将来的特定日期按一定的价格在能源市场上购买一定量的能源（石油、天然气、电、煤等）。例如，人们可以为将在11月份采购的能源制定他们愿意支付的最高价格，继而购买一份相应的期权。如果有人出售给他们这份期权，那么出售方就必须保证在11月份按此价格提供一定量的能源。

绝大部分的期权衍生品都不涉及实物能源的交割，只是能够让参与者从标的能源相同头寸现金流动的风险中获利。如第3章所说，只有很小一部分场内交易的期货合约会进行真正的实物交易：大约只占全部持仓量的2%。

期权衍生品组合结构的优点超过了简单的期货和互换，主要表现如下：

■ 多数情况下，最初支付的现金费用仅限于期权权利金，甚至存在无费用期权（根据基础能源价格的风险，买入上限期权、卖出下限期权或者卖出定期权、买入下限期权，这两种期权的权利金支出或收入相互对冲，正好形成零成本期权）。需要规避短期能源价格风险（即可能遭遇能源价格上涨）的最终委托人，经常会使用这种期权组合结构。为了应付价格朝高位移动的风险，他们需要通过买入上限期权（看涨期权）和卖出下限期权（看跌期权），形成零成本期权来规避这种风险。

■ 与互换和期货策略相比，基础能源市场上期权的机会成本较小，它既可以使参与者规避不利的价格变动的风险，同时也保留从有利的价格变动中获利的机会。

■ 期权策略的另一个好处在于（这将在本章深入讨论），它可以使那些不能完全确定某项基础资产价格变动方向的交易者，选择价格波动率而非市场价格作为自己持仓的基础。

波动率

在期权的定价策略中，价格波动率（Volatility）扮演着一个很重要的角色。同时，它又是衡量一份期权是否值得购买的重要因素。主要有两种类型的波动率：

■ 历史波动率。通常是指一年中基础能源期货或互换合约价格变动的标准差。

■ 隐含波动率。隐含波动率（Implied Volatility, IV）决定交易者或做市商对期权费的报价。在收到一份期权合约的报价时，可以通过适当的期权模型，利用期权费大致计算出另一方交易者或做市商对该期权隐含波动率所做的估计（即预期波动率）。在大多数情况下，隐含波动率越大，期权费也就越高（见图5-1和图5-2）。通过比较市场的价格波动和期权的隐含波动率，可以判断某份期权合约是否值得购买。例如，如果你购买的一份期权合约的隐含波动率很大，但随后的市场走势较为平稳，使得期权的隐含波动率减弱，那么在其他因素不变的前提下，该期权合约的收益就会下降。

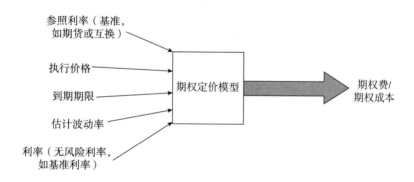

图 5-1　期权费的计算准则——期权费

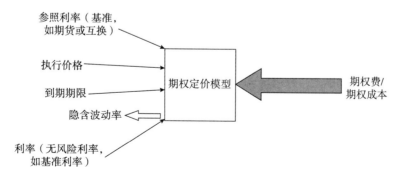

图 5-2　期权费的计算准则——隐含波动率

场内和场外期权市场中使用的关键术语

美式期权：允许在到期日及之前有效期内任何一天执行的期权。美式期权比欧式期权的选择余地更多，所以价格更高。

亚洲期权：能源市场场外交易中主要运用的期权模式。这种期权模式具有"路径依赖"的特性，因为期权的最终收益取决于标的能源市场价格的运行轨迹，即平均价格（如12月份的期权合约，它的收益最终取决于能源市场上标的资产12月份的平均价格，类似于基于整月平均价格的调期）。基本上，亚洲期权的收益取决于标的资产全部或部分有效期价格波动的平均值。这种期权的好处在于当市场价格变动不利时，交易者损失的机会成本只有期权成本（期权费）。然而对于互换头寸的持有者，当市场发生不利变动时，他们将会被"套牢"。面临无限的潜在机会成本，亚洲期权一般比美式期权或欧式期权便宜。

两平期权（ATM）：执行价格等于标的资产市场价格的期权。

欧式期权：只允许在到期日当天执行的期权。比美式期权便宜。

公平价值：包含内在价值和时间价值，可以通过期权定价模型计算得出。

实值期权（ITM）：当基础能源的期货或互换价值高于期权的执行价格时，执行一个看涨期权有利可图，称此期权处于实值状态；当基础能源的期货或互换价值低于期权的执行价格时，执行一个看跌期权有利可图，称此期权处于实值状态。

内在价值：期权合约的执行价格和相应资产市场价格之间的价差。

虚值期权（OTM）：当基础能源的期货或互换价值低于期权的执行价格时，执行一个看涨期权无利可图，称此期权处于虚值状态；当基础能源的期货或互换价值高于期权的执行价格时，执行一个看跌期权无利可图，称此期权处于虚值状态。

期权费：期权的购买价格或成本。

敲定（执行）价格：期权持有人在行使期权合约时可以买入或卖出的相关资产的价格。

时间价值：期权费和内在价值的价差，取决于期权合约到期日的远近，期权合约价格波动率和持仓成本（利率百分比）。

交割日：基础资产结算或交割的日期。

期权的种类

■ 期货市场上：

● 看涨期权：期权持有者以执行价格购买基础期货合约的权利（而不是义务）。

　　● 看跌期权：期权持有者以执行价格出售基础期货合约的权利(而不是义务)。
　■ 互换市场上：
　　● 上限期权：交易者规避市场价格波动风险的一种场外交易工具，类似于期货市场的看涨期权。
　　● 下限期权：交易者规避市场价格波动风险的一种场外交易工具，类似于期货市场的看跌期权。

对冲能源价格风险的期权交易策略

针对市场价格波动的期权套期保值基本策略有如下几种：

能源风险空头的期权套期保值交易	能源风险多头的期权套期保值交易
买入看涨期权或上限期权	卖出看涨期权或上限期权
卖出看跌期权或上限期权	买入看跌期权或上限期权
买入看涨期权跨价组合	卖出看涨期权跨价组合
卖出看跌期权跨价组合	买入看跌期权跨价组合

与互换或期货合约相比，使用期权合约的金融风险和风险规避见表5-1。

表 5-1　风险概述：期权 VS 互换或期货

头寸	风险	收益
买入看涨期权	仅限于期权费	无限
买入看跌期权	仅限于期权费	几乎无限*
卖出上限期权/下限期权（看涨期权/看跌期权）	无限（如果没有对期权进行套期保值）	收到期权费
买入基础互换/期货	几乎无限*	无限
卖出基础互换/期货	无限	几乎无限*

注：＊因为资产价值或衍生品合约的价值不能小于零。

　　从上面各种策略所形成的组合中，我们可以真正体会到期权的灵活性：我们可以按照不同的执行价格、不同的有效期和不同的交易量买入看涨期权（或上限期权）、卖出看跌期权（或下限期权），形成投资组合。期权的运用大大丰富了投资组合结构的多样性，除了受制于我们的创造性和需要规避的风险的复杂性，这种多样性几乎难以穷尽。然而，还是存在一些在能源衍生品市场上经常会被使用的组合结构，对此我们将在这里一一介绍，为交易者深入学习提供基础。

一些希腊字母简介

在本章的剩余部分，我们将会关注投资者或交易者规避风险进行套期保值的一些策略。

■ 市场价格变动的风险
■ 市场波动率的变动

但是，在进一步探讨期权交易和套期保值策略之前，我们应该更深入地了解一下所谓的期权"原子结构"期权价格的构成要素或决策参数，以及它们如何对基础能源市场价格变动做出反应。这些构成要素或决策参数一般用希腊字母表示：

■ Delta（δ）
■ Gamma（γ）
■ Theta（θ）
■ Vega（υ）

Delta

Delta 值用于衡量当每一单位的基础资产价格变动所引发的期权权利金的变动值。它同期权合约到期执行的可能性密切相关，但并不完全一致。从风险管理的角度看，在构造风险中性的投资组合时，如进行现货商品、期货或互换的期权套期保值交易，期权的 Delta 值是需要考虑的重要因素。

Gamma

■ Gamma 值衡量的是相应的 Delta 值变化的速率。如果标的资产价格的小幅变动会引发 Delta 值显著的变化，我们就认为该期权具有较大的 Gamma 值。

■ 风险管理经理常为 Gamma 值感到头痛，因为他们需要构造投资组合，使组合各个部分的 Delta 值相互对冲，从而使整个组合的 Delta 值为零，即对冲保值的效果。尤其是在期权 Gamma 值较大的情况下，他们必须密切关注 Delta 值的变动情况，以确保期权实现套期保值。

■ 两平期权具有最大的 Gamma 值。当能源价格上升或下降，导致期权处于实值或虚值状态时，Gamma 值也会随之下降。

■ 风险管理者必须意识到：无论是看涨期权还是看跌期权，对于期权卖者而言，Gamma 值都是负的。

■ 然而期权的持有者或买方则具有正的 Gamma 值。

■ Gamma 值为负的期权交易者如果想减少他们的风险，唯一可以使用的方法就是买入其他期权。

■ 负的 Gamma 值意味着高风险：标的资产价格的不利变动可能会导致巨大的损失，而价格的有利变动只能产生微薄的利润。

Theta

■ Theta 用来衡量期权的时间价值随着到期日的临近而出现衰减的速率。无论是看涨期权（上限期权）还是看跌期权（下限期权），期权的持有者（购买方）都要经受这种期权时间价值的衰减，因为随着到期日的临近，期权的时间价值会逐渐接近它的内在价值。

■ Theta 和 Gamma 存在一定的联系：当 Gamma 值很大时，期权也相应具有较大的 Theta 值，这意味着随着期权到期日的临近，期权价值衰减得更快。

■ 从风险的角度看，具有高 Theta 值的期权对卖出期权（已经卖出）的交易者是有利的，而对买入期权（已经购买）的交易者是不利的。

■ 具有高的 Theta 值就意味着期权具有高的 Gamma 值，卖出这样的期权担负着很大的风险。一般的理解是如果你出售期权的有效期对你有利，那么你就能从期权时间价值的衰减中获利。

■ "Theta 弥补 Gamma" 指的就是：如果交易者从高的 Theta 值获利，相应地，他也要承受高 Gamma 值的风险。

■ 鱼和熊掌不可兼得，交易者也不能从一个期权的 Theta 值和 Gamma 值上同时获利。

Vega

■ Vega 值衡量的是期权价格相对于基础资产价格波动性的敏感程度，而 Delta 值衡量的是期权价格相对于基础资产或互换价格变动的敏感程度。

■ 譬如，交易者十分确信市场的波动性会增加，那么他就会选择投资具有较大 Vega 值的资产组合。

■ 两平期权时，期权的 Theta 值最为敏感。

■ 当买入看涨期权或看跌期权时，交易者面临一个正的 Vega 值。

■ 市场交易量的增加会使期权增值。

■ Vega 值的计算对于波动率交易相当重要（有关策略将会在本章随后部分逐一介绍，如蝶式套利策略、同价对敲和异价对敲）。

■ 你也可以通过计算隐含波动率决定投资策略；当你断定期权的隐含波动率过高时，你可以考虑同时卖出一个看涨期权和一个看跌期权，随后以低价将它们购回，此时该期权的波动率已随价格的下跌而减小。

期权策略

图 5-3 展现了相对于标的能源商品总体价格的变化，场外交易中上限期权（即期货市场中的看涨期权）和下限期权（即期货市场中的看跌期权）价格的变动情况。

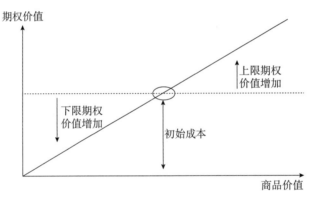

图 5-3　上限期权/下限期权（看涨期权/看跌期权）

资料来源：伦敦能源学院（http：//www.energycollege.org）。

■ 买入上限期权或看涨期权

当市场价格上涨时，上限期权或看涨期权的持有者只需承担一笔固定的期权费。

■ 购买下限期权或看跌期权

当市场价格走弱时，下限期权或看跌期权的买主的损失只限于初始支付的那笔期权费。

图 5-4 表示了卖出上限期权/下限期权的情况。

■ 卖出上限期权/看涨期权

● 上限期权/看涨期权的卖方在卖出期权时收到一笔固定的期权费。

● 卖出期权时卖方收到现金（期权费），这在金融衍生品的交易中十分有用。

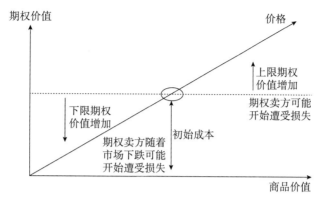

图 5-4　上限期权/下限期权的卖方

● 卖方也要承担一定的风险，因为资产的平均市场价格可能在期权有效期内高于上限期权的敲定价格。

■ 卖出下限期权/看跌期权

● 下限期权/看跌期权的卖方在卖出期权时收到一笔固定的期权费。

● 卖出期权时卖方收到现金（期权费），这在金融衍生品的交易中十分有用。

● 卖方也要承担一定的风险，因为资产的平均市场价格可能在期权有效期内低于下限期权的敲定价格。

表 5-2 和表 5-3 显示了如何使用期权来套期保值。

表 5-2　利用期权进行能源空头套期保值

	预期	特征
看涨期权空头	隐含波动率下降	有限收益；无限的损失风险；有限的风险规避；现金信用；到期日的风险情形同卖出看跌期权类似
看跌期权多头	隐含波动率上升	无限收益；有限的损失风险；无限的风险规避；高成本；到期日的风险情形同买入看涨期权类似
看涨期权或牛市期权差价空头组合	隐含波动率变动的方向取决于敲定价格 以较高的敲定价格卖出看涨期权和买入看涨期权 如果预计隐含波动率会上升：买入两平的看涨期权，卖出等量的实值看涨期权 如果预计隐含波动率会下降：买入虚值的看涨期权，卖出等量的两平看涨期权	无限收益；无限的损失风险；有限保护；低成本；到期日的风险情形与一份多头的半期货合约类似

续表

	预期	特征
看跌期权或 熊市期权差价 多头组合	隐含波动率变动的方向取决于敲定价格 以较高的敲定价格卖出看跌期权和买入看跌期权 如果预计隐含波动率上升：买入两平的看跌期权，卖出等量的虚值看跌期权 如果预计隐含波动会下降：买入实值的看跌期权，卖出等量的两平看涨期权	无限收益；无限的损失风险；有限保护；低成本；到期日的风险情形与一份多头的半期货合约类似

表 5-3　利用期权进行能源多头套期保值

	预期	特征
看涨期权空头	隐含波动率下降	有限收益；无限的损失风险；有限的风险规避；现金信用；到期日的风险情形与卖出看跌期权类似
看跌期权多头	隐含波动率上升	无限收益；有限的损失风险；无限的风险规避；高成本；到期日的风险情形与买入看涨期权类似
半期货空头	隐含波动率变动的方向取决于敲定价格 以较高的敲定价格买入看跌期权和卖出看涨期权 如果预计隐含波动率会上升：卖出虚值的看涨期权，买入等量的两平看跌期权 如果预计隐含波动率会下降：卖出两平的看涨期权，买入等量的虚值看跌期权	有限收益；有限的损失风险；无限的风险规避；低成本；到期日的风险情形与买入围栏期权或看涨期权跨价组合类似
看涨期权或 牛市期权差价 空头组合	隐含波动率变动的方向取决于敲定价格 以较高的敲定价格卖出看涨期权和买入看涨期权 如果预计隐含波动率会上升：买入两平的看涨期权，卖出等量的实值看涨期权 如果预计隐含波动率会下降：买入虚值的看涨期权，卖出等量的两平看涨期权	无限收益；无限的损失风险；有限的风险规避；低成本；到期日的风险情形与一份多头的半期货合约类似
看跌期权或 熊市期权差价 多头组合	隐含波动率变动的方向取决于敲定价格 以较高的敲定价格卖出看跌期权和买入看跌期权 如果预计隐含波动率会上升：买入两平的看跌期权，卖出等量的虚值看跌期权 如果预计隐含波动率会下降：买入实值的看跌期权，卖出等量的两平看涨期权	无限收益；无限的损失风险；有限的风险规避；低成本；到期日的风险情形与一份多头的半期货合约类似

场外交易期权和常用的期权结构化工具

在石油市场中，最频繁使用的期权产品是上限期权、下限期权和双限期权，最常见的场外交易期权种类是亚洲期权。这些期权都不需要在到期日执行什么合约，它们是根据标的资产参考价格进行现金结算的（不像期货期权，在到期日必须执行相关的期货合约）。

另一种比较流行的期权是互换期权，它可以是美式的也可以是欧式的。它最终需要按照设定的敲定价格买入或卖出一份互换合约。

亚洲期权

■ 亚洲期权的收益取决于期权全部或部分有效期内，作为参考价格的标的商品价格变动的情况。

■ 在金融市场上，这种期权有时候会被认为是一种具有"路径依赖"特性的期权。

■ 亚洲期权一般比欧式期权便宜。

■ 不能使用布莱克—斯科尔斯（Black-Scholes）模型为亚洲期权定价，因为这种期权取决于标的资产的平均价格，而平均价格不呈现对数正态分布。

■ 一种可以替代的期权定价模型是 Monte Carlo 方法（这种期权模型请详见第6章）。

零成本的双限期权

能源市场上的套期保值交易者很喜欢使用双限期权这种结构。在实际操作中，能源的最终消费者经常使用这种零成本的双限期权，因为它不用预先支付什么成本就可以获得一种廉价的保险。交易者只需要同时买入上限期权和卖出下限期权（见图 5-5）。这种期权策略使得双限期权的买方（如上限期权的买方，下限期权的卖方）在市场价格上升时获利。但是，市场价格下跌时，还是存在着风险。购买了双限期权的石油消费者不需要支付任何成本就可以获取保护，免遭不利价格上升带来的损失。同时，他又不用放弃石油价格下跌带来的任何好处。

图 5-5　零成本的双限期权

障碍期权

引入障碍期权是为了减少买入期权套期保值的初始成本。障碍期权可能生效（即触发），也可能在特定条件下自动失效（即触消）。在实际操作中，一般是以一定的价格水平（屏障）作为期权有效或无效的条件。

障碍期权还可能采用一种达到屏障点时支付回扣的形式：对于触消期权而言，当这份期权合约被取消时，合约的持有者会收到一笔回扣作为补偿。一个典型的障碍期权的例子就是向上触消型下限期权（或看跌期权）。

障碍期权——上限期权/下限期权，触发期权/触消期权

图5-6展示了所有场外交易市场中存在的与上限期权或下限期权相关的期权组合。

图5-6 障碍期权——上限期权/下限期权

向上触消型下限期权（看跌期权）

能源生产商通常会购买这种类型的期权，因为他们希望为自己在市场上的自然多头进行套期保值。与标准的下限期权/看跌期权相比，向上触消型下限期权（看跌期权）无疑是更好的选择。后者的价格比标准期权便宜一些，但当市场价格向下偏离现行期货/互换报价水平时，向上触消型下限期权（看跌期权）能够提供与标准期权相同程度的保护来规避价格波动的风险。然而，当市场价格向上移动时，随着标的商品价格的上涨，规避价格向下偏离初始敲定价格的需求也相应减少了。如果价格上升到足够的水平，以致超过了当初设定的屏障价格，即触消价格，那么这份期权合约将会被取消或终止。这就是所谓的"期权失效"。这时，套期保值者可以考虑重新进入市场，以一个更高的敲定价格买入新的下限期权进行套期保值。

向上触消型障碍期权比标准的亚洲期权、欧式期权或美式期权便宜一些，这是因为标的资产价格水平在最初上涨后很可能下跌突破了敲定价格，一旦达到屏障价格水平，期权合约就会被取消。

裂解价差期权

一些银行、交易者或做市商甚至会对基于价差的期权进行报价交易，如石油炼厂的利润——原油和成品油的价差，这种期权在企业总体利润为负的情况下十分有用。石油炼厂投入生产后会源源不断生产石油产品。石油炼厂的工程师们或许能够设法减少不挣钱的产品的生产量，但是最终还是得致力于避免亏损面的进一步持续恶化。裂解价差期权不仅能够避免亏损的恶化，还有助于公司利润的改善。相比较而言，互换或期货只能锁住亏损，并不有利于盈利状况的改善。这是一种应用于石油产品和能源产品利润的期权，如裂解价差期权。

还可以建立一个零成本的双限价差期权，或石油炼厂的期权，通过以一定价格卖出利润期权同时按另一价格买入期权。这样可以确保规避企业利润低于利润期权的底价，实现按照出售的上限期权的敲定价格获取的利润。

可以经常在市场上看到的其他价差或者套利期权包括：原油 VS 原油，石油炼厂的完全利润期权，原油和石油产品之间的个别价差，如汽油、航空燃油和燃油。还有 SPARK 价差期权，譬如，天然气与电力价格之差，或者是汽油或燃油与电力价格之差。

迟延开始期权

在交易风险或价格风险管理中，除了经常会使用到下限期权和上限期权中的生效期权或失效期权外，交易者或做市商也会卖出一种迟延开始期权。我们可以在套期保值举例/情形这一章中找到这种期权应用的情形。如果一个生产组织试图对他家新的炼油厂、油田、石化产品生产基地或公用电站的生产进行套期保值，但他现在只知道生产开始或建造完工的大概时间，而在此期间可能会发生一些推迟预定时间的不测状况。套期保值者或风险管理者已经进行了套期保值交易，却发现被套保的资产/能源却没有出现或是尚未准备好，这对他们而言无疑是一场噩梦。此时的套期保值就成了基于会计目的的投机性头寸，这种权利存在着多余的且无法规避的风险。这种情况的发生肯定会破坏市场对这家企业未来现金流量的预期。

为了减少这种风险，可以使用迟延开始期权，这种期权结构中的期权开始日期可以延后，或者把开始日期的滞后与互换的套期保值结构相结合。也就是说，套期保值者可以在某一时期，如在衍生品套期保值生效日前的三个月，指定将来的某一天，或是分离点前的任何一天，在那时可以把套期保值的生效日推迟滞后。推迟后新的生效日一般是确定的，或者是把生效日推迟到某一特定的日期，或者是往后推迟若干天。

期权交易——波动率交易

期权可以用来交易市场价格，换句话说，期权可以从标的互换或期货市场的价格波动中获利。然而，基于投资交易的目的，期权也可以在市场不发生变化时获利。

在本章的开始部分我们介绍了两种类型的波动率，其中一种是隐含波动率，它是期权价值或期权成本的重要组成部分。在场外交易市场中存在着各种看涨期权/看跌期权或上限期权/下限期权的特殊组合头寸，一份期权合约是否进行交易取决于交易者对期权波动率上升或下降的预计。这就是所谓的波动率交易，它涉及建立起一个 Delta 值中性（Delta 值中性＝市场价格中性）的投资组合。

波动率策略

交易者如果想利用标的资产市场价格波动率的上升或下降的变化，可以使用以下的期权投资策略：

■ 同价对敲
同价对敲是指在同一个市场上同时卖出敲定价格和到期日相同的一个看涨期权（上限期权）和一个看跌期权（下限期权）的期权策略。值得注意的是，虽然同价对敲空头的 Delta 值是中性的（±差额），但它的 Gamma 值不是中性的。
■ 异价对敲
异价对敲基本上与同价对敲相似，除了交易者会使用虚值期权，而且在异价对敲中两个期权的敲定价格是不相同的。

如果交易者认为市场成交量会下降，他就会选择卖出这些期权；如果交易者认为市场成交量会上升，他就会选择买进这些期权。

蝶式策略

无论是同价对敲还是异价对敲都存在无限损失的可能性。虽然这种风险可以规避，但是需要对其进行有效的套期保值并对其进行监管。事实上，其他的交易策略较少具有上述提到的风险。

■ 如果你认为波动率将会上升
　● 买入（做多）同价对敲或异价对敲
　　做多同价对敲涉及同时买入敲定价格相同的一个看跌期权（下限期权）和一个看涨期权（上限期权）。
　● 卖出（做空）蝶式策略
■ 如果你认为波动率将会下降
　● 卖出（做空）同价对敲或异价对敲
　　做空同价对敲涉及同时卖出敲定价格相同的一个看跌期权（下限期权）和一个看涨期权（上限期权）。
　● 买入（做多）蝶式策略

蝶式策略是一种同时限定潜在风险和投资利润的期权策略。它涉及四个敲定价格，这种策略可以由下限期权构成（见图 5-7）。

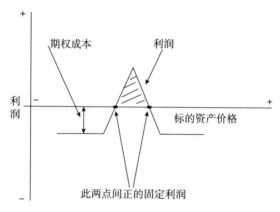

图 5-7　蝶式策略

做空或做多的蝶式策略：

■ 允许进行波动率的交易。

■ 优于同价对敲，甚至比异价对敲风险小。这种期权结构可以限定最大损失额。由于蝶式策略具有这种结构特征，所以比起同价对敲或异价对敲，它对有效头寸管理的要求有所降低。

做多（买入）的蝶式策略：

■ 需要支付期权费
■ 产生有限风险

■ 当预计波动率会下降时使用

| 敲定价格 | 买入一个看涨期权 20 美元 | 卖出两个看涨期权 22 美元 | 买入一个看涨期权 24 美元 |

做空（卖出）的蝶式策略：

■ 收到期权费超过支付的溢价
■ 具有有限风险
■ 当预计波动率会上升时使用

| 敲定价格 | 卖出一个看涨期权 20 美元 | 买入两个看涨期权 22 美元 | 卖出一个看涨期权 24 美元 |

反向跨价比率期权组合

反向跨价比率期权组合是指同时对市场价格和波动率进行交易的一种特殊的期权结构形式。通过买入具有较小 Delta 值的期权和卖出具有较大 Delta 值的期权，来形成一个 Delta 值中性的反向跨价期权组合。该组合中同一到期日的做多（买入）期权数量比做空（卖出）期权多。

■ 反向跨价比率看涨期权组合
一种以较高敲定价格买入看涨期权，并以较低敲定价格卖出看涨期权的期权组合投资策略。
■ 反向跨价比率看跌期权组合
一种以较低敲定价格买入看跌期权（下限期权），并以较高敲定价格卖出看跌期权（下限期权）的期权组合投资策略。

基本上，实行反向跨价期权组合的交易者都是为了获取正的现金流量（如获取期权费），因为他们通过卖出期权所获得的期权费要多于买入期权所需支付的期权费。

如果能源市场的价格崩溃了，反向跨价看涨（上限期权）期权组合（这是一种行情看涨的策略）中所有的期权都可能到期不再执行，不再具有任何价值；如果能源市场价格飙升，反向跨价看跌（下限期权）期权组合中所有的期权可能到期不再执行，不再具有任何价值。

市场交易者可以选择反向跨价期权组合的类型，可以是看涨期权也可以是看跌期权，这种选择实际上反映了交易者对未来市场价格变动方向的预期。

反向跨价看涨期权策略

如果基础能源市场的市场价格攀升，那么反向跨价看涨期权（见图5-8）可以产生的潜在利润是无限的。反向跨价期权组合的关键在于期权策略的有效期内价格要发生变动。如果市场价格没有发生多大的变化，那么任何的反向跨价期权策略都将以失败而告终。

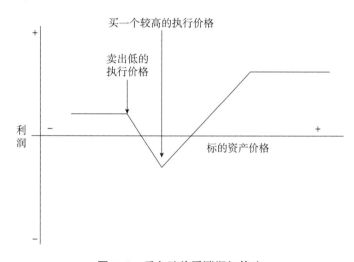

图5-8 反向跨价看涨期权策略

例如，一个原油的反向跨价看涨期权策略的敲定价格可以如下所示：

做多　600　12月　25美元　　敲定价格　看涨期权@24美分
做空　200　12月　20美元　　敲定价格　看涨期权@78美分
做多　400　3月　27美元　　敲定价格　看涨期权@23美分
做空　200　3月　22.5美元　敲定价格　看涨期权@51美分

反向跨价看跌期权策略

如果市场价格下跌，反向跨价看跌期权价格可以产生的潜在利润是无限的。需要再一次指出的是如果市场价格没有发生多大变化，那么任何反向跨价期权策略都将以失败而告终。

例如，一个原油的反向跨价看跌期权策略的敲定价格可以如图5-9所示：

做多　600　12月　20美元　　敲定价格　看跌期权@20美分
做空　200　12月　25美元　　敲定价格　看跌期权@120美分
做多　400　3月　22.5美元　敲定价格　看跌期权@150美分
做空　200　12月　25美元　　敲定价格　看跌期权@249美分

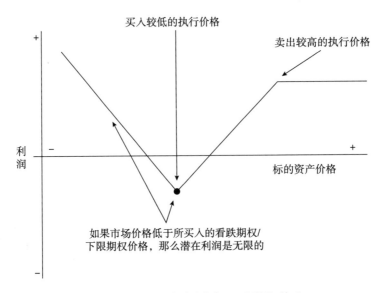

图 5-9　反向跨价看跌期权/下限期权策略

根据市场隐含波动率概述期权交易（见表 5-4）

表 5-4　根据隐含波动率比较各种期权交易

	标的互换或期货合约市场价格由较大的波动产生的结果	隐含波动率上升	隐含波动率下降	时间价值效应
反向跨价比率看涨期权组合	有利	有利	不利	不利
反向跨价比率看跌期权组合	有利	有利	不利	不利
做多同价对敲	有利	有利	不利	不利
做空同价对敲	不利	不利	有利	有利
做多异价对敲	有利	有利	不利	不利
做空异价对敲	不利	不利	有利	有利
做多蝶式策略	不利	不利	有利	有利
做空蝶式策略	有利	有利	不利	不利

第6章 能源期权定价
——该使用何种模型

虽然最早在著作中使用现代期权技术可以追溯到 1877 年，但是它被认为是所有金融应用领域中数学上最复杂的技术之一，Charles Castelli 写了《股票期权原理》一书，这本书给大家介绍了期权套期保值和投机的功用，但是缺乏任何实用的理论基础。

直到 1973 年，在费希尔·布莱克和米伦·斯科尔斯发表的文章中，金融市场的交易者才找到了非常实用的期权定价方法。在该篇文章中，他们提出了具有里程碑意义的期权定价模型：布莱克—斯科尔斯模型，这大概也是最著名的期权模型。

能源市场上期权的种类

能源期货市场上最普遍的期权如 IPE/NYMEX 等都是美式期权，但是在场外交易市场（OTC）上，最多见的却是亚洲期权（路径依赖期权）。区分一个期权是美式期权、欧式期权还是亚洲期权非常重要，因为我们要通过不同模型对它们进行估价。布莱克—斯科尔斯模型并不适用亚洲期权，因为亚洲期权是基于整月的平均价格，一组对数正态分布的算术平均分布具有分析上不易处理的性质。

期权价值的一般规律

美式期权

■ 看涨期权（上限期权）价值的下限为零，价值的上限取决于标的能源期货或互换市场价格和期权的敲定价格（执行价格）两者之间的较大者。期权的价值不可能为负值。

■ 看跌期权（下限期权）价值的下限为零，价值的上限取决于标的能源期货或互换市场价格和期权的敲定价格（执行价格）两者之间的较高者。期权的价值不可能为负值。

■ 看跌期权（下限期权）的最大价值为期权的敲定价格。因为标的期货/互换的价值不可能为负，所以看跌期权（下限期权）的最大收益位于期权的敲定价格（执行价格）和零之间。

■ 到期期限——当一个看涨期权（上限期权）具有较大时间价值/较长有效期时，它的价值不小于相应的期限较短的美式看涨期权。例如，一个在 12 月到期的两平看涨期权（上限期权）和一个在来年 1 月份到期的两平看涨期权（上限期权），后者的期权价值就大于前者，这是由于后者多了一个月的时间价值。

■ 美式看涨期权（上限期权）的售价不能小于相应的欧式看涨期权（上限期权），基本上前者成本更高。这是因为美式期权持有者有权在期权有效期内的任何时间执行期权。然而欧式期权就没有如此大的灵活性，该类期权只能在特定的日期执行，一般都是期权的到期日。

欧式期权

■ 看涨期权（上限期权）价值的下限为零，价值的上限取决于标的能源期货或互换市场价格和期权的敲定价格（执行价格）两者之间的较大者。期权的价值不可能为负值。

■ 看跌期权（下限期权）价值的下限为零，价值的上限取决于标的能源期货或互换市场价格和期权的敲定价格（执行价格）两者之间的较高者。期权的价值不可能为负值。

■ 看跌期权（下限期权）价值的上限为期权的敲定价格。因为标的期货/互换的价值不可能为负，所以看跌期权（下限期权）的最大收益位于期权的敲定价格（执行价格）和零之间。

亚洲期权

在场外市场交易的能源期权绝大部分是由亚洲期权构成的：亚式的上限期权、下限期权和零成本的双限期权。亚洲期权是一种路径依赖期权，有时候也被认为是一种回顾期权，即期权持有者有权按期权有效期内标的能源市场的平均价格来执行期权。亚洲期权比一般的欧式期权便宜，这是因为平均价格的波动率要小于一个时点上的波动率，而欧式期权中涉及的正是一个时点上的波动率。在能源市场上，我们经常会接触到类似互换那样涉及长期平均价格的金融衍生品，亚洲期权就是其中一种，该类期权一般包含整个月的平均价格（大约 20 天）。

如需更多地了解金融模型建模的数学应用和发展情况，请访问牛津大学的数学学院（http：//www. maths. ox. ac. uk）。

Robert Jarrow 教授的著作中涉及了一些关于各种风险管理建模的最新发展，其中包括能源部门（http：//www. kamakuraco. com）。

下列网站有一种在线的期权计算器：

http：//www. optionvue. com/FairMarketValueCalculator. htm。

市场变化对期权价值的影响

表 6-1 表示了市场变化对期权价值的影响。

表 6-1　市场变化对期权价值的影响

	上限期权价值（看涨期权）	下限期权价值（看跌期权）
能源期货/互换价格上升	上升	下降
能源期货/互换价格下降	下降	上升
波动率上升	上升	上升
波动率下降	下降	下降
时间衰退效应	下降	下降

图 6-1 表示了各种类型期权的相关成本。

图 6-1　期权的成本

适用于能源产业的期权模型的种类

在纽约商品交易所和国际石油交易所上交易的所有能源市场的期权都是美式期权。适用于美式期权的模型有：

■ Barone-Adesi 和 Whaley 模型

■ 布莱克—斯科尔斯模型

布莱克—斯科尔斯模型可能是最著名的模型，因为它能够用简便的方法解决复杂的问题。该模型只需要输入限量的数据，并进行相对简单的数学计算即可。虽然该模型最初是为了欧式期权而发展起来的（一种解析性的期权定价公式，适用无股息资产的欧式期权的定价），但是它也适用于美式期权的定价。

计算期权时也经常会使用 Barone-Adesi 和 Whaley 模型。用该模型对美式期权定价，需要先通过布莱克—斯科尔斯模型为相应的欧式期权定价，再加上一笔早期执行费（不同于欧式期权，美式期权可以在包括期权到期日及之前的任何一天内执行，只要基础资产的价格超过了根据模型计算的市场价格水平），但是这种模型不适用于亚洲期权。

亚洲期权定价

蒙特卡罗模拟（Monte Carlo Simulation）是一种亚洲期权定价的工具。因为亚洲期权是基于基础能源价格的月平均值的期权（能源市场上 99% 的期权为亚洲期权），布莱克—斯科尔斯模型或是其他解析性的定价方法都不适用。蒙特卡罗模拟是一种对基础能源价格变化可能行进的路径进行仿真的方法。期权的估计价值取决于预期收益/利润按无风险利润折现后的平均值。

对蒙特卡罗模拟更细致的定义为：这是一种应用于计算衍生品价值的数学方法，只能进行统计上的预测。在蒙特卡罗当地的一些赌场中，轮盘赌轮子上的数字产生的结果是随机的，蒙特卡罗模拟类似于这种随机产生一组数字的游戏，这也就是蒙特卡罗模拟名称的来源。

有关期权定价的参考书目

下面是一些涉及美式期权、欧式期权和亚洲期权定价的数学讨论的推荐书目。

［1］ J. Barraquand, T. Pudet. Pricing of American Path – Dependent Contingent Claims［J］. Mathematical Finance, 1996, 6（1）: 17-51.

［2］ Breton H. A Numerical Procedure for Pricing American – Style Asian Options ［J］. Managementence, 2000, 48（5）: 625-643.

［3］ M. Broadie, P. Glasserman. Estimating Security Price Derivatives Using Simulation ［J］. Management Science, 1996, 42（2）: 269-285.

［4］ D. P. Leisen. Pricing the American Put Option: A Detailed Convergence

Analysis for Binomial Models ［J］. Journal of Economic Dynamics and Control, 1998, 22 (8): 1419-1444.

［5］ F. Longstaff, E. Schwartz. Valuing American Options by Simulation: A Simple Least－Squares Approach ［J］. The Review of Financial Studies, 2001, 14 (1): 113-147.

［6］ R. Zvan, P. Forsyth, K. Vetzal. Robust Numerical Methods for PDE Models of Asian Options ［J］. Journal of Computational Finance, 1997, 1 (2): 39-78.

［7］ D. Pilipovic. Valuing and Managing Energy Derivatives ［J］. Neurocomputing, 1998.

［8］ F. Black, M. Scholes. The Pricing of Options and Corporate Liabilities ［J］. Journal of Political Economy, 1973, 81 (3): 637-654.

［9］ R. M. Bookstaber. Option Pricing and Strategies in Investing ［M］. Addison－Wesley, 1998.

［10］ E. Corcoran. Fischer Black Calculated Risks Enable Mathematician to Turn a Profit ［J］. Scientific American, March, 1990: 78-79.

［11］ J. Hull. Options, Futures and other Derivative Securities ［M］. Simon & Schuster, 1989.

［12］ J. Hull. Introduction to Futures and Options Markets ［M］. Simon & Schuster, 1991.

［13］ M. Kripalani. Formula for Success ［J］. Forbes, 28 October, 1991: 203-204.

［14］ J. M. Laderman. Fischer Black is Practicing What He Teaches ［J］. Business Week, 6 August, 1984: 75.

［15］ J. F. Marshall, V. K. Bansal. Financial Engineering ［M］. Kolb Publishing Company. Mathsoft Inc. Mathcad for Windows User's Guide.

［16］ A. C. Shapiro. Multinational Financial Management ［M］. Boston: Allyn and Bacon, 1991.

［17］ R. A. Strong. Speculative Markets ［M］. HarperCollins College Publishers, 1994.

［18］ A. L. Tucker. Financial Futures, Options & Swaps ［M］. Berlin: West Publishing Company, 1991.

［19］ R. Whaley. Valuation of American Futures Options: Theory and Empirical Test ［J］. Journal of Finance, 1986, 41 (1): 127-150.

［20］ C. W. Smithson. Managing Financial Risk ［M］. McGraw-Hill, 1998.

第7章 风险价值和压力测试

"最要紧的不是头寸的大小，而是真正起作用的风险资本。"

当某机构在能源市场上进行一项交易或套期保值时，采用一套方法来衡量市场风险是至关重要的。在能源部门中，风险衡量的一个核心概念是风险价值，即 VAR（Value at Risk），这是一种基于概率的风险衡量方法。VAR 模型产生的结果（有不同类型的 VAR）十分简单，公司内各领域各层面上的职员都能理解和接受它。这也就是 VAR 在许多行业中被广泛使用的原因。

一个风险管理的情形

我们假设 ABC 交易者有限公司的一位风险管理经理负责管理本公司的天然气头寸。在听闻其他公司在天然气市场上的金融衍生品遭受损失后，公司董事会召集了该经理来参加会议。董事会希望知道本公司会不会发生同样的损失，也就是说，他们想知道公司承受了多大的市场风险。这位风险管理经理该如何作答呢？

他可以列出并阐述公司目前所拥有的天然气衍生品的头寸，但是这些看起来还不够，还不能回答董事会提出的实际问题：公司到底承受了多大的市场风险呢？

风险管理经理遇上了一个棘手的问题。除非董事会的成员真正理解所有的头寸、衍生品工具以及它们的内在风险，否则单纯地罗列公司目前的头寸没有任何意义。当然董事会负责制定公司发展的指导方针，批准风险管理政策也是他们工作的一部分，所以他们必须对金融衍生品有个一般性的整体认识。但现实中，他们并不参与日常的风险管理和交易运作，所以也不可能太过注重这些细节。由此看来，风险管理经理试图给他们解释这些头寸是白费口舌的。

风险管理经理也可以向董事会解释资产组合的敏感性，即当各种基础资产市场利率和价格发生变动时，资产组合的价值会发生怎样的变动。但即使他有能力用简单的语言解释清楚资产组合的敏感性，也不能说明他可以精确地量化公司在天然气市场上承受的风险。

风险管理经理甚至可以做出大胆的表述（如果是真实的话）：公司遵循了风险

管理政策，只利用衍生品进行套期保值，而从来不涉及投机交易活动。这意味着公司顶多只丧失了机会，而不会承受投机活动失败所带来的大量的未担保风险。但此时董事会可能会再次发问："公司在天然气市场上到底承受了多大的风险？我们进行的套期保值有效吗？"

或许该风险管理经理的最佳回答应该这样开头："我们公司天然气头寸的风险价值为 X 美元。"这就是运用 VAR 方法所产生的答案。风险价值是一种对衍生品组合的金融风险进行建模的数学方法，它仅仅提出了这样的问题：

在给定的一段时间内，公司进行交易的资产组合会遭受多大的损失？

VAR 和其他的风险衡量方法

风险价值最初是在 1993 年被提出的。提出这一概念，其中部分原因是为了回应当时的各种金融危机。1998 年，中央银行提出希望有一整套的方法用于制定银行的最低资本金要求，以规避银行交易中的信贷风险，在这之后风险价值方法有了很大发展。在 1993~1995 年，银行开始采用风险价值方法。最近几年，非银行的能源交易者和终端用户也开始使用风险价值方法。现在绝大部分的大型石油公司和交易者都将 VAR 方法作为衡量风险的工具。

在能源市场上，作为一个交易者在使用 VAR 方法时，他必须记住一点：任何定价模型只能对事实或结果的可能情况进行一种简单的演示，它是建立在一定的概率和置信水平参数的基础上。有时候，使用风险价值方法也容易让人产生一种错觉，确信该方法的计算结果表示了公司在 24 小时内将会遭受的损失。正是这个原因，所以我们需要在运用 VAR 方法的同时，也要对金融衍生品的资产组合进行一些压力测试。例如，一家公司可以周期性地持有它的交易头寸，并对三个标准差变化的结果进行测试：能源市场上价格的变动、市场价格的变动和市场波动率（如果这家公司自己持有期权头寸的话）。风险价值与其他的风险衡量工具一样，单纯使用该方法是远远不够的，所以一家公司在制定风险管理政策时，应该融入一系列各不相同的风险衡量工具。

图 7-1 展示了一些主要的风险衡量技术，可以作为 VAR 方法的补充。在本章的后面部分，我们将会介绍如何把压力测试和敏感性分析同 VAR 方法结合起来使用。

在发明 VAR 方法之前，交易公司一般只使用一些类似于"附加利益"方法的风险衡量工具，利用这种方法，公司可以为金融衍生品的交易设定一个内部的保证金比率（资本金需求）。该比率建立在名义价值的一定百分比基础上，而且随着金融衍生品交易有效期的不同而不同。例如，制定一条"附加利益"的规定：一项交易有效期的范围是未来的 1~6 个月，采用名义价值的 10% 作为附加利益风险。于是，一笔涉及 50000 桶航空燃油的交易，如果每桶的价格为 25 美元，那么该笔交易的名义价值将会达到 125 万美元。这也意味着当公司的交易者持有该头寸时，必须交纳名义价值（125 万美元）的 10% 作为保证金。除此之外，还要计算该头寸每天的持仓亏损额，而且需要按照目前金融衍生品的公平价值，重新估算附加利益的价值。

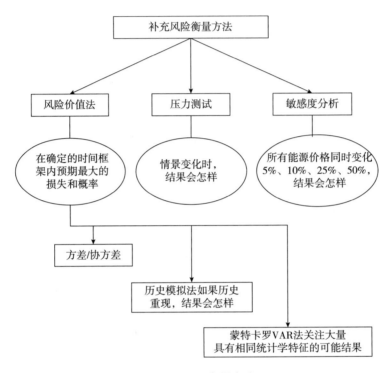

图 7-1　风险衡量方法

正如国际清算银行的研究报告指出的，这种方法存在一定的问题。"附加利益"方法有时会产生如下的情形：由于在某个风险水平上使用了过多的资本金，有时候缺乏足够的资本金进行分配，结果反映不了交易者承担的风险程度。基于这个原因，目前仍在使用"附加利益"方法的公司应该认真检查一下自己所持有的头寸了。

VAR 的作用

从实际应用的立场上，本章分析研究了各种类型的 VAR 模型。但从本质上说，VAR 衡量的是在一定持有期间内、一定置信水平（概率）下，可能会蒙受的最大损失。

公司的管理者可以从 VAR 中了解到公司目前所承担的风险。如果公司进行了套期保值，那么利用 VAR 方法还可以测算出套期保值减少潜在的金融风险的程度。VAR 方法很受欢迎，因为它能够包容一家公司全部资本组合（如石油、天然气、电力、煤炭和外汇）的所有市场风险，包括实物资产头寸和衍生品头寸，最终结果用美元计量。

使用 VAR 的关键在于市场风险（市场上实物资产头寸或衍生品头寸可能遭受损失的风险）的评估。事实上 VAR 经常被用于评价信用风险（信用 VAR 建模），然而，在衡量风险时，各种 VAR 方法并不相互兼容，因为不同的 VAR 模型会产生不同的 VAR 结果。同样需要指出的是，VAR 只能衡量可以量化的风险，它不能衡量不可量化的风险，如流动性风险、政治风险或监管风险等。如果模型要涉及巨大的波动率，如战争因素，那么测算出的结果同样可能不可靠。正是由于这个原因，如本章前面所提到的，VAR 模型应该经常和压力测试一起进行。

为了测算风险价值，先要选择一个合适的 VAR 数学模型。在某些情况下，还要设法获取相关市场的历史价格数据，继而选择一个时间期限参数（如隔天）和一个概率或置信水平参数。大多数的 VAR 模型把一天作为时间期限（有时候也称为持有期限）。在能源行业中，绝大多数时候选择 95% 的置信水平（虽然有一些相对谨慎的公司倾向于采用更高的水平）。一个 95% 的置信水平意味着，我们期望大概 20 天内只有一天的损失会超过风险价值的估计数。董事会在批准公司的风险管理政策时，也应该检查并审批相应的置信水平。

我们可以选择各种类型的 VAR 模型，但是从实际应用的角度看，其中一些模型比另一些更好。其中，最重要的三种类型为：

■ **方差/协方差 VAR**

一般而言，这是能源市场的参与者们最常使用的方法。

■ **历史模拟的方法**

从本质上看，这种方法等于是回答了"如果历史重现，结果会怎么样？"这个问题。

■ **蒙特卡罗 VAR 仿真法**

这种方法要求输入一组事先界定的统计数据，继而关注其产生的大量的可能结果，它也被认为是一种随机的仿真法。

尼克·里森和巴林银行的倒闭

1995 年 2 月，英国历史最悠久的银行——巴林银行宣布倒闭，这一事件使全球为之震惊。调查报告披露，巴林银行的倒闭在很大程度上归因于一位年轻交易员——尼克·里森的所作所为。

里森在巴林银行的新加坡办公室工作，他在新加坡国际金融交易所（SIMEX）从事买卖交易。他在日本期货市场上进行了大量的金融衍生品的投资活动，这些高风险的且没有经过授权的交易活动最终导致银行遭受了13亿美元的损失。这笔巨大的损失耗尽了公司全部的股权资本，银行也不得不面临倒闭。

我们暂且不讨论巴林银行缺少合适的风险管理政策的执行（这些将会在第9章"管理控制"中进行讨论）。在此需要指出的是：在一般市场条件下，里森所拥有的交易头寸的潜在损失在5%的持有期限内可能会超过8.35亿美元。如果能够适当重视这些VAR计算结果的话，在伦敦的巴林银行母公司或许会及时采取一些防范措施，来应付等待着他们的大灾难。

方差/协方差 VAR

方差/协方差方法最早由JP摩根在产品风险矩阵中提出（在下面网址上能够找到：http://www.riskmetrics.com/）。该方法涉及的信息包括：波动率和不同市场的相关性，公司在这些市场持有的金融衍生品和实物头寸。VAR方法考虑了公司各种能源衍生品/实物资产组合的不同组成部分的价格相关性。我们可以认为，如果两个不同的能源市场高度相关，分别在这两个市场上做空和做多，结果会产生一个较小的VAR值。但是，如果一家公司在咖啡豆市场持有多头（买入），同时在北海勃伦特原油市场持有空头（卖出），由于这两个市场的价格变动相关性不强，公司资产组合中这种空头和多头并不能起到对冲的效果，所以我们认为VAR值会大一些。

方差/协方差模型相当简单，而且易于测算和计算。它可以产生一张电子数据表，便于对简单的期货/互换组合的每天更新进行管理。但是，它并不适用于复杂的衍生品的资产组合。譬如，利用该模型对期权合约进行分析，就时常会产生错误的结果。对于一些较为复杂的涉及期权的衍生品组合，蒙特卡罗VAR模拟法是唯一能产生精确的VAR结果的方法。

总之，方差/协方差方法的优点、缺点和要求如下：

■ 优点
  ● 如果市场数据容易获取的话，计算比较简便。
■ 缺点
  ● 在极端市场条件下，历史相关性和波动率关系将会失效。
■ 要求
  ● 一个VAR计算器。

历史模拟 VAR 方法

历史模拟 VAR 方法易于理解。它使用真实历史数据，数据来源于企业从事交易的市场。如果数据可以获取，我们甚至可以使用该模型模拟 20 世纪 90 年代初发生的海湾战争，在此环境下测算一个交易组合的历史 VAR 值。

采用历史模拟方法，需要根据历史上市场的变动来操作一家公司目前资产组合的头寸，从而产生一个利润和损失组合的具体情景。譬如，如果一家公司目前持有的头寸中包括：30%的天然气、50%的新加坡航空燃油和 20%的 UK APi2 煤炭，那么模型必须包括资产组合这三个部分的市场历史数据，至少需要 720 个数据（720市场/业务日＝大约为三年），进而就可以计算 720 天历史时期过后每一天的资产组合的现值。

这种方法的缺点在于非常耗时，而且当资产组合十分复杂或需要再现许多年的历史数据时，往往需要借助于计算机资源。

总之，历史模拟 VAR 模型的优点和缺点如下：

■ 优点
- 和方差/协方差方法一样简便，但是历史模拟 VAR 方法比前者更具有现实性。因为在这种方法中，波动率和相关性不是实际的数字，而是对某一特定时期平均值所做的估计。
- 不同于方差/协方差方法，历史模拟方法不需要一个映射过程。映射过程有时候令人头痛，因为你需要将衍生品头寸和可用的波动率统计数据相互匹配。

■ 缺点
- 耗费时间，需要大量借助计算机资源。
- 本身依赖于历史再现过程。

蒙特卡罗 VAR 模拟（随机过程）

蒙特卡罗模拟方法可以用来处理一些复杂金融衍生品的资产组合，包括场外交易期权和特种期权。它同历史模拟模型有很多相似之处，但关键的不同之处在于：

历史模拟模型进行的模拟过程所采用的数据，是市场上过去 X 时期内实际被观测到的价格变化值（使用市场的历史价格数据），据此产生资产组合假想的利润或损失 Y；然而在蒙特卡罗模拟中，利用一组随机变量来产生市场上千百种假想的变化。许多能源市场的参与者在这模拟过程中至少会进行 30000 次计算，使用这些计算结果构建出目前资产组合数千种假设的利润和损失情形，随后形成资产组合可能的利润或损失的概率分布情况。最后，根据设定的参数（如 95% 的置信水平），由概率分布得出 VAR 值。

进行越多的假设模拟，测算出的结果越准确，但是，这取决于愿意花费在这上面的时间，也取决于计算机的速度。模型需要进行大量的计算工作，这意味着测算一个复杂的大型资产组合可能会耗费几小时。然而，随着计算机的计算能力快速发展和计算机的不断降价，上述困扰已经不再成为一个问题。互联网的发展也使得这些公司可以利用软件企业的计算机进行测算工作，而不需要花费巨资购置内部使用的计算机设备。这种外包的方式甚至在投资银行业中也逐渐流行起来了。两家最早为能源交易领域服务的公司为 Innova（http：//www. ifs. dk）和 http：//www. sknt. com。

虽然蒙特卡罗模拟过程相当复杂，但是使用者考虑到精确度的话，它还是本章所讨论的三种 VAR 模型中最有效的一种。

总之，蒙特卡罗模型的优点和缺点如下：

■ 优点
  ● 是最精确、最有效的 VAR 模型。
  ● 能够处理复杂的金融衍生品资产组合，包括期权。
  ● 一般能产生更具现实性的结果。
■ 缺点
  ● 是三种模型中最复杂的，不便计算。
  ● 计算耗时最多。
  ● 如果一家机构的交易活动或头寸随着时间推移而增加，那么就需要通过升级计算机系统来维持计算机的处理能力。

VAR 综述

从实际操作和应用的层面看，VAR 对一家公司而言最重大的意义在于，VAR 的计算结果易于每一个人理解，这也成了促进它在非金融交易者、能源公司和最终使用者中广泛应用的一个关键因素。VAR 模型的计算结果是一个现值，在能源行业中一般使用美元作为计量单位。它清楚地表明了：在选定的时间期限内，在一定的置信水平下，一家公司承受的风险。如果交易员 A 持有的资产组合的 VAR 值为 200 万美元，而交易员 B 持有的资产组合的 VAR 值为 300 万美元，那么我们很容易分辨出哪位交易员让公司承担了更多的风险。

利用上述交易员 A 和交易员 B 的情景设定，风险管理经理就可以向公司的管理层报告：在 95% 的置信水平下，公司在未来 24 小时内承担的潜在损失不会超过 500 万美元。于是，作为一个交易者或投机者，能源部门就可以决定如何来分配经济资源，如何来权衡风险和收益。

用 VAR 解释套期保值的有效性

利用 VAR 方法，生产者和消费者可以通过一个易于理解的方式来评价和量化套期保值的有效性，但是我们需要记住一点：一个有效的套期保值并不一定有利可图。

我们可以进行有效的套期保值：如果对衍生品套期保值遭受了损失，但是在实物能源市场上，公司就可以作为消费者以低价买入实物资产，或作为生产者以高价卖出实物资产。从经济学的角度看，公司进行套期保值需承担机会成本。但是，只要它们不存在太大的基差风险，"衍生品套期保值+实物资产采购或销售"的方式应该是可以产生净收益的。

直到能源行业开始大范围地使用 VAR 方法（大约从 1998 年起），公司内负责套期保值项目的职员开始会经常遇上这些难题，关于为什么衍生品的套期保值交易会遭受损失，对他们而言，如何去说明一个套期保值是有效的成了一件难事。大多时候，公司会以这些衍生品的套期保值是否产生收益作为衡量标准，来评判一个套期保值的有效性。利用 VAR 方法，职员们可以说明，事实上互换、期货和/或期权头寸可以减少一家公司的潜在风险，该风险通常以美元计量。毕竟，套期保值的基本目的是规避风险，防范危机情形，减少资产负债表的波动率或利润/损失的波动率，并防止营业利润下滑。

有了 VAR 模型，我们就很容易采用一种简便且实际的方法来展示一个套期保值头寸的有效性。我们可以利用 VAR 模型测算一个没有进行套期保值的实物能源头寸，在一定的置信水平下，在选定的时间期限内，该头寸承担了多大的风险，继而在模型中加入一个相对应的衍生品头寸进行套期保值，那么我们就可以清楚地得出潜在风险的减少量，同样是以美元计量的数值。这有利于简化管理，因为公司所有部门和不同的业务领域都能接受风险减少的数量。

所以，VAR 方法可以解释一个套期保值策略的有效性，或者用于突出问题：由于实物能源和选定的衍生品合约之间存在不利的相关性，一个原本假定的套期保值实际上增加了头寸的风险。在使用"代理"套期保值的时候，这种情况尤其常见。衍生品合约（调期、期货或者期权）的价格并不完全基于基础实物能源买入或卖出的价格指数，所以在个别情况下，从潜在风险的减少中获取的好处还抵不上进行套期保值的成本（详细请见第 1 章中的"基差风险"和"套期保值或交易"）。

压力测试和风险价值

使用 VAR 方法可以给我们提供一条基于概率的分界线，用于区分在一定的置信水平下，在特定的持有期间内，可能发生的损失（譬如，在 95% 的置信水平下，一天内可能发生的最大损失），它可以用于评价个别企业单位的已调整风险绩效。然而，我们必须承认这些统计模型存在一定的缺陷，如 VAR 模型就不能准确地测算在极端情况下的变动。VAR 模型只能告诉我们在 95% 的置信水平下可能发生的变动，但是它无法告诉我们在剩下的 5% 中会发生什么。

从定义中就可以发现，极端情况很少发生，但是，在缺少足够观察值的前提下，统计推论结果是不精确的。虽然蒙特卡罗 VAR 模拟方法通过计算能够得到一个比较接近完美的答案，但是我们仍建议结合压力测试一起使用。

压力测试的分析方法

在压力测试中，普遍使用的有两种建立情境的标准分析方法：

■ 历史情境分析（使用历史数据）。
■ 假设性情境分析。

能源部门的交易者倾向于把这两种方法结合起来使用。

历史情境分析中运用的历史变动都是特定的历史事件。一种简单的操作方式是确定过去的一段"有压力"的时间，借助那段时间内观测到的市场风险因素的变化。譬如，我们可以对一个资产组合的市场风险进行压力测试，在给定市场风险因子一天内或者更长一段时间内的历史变化情形的前提下，来观察资产组合的价值如何变化，是选择一天还是一段时间，基本上取决于关键的市场搅动事件。如在石油市场上，就有海湾战争、伊拉克入侵科威特、OPEC（石油输出国家组织）的重大决定或者是加利福尼亚州的电力危机等。

历史情境分析技术的一个优点在于它使用的市场因素变化的构成是真实历史存

在的而非主观臆断的。借助于历史上真实的市场变动进行分析在很大程度上提高了操作的可信度，更加符合风险管理和谨慎性审核乃至高层管理的要求。历史情境分析的另一个优点在于它的透明度。"假设明天爆发海湾战争，公司将会损失 X 百万美元"，类似的陈述便于我们理解和观察。

但是，历史情境分析方法也有一个缺点：一些公司为了避免损失，可能会（有意或无意）把它们的风险承受建立在过去发生的市场冲击上，而不是预测未来可能发生的危机，而后者并没有一个精确的历史参照。如果公司以限制或资本准备要求来促使交易员最小化压力测试下的风险，那么上述的情况很可能反映了部分交易员的有意选择。如果交易员过分高估了他们亲身经历过的那些历史冲击再现的可能性，那么他们就有可能无意中做出上述的决定。

历史情境分析的另一不足：对于那些涉及历史事件所处的年代尚不存在的金融衍生品，它们就不适用于历史模拟方法，这也就是假设性情境分析重要的一个原因。

假设性或敏感度压力测试方法

公司可能会选择对衍生品组合进行历史压力测试的同时，也实行假设压力测试。其中一个原因在于它们可以使用假设性的压力测试来评价（建立在市场近期的历史变动上）在多大程度上我们利用常识（建立在近期的市场历史变动上）来判断如何持有头寸。

在假设性情境分析中，如果近期的市场历史变动不能提供精确的参照，我们就假设在可预见的情况下可能会发生的极端事件，以此来完成压力测试，它涉及的问题在于我们选择多长的历史资料追溯期。一般来说，许多交易员不会选择 5 年以前的历史数据。这是因为历史离我们越久远，能源市场上基本的供求决定因素发生变化的可能性就越大。换句话说，就越会影响把历史价格波动应用于现在所持有的衍生品组合的效果。

我们可以在使用过去 5 年数据的同时，稍稍回顾一下同特殊的灾难情境相关的一些数据，如海湾战争，这或许是进行压力测试最谨慎的做法了。

压力测试的不足

在实际操作中，压力测试经常缺乏透明度，也不简单易懂。它们基于大量的风险管理决策，像选择哪些风险因子进行压力测试，选择考虑多大的价值变动幅度，选择什么期限进行分析。即使在做出了这些决定后，风险管理经理还有很多任务：分析结果和试图得出结论。如果可能的话，压力测试的结果可以为公司服务。

压力测试的不足在于没有说明结果发生的可能性，压力测试只是帮助回答了"会发生多大的损失？"

小　结

　　最近几年，风险管理中的 VAR 模型有了长足发展，在很大程度上改善了风险经理评价市场和信用风险的能力，同时也有助于公司中的其他职员更好地理解风险。但是，即使最严谨的 VAR 分析也不能完全勾勒出市场所有极端情况的潜在影响。针对这个问题，VAR 方法应该与压力测试一道使用，对公司的交易、衍生品组合和风险进行压力测试，从而制定出均衡的风险管理政策。

第8章　何时建立风险管理或交易程式的疑问

无论是作为交易员、投机者还是套期保值者，在收集有关信息以制定关于衍生品使用的政策时，都会存在不少关键问题需要解答。

(1) 公司在市场上的身份是什么？消费者、生产者或是交易者？

(2) 公司何种产品具有价格风险？
- 产品
- 固定或浮动的价格风险

(3) 公司的目的在于套期保值还是进行交易？下列哪些行为是你试图在进行的？
- 减轻情境分析中的危机风险
- 保护预算水平
- 控制整体价格风险
- 作为投机者的交易风险

(4) 交易员可以投机吗？还是只能进行套期保值？

(5) 需要进行套期保值的能源的总量，或者你希望交易的数量？

(6) 作为一个套期保值者，你希望或你需要套期保值的数量？
- 进行套期保值时，一般的日常套期保值需求至少要涵盖50%的风险。
- 任何超过50%的消费量或生产量进行的套期保值都是投机性的，在很少情况下应该被视为危机情境下先发制人的措施。作为能源的消费者，它只适用于极端高价时的拖延期；然而作为能源生产商，它只适用于极端低价时的拖延期。或者它也可以提供投机性的套期保值的机会：消费者通过锁定低价，或生产商通过锁定高收益，就能够确保历史性的高收益率。
  - ——这条指导方针只有一种例外情况：能源市场消费者的销售收入100%固定（如包机，飞机上的所有座位都是事先出售的，所以公司只承受航空燃油的价格波动风险）。
  - ——另一个例子，作为交易者，你需要为你自己的石油炼厂提高原料，或为自己的公司购买电力或汽油。你需要固定成本，这样公司中的其他部门可以对发送给消费者的成品或产品定价。

——终端用户一般会按预算水平量的 20%~30% 对未来 18 个月进行套期保值。如果低于预算水平，就对另外的 20%~30%（总共 50%）进行投机对冲。

——在价格出现极端变动时，终端用户一般应该寻找另一种套期保值的政策，使得能源采购部门或专门的风险管理部门能够及早采取行动，使公司规避这种价格风险。这种极端的价格风险或许能在战争年代遇上。譬如，美国的电费固定为 10000 美元/兆瓦小时，但身为电力消费者，你仍希望在电费上涨前及时采取措施，因为电费有可能会增长 100%。再如航空公司，当局势紧张时，像伊拉克和科威特冲突造成了海湾地区的紧张局势，它们都希望在此之前有所行动规避风险。

回答以上问题，有利于该公司实行下一步整合总结，形成相应的风险管理政策。

(1) 该使用何种衍生品？

● 期货

● 期权

——场外交易？场内交易？

——交易员只能买入期权，或者允许他们卖出期权（如果它占总体资产组合的比重过高，就会产生敞口风险。在一些衍生品危机中，出售期权实际上是为了套现，掩盖资产组合其他部分的损失)？

● 互换

(2) 公司持有这些金融衍生品的期限有多长？

● 通常，公司会在风险管理政策（作为套期保值者）或衍生品使用文件（作为投机者）中说明：可以使用何种衍生品，在哪些市场上操作，每个市场上的每种衍生品合约（期货、期权、互换）的有效期（譬如，新加坡轻柴油、迪拜原油、布伦特原油和鹿特丹燃油）。

(3) 利用哪些衍生品市场？

● 对于套期保值者，上述决策取决于现有的能源衍生品市场和相关的基础能源市场在价格上的相关程度（也包括因果关系），因为公司在此基础能源市场上承受了价格风险，需要进行套期保值。继而，一旦确定了符合要求的能源衍生品清单，公司就必须审核评议该清单上的各种衍生品合约的流动性（向经纪人询问衍生品的平均日交易量，一般买卖价差，活跃的对手方数量）。如果衍生品合约的流动性太差，公司可以考虑使用代理对冲。

● 一个代理对冲的例子：伦敦国际石油交易所（IPE）用布伦特原油期货对

冲中东原油风险。IPE 布伦特原油并不是中东原油合约，但它具有高度的流动性，且同中东原油在价格上具有一定程度的关联。所以它可以取代场外交易的迪拜原油或阿曼原油，虽然这两者同中东原油更加密切相关，但是对一些公司而言，它们在价格透明度和整体流动性方面还存在不少欠缺。

- 对于交易者或投机者，上述决策取决于能源衍生品市场的流动性（交易量和市场上进行交易的对手方），也取决于现存价格的透明程度。交易者和投机者更偏好于不透明的市场价格，而对套期保值者而言，价格透明度的重要性甚至超过了流动性。交易员比较重视流动性，因为他们希望在合约到期或清算前，能够随时卖出或抛售它们。公司在进行套期保值时，由于衍生品合约主要用于对冲标的能源的价格风险，所以往往会持有至到期。套期保值者则较少考虑卖出或抛售衍生品头寸的难易程度，而衍生品市场和需要对冲的能源两者价格上的关联才是更重要的，对套期保值者来说它的重要性超过了市场的流动性。

(4) 业务部门应如何管理这些衍生品头寸？

- 需要公司投入新的 IT 基础设备来运行和管理这些衍生品头寸吗？
- 公司具有相关的技术配套人员吗，还是需要在开展此项业务前对员工进行必要的培训？
- 这些衍生品头寸应如何估价？
  - ——根据第三方的远期曲线评价来定价，如普拉特远期曲线或经纪人报价/交易员报价。
- 多久对这些衍生品头寸进行一次估价？
  - ——每天、每星期、每月或每季度？
- 对交易者或投机者，该怎样对这些头寸设限？
  - ——交易量限制？
  - ——名义价值限制？
  - ——根据期限和产品进行设限吗？
  - ——哪些交易者可以交易哪些产品？他们可以交易哪种类型的衍生品？
- 谁负责监管这些头寸？谁负责报告任何违背公司政策的衍生品使用情况？
- 哪种报告有助于风险监管或绩效考核？
  - ——未平仓头寸报告
  - ——市场价值报告
  - ——损益报告
  - ——套期保值有效性报告（用于套期保值的衍生品和需要对冲的标的能源风险的相关性分析）
- 多久形成这些报告？

● 谁来阅读和审批这些报告？

● 在任何活动开始前，公司必须先评价这项新业务的操作风险、信用风险、市场风险、法律风险、税收风险等，谁来负责确保这些风险的常规审核？

上述问题是必须考虑的，虽然还不够详尽，但是这些问题可以帮助公司的管理层开始考虑相关政策决定，他们可以把那些计划告知风险管理经理和交易员的事项整理并形成一份精简的文件。会计部门也要出台相关政策，无论是套期保值交易还是投机交易，凡是对准备操作的衍生品都需制定一套相关的会计处理方法（见第18章）。

文件中涉及的全部信息，包括从公司相关的执行经理处获取的反馈信息，应该整理成案，向公司董事会或管理委员会报告，由他们制定公司的总体政策和汇报体制。

执行经理应该执行公司的总体政策，并根据董事会决定，将其调整成更为细致的风险管理衍生品使用手册，供交易员使用，以便操作和管理。此类操作性的文件应该提交给董事会批准。

第9章 管理控制

巴林银行的倒闭

1995 年 7 月 18 日，世界各地的金融机构都接到一个令人震惊的消息。那天，英国历史最悠久的银行——巴林银行在遭受了 13 亿美元的损失后，公开宣布倒闭，公司的全部资本被清算。这个恶果是由公司一位年轻的投资交易员尼克·里森造成的，他在未经批准的前提下，在日本期货市场上进行了一系列极具风险的投资活动。许多媒体都将这场浩劫归因于衍生品本身的性质，而银行倒闭的真正原因是公司缺少必要的管理控制。

从表面看，巴林银行的倒闭是因为里森以公司名义引发了巨大的交易义务，但是银行无法履行该义务。1995 年 2 月 27 日，巴林银行被破产管理，此时公司尚有未平仓的日本股票和利率的名义期货头寸，总价 270 亿美元：日经 225 股票合约有 70 亿美元，日本政府债券（JGB）和欧洲日元合约有 200 亿美元。里森还出售了 70892 手日经看跌和看涨期权，名义价值共计 66.8 亿美元，这些交易行为使他事前获取了大量期权费（正现金流），可用于抵消期货投资上的损失。与公司大约 6.15 亿美元的资本金相比，巴林银行所持有的头寸规模明显过于庞大。

当时，巴林银行的管理层应该已经知晓公司所持头寸规模令人担忧。1995 年 1 月和 2 月，巴林银行东京分部和伦敦分部前后转移了 8.35 亿美元给新加坡办公室，使里森能够履行在新加坡国际金融交易所（SIMEX）的保证金义务。这笔资金的转移数额庞大，为此，巴林银行的管理层还多次被英国财政部质问：为什么要把这么多现金转账到新加坡？如果当时负责的管理者能够注意到这些预兆，并对新加坡办公室采取适当的调查，那么或许可以改变银行倒闭的命运。

大约有 5 亿美元的现金以贷款的形式发放给巴林银行新加坡期货交易部的客户。如果所有转账到新加坡的资金是为了满足真实客户保证金的需求，那么这些经过修饰的余额表明，这些客户的信用风险相当高。然而，信用风险部门没有询问，为什么巴林银行愿意借给其客户超过 5 亿美元的资金，让他们在新加坡国际金融交易所交易，而只收取 10% 的回报，甚至都不知道这些客户是谁。如果其中一些客户违约的话，巴林银行将会遭受巨大的财务损失。毕竟，银行的资本金只有6.15亿美元。

巴林银行也没有设定每位客户的信用额度或全部资金的信用额度。事实上，事先获得资金的那些客户并不需要经过什么信用审批程序。信用管理委员会虽然可以从资产负债表上了解到这些预付款的增长情况，但是他们从没有正式考虑过这些经过修饰的余额可能存在信用问题。很明显，巴林银行不存在信用风险控制。

巴林银行的管理层忽视了一些相当重要的指标，如现金流量和信用风险指标，这已经足够糟糕了，他们还违背了任何交易操作必须遵守的一条关键规则。他们让里森同时负责交易部（前台部门）和后台部门（管理衍生品交易的部门），这样里森可以对自己进行的衍生品交易进行清算。这违背了职责分离的原则，简单来说，前台部门执行衍生品交易，而后台部门负责记录全部的成交结果、清算交易、核对交易以及评估用于内部估值和逐日盯市（MTM）报告中的价格的精确性。同时，后勤部门也管理接收和发放衍生品交易的款项。因为里森负责后勤部门，无论是在款项、成交结果和合约上的收支、对账表、会计分录还是持仓报告上，他都拥有最后发言权。换句话说，他完全有条件向伦敦方面传递假的信息。身为后台部门主管，里森滥用职权，通过"88888"账户来隐藏真实信息，该账目也因此臭名昭著。巴林银行的伦敦总部并不知道该账户的存在，是因为里森让一名系统顾问从日常报告中除去错误账户"88888"，而巴林银行新加坡期货交易部需要把这些日常报告以电子形式向伦敦方面汇报。

巴林银行新加坡办公室缺少必要的职责分离或许是公司在管理控制上最严重的问题，但是在这件事中，更糟糕的是一些管理者已经完全意识到了问题所在。集团公司财务主管Tony Hawes在1994年2月就已经汇报了这令人不满的状况，但是公司没有采取任何措施。他随后将这份调查递交给詹姆士·贝克，后者在1994年7~8月对巴林银行新加坡公司进行审计。这份审计报告特别强调了职责分离，但是公司再一次出现管理控制上的失误，报告中的任何建议都没有被采用。

里森负责管理后台部门，巴林银行也没有独立的部门来审核他递交的报告的准确性。由此可见，巴林银行风险管理部门所做的市场风险报告都是不正确的。里森的期货头寸没有显示出任何市场风险，因为大家认定交易员会借助其他交易所的相反交易形成对冲（利用新加坡国际金融市场和东京市场间的差价套利）。结果很不幸，巴林银行的股东们也怕是真正体会到了"无用信息输入，无用信息输出"这句谚语背后的残酷真理了吧，因为电脑系统只能对有意义的输入资料处理，产生有意义的输出，假使输入的数据是错误的，则输出来的结果必定是错误的。

如果巴林银行实行适当的管理，审核交易和管理信息报告，并与适当人员讨论交易业务的性质，那么银行存在的问题或许可以避免。这些方法有助于执行经理以一种客观的态度审视如何制定决策，同时也能确保关键人员按照公司制定的规章和"内部控制整体框架"（ICF公司衍生品使用和报告的指导原则和政策）来进行操作。

但真正使金融业感到震惊，也使得大量公司开始反思它们的内部报告体制和控制结构的原因在于一个简单的事实：尼克·里森交易的日经 225 和日本政府债券（JGB）合约是很普通的常规衍生品工具。它们都是上市交易的合约，具有高度透明性（不同于场外交易的合约），而且巴林银行需要支付（或收到）日常的初始保证金和价格变动保证金，所以伦敦方面得提供资金资助。但是 1995 年 1 月和 2 月，里森就要求公司转账 8.35 亿美元资金到新加坡，因为交易所会每周公布客户的持仓信息，所以里森不能隐瞒他在大阪证券交易所（OSE）持有的头寸。其他银行可以发现巴林银行持有的头寸规模庞大，很多人都想当然地认为这些头寸被套期保值只是套利头寸，毕竟与银行资本金（6.15 亿美元）相比，银行持仓规模太大了。

巴林银行的倒闭是公司内部控制和信息体系失灵的一个极端例子，这些失灵造成了意想不到的巨额损失。在管理控制健全的环境下，如果公司期望控制价格风险或希望在能源衍生品市场交易，那么金融衍生品十分有用。然而，使用衍生品时，公司的高级管理层不能忽视实际操作者、调节员和风险管理顾问们起草的方针政策和建议。

历史教训

交易员和终端用户在使用衍生品时必须遵循公司董事会批准的整体风险管理和资金政策。当商业和市场环境变化时，应该重新审核这些政策，应该清楚地规定有关衍生品使用的政策，包括执行这些交易的目的。公司的高层应该批准相关程序和控制来实行这些政策，同时各级管理者应强制执行它们。

上述这段话由三十人小组（G30 Group）在 20 世纪 90 年代初所写，它提供了一个很好的出发点，解释了对衍生品使用进行控制的必要性。该建议中尤为重要的一点是，公司应该制定一条政策来界定使用衍生品的目的。换句话说，必须清楚衍生品是用于投机的还是用于套期保值的。与这段话所写的年代相比，它包含的意义与今天的市场更为相关，因为现在即使是非银行的衍生品使用者也要公开他们的衍生品结算账目。衍生品的会计处理方法取决于衍生品合约的使用目的，是用于套期保值还是用于投机。上面的例子表明，控制和要求是如何相互衔接的以及政策是如何被定期检查的，会计和报告监管可以修正公司控制和对外的报告要求。

许多控制失灵都给衍生品使用者带来巨额损失，如果董事会或公司的高层能够建立强有力的风险管理控制，这些损失本可以在很大程度上降低甚至避免。值得指出的是，公司内发生蓄意欺骗的现象很少，绝大多数情况下的主要问题在于单纯的人为错误。通过研究分析这些所谓的衍生品"灾难"，如巴林银行的倒闭，我们可以从中发现，典型的控制失灵分为五大类：

（1）管理控制。假设经理能为公司带来利润，但是却不能执行内部控制政策或通过风险管理审查和内部审计查明提请注意的有关问题，如果公司提拔和激励这样的经理，只会弱化公司的高层管理。因为该行为传递了一个信号，相对于公司的其他目标，内部控制被认为是次要的。这反过来会削弱对控制的责任感，降低控制的质量。

（2）风险评估。在历史上曾遭受过巨大损失的公司，往往就是因为忽略了评价新的衍生品工具和交易行为的风险。当一家公司决定从使用简单的衍生品（期货、普通型互换）过渡到交易更加复杂的衍生品，如期权或场外交易期权组合时，重新审查程序和风险管理体系是最基本的要求。

（3）职责分离。造成衍生品灾难的一个主要原因在于缺少必要的职责分离。如果高层相当重视某员工，任命他同时负责两个以上利益不相容的部门，此时就可能发生衍生品灾难。譬如，如果某人同时负责监管前线部门（执行衍生品交易）和后勤部门（负责交易对账和形成特别报告提供管理信息的部门），显而易见的是，此人的职责没有被适当分离。

（4）报告（交流）。应该把相关的政策和程序告知所有涉及衍生品使用的员工，这样才能有效落实这些政策和程序。高层应确保公司的组织结构和管理层的责任义务被清楚地界定。有时候，公司发生损失，是因为一些关键员工没有完全意识到自己公司衍生品使用的政策。结果，他们的一些交易行为超出了经过授权的衍生品使用的范围，但是他们没有意识到要向上级报告这些情况，到发现的时候已经太晚了。

（5）审查/审计。有时也会发生这种情况，审计员和内部审查者已经披露了公司控制或报告体制中存在的缺陷，但是高层却没有理会这些情况。

创建风险管理或交易政策

有关衍生品使用的风险管理和交易政策因公司而异，但还是存在一些关键的指导政策和核心步骤，供大家参考。

要素1——董事会级别的批准

董事会应当建立和批准有效的衍生品使用政策，该政策需同公司的战略、商业目的和核心业务的风险偏好相融。同时，董事会也应批准可以使用的衍生品工具和如何使用这些工具。

董事会应该：

（1）审查衍生品使用和目的的提议。

（2）确保制定的政策与公司的管理能力、财务状况和商业目的相融，包括法律限制。

（3）批准可交易的衍生品清单和使用目的。

（4）确保落实适当的政策和控制程序。

（5）执行独立的风险和激励审查。

（6）任命两名以上董事会成员负责管理衍生品。

（7）定期检查衍生品的实际使用情况。

（8）确保管理报告符合目的。

（9）确保核心员工进行必要的培训。

要素 2——政策和程序

高级经理应该建立起清楚的书面程序，便于执行董事会制定的衍生品政策。书面程序应包括：

（1）交易管理当局——谁可以交易和交易什么。

（2）管理报告流程。

（3）衍生品市场上的持仓限额。

（4）委托人审批。

（5）证明文件审批。

（6）估价程序。

清单目录：

（1）任命一名高级经理负责管理政策和程序。

（2）设定和声明市场风险和信用风险限额。

（3）设定和声明相关程序处理超过限额的情况。

（4）设定和声明批准经纪人和委托人的程序。

（5）确保已建立了相关的会计制度政策。

（6）确保已考虑了所有的税收影响。

要素 3——控制和监管

高级管理层应该确认衍生品的交易行为得到了适当的监管，并在一个清晰的内部控制框架下运行；审计人员应确认衍生品的使用同公司的政策相符（如果公司存在财政管理制度，还要同该内部规章相符）。

清单目录：

（1）定期检查公司的专门技术标准。

（2）形成内部控制的独立督查制度。

（3）确保管理报告符合公司目标。

（4）检查公司计算机系统，确保其稳健，未经授权的员工不得擅自修改。

（5）定期进行内部审计检查。

要素 4——组织、任务和职责

高级管理层应该建立起一个健全的风险管理机制，形成报告、监管和控制风险矩阵各方面的独立框架（见第 1 章）。

清单目录：

（1）通过公司章程和清楚的岗位工作陈述，向每位员工分配明确的职责。

（2）利用合适的市场风险和定价技术。

（3）确保向董事会报告（在特别报告中）所有超过限额规定的重大情况。

（4）实行价格变动的压力测试来评价市场非常规变动对持仓的影响。

要素 5——信用程序

应该衡量和分析公司将会遭受的全部信用风险，并通过进行有效的信用管理来最小化这些风险（譬如，信用评级低的委托人需提供抵押担保、信用违约衍生品和信用保险）。

清单目录：

（1）分析场内交易和场外交易的衍生品的内含风险。

（2）通过净值交割安排和其他技术来最小化信用风险。

（3）建立衍生品市场的信用风险限额（总额）和每位委托人的限额。

（4）建立超出信用限额时的授权批准程序。决定由谁来负责审批和当他缺位时由谁来行使该权力。

（5）建立相关政策和程序处理委托人和经纪人出现资不抵债的情况。如果该经纪人在期货市场持有头寸，那么公司的资金应该与经纪人的运营资本分离。这是基本的管理准则，但是仍有必要核对与经纪人的交割协议。因为这意味着公司的资金能够规避经纪人破产带来的风险。

要素 6——法律和规章

制定相关程序来监管法律风险，确保法律效果、权威和对法规的遵从，提供适当的书面文件。

清单目录：

（1）建立起公司有权按设想的方式使用衍生品（内部和外部）的制度。

（2）确保管理部门把衍生品交易授权委托给合适的员工。

（3）列出经过授权批准的现存或潜在的经纪人和委托人的完整名单，注明所有的限制条件。

（4）获取每位经纪人或委托人的授权处理衍生品交易的授权书。

（5）审核书面文件。

（6）对场外交易的衍生品使用标准交易协议书。现金结算的场外交易使用标准的 ISDA 协议，这意味着公司在处理衍生品交易时会接触到大量相关的法律和专门知识。使用标准协议书有助于事先降低法律成本，提供更好的法律保障，以避免违约和纠纷。

（7）确保形成保证金和信用协议的书面文件。由这些管理控制矩阵的要素组成的指导原则和信息，都有助于公司形成一份风险管理控制文件（有时候也指风险管理或衍生品使用程序手册）。应该把这份文件分发给公司内所有业务部门的负责人，以及前线部门和后勤部门的员工。这份政策文件能够有效地指导员工的日常交易，并按照文件的规定，确保员工的操作行为符合公司的相关程序。该政策文件中关于管理报告流程的部分，应该明确地告知员工，如果他们需要交易的衍生品合约超出了风险管理政策文件规定的常规界限时，他们应该向谁汇报，以获取特别批准。

公司衍生品风险管理政策和流程文件

一个健全的风险管理过程主要包括以下几个部分：

- 全面的风险衡量方法，如风险价值（VAR）。
- 一个详细的持仓限额体系。
- 用于控制衍生品使用的方针和其他要素（无论是套期保值还是投机目的）。
- 一个强有力的管理信息系统，用于控制、监管和汇报风险。

通过对以上主要组成部分展开，我们可以阐述一个典型的衍生品政策或指南的核心内容。

政策文件中核心内容的示例

（1）公司使用衍生品的目的是什么？
- 用来投机（利用风险机会）

● 用来套期保值（减少价格波动风险）

● 两者皆是

（2）公司愿意使用哪种类型的衍生品工具？

● 场内交易期货

● 场内交易期权（交易期权）

● 场外交易互换

● 场外交易期权（特种期权）

（3）公司的交易员可以利用哪些市场？

● 衍生品持仓数量的限额

● 整体公司层面的持仓限额

● 单个交易员限额

● 交易员进入每个能源衍生品市场的持仓限额，用于控制流动性风险

（4）能源风险的多大部分应该套期保值？

● 套期保值的最小数量

● 如果价格在预算内变动，允许进行投机对冲的额外数量

（5）衍生品使用期限的限制是什么？

● 可能会在能源衍生品市场上提出该问题，交易员在特定的市场上可以交易的合约期限取决于交易对手信贷能力和市场的总体流动性

（6）场外交易使用哪些对手方？

● 经过批准的对手方名单定期更新，并发送给交易员（前台部门和后勤部门），以避免意外发生非授权的交易

● 政策明确规定场外交易市场上对手方的信用质量要求

（7）政策规定在同新的对手方开始任何衍生品交易前，应事先签署的法律文件的种类。

（8）管理报告流程。

● 借用一张清楚明白的示意图说明报告流程，有助于前台部门和后勤部门的员工和管理层快速有效地处理问题

（9）日常报告。

● 报告的清单以及谁负责每日进行汇报，譬如，特别报告、持仓报告和损益报告

（10）特别报告。

● 政策应该明确规定谁负责审阅这些报告，谁负责签署这些报告和采取行动解决问题

后台系统

任何公司若想运营成功，必须建立起明确的管理和报告结构，以及书面的风险管理政策，所有员工都应熟知该政策。但是，公司如果没有一个合适的后台体系，上述所有的努力都将付诸东流。后勤部门对帮助公司规避风险至关重要，它负责收集所有交易的数据，评估每天的持仓情况和形成核心管理信息报告（如特别报告）。

只有系统输入的信息是正确的，后台系统或控制体系才会真正起作用。这些需要输入的信息总结如下：

- 新的交易。
- 执行情况（期权到期后，产生新的互换或期货头寸，也可以执行实物交易）。
- 市场价格数据。
- 平仓和清算。
- 交割。
- 收支情况。
- 交易对手信用记录或保证记录的数据——价值、到期日和类型。

数据输入的控制

报告体系或控制系统无论是人工管理还是电子计算机管理的，信息输入的适当控制和确认（双重检查）都是最基本的要求。明确分配特定输入任务的职责，控制计算机操作人员使用的口令。针对一项新的交易，输入程序要求以标准的格式输入全部相关的详细信息（譬如，数据、交易对手和全部交易数据——交易量、清算和价格）。信息的原始凭证（来自交易部门的交易单据）应该盖上时间印章，或者标上执行的时间，继而后勤部门对已经输入的信息凭证做标记。所有的输入信息都要经过确认程序（如输入新交易时，计算机的核对目录需要先确认，才能更新主交易记录）。系统内每一条经过确认的输入信息都会被分配到一个唯一的编号，在大多数情况下，这个号码实际上就是交易部门的交易员在单据上写下的号码和时间印戳。数据输入的控制见图9-1。

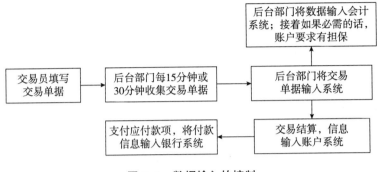

图 9-1　数据输入的控制

数据直通式处理

一些公司早已开始实行所谓的数据直通式处理，简称STP（见图9-2）。在期货市场中，交易所的交易信息自动进入结算所系统和经纪清算会员系统，这种形式很接近数据直通式处理模式。场外交易也在逐步朝着这方面发展，许多公司开始对场外的衍生品交易实行电子确认。这为实现交易确认提供了电子平台，以便信息能够直接进入对手方的后勤部门和风险管理系统。目前，场外交易仍广泛使用邮件和传真来确认交易结果，通过减少人员涉及交易过程和后勤管理时，公司早已试图去降低交易数据输入时的人为错误带来的风险。

根据国际互换和衍生工具协会（ISDA，运营标杆管理调查摘要），许多公司已经很好地应用STP作为办公室后勤系统的核心部分。该协会2002年的运营标杆管理调查摘要是根据全球65家公司的反馈信息形成的。报告中指出数据输入的控制（通过多重不同的系统减少人为错误）如图9-2所示。

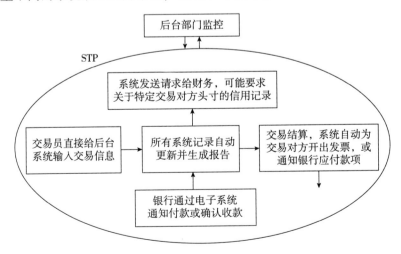

图 9-2　数据输入的控制（通过多重不同的系统减少人为错误）

■ 能够同日处理的前线交易数据如下：100%的远期利率协议；98%的普通型互换。

■ 前线部门交易数据中最常发生的错误是数字错误。信用衍生品（21%）发生错误的概率大于远期利率协议（10%）和普通型互换（17%）。

看来，普通型互换比起信贷衍生品和股票衍生品更加便于自动化操作。同样，最常见的结果分为两类：没有自动化和完全自动化，就像是"宁为玉碎，不为瓦全"。公司一旦建立数据直通式处理的自动化系统，就会将其应用于整个公司。高程度的自动化运行包括：从前线部门传递交易数据到后勤操作系统，从操作系统传递交易数据到总账，并把信息返回前线部门的交易记录系统。

报告和记录

交易记录

后台系统负责形成和维护全部的交易记录，并且根据交易员、交易对手（针对场外交易产品）、交易产品、交易/执行日期、交易量、交易期限、经纪人或其他合适的标准对报告分类。

持仓记录

对于未平仓交易，每一个输入的交易结算都应准确地反映出头寸的现存状况。

保证金和股票

特别报告突出了潜在的风险情况，有助于提高监管效率，例如：

■ 超过了持仓限额。
■ 交易对手的股票跌破了一定价格水平。
■ 合约接近交割日（期货）、到期日（期权）或价格失效（互换）。

交易对手记录

形成适当的交易对手记录，用于合约（每日）结算账目的确认，通知交易对手合约平仓（抵消后净额）的详细情况，并在交易对手间结算。

信息管理/风险管理经理

他需要处理：
■ 特别报告和到期的头寸。

■ 关键领域——场内交易的衍生品，如期货等具有不同的交割程序，关于这方面的知识至关重要。

■ 持仓报告。

■ 收益率报告可以采用多种方式，如

 ● 根据部门或单个交易员

 ● 根据市场或产品

 ● 根据周期——显示绩效趋势

 ● 公司的价值风险计算——估价

由谁负责审阅这些报告和记录

大中型公司一般是由一位公司的财务主管或风险管理经理负责鉴别和管理风险。如果一家小公司的交易和风险管理活动的规模不大，没有必要分离出独立的风险管理职能，此时可以把监管风险的职责分配给某些管理层的成员，只要他们不直接参与到日常的风险管理活动中（如交易员）。

衍生工具后台管理

确保后台系统的高度安全是最基本的要求。一个公司不应该只依赖一位风险管理经理来监管或查找错误。同时，公司也应该建立起相关系统，防止参与风险管理和交易活动的员工随便改动记录。

为了查找异常情况，有些银行或经纪公司会要求员工短时间内，至少休假连续5个工作日以上。那么，接管该工作的员工就可以借此好好清查错误，尤其是对于日常操作中的错误，还有被隐瞒的损失情况，甚至存心欺骗。

这些措施可以帮助公司发现员工能力上的欠缺，并有针对性地对他们进一步培训，以避免公司过多依赖特定的个人。

内部控制和后台部门

下面有一个内部控制的基本框架，任何后台系统都应能支持它：

■ 风险

 ● 商业风险

 ● 持仓风险

 ● 人员和操作风险

 ● 信用风险

- ■ 基础控制
  - ● 权力等级与设限特点
  - ● 自动特别情况报告和头寸限额监管
  - ● 收益率报告
- ■ 组织控制
  - ● 法律考虑事项
  - ● 政策监管
  - ● 职责和内部核实操作相分离
- ■ 持仓风险
  - ● 交易、衍生品的种类
  - ● 市场的限制
  - ● 交易对手的限制（场外交易互换）
  - ● 限制情况的监管和报告
  - ● 套期保值报告
- ■ 交易对手批准
  - ● 后台系统应同交易部门系统整合成一体，这样可以及时阻止与已经超出信用限额或头寸限额的交易对手的交易活动
  - ● 注意：一旦公司的交易员同意交易，公司就必须兑现承诺，不管是通过电话交易的期货还是场外交易的互换，结果都一样
- ■ 建立交易对手
  - ● 只有信用部门或风险管理经理有权在系统中建立起新的交易对手，也只有他们可以设定交易员和交易对手的持仓限额

理想的后台系统应该能够自动产生警报或输出特别报告（如损失限额、交易对手信用限额违规和内部交易员持仓限额违规）。

操作风险和后台部门

如果不了解后台部门的组织结构，就很难深入讨论内部控制系统。在设计后台部门时必须考虑到可能带来的操作风险。操作风险就是由于运营过程或支持该过程的系统失灵而造成损失的风险，包括对声誉、合约和权利的法律执行效力产生不利影响的风险。

后台系统应该能够帮助消除导致操作风险的基本原因，这样才能保持有效地运作内部控制和风险管理过程，建立具有如上功能的后台系统相当重要（详见第 11 章）。

外部审计或内部审计以及合规的作用

衍生品交易操作需要进行周期性的复核（如每季度、每半年），由公司的内部审计职能负责，如果不存在这种内审配置，也可以由外部审计员负责。

公司的董事会有责任确保内部员工有足够的专门知识和能力对公司的衍生品交易操作进行复核，内部审计员的职责和他们的工作程序因公司而异。然而，审计员应该核对公司的财务报表是否存在重大虚假陈述，核对支持财务报表、余额和披露信息的衍生品交易和记录。一个内部的审计员还应评价公司应用于衍生品的会计准则，并对公司内部控制体系和衍生品定价方法（如果有的话）的应用范围、适当性和有效性发表评论意见，包括公司现存的任何内部审计方法和体系。

对账和会计：管理层考虑的重点

如果不能正确地理解高额利润产生的原因，比起透彻地理解了巨额亏损，前者可能更加危险。衍生品灾难表明，那些从不休假或总是熬夜工作的人并不是我们献身工作的伟大榜样，他们那种为工作而活的生活方式可能掩盖了负面的业务事实。会计记录可以被人为操控，现金支出则不可以，所以现金控制是最基本的，应确保现金合计数正确。不幸的是，会计上的损失时常反映了业务的事实情况。

最后要指出的是，应该小心谨慎地监管计算机系统。计算机提供了自由进出一项业务神经中枢——核心部分的机会。确保网络系统的安全性十分重要，所以计算机数据要时常备份，最好要有后备计算机。

风险管理复核

至少每年进行一次风险管理复核。它的目的是收集信息，以引导管理层改善现存的运营程序和控制，或者是检查自从上次风险管理政策复核后规章制度发生变动的领域，突出这些领域控制缺陷的问题。

通常由独立内部顾问执行复核，如果条件允许，像大型的跨国企业，也可以由其他部门负责风险管理的员工接受此项任务，只要负责复核工作的人独立于他们要进行复核的业务即可。

不同于审计，风险管理复核致力于提供反馈信息给管理层，以便管理层能根据最新的行业和（合适的话）财务规章制度改善工作流程和控制。他们倾向于更多地依赖来自员工的口头陈述而非审计员。

许多大型的会计师事务所在对其他公司进行审计时，会观察交易控制和报告体系，而且审计员也会时常在他们的年度审计报告中发表意见或做出注释。

附录 1 中有一个风险管理程序复核的示例。

2001 年安然公司的倒闭

安然公司从辉煌走向土崩瓦解是由众多因素造成的。这涉及一些关键人员，如杰弗里・斯特林（Jeffrey Skilling，安然公司的前首席执行官）、肯尼斯・雷（Kenneth Lay，安然公司的前主席和首席执行官），安德鲁・法斯托（Andrew Fastow，安然公司的前首席财务官），他们早已被载入史册，所以下面部分不再讨论这些人，而是着眼于总体的失败原因。

那么，是哪些因素的结合促成了风险管理程序上的失灵，从而最终导致了安然公司的垮台呢？

如图 9-3 所示，要回答上述问题，我们得借助于由五个关键内部控制组成的框架。

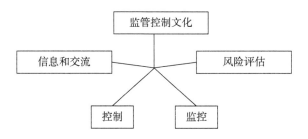

图 9-3　五个相互联结的核心领域构成的内部控制

监管控制文化

安然公司的问题是由上而下的，公司组织管理严密，不像巴林银行案例中存在一个流氓交易员。公司有持仓控制和先进的风险管理系统来记录复杂的衍生品工具和交易。然而，管理层被股票期权的高额收益刺激，不惜任何代价在公司倡导扩张主义的文化。对安然公司而言，扩张就意味着收益和市场份额的增加，进入新市场的行为是被肯定的，被认为是有利于促成良好的公共关系。同时，在网络时代鼎盛的时候，股票投资者主要根据收入增加率来推进股票价格。

安然公司的雇佣文化影响了它的风险管理文化。它那种"雇了再解雇，解雇了再雇"的文化意味着，雇员不得不在残酷的内部环境下工作，他们不仅要和外部劳动力市场竞争，还要持续激烈地和同事竞争，因为他们一直面临着来自失业人口取代的威胁。在这样的工作文化下，大多数员工不敢表达自己的观点或去质问不道德的和潜在的违法业务方法。如果他们将这些情况向高级经理汇报，而正是这些经理制造了这种环境，那么他们将遭受被解雇的风险。如果高层参与欺诈，没有一种报告体制可以解救这家公司。交易公司的股东们应该确保管理层执行真正独立的审计工作，不仅针对会计，也要涉及风险管理程序和衍生品的买卖操作。

若想恢复处于摇摇欲坠的行业中的那些股东们的信心，一个可行的方法就是让那些曾同公司的业务操作有利害关系的员工和管理层接受外部审计。在"安然事件"以后，越来越多的公司开始引入职业道德培训。

风险评估

安然公司可能具有严密复杂的风险管理体系，但是高层推行扩张主义政策，希望产生越来越多的收益以抬升股价，这促使安然公司进入了一些没有经验的市场。据报道，安然公司在世界各地的交易室都有一个价格行情的电子屏幕，向员工显示安然公司的股价。这种政策是对风险管理基本原则"了解你所在的市场"的极大讽刺。公司应该确保它们内部有足够的专门知识和资源，能够成功地在一些新市场上投资衍生品和进行交易，这是最基本的要求。然而，因为安然公司太注重股价，而把风险评估放在次要位置了，最好的例证就是安然公司进入宽带交易领域（通过电缆传输的电信业务等）。安然公司快速地扩张进入这些新市场，但是与这些领域中经验丰富的竞争对手相比，它明显处于劣势，这给安然带来了巨额损失的风险。安然公司因为参与到那些新兴的、低流动性且相当深奥复杂的市场，如海洋运输、木质纸浆、日本铝、澳大利亚及日本的天气衍生品，还有宽带业务等，而逐渐耗尽了从公司的核心业务——天然气、石油和电力交易中获取的利润。

控制

在安然公司的案例中，最大的控制失灵表现为适当的内部监管控制的缺失，竟然允许安达信会计师事务所（Andersen Accounting）同时为它们提供审计服务和咨询服务。这是一种明显的职责分离的缺失。安达信害怕失去利润丰厚的咨询业务（相比较而言，会计师事务所的审计费用收入较低），所以虽然安然公司进行了大量很有问题的业务运作，但是安达信会计师事务所也不敢对其提出质问。

我们从"安然事件"中学到了什么

公司的管理层很容易就发展形成一种极具风险的公司文化，鼓励员工不惜采用任何方式提高收入。公司能够很容易地雇用到一些聪明的大学毕业生，给予他们需要的资源，他们就会为公司产生收益，并把股价推向高点。然而，"安然事件"表明，这不是一种可持续的业务运作方式。

"安然事件"也使我们产生了疑问，怎样才算真正独立的顾问和审计员？真正独立的外部审计员在交易舞台上应该扮演一个重要的角色，如果公司有什么越轨行为，他们有助于确保股东及时收到消息，继而由股东正式做出决定是否继续支持该公司。最后，还取决于所有者即公司的股东们，应确保审计员能正确地为他们的利益提供服务。我们再看看"安然事件"，股价从 20 世纪 90 年代初的大约一股 20 美元飙升到 2001 年最高点一股 90 美元，股东被大量的股票回报蒙蔽了眼睛。在"巴林银行事件"中，巴林银行的管理层没有在意英国财政部提出的顾虑和疑问，为何把大量的资金转移到巴林银行的新加坡公司，他们是被尼克·里森伪造的巨额利润蒙蔽了眼睛。看起来这像是同一种模式。许多人依赖于安然公司的成功，大量的疑点没有被质问是因为每个人都认为安然公司运行得很好，谁也不想添乱。

但是，创建一种平衡机制对于管理而言同样重要。过多的控制可能会在公司形成压抑性文化，这会抑制有利于公司的新观点和创造性思维。形成良好的平衡不是一项容易的任务，然而，其中还是存在一些基本原理。如果一家公司开始把收入提升了 250%（如安然公司），或者从海外分公司的一个小部门中获取了巨额利润，如巴林银行，我们就要对此提出疑问。

在"安然事件"中，人们也对安达信所扮演的角色提出了质疑，它同时为安然提供咨询和审计服务。为了恢复股东对财务报表的信心，管理层应该确保为公司提供外部审计活动的事务所不再同时为公司提供其他服务，以避免一定程度的利益冲突。如果风险管理涉及衍生品交易，财务审计员不具备这方面的知识，可以考虑雇用一家专门的外部风险管理审计师事务所来复核逐日盯市方法，找出存在于这些方法中任何会给公司带来潜在风险的缺点。

"安然事件"发生后，政府和监管部门要求公司的高级管理层对公司运行失误负更多的责任。经常进行风险管理复核和建立起一种开放的文化，员工有权质问公司的业务和运行情况，现在这两点比以前任何时候都更为重要。管理层要善于接受员工提出的中肯的、具有建设性的意见以及新的观点，公司应该培育这种文化。

第10章 "偷听者"套期保值指南

可能只有那些将套期保值看成园艺学的一个分支的人才真正理解套期保值。当然，在金融领域，围绕套期保值有许多荒诞的说法和误解，在世界各地的公司和交易所的走廊、会议厅、后台部门和交易场所都会听到。当然，为保护内疚的当事人，这里不便透露名称。

在市场中听到的关于套期保值的九个著名谚语——附带评论

（1）"由于去年套期保值亏损，所以今年我们不再做套期保值。"

套期保值并不总是有关赚钱的。对能源的消费者来说，套期保值的一贯目的是降低资产负债表的波动。对于交易商，套期保值可能是为了锁定利润或降低损失的风险，对于能源生产商，套期保值可能是完成销售和利润目标一整套策略的一部分，套期保值不应该使公司亏损。从经济学的角度看，套期保值可能会有机会成本损失，但是，如果是真正的套期保值，在公司的能源实物消费或生产活动中应该有几乎相等且方向相反的现金流，管理层和股东应当充分重视这一点。

（2）"去套利吧，只要不做傻事！"

我猜想说这句话的经理没有考虑整合一套风险管理政策。在从事任何套期保值之前，公司有一套明确的关于"做"与"不做"的书面章程，一个明确的书面报告结构和控制体系以确保套期保值不会超出控制范围（这在第9章已有详细讨论）。

（3）"我们的风险管理委员会对能源价格将会走强还是走弱无法达成一致。"

进行套期保值的主要原因是没有人知道下一个财政年度的价格走势。事实上，试图预测一星期内的价格走势几乎是不可能的。观察消费者的营业预算或者生产者的目标可以使得管理部门设计出按风险或利润率的某个百分比套期保值的策略，制定由于市场价格波动而假定出现其他情况时的进一步套期保值策略。

（4）"有时我们根本不套期保值，有时100%套期保值，其他时候，我们在期间徘徊。"

这并不是一个有效的风险管理政策，套期保值或者根本不做套期保值都要承担风险。即使对于一个有着适当的现金流管理和外汇管理的经济组织，如果没有明确的政策，也可能会产生很多问题。

（5）"只有当我们对市场走势判断非常明确时，我们才进行套期保值。"

只在对市场走势判断非常明确时进行套期保值并不是套期保值而是投机。一个经济组织（终端消费者）应该在进入下一个财政年度之前按某一百分比进行完全的套期保值，锁定收益或利润，这可能是一种合理的说法。即使是控制大量能源市场基础设施——管道、炼油厂、油田等的大石油商也并不总是能正确地把握市场方向。如果坚信即将到来的事件会引起价格的较大波动，套期保值者有时会增大套期保值百分比。假如这样的话，期权策略是一个有价值的选择，因为这样机会成本的损失仅限于期权价格。

（6）"我们的套期保值计划非常成功。它始终让我们赚钱！"

如果我的套期保值计划总是赚钱，我可能会担心。这意味着我在实物市场上的交易，如作为消费者或者生产商买卖实物能源，可能存在着一些根本上的错误。

（7）"我们的管理层支持套期保值，但并不是针对价格！"

在市场达到这些价格之前，真希望管理者能够考虑一下套期保值策略。在利润为负或者预期利润目前无法保证能够改善的情况下，构造期权套期保值可以使得公司防止情况变得更糟，同时在价格好转时获利。

（8）"套期保值太昂贵了，我负担不起更多的员工进行这一商业活动。"

哪个花费更大？经济组织的利润消失甚至利润为负，还是了解到你的利润/收益已经得到安全保护，不受不确定性的影响？

（9）"我们从来不投机。我们只是简单地对我们的实物交易需求进行过度套期保值。"

对过度套期保值没有确切的定义。如果一个经济组织或者交易商故意使用大于实物能源数量的衍生品合约套期保值，这就是过度套期保值。这个规则的唯一例外是在某一情况下，一个经济组织不得不"替代对冲"（Proxy Hedge）。这意味着他们必须使用一个不同的能源产品的合约，而不是真正面临实物风险或者是希望交易的能源。有时，由于基差风险的存在，交易商被迫使用与基础实物能源相比更多的衍生品数量，试图补偿两者之间的基差风险。换句话说，能源衍生品合约可能要比对冲的标的实物能源价格更稳定一些。

小 结

对于建立多头而言，10 月是相当危险的月份。其他危险性依次递减的月份分别是：7 月、1 月、9 月、4 月、11 月、5 月、3 月、6 月、12 月、8 月、2 月。事实是大多数试图预测能源市场走势的人们有时会犯错误，也有一些人总会出错。

第 11 章　操作风险

操作风险（Operational Risk），指由于在操作过程中或支持操作的计算机系统的失败而引发损失的风险，包括那些对声誉、合同和追索权的合法执行的不利影响。

直到不久前，能源价格风险管理主要侧重于市场风险、流动性风险和信用风险。但是，自从过去几年以来，风险管理有了新的侧重点——操作风险，尤其是在金融商品市场上发生了几宗大的亏损事件之后，例如，1995 年巴林银行的破产、20 世纪 90 年代后期住友（Sumitomo）公司在金属投机中的巨亏。

大多数机构在许多方面都可能受到操作风险的影响，既有直接的影响，又有间接的影响。直接财务损失可能由于缺乏处理交易的操作能力而引起，例如，在某一机构的办公室发生火灾，或者后台办公部门的计算机系统由于硬件的问题而不能被使用所引起的损失。一宗交易中的一个错误也可能导致直接损失：假如一个组织丢失了可证明交易已执行的数据，那么公司将面临着市场价格的波动，并可能因此而亏损。间接损失可能源于对公司声誉或客户关系的损害。例如，假如一个经纪人的在线交易系统中断了，这可能既会导致收入的损失，又会导致间接损失，因为顾客会对这个系统失去信心，而且不会再使用它了。

操作风险的主要构成

核心操作能力（Core Operational Capability）

最明显的一种操作风险关注对组织的核心操作能力的损失或伤害。这是一系列事件的结果，这些事件包括：

- 由于火灾、爆炸、技术问题或者各种形式的自然灾害引起的损失。
- 日常开支的损失，如电、水或交通费用。
- 关键性操作员工的流失。
- 系统能力的故障或失效，如由于计算机病毒而引起的。

人力风险

员工是公司最重要的资源，但是在评估操作风险时，员工经常被忽视了，因为很难运用一个数学模型来衡量员工的错误所带来的风险。但是，可以对最可能导致员工出错的原因列一个简要的清单：

- 缺乏正直和诚实的品质。
- 缺乏职责的明确划分及存在合作的风险。
- 缺乏职业化作风。
- 缺乏团队精神以及对个人的尊重。
- 过于依赖一些关键员工，而在关键时刻，他们可能会去度假或者生病了，或者他们可能会一起离开公司。
- 技术、培训、管理或监管的能力不足。

员工的错误一直以来都是导致许多公司亏损的主要因素。由于这一原因，员工的错误必须被定为风险管理的目标，尽管其很难被衡量。员工的错误的确是后台办公部门出现问题的一个普遍原因，因此精心设计一个系统和内部控制的过程用来快速检查出任何输入错误，将大量节省追踪问题的时间。

交易处理系统

数据的质量在风险管理中至关重要。所有有效的风险管理项目都严重依赖于准确、及时、有效地获得交易数据，及处理数据过程中创建的管理报告。

在交易处理系统风险中需要关注的最重要的领域有（见图 11-1）：

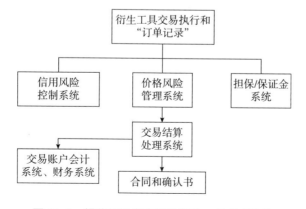

图 11-1　操作风险存在下的衍生工具处理环境

■ 与交易执行相关的处理过程。

■ 交易记录（有时指数据记录）和数据加工。

■ 交易确认（合同）。

■ 清算的操作风险。

这里的清算操作风险不同于清算风险。清算风险指来自对方的信用风险——在交易清算时对方不予支付的风险。但是，清算的操作风险着眼于清算过程中的错误引起的损失。

核对和会计

一个与会计系统相整合的、结构完整的后台办公部门系统，在管理与核对和会计相关的风险时是非常关键的。财务部或会计部的人员有着至少以只读方式查看后台办公部门的交易数据的权力，以预测支付衍生品保证金或对冲中已实现的损失所需的外汇，并允许财务部或会计部的人员确认充分的外汇对冲风险管理被执行，这一点很重要。对资金的结算数据和会计记录进行核对同样是一个关键的保护衍生品使用者的过程，使得使用者所在的组织中不会存在未披露的头寸或未披露的损失（见图 11-2）。

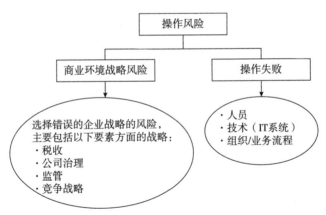

图 11-2 操作风险

注：可能含有操作风险的领域：过程风险，营销、销售、新的客户、交易执行或处理中的错误、交易作假、合同或交易重订的风险、产品的复杂性。人力风险，欺诈、串通作假、未经授权使用信息、恶意交易者、员工能力或技术所及范围、过于依赖少数关键员工、人员健康和安全。技术风险（加工风险），数据舞弊（偶然的或策划的）、编程错误、计算机病毒、远程通信失败、系统能力风险、系统失败、策略风险——系统提供者破产了即不再能支持系统、安全破坏——外部黑客攻击。外部商业环境风险，外部供应商风险，物质实体安全，盲从，洗钱，税收，财务报告或会计准则，自然灾害——火灾、水灾、天气，罢工——交通问题，法律风险（诉讼），恐怖主义威胁。

评估及控制操作风险

操作风险项目的核心目标应该是避免操作失败引发的财务和非财务损失。为了实现这一目标，这一项目应该使得组织可以通过更有效率和有成效的措施及操作风险报告来预期风险。这可以通过下面的五步法来达到。

第一步：识别风险

一个组织必须能鉴别它的操作风险。可以通过观察组织的部门必须处理的工作任务，及组织在它的交易和商业运作中采取的处理方式来鉴别。

第二步：评估风险

一旦第一步完成了，需要对操作风险进行分类，应根据风险的严重性（即假如核心风险管理系统中断了，应该在 5 个小时左右让后备系统运作起来）和这些操作风险实际发生的可能性来分。

第三步：评估可能的风险控制措施

这一组织接下来应该列出可行的操作控制选择，以帮助减少已被鉴别的操作风险。组织可制定的四个主要的控制决定如下：

■ 避免风险
完全回避会产生风险的商业活动。

■ 转移风险
一个组织可以尝试着转移风险。一个最好的例子是公司购买"恶意交易者"保险，这将虚假交易的操作风险转换成了保单的承保方的信用风险。保险是转移大部分操作风险的一种关键方式。

■ 降低风险
改变组织（指专家们所称的"交易链"）中的交易执行方式有助于降低风险。另一个重要的方式是对系统和人力资源分配更多的资金，如更新技术培训及在风险领域配置更多的员工。

■ 接受风险

组织的研究部门可能发现一种特别的操作风险发生的可能性很小以至于公司决定接受这一风险。这种情况一般发生在实施新的程序或系统的成本远大于特定风险对公司造成的损失时。

第四步：执行控制措施

假如采取了某种措施，员工需要将其贯彻到底，并确保新措施的实施被正确地执行。

第五步：设置监管人员以监管进行中的风险

需要设置监管人员。负责操作风险项目的人员应该写管理进程报告（见图 11-3）和操作风险损失降低的比较研究，以阐述项目的效用。管理层应该讨论这些报告，假如对这些风险事件没有合适的措施可采取，他们当然应该创建一些对策以防止它发生。操作风险项目也应该经常审查（如一年两次），以适应外部商业环境、公司整体商业活动和这些活动的规模的变化。

		第1页
亏损 操作亏损 信用亏损 市场亏损 小结 损益比:	当前月份	本年迄今

		第2页
风险事件 事件 1 IT系统失灵 2 3 4 5 6 7 8	风险损失 失去200万美 元的收益	回应对策 用新备用系统 来替代

图 11-3　月度风险报告示例（含操作风险）

收集操作风险的信息

组织尽可能多地收集操作风险的信息是很必要的。这个可以通过检查业务来进行，而且操作线的经理也会显示出对潜在操作风险的关心，这些风险尚未发生，但是假如不采取措施，它们将会发生。下述公司报告和文件也应该从操作风险的角度进行审查：

■ 管理层报告（这些可能强调过去的操作困难和问题）。

■ 预算。

■ 商业计划。

■ 操作计划。

■ 灾难恢复计划（假如组织还没有这样的计划，这会是操作风险的即时来源——业务恢复）。

■ 外部报告。

■ 审计报告（财务审计者正越来越多地关注组织的操作风险，因为这将增加破产的可能性；评级机构在评估公司信用等级时也会很关注操作风险事务）。

■ 任何常规报告（假如一个组织一定程度上是一个规范的实体）。

■ 亏损的历史数据（尤其在交易错误等方面，在历史数据中特定操作失败的损失被公布出来）。

操作风险的降低、控制和遏制

风险降低

在任何操作风险项目中，管理层可采取的第一步是降低组织业务过程中的内在风险。只要可能，就应该将人工再次打印数据的步骤从处理过程中消除，通过整合现有的计算机系统或投资新的计算机系统来替代之。

风险控制

可以采取合适的预防措施，尽可能降低操作风险发生的可能性。例如，可以通过在交易中和交易者准入过程中引入或升级防火墙、密码和授权处理来控制操作系统风险。应该引入内部审计检查，并对特定的员工指定控制职责，使其负责维护控制标准。

风险遏制和转移

简化手续并对计算机系统、自动化及人员进行投资的确将会降低组织的操作风险。但是，这些风险不可能被完全消除，这意味着设法遏制仍然存在的操作风险是很重要的。

一个组织可以通过购买保险，以预防火灾、水灾或其他自然灾害对组织的办公场所带来的收益损失，像这样的保险将操作风险转移为来自保险公司的信用风险。组织也可以着眼于计算机灾难恢复程序和业务持续经营计划，对交易公司而言这将会建立一个热门的后备网站，假如开始的办公地点无法运作时，员工可以转到这个新的网站。在发生"9·11"灾难事件、世界贸易中心被摧毁之后，人们认识到后备网站的重要性。因为金融市场关闭了，许多商业行为驻足了，但是公司仍然不得不处理来自世界各地的交易，并保持后台办公的正常运作，而这只能通过激活后备网站来完成。

操作程序的趋势

许多金融机构现在采用自动化以解决人员的错误，它们通过实施所谓的"数据直通式处理"来解决。直通式处理（Straight Through Processing，STP），在其最高的整合层面，允许交易者在电子交易平台上执行衍生品交易，并且交易的信息直接进入组织的后台办公和管理系统。这就去除了重复的人工输入交易数据，消除了部分操作风险中的一致性问题。

但是，能源产业现在似乎落后于这一趋势。根据国际清算银行（BIS）2001年的调查报告，石油寡头们在恰当的地方有着精巧的后台系统，可以直接通过计算机处理进行实物和衍生品交易。但是，国际交易者并不都能紧跟最新技术的发展，并且终端使用者更少能够如此。这一状况无疑将在之后几年快速改变。

引用自国际清算银行：

"总体来说，访问的结果表明，处理交易和管理对方风险的实践在所有G-10国家中是广泛相似的。标准的法律协议和确认样本被采用于证明大多数交易，其中样本尤指由国际互换和衍生品协会所创建的样本，但也有样本源自一些国际名家的协议。交易处理，从数据获得到确认和清算，越来越自动化了，尽管更为结构化的交易通常仍然要求人力的投入。对冲以及抵押协议更多地被用于减少对方的信用风险。最后，绝大多数的场外交易是在G-10成员国之间，由双方参与者进行双边结算的。"

小 结

操作风险这一术语包括了某一机构面临的最严重的、最引人注目的风险，例如，自然灾害、欺诈和技术疏忽。对于这些无法预期的灾难，这一机构似乎很难找到可行的计划。但是，评估运营风险及创造恰当的系统对于控制和降低风险大有帮助，评估还表明那些不能被控制的风险可以通过一些措施予以遏制，如采用必要的保险。

第12章 衍生品合约应用列举及套期保值案例

套期保值

套期保值是指具有能源价格风险的企业建立一个与基础实物头寸数量相等、方向相反的衍生工具（互换、期权、期货）头寸，以防止未来基础资产价格的大幅反向变动所导致的损失。衍生物套期保值工具的价格风险量应与该企业期望减少风险的能源现货商品价格风险量数量相当，交易方向相反。

发电站、使用喷气发动机燃料的航空公司、用煤作为动力的船运公司、用煤和天然气的金属矿冶炼厂等能源消费者一般并不对其所有现货进行套期保值，但他们也并非完全不进行套期保值。能源市场的积极套期交易者大多数会进行最高达到现货量50%比例的套期交易，以降低其资产负债表的波动率。只有当市场剧烈波动时（如海湾战争时期），他们才进行超过50%比例的套期保值交易。然而，通常能源终端用户仅会进行30%~50%的套期保值交易，而且最长进行到下一个财政年度年末。这一规律的唯一例外就是经营包机业务的航空公司，因为它们把所有航班的座位卖给旅行社，因而它们的收入是固定的，即其对喷气发动机燃料的价格风险暴露为100%。因此，此类航线一般会对其计划消费量进行100%的套期保值交易。

一般来说，不会有套期保值过多或者衍生头寸多于现货消费量或生产量（对于能源生产商来说）的情况。如果出现这种情况，说明该企业纯粹是在投机！任何企业都要确保其在衍生市场的活动在董事会或风险管理委员会和风险管理者规定的范围之内。

能源衍生品概述

■ 套汇一般按期间日商品平均价格每月结算，如1月就包括1月1~31日的价格。
■ 也可能会有季合约及年合约，但其也会是每月结算一次。例如，在季合约中，每月会按期间价格结算 1/3。

■ 能源期货合约一般有终止日期。比如，1 月 IPE Brent 应在 1 月 15 日之前 3 天终止。因此要确保选择的期货合约提供规定时间窗内的价格。

■ 石油市场的套汇价格有半月合约（如每月 1~14 日，15 日至该月最后一个交易日），但这种合约并不常见，而且通常只适用于相应的交割日期。

■ 天然气一般在即期市场交易，其次也在期货市场按日历月份合约及冬夏月份以整批交易。

■ 煤市场是典型的按照日历月份合约进行交易的，同时也在场外市场和期货市场进行交易。

■ 全球电力交易一般以一周为期进行非高峰、高峰及月期货交易。现货市场一般每 30 分钟交易一次，也就是说一天 24 小时会产生 48 份合约。周末价格与工作日价格一般有所不同。

■ 支付到期日一般会有所变化，因此亚洲石油产品 OTC 衍生市场的支付到期日一般为合约最后结算日（一般在合约中有所规定）后的 10~14 个工作日。

■ 在进行套期保值交易时应预测到现金流风险并且做好计划，以保证可以进行备付。当现货能源买/卖的支付/应收款的时机与衍生市场套期保值时机不符时，就可能会产生现金流风险。

能源衍生工具选择表

如果有人认为能源衍生工具可以用十只手指头数过来，那他就大错特错了。表 12-1 列举了世界上较为常用的能源衍生工具。这应该是一个没有止境的表，因为每周都有更多的 OTC 场外合约诞生。早在 2003 年中国石油期货前景大好，石化套期保值工具在欧洲的出现，以及一些经纪商希望开发亚洲石化市场，这都证明了能源衍生工具是一个充满活力、发展迅速的产业。

在使用这个表时，你可以从左栏选择自己感兴趣的能源市场。但须注意这只是一个为你指明正确方向的向导，至于判断交易衍生合约的适用性及套期保值则需要进一步分析。

套期保值应用案例

以下案例适用于航空公司、船运公司及其他任何消费油、气、煤等能源的企业。你需要做的只是替换掉案例里的价格参考指数。

表 12-1　能源衍生工具选择表

	衍生合约	计算单位	价格链接	常见用途
1	WTI 1st line 互换	美元/桶	NYMEX 价格	国际原油
2	WTI 子弹式 互换	美元/桶	NYMEX 价格	国际原油
3	Brent 1st line 互换	美元/桶	IPE 价格	国际原油
4	Brent 子弹式 互换	美元/桶	IPE 价格	国际原油
5	Dubai 1st line 互换	美元/桶	PLATTS 价格	亚洲原油进口
6	Tapis 1st line 互换	美元/桶	http://www.gvsi.com/press_re-leases/pr-APPIfinal.htm	亚洲原油进口
7	WTI 子弹式/Brent 子弹式	美元/桶	NYMEX 价格	欧洲/西非和美国原油出口套汇
8	WTI 1st line/Brent 1st line 互换	美元/桶	NYMEX 价格	欧洲/西非和美国原油出口套汇
9	Brent 1st line /Dubai 1st line 互换	美元/桶	IPE 价格	西非原油至亚洲套期保值
10	Dated/1st line 互换	美元/桶	PLATTS/IPE	对 Dated Brent 和 IPE Brent 期货进行基本风险的套期保值
11	Tapis 1st line/Brent 1st line 互换	美元/桶	APPI/PLATTS	锁定 Tapis 和 Brent 移动价格风险
12	Tapis 1st line /Dubai 1st line 互换	美元/桶	APPI/PLATTS	锁定 Tapis 原油和 Dubai 原油经济风险
13	含硫 0.5%柴油新加坡互换	美元/公吨	PLATTS 价格	对亚洲柴油价格进行套期保值
14	IPE 柴油 1st line 互换	美元/桶	IPE 价格	对欧洲柴油交易进行套期保值
15	取暖油子弹式 互换	美元/加仑	NYMEX 价格	对美国取暖油交易进行套期保值
16	取暖油 1st line 互换	美元/加仑	NYMEX 价格	对美国取暖油交易进行套期保值
17	GO 1st line/ /Brunt 1st line 互换	美元/桶	IPE 价格	对欧洲炼油进行套期保值
18	HO 1st line/WTI 1st line 互换	美元/桶	NYMEX 价格	对美国炼油保证金进行套期保值
19	HO 子弹式/WTI 子弹式 互换	美元/桶	NYMEX 价格	对美国炼油保证金进行套期保值
20	0.5%新加坡/Dubai 1st line 互换	美元/桶	PLATTS 价格	对使用 Dubai 原油的炼油保证金进行套期保值
21	NYH barges2 号/HO 1st line 互换	美元/桶	PLATTS/NYMEX	对 PLATTS 和 NYMEX 价的取暖风险进行套期保值

续表

	衍生合约	计算单位	价格链接	常见用途
22	NYH barges LS2 号/HO 1st line 互换	美元/桶	PLATTS/NYMEX	对 PLATTS 和 NYMEX 价的取暖油基本风险进行套期保值
23	EN590 新 CIF/GO 1st line 互换	美元/公吨	PLATTS/IPE	对 EN590 和 IPE 柴油期货的差价的基本风险进行交易/套期保值
24	EN590 柴油地中海 CIF/柴油期货 1st line 互换	美元/公吨	PLATTS/IPE	交易/对冲 EN590 地中海和 IPE 柴油期货的差价
25	柴油 (GO) 地中海 FOB/柴油 (GO) 期货 1st line 互换	美元/公吨	PLATTS/IPE	交易/对冲地中海和 IPE 柴油期货的差价
26	GO 鹿特丹 Barges/GO 1st line 互换	美元/公吨	PLATTS/IPE 柴油	对鹿特丹柴油和 IPE 柴油期货的基本风险进行套期保值
27	GO 新 CIF/GO 1st line 互换	美元/公吨	PLATTS/IPE 柴油	西北欧柴油和 IPE 柴油期货 1st line 期货
28	ULSD 鹿特丹 Barges/GO 1st line 互换	美元/公吨	PLATTS/IPE 柴油期货	对鹿特丹柴油和 IPE 柴油期货的基本风险进行套期保值
29	ULSD 新 CIF/GO 1st line 互换	美元/公吨	PLATTS/IPE 柴油期货	西北欧柴油和 IPE 柴油期货的基本风险进行套期保值
30	0.5 新加坡柴油 GO 1st line 互换	美元/公吨	PLATTS/IPE 柴油期货	转移新加坡柴油和 IPE 柴油期货的差价风险
31	180 cst新加坡燃料油互换	美元/公吨	PLATTS 价格	对亚洲燃料油市场进行套期保值
32	1%鹿特丹 FOB Barges 互换	美元/公吨	PLATTS 价格	对欧洲 1%燃料油进行套期保值
33	1%新 FOB Cargo 互换	美元/公吨	PLATTS 价格	对欧洲 1%燃料油进行套期保值
34	3% USGCW 互换	美元/桶	PLATTS 价格	对美国海湾沿岸 3%进行套期保值
35	3.5%鹿特丹 Barges 互换	美元/公吨	PLATTS 价格	对欧洲 3.5%燃料油进行套期保值
36	1%NYH Cargo 互换	美元/桶	PLATTS 价格	对纽约港 1%燃料油进行套期保值
37	3.5%地中海 FOB Cargo/3.5%鹿特丹 FOB Barges 互换	美元/公吨	PLATTS 价格	对冲地中海 3.5%FOB 和鹿特丹市场价格
38	180cst 新加坡燃料油 Cargo/3.5%鹿特丹 FOB Barges 互换	美元/公吨	PLATTS 价格	把新加坡燃料油价格风险转移至 3.5%欧洲市场
39	1%鹿特丹燃油 Barges/1%新 FOB Cargo 互换	美元/公吨	PLATTS 价格	锁定 Barge 数量和 Cargo 计量的价格风险
40	1%纽约港燃料油 Cargo/3% USGCW 互换	美元/桶	PLATTS 价格	交易/对冲纽约/美国海湾沿岸 1%等级与 3%等级的价差
41	180cst 新加坡燃料油/Dubai 原油 1st line 互换	美元/桶	PLATTS 价格	交易/对冲新加坡燃料油炼油保证金
42	3.5%燃料油鹿特丹 Barges/Brent 1st line 互换	美元/桶	PLATTS/IPE BRENT	交易/对冲欧洲燃料油炼油保证金
43	1%新 FOB Cargo/Brent 1st line 燃料油互换	美元/桶	PLATTS/IPE BRENT	交易/对冲欧洲燃料油炼油保证金
44	1%纽约港 CIF Cargo/WTI 1st line 燃料油互换	美元/桶	PLATTS/NYMEX	交易/对冲美国燃料油炼油保证金

续表

序号	衍生合约	计算单位	价格链接	常见用途
45	3% USGCW/WTI 1st line 燃料油互换与WTI 原货期货互换	美元/桶	PLATTS/NYMEX	交易/对冲美国燃料油炼油保证金
46	新加坡航空用煤油互换	美元/桶	PLATTS 价格	对冲亚洲航空燃料油/煤油价格
47	新加坡 Regrade 互换（煤油和柴油间的差价）	美元/桶	PLATTS 价格	对冲柴油和航空用油的差价
48	USCG 54 航空/取暖油 NYMEX 期货 1st line 互换	美元/加仑	PLATTS/NYMEX	交易/对冲美国海湾沿岸和 NYMEX 期货的基本风险套利
49	新 CIF Cargo/GO 1st line 互换	美元/公吨	PLATTS/NYMEX	交易/对冲西北欧柴油 Cargo CIF 价和 IPE 柴油期货的基本风险
50	鹿特丹 Barges FOB/NEW CIF CARGO 互换	美元/公吨	PLATTS/PLATTS	锁定/对冲 Barge Size 柴油和 Cargo Size 柴油
51	地中海 FOB Cargo/NEW CIF CARGO 互换	美元/公吨	PLATTS 价格	锁定/对冲地中海柴油 Cargo 和西北欧柴油 Cargo 的保证金
52	USCG 54 航空用油/WTI 1st line 互换	美元/桶	PLATTS/NYMEX WTI	美国海湾沿岸航空燃油炼油保证金 WTI 原油
53	鹿特丹 Barges 欧洲等级互换	美元/公吨	PLATTS 价格	对欧洲汽油进行套期保值
54	汽油子弹式互换	美元/加仑	NYMEX 无铅汽油	对美国汽油进行套期保值
55	汽油 1st line 互换	美元/加仑	NYMEX 无铅汽油	对美国汽油进行套期保值
56	USCG Conv Unl 87/WTI 1st line 互换	美元/桶	PLATTS/NYMEX WTI 期货	美国海湾沿岸无铅汽油等级 87 炼油保证金/WTI 原油
57	鹿特丹 Barges 欧洲等级/Brent 1st line 互换	美元/桶	PLATTS/IPE BRENT 期货	对欧洲汽油炼油保证金/BRENT 原油进行套期保值
58	汽油子弹式互换/WTI 1st line 互换	美元/加仑	NYMEX 汽油/NYMEX WTI	对美国汽油炼油保证金/WTI 原油进行套期保值
59	汽油 1st line/WTI 1st line 互换	美元/桶	NYMEX 汽油/NYMEX WTI	对美国汽油炼油保证金/WTI 原油进行套期保值
60	美国海湾沿岸 Conv Unl 87/USCG 2 号 HO 互换	美元/加仑	PLATTS 价格	锁定汽油/取暖油的差价
61	汽油 1st line/取暖油 1st line 互换	美元/加仑	NYMEX 价格	锁定汽油/取暖油的差价
62	HU 汽油子弹式互换/HO（取暖油）子弹式互换	美元/加仑	NYMEX 价格	锁定汽油/取暖油的差价
63	NYH（纽约港）Bares Unl 87 RFG/HU 1st line 互换	美元/加仑	PLATTS/NYMEX	对 PLATTS 汽油和 NYMEX 汽油期货的基本风险进行套期保值
64	NYH（纽约港）Bares Unl 87/HU 1st line 互换	美元/加仑	PLATTS/NYMEX	对 PLATTS 汽油和 NYMEX 汽油期货的基本风险进行套期保值
65	美国海湾沿岸 Conv Unl 87/HU 1st line 互换	美元/加仑	PLATTS/NYMEX 汽油期货	对 PLATTS 汽油和 NYMEX 汽油期货的基本风险套利
66	鹿特丹 Barges 欧洲等级/GO 1st line 互换	美元/公吨	PLATTS/IPE 汽油期货	锁定欧洲汽油和 IPE 汽油期货间的交易套利

续表

	衍生品合约	计算单位	价格链接	常见用途
67	石脑油新加坡 FOB Cargo 互换	美元/桶	PLATTS 价格	对亚太地区（包括日本）的石脑油进行套期保值
68	新石脑油（西北欧）CIF Cargo 互换	美元/公吨	PLATTS 价格	套期保值欧洲石脑油
69	石脑油新加坡 FOB Cargo/Dubai 1st line 互换	美元/桶	PLATTS/PLATTS	石脑油/Dubai 原油炼油保证金的套期保值
70	新石脑油 CIF Cargo/Brent 1st line 互换	美元/桶	PLATTS/IPE Brent 期货	石脑油/Brent 原油炼油保证金的套期保值
71	天然气公司现货，固定价格	美元/MMBtu	—	美国天然气套期保值
72	天然气公司现货，洲际交易日	美元/MMBtu	—	美国天然气套期保值
73	天然气公司现货	美元/MMBtu	—	美国天然气套期保值
74	天然气公司现货，FERC 内部	美元/MMBtu	—	美国天然气套期保值
75	天然气公司现货，天然气市场情报	美元/MMBtu	—	美国天然气套期保值
76	天然气公司现货，加拿大天然气价格报道	美元/MMBtu	—	美国天然气套期保值
77	天然气公司现货，NYMEX LD1	美元/MMBtu	—	美国天然气套期保值
78	洲际公司天然气现货价格固定价格	美元/MMBtu	—	美国天然气套期保值
79	天然气活动价格，每日天然气 FERC 内部	美元/MMBtu	—	美国天然气套期保值
80	天然气活动价格，每日天然气 FERC 内部	—	—	美国天然气套期保值
81	天然气 fix for float (FERC 内部)	美元/MMBtu	—	美国天然气套期保值
82	天然气，fix for float (NGI)	美元/MMBtu	—	美国天然气套期保值
83	天然气互换，NYMEX LD1 固定价格	美元/MMBtu	—	美国天然气套期保值
84	天然气互换，NYMEX LD1 固定价格，套利	美元/MMBtu	—	美国天然气套期保值
85	天然气基础互换，NYMEX LD1 FERC 内部	美元/MMBtu	—	美国天然气套期保值
86	天然气基础互换，NYMEX LD1 天然气市场情报	美元/MMBtu	—	美国天然气套期保值
87	天然气活动价格，每日天然气 NYMEX LD1 价格	美元/MMBtu	—	美国天然气套期保值
88	加拿大天然气现货固定价格	加元/GJ	—	美国天然气套期保值

续表

	衍生合约	计算单位	价格链接	常见用途
89	加拿大天然气公司现货，加拿大天然气价格报道	加元/GJ	—	美国天然气套期保值
90	加拿大天然气公司现货，每日天然气	加元/GJ	—	美国天然气套期保值
91	欧洲天然气现货固定价格	P/Therm	—	欧洲天然气套期保值/交易
92	欧洲天然气现货固定价格，泽布勒赫/NBP差价	P/Therm	—	欧洲天然气套期保值/交易
93	英国NBP指数，OTC互换NBP97合约	P/Therm	—	英国天然气套期保值/交易
94	LPG欧洲互换—BP指数丙烷互换	欧洲	—	欧洲液化石油气套期保值
95	LPG中东/北非/亚洲—沙特阿拉伯CP价用作OTC互换指数	中东	—	中东/亚洲地区液化石油气套期保值
96	LNG原油价格—原油期货代理套期保值/OTC衍生市场	全球	—	N/A
	美国西部公司负载电力峰值（实物交收远期合约）			
97	Palo Verde	美元/MWh	—	—
98	North Path 15	美元/MWh	—	—
99	South Path 15	美元/MWh	—	—
100	Mid Columbia	美元/MWh	—	—
101	Mead 230	美元/MWh	—	—
	美国东部电力峰值（实物交收远期合约）			
102	PJM-West	美元/MWh	—	—
103	Into TVA，销售者每日选择	美元/MWh	—	—
104	NEPool PTF	美元/MWh	—	—
105	NEPool Mass Hub	美元/MWh	—	—
106	NEPool Seller's Choice	美元/MWh	—	—
107	得克萨斯电力安全委员会Ercot	美元/MWh	—	—
108	Ercot——休斯敦地区	美元/MWh	—	—

续表

	衍生合约	计算单位	价格链接	常见用途
109	Ercot——西部地区	美元/MWh	—	—
110	Ercot——南部地区	美元/MWh	—	—
111	Ercot——北部地区	美元/MWh	—	—
112	Into Soco, 销售者每日选择	美元/MWh	—	—
113	Into AEP, 销售者每日选择	美元/MWh	—	—
114	Into FPL, 销售者每日选择	美元/MWh	—	—
115	Into FPC, 销售者每日选择	美元/MWh	—	—
美国电力峰值金融互换（现金结算，无实物交收）				
116	PJM-West 前日	美元/MWh	—	—
117	PJM-West 实时	美元/MWh	—	—
118	PJM-West Bal Day	美元/MWh	—	—
119	NEPool PTF Bal Day	美元/MWh	—	—
120	NEPool PTF 实时	美元/MWh	—	—
121	PJM-West, FP for ICE	美元/MWh	—	—
122	Cinergy, FP for ICE	美元/MWh	—	—
123	NEPool A 地区	美元/MWh	—	—
124	NEPool G 地区	美元/MWh	—	—
125	NEPool J 地区	美元/MWh	—	—
126	NEPool A 地区 Bal Day	美元/MWh	—	—
127	NEPool G 地区 Bal Day	美元/MWh	—	—
128	NEPool J 地区 Bal Day	美元/MWh	—	—
129	Ercot——休斯敦地区 Bal Day	美元/MWh		

续表

	衍生合约	计算单位	价格链接	常见用途
130	Ercot——北部地区 Bal Day	美元/MWh	—	—
131	Ercot——南部地区 Bal Day	美元/MWh	—	—
132	洲际交易所 NP15, FP	美元/MWh	www.theice.com	—
133	洲际交易所 SP15, FP	美元/MWh	—	—
134	Mid Columbia, FP for ICE	美元/MWh	—	—
135	Palo Verde, FP for ICE	美元/MWh	—	—
	美国东部电力非峰值金融互换（现金结算，无实物交收）			
136	NEPool A 地区	美元/MWh	—	—
137	NEPool G 地区	美元/MWh	—	—
138	NEPool J 地区	美元/MWh	—	—
	欧洲公司负载电力峰值（实物交收远期合约）			
139	德国 RWE Grid	欧元/MWh	—	—
140	法国 RTE Grid	欧元/MWh	—	—
141	英国 UK Grid	GBP/MWh	—	—
142	瑞士 Laufenburge	欧元/MWh	—	—
143	奥地利 St Peter Grid	欧元/MWh	—	—
144	荷兰 TenneT Grid	欧元/MWh	—	—
	欧洲公司基础负载量电力（实物交收远期合约）			
145	在 EFET 协议下的德国 RWE Grid www.efet.org	欧元/MWh	www.eex.de & www.theice.com	—
146	法国 RTE Grid	欧元/MWh	—	—
147	NETA 合约下的英国 UK Grid	英镑/MWh	—	—
148	瑞士 Laufenburge	欧元/MWh	—	—

续表

	衍生合约	计算单位	价格链接	常见用途
149	奥地利 St Peter Grid	欧元/MWh	—	—
150	荷兰 TenneT Grid	欧元/MWh	—	—
煤互换				
151	煤金融互换，FP for TFS API 2 级（互换比较常见的等级）	美元/吨	www.tfsenergy.com	—
152	煤金融互换，FP for TFS API 4 级	美元/吨	www.tfsenergy.com	—
153	NYMEX 煤期货（美国）www.nymex.com	美元/吨	www.nymex.com	—
石油期货				
154	IPE 布伦特原油期货，www.ipe.uk.com	美元/桶	—	—
155	IPE 柴油期货，www.ipe.uk.com	美元/桶	—	—
156	NYMEX 西得克萨斯中质原油期货，www.nymex.com	美元/桶	—	—
157	NYMEX 取暖油（柴油）期货，www.nymex.com	美元/加仑	—	—
158	NYMEX 无铅汽油期货，www.nymex.com	美元/加仑	—	—
159	NYMEX 天然气亨利中心期货，www.nymex.com	美分/BTU	—	—
160	TOCOM 东京中东原油期货，www.tocom.or.jp	日元	—	—
161	TOCOM 日本国内市场煤油期货，www.tocom.or.jp	日元	—	—
162	TOCOM 日本国内市场汽油期货，www.tocom.or.jp	日元	—	—
163	新加坡交易所中东原油期货合约，www.sgx.com	美元/桶	—	—
石化产品互换				
164	欧洲乙烯	美元/MT	ICIS LOR 定价	—
165	新加坡乙烯	美元/MT	www.icislor.com	—
166	苯	美元/MT	Platts 定价, www.platts.com	—
167	二甲苯	美元/MT	Platts 定价, www.platts.com	—

案例 1：某航空公司进行的固定价格互换套期保值行为

在图 12-1 中，某航空公司从银行或交易者手中买入针对其航空燃料价格风险的固定价格互换协议，它与其交易方在 ISDA 协议下进行互换。大多数情况下，航空公司将套期保值持续到下一个会计年度，所以会有从 1 个月到最多 18 个月的提前。不同的航空公司其套期保值量也不大一样，不过通常会在下一财政年度开始前以年预算价格套期保值至少 20%~30% 的量。另外，有占年要求总量 10%~20% 的量会在价格下跌到喷气机燃料年预算价格以下时，作为机会性套期保值或保障性套期保值。在"灾难"时期，航空公司可能进行最多 100% 的短期套期保值（短期，即当天之后 3 个月以内）。这种情况在"海湾战争"时就会发生，因为中东紧张局势造成油价急速上扬。

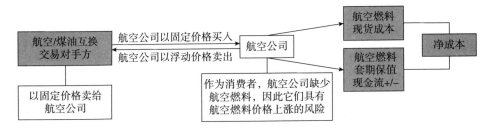

图 12-1　航空公司利用固定价格互换进行的套期保值

市场上长期的 100% 的大量套期保值一般只出现在包机航空公司，因为它们把机票预先出售给旅行社，获得固定的收入。这就意味着它们不可能在油价上涨后抬高机票价格，因此它们必须对远期喷气机燃料进行完全的套期保值，以保障其微薄的固定收益。

在以上的案例中，航空公司在 2003 年以 25 美元的固定价格购买了每月 50000 桶的互换，把新加坡 MOPS 作为参考价。在 ISDA 术语中，航空公司是"固定价格支付者"（Fixed Price Payer）。总量为 50000 桶/月×12 个月 = 600000 桶。注意对于用桶数来报价的商品，交易者的直接报价或者中间商的报价一般都为 50000 桶/月或 5000MT/月（除非另有特别说明）。

在燃油互换中，一般每月进行一次财务结算（这一点不同于金融市场，如利率互换在整个互换期结束时才有一次利息结算，例如，一份 3 个月利率互换将会在第 3 个月月末进行结算）。如果将这点考虑进去的话，那么 12 个月套期保值交易的现金流会类似于表 12-2。由于这是一个亚洲互换交易（新加坡普氏平均价），现金结算一般最晚不迟于每月的第 10 个交易日（比如，2003 年 1 月的最后定价日应为 2003 年 1 月 31 日星期五）。现金结算的支付应不迟于 2003 年 2 月 14 日（除去所有银行业假日）。

表 12-2　12 个月套期保值的现金流　　　每月 50000 桶航空柴油

	A	B	C	每月结算
	数量（桶）	价格	新加坡普氏平均价格	（C-B）×A
2003 年 1 月	50000	25	24	-50000
2003 年 2 月	50000	25	25	0
2003 年 3 月	50000	25	26	50000
2003 年 4 月	50000	25	26.5	75000
2003 年 5 月	50000	25	27	100000
2003 年 6 月	50000	25	27	100000
2003 年 7 月	50000	25	25	0
2003 年 8 月	50000	25	23	-100000
2003 年 9 月	50000	25	22	-150000
2003 年 10 月	50000	25	24	-50000
2003 年 11 月	50000	25	26	50000
2003 年 12 月	50000	25	28	150000
总量	600000	—	—	175000

案例 2：终端用户套期保值的双限结构

由于航空公司通常希望获得在灾难情况下燃料油价格上涨的保护，所以用双限结构来进行套期保值就更显灵活。如果使用互换市场，就意味着航空公司必须把其最低净收入价格锁定在当前的互换价格上（如案例 1 中的 25 美元），然而，如果使用的是案例 2 中的双限结构，航空公司就可以在免受价格上涨风险的同时，最低净收入价格保持在一个比当前互换价低的价格上。

使用双限结构，航空公司可以根据自身燃料油预算水平自由调节保护点。双限结构是由买入上限期权、卖出下限期权形成的。买入上限期权可以使你免受燃料油价格上涨打击，在此例中是 24 美元。卖出下限期权减少了购买上限期权的期权费（因为航空公司进行 12 个月或更长期的套期保值活动，期权费就会变得很可观）。

终端用户的一种常用做法就是通过卖出足够的下限期权获得期权费来弥补买入上限期权的成本，从而创造一个零成本的双限结构（见图 12-2）。

24 美元的领口可以在任何月市场均价上涨到 24 美元之上时给你 100% 的上部保护。卖出"底"可以使你保证收入燃料油的最低净价，同时又比你在统一执行期内的互换价格低。

通过上限期权和下限期权的买卖和数量的控制，你完全可能创建一个零成本的双限结构，其上限期权 100% 由下限期权弥补（见图 12-3）。

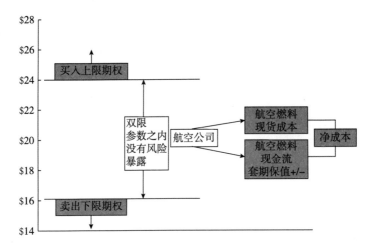

图 12-2　零成本双限期权

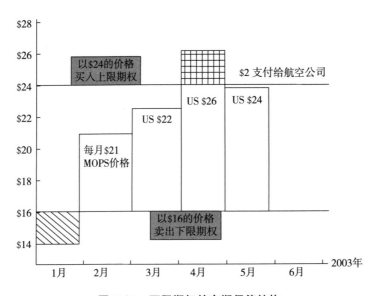

图 12-3　双限期权的套期保值结构

表 12-3 描述了一个双限结构的现金流，此结构使用如上价格，合约数量为每月 50000 桶。

表 12-3　双限期权套期保值结构的现金流

	A	下限	上限	C	每月结算
	数量	执行价格	执行价格	新加坡普氏平均价格	
2003 年 1 月	50000	16	24	14	-100000
2003 年 2 月	50000	16	24	21	0
2003 年 3 月	50000	16	24	22	0
2003 年 4 月	50000	16	24	26	100000

续表

	A	下限	上限	C	每月结算
	数量	执行价格	执行价格	新加坡普氏平均价格	
2003 年 5 月	50000	16	24	24	0
				已付/已收款	0　1~3 月

案例 3：发电商的风险分析

此案例中的发电商（公共事业）比航空公司承担更加复杂的风险。航空公司只需担心燃料油价格风险，而发电商可能有四种发电的燃料来源：煤、燃料油、汽油及天然气（见图 12-4）。因此，发电商必须观察所选燃料油成本和生产出的电力/能源零售价之间点火差价（即除去公司运营成本后的毛利润）的变化。

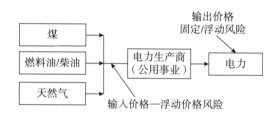

图 12-4　某电力生产商的风险架构

一个公用事业可以根据其种类，通过改变其使用的燃料来控制一部分价格风险或利润风险。比如，它发现汽油比燃料油更加节能或相反。这取决于电力公司的种类，比如，煤发电站就不可能使用石油类的燃料，也不能使用天然气发电；反之亦然。

当公用事业离炼油厂很近时，它们也会使用石脑油作为发电燃料，这种情况比较少见。一般来说，石脑油成本较高，因此它们会使用煤、燃料油/汽油或者天然气。

在美国有纽约商品交易所煤期货和互换，具有较好流动性的纽约商品交易所天然气期货，也有 OTC 场外衍生市场。美国的场外能源市场已较为完善，因此没有问题。加热取暖用油及燃料油的 OTC 市场也发展得较为充分，在美国东海岸地区存在使用取暖油期货的可能，尽管大多数公用事业使用天然气和电力点火差价进行交易。在欧洲，石油产品互换市场较为成熟，公用事业可以进行套期保值活动，IPE 期货市场也有柴油期货可供规避风险。天然气方面，英国公用事业可以用 IPE 天然气期货进行套期保值，同时英国也有成熟的 NBP（天然平衡点）互换市场，2002 年中期交易量是英国 IPE NBP 天然气期货的 6 倍。OTC 交易者还有点火差价，允许欧洲北海天然气和英国 NETA 远期能源市场之间的利润交易。

欧洲大陆的公用事业交易者可以使用电力期货市场，如第3章和第4章所述。

在欧洲，天然气市场并未解除管制，大多数地区都是国家借控制给料价格从而控制着总体能源价格。然而，这种情况正在日渐改变。

在欧洲，煤可以借助互换进行基于APi2级别的套期保值，如第3章和第4章所述。

英国点火差价转换

点火差价订单一般都以£/MWh来报价。一般会提供首选能源价格，然后通过中间商进行协商，或者直接使用其他原则。很明显，天然气一般不会以兆瓦时为单位进行交易，所以天然气价格一定要转换为相应的电力价格。英国的点火差价市场使用的是49.1349%的转换率（代表100000摄姆/60兆瓦时）。一旦确定了电力的首选固定价格，煤气价格便可按便士/摄姆（pence/therm）计算，保留三位小数。

$$煤气价格 = \frac{(电力价格-差价) \times 24 \times 100 \times 电力数量}{煤气数量}$$

$$= \frac{(电力价格-差价) \times 24 \times 100 \times 60}{100000}$$

合约是以GTMA标准［第17章法律风险中提到的电网交易主协议（Grid Trading Master Agreement）以及NBP 1997条款（英国天然气交易遵循的合约）］为基础的。

交易（如果由经纪商申报的话）应在点火差价水平申报，煤气和电力的固定价格（导致价差）一般不由场外经纪商披露。

案例4：金属生产商

如图12-5所示，金属生产商可以通过使用互换或期权而在能源市场和金属成品之间锁定价差。

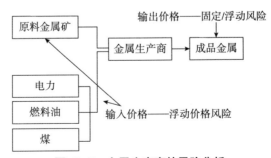

图12-5　金属生产商的风险分析

一些银行可为金属生产商提供电力/能源价格，以供其在制定成品金属价格时参考。这可以通过卖出远期金属衍生工具、买入远期能源衍生工具来实现。金属生产商在能源价格上升时具有的风险通过多头（买入）能源衍生工具规避；然而其利润则被空头（卖出）金属衍生工具保护。

案例 5：中东至亚洲的原油套期保值

一般情况下，原油货物有 3 天或 5 天的价格窗。举例来说，一船 500000 桶的原油应于 2002 年 12 月 1 日到 12 月 5 日抵达新加坡港，使用 2003 年 1 月的期货，你就可以卖出 500 份 SGX 中东原油期货合约（相当于 500000 桶原油）。

交易者一般会在 12 月 1 日、2 日、3 日、4 日、5 日每天卖出 100000 桶的合约，因其原油货物价格高于 McGraw-Hill 出版集团的普拉茨（Platts）均价的现货市场估价（见表 12-4）。

表 12-4　原油套期交易（1）

12 月	桶	合约	
1 日	100000	100	
2 日	—	100	
3 日	—	100	
4 日	—	100	
5 日	—	100	所以在 12 月 5 日时，你买进 500000 桶现货，同时卖出 500000 桶或 500 份 MECO 期货合约
6 日	—	—	—
	运输时间		
16 日	—		—
17 日	—		—
18 日	—		—
19 日	—		当你在市场上或通过 EFP 买入 500 份合约，结束套期保值时，货物即被售出

500000 桶 5 天（即每天 100000 桶）的 MECO 期货合约，每份合约 1000 桶，即每天为锁定套期保值的损益必须售出 100 份合约。

现在假设在这种情况下，炼油商在原油从西非/中东运至新加坡后，把原油放进仓库。这时炼油商每天消费掉 50000 桶原油，因此在这段时间，交易者希望清空对于 10 天×50000（即 500000 桶）现货原油进行的期货（或互换）套期保值，否则当原油消费完后，交易者手上就持衍生产品空仓（即没有现货商品），亦即一夜之间其变成了投机交易者（见表 12-5）。

表 12-5 原油套期交易（2）

	12 月	桶	合约	
卖出	1 日	100000	100	
卖出	2 日	—	100	
卖出	3 日	—	100	
卖出	4 日	—	100	
卖出	5 日	—	100	所以在 12 月 5 日时，你买进 500000 桶现货，同时卖出 500000 桶或 500 份 MECO 期货合约
	6 日	—	—	—
		运输时间		
	16 日			
	17 日			
	18 日			
	19 日			
	20 日			12 月 21 日——作为原油的消费者，你必须储存燃油，因此在接下来的 10 天内，你在使用的同时每天买入 50 手或 50000 桶套期交易
买入	21 日	50000	50	
买入	22 日	50000	50	
买入	23 日	50000	50	
买入	24 日	50000	50	
买入	25 日	50000	50	
买入	26 日	50000	50	
买入	27 日	50000	50	
买入	28 日	50000	50	
买入	29 日	50000	50	
买入	30 日	50000	50	

500000 桶 5 天（即每天 100000 桶）的 MECO 期货合约，每份合约 1000 桶，即每天为锁定套期保值必须售出 100 份合约。

案例 6：原油进口现金流套期保值

表 12-6 列举了原油进口商的套期保值。炼油商一般处于空头地位，因为其必须消费原油且不能任意开启或关闭其炼油厂。事实上，大多数炼油商的产量必须在

60%以上以保证其正常生产，否则在其关闭后重开炼油厂的费用是相当高昂的。下面的风险分析指出，炼油厂暴露在原油价格上涨的风险中，于是其把原油炼制成石油产品的利润率受到威胁。

因此，美国炼油商买入纽约商品交易所 WTI 原油期货（或者是基于 WTI 价格的整月平均互换）。在此例中，炼油者想要保护其 1 月原油现货需求量免受价格上涨影响。

表 12-6　原油进口的现金流套期保值

	买入固定现金	卖出固定期货
1~5 日	26	26.35
	卖出现金	买入期货
21~30 日	25	25.35
毛利润/损失	-1	1
净头寸	0	

10 月 1 日

买入 1 月 NYMEX WTI 期货　@23.00 美元

12 月 10 日

炼油者购买原油　　　　　@24.75 美元

卖出等量的期货　　　　　@24.75 美元

期货获利　　　　　　　　1.75 美元

其有效净购买价格为：

套期保值+现货买入价=24.75 美元-1.75 美元套期保值获利=23.00 美元

案例 7：原油生产商套期保值

简单的原油生产商套期保值如下：

一般来说，原油生产商处于多头地位，因为其持有原油，因此暴露在原油价格下跌的风险中。于是，原油生产商需要在衍生市场套期保值中创造一个空头头寸。

在此例中，原油生产商以布伦特（Brent）原油参考价为基准卖出其原油，因此其价格风险按照布伦特原油计算。由于中东政治局势紧张，原油价格上涨，原油生产商因此无法买进看跌期权，于是其可采取如下措施：

■ 卖出与布伦特有关的期货，如伦敦国际石油交易所布伦特（IPE Brent）期货。如果原油生产商想要保持低调，不惊扰其卖出的市场时，这不失为一个好方法。

■ 卖出与其他石油公司和银行进行的有关布伦特的场外互换。

这种做法可能更加灵活，但如果这是关键生产者的套期保值，那么他们可能就不希望直接向场外市场上的其他交易商泄露他们自己的意图。

一个运用 IPE Brent 期货的案例：
12 月 5 日
卖出 1 月 IPE Brent 期货　　@ 29.50 美元/桶
1 月 15 日
卖出现货原油　　　　　　　@ 30.50 美元/桶
买入一定量的期货　　　　　@ 30.50 美元/桶
期货损失　　　　　　　　　@ 1.00 美元/桶
有效净原油销售价为：
套期保值+现货销售价=30.50 美元−1.00 美元损失=29.50 美元/桶

案例 8：原油生产商使用敲出下限期权进行套期保值

原油生产商及其他能源生产商可以运用的另一种手段就是使用敲出下限期权（Floors with a Knock-Out Option）进行套期保值。

在这种方案下，生产商发现油价正在上涨，并且认为油价会继续上涨，于是生产商不愿意卖出手上的期货和互换，因为这样可能失去价格继续上涨时获利的机会（如前面案例中套期保值损失）。

一个更加吸引人的做法是买入看跌期权。在这种做法中，可能买入下限期权成本太高，于是原油生产商可能会在下限期权结构中引入一个突破点，以降低期权的总成本。在一个套期保值方案中，不管生产的是何种能源，生产商都可能会倾向于购买虚值（Out-of-the-Money）看跌期权，然后要求一个市场的突破点。

在图 12-6 的方案中，交易者或做市商给生产商一个更低的下限期权以防止价

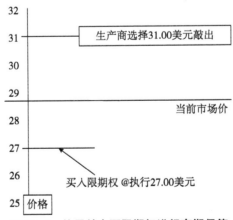

图 12-6　使用敲出下限期权进行套期保值

格走低，因为生产商给了卖家特权。这种特权就是敲出。生产商承诺看跌期权出售方一旦期权有效期间市价上涨到 31 美元，该期权就会自动作废。所以期权卖方就有一个附加机会，即得到一份长期期权的期权费，而该期权可能在其到期前就已作废。这样就使得期权卖方摆脱困境，而能源生产商也不会有额外的风险。

有时候交易双方也可能进行协商。这时，如果期权已取消，进行套期保值的生产商可能会收回其为此期权支付的期权费的一部分。

案例 9：当一些炼油产品利润为正，另一些炼油产品利润为负时，炼油利润的套期保值

在此案例中，炼油商航空煤油和柴油产品利润良好，但燃料油利润为负（燃料油一般占传统炼油商总产量的 25%，尽管一些较新的炼油厂倾向于对大量燃料油进行再加工，并且现代炼油商可能仅生产大约 10% 的燃料油）。

炼油商使用的是来自中东的原油，价格为阿曼原油普氏平均价。为了对进口的原油进行套期保值，交易者将以普氏阿曼平均价卖出场外原油互换，炼油商的能源输入和输出见图 12-7。

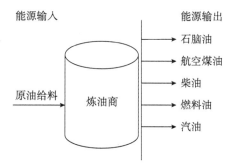

图 12-7　炼油商的能源输入和输出

这样，炼油商在 1 月 1~5 日以阿曼普氏平均价买入 2000000 桶中东原油。由于不是所有石油产品都进行套期保值，所以首要的事情就是统计产品数量（必要的话转换为桶计算），以确保只有这部分产品进行套期保值（见表 12-7）。

表 12-7　石油产品生产套期保值

原油进口给料				石油产品生产套期		
				卖出航空煤油互换	卖出柴油互换	燃料油裂解差价期权买入下限期权@ $110/MT
		现货	套期空头	成交量			
1 月	1 日	25	24.95	125000	50000	75000	0
	2 日	24.89	24.84	125000	50000	75000	0
	3 日	24.86	24.81	125000	50000	75000	0

续表

原油进口给料				石油产品生产套期		
				卖出航空煤油互换	卖出柴油互换	燃料油裂解差价期权买入下限期权@ $110/MT
		现货	套期空头	成交量		
1月	4 日	24.5	24.45	125000	50000	75000	0
	5 日	24.65	24.6	500000	50000	75000	375000
合计	6 日	24.78	24.73	1000000			

按照以上的数据，我们套期了 1000000 桶产品，所以我们同时需要锁定 1000000 桶原油。于是 1 月 1~5 日价格窗内的 5 天中，前 4 天交易者每天要售出 125000 桶的普氏阿曼价的互换，第 5 天则须售出 500000 桶，因为原油期权已进入期权市场。到了第 6 天，交易商会有一船现货正在运往炼油厂的途中，还有一张理论上 1000000 桶的套期合同来保障原油价值。

在对原油进行套期保值的同时，交易商开始对炼油厂即将从原油炼制出的产品进行套期保值。

对于航空燃料油和汽油来说，由于利润良好，交易商就会卖出远期互换以锁定两者的利润。交易商确信，卖出的互换所覆盖的时间包括原油从陆上运往炼油厂直到被制成石油产品的整个时间过程。举例来说，如果有人买了西非原油，然后准备运至日本进行炼制，这需要四个星期到达，如果你要对原油进行套期保值的话，你就要确信衍生合同不会在原油炼制成产品之前到期，这也意味着在买入原油后的几个月炼油产品可能尚未被售出。

这里的问题是，燃料油的炼油利润为负。他们不可能关掉炼油厂，于是炼油商需要设法防止利润继续下降。然而，如果他们想出售燃料油互换，其价值为 100%，于是即使炼油利润提高，他们也不会从中获益。这种情况下炼油商决定使用裂解价差期权。正如前几章所述，你可以买（或卖）炼油利润的裂解价差期权（正如在电力行业，发电商会考虑点火差价期权——天然气、汽油、燃料油、煤等输入能源和输出的电力的兆瓦时之间的差价）。于是，炼油商就可以买入下限期权（卖出期权）以防止利润继续下降。此期权的获益在于，如果炼油利润提高，炼油商就可以 100% 地从其提高的利润中获利（在利润提高的部分足以涵盖此套期保值期权的成本之后）。为了减少裂解价差期权战略的成本，炼油商可以要求做市商、银行及交易商提供零成本的项圈式期权。在这种情况下，炼油商仍会为燃料油裂解保证金买入下限期权，并且卖出一些上限期权，以获得期权费，从而补助或完全抵消掉下限裂解价差期权的成本。在这样做时，炼油者会对所能获得的裂解保证金加以限制，至少上限会限制在比现在互换高的一个水平上。这样，炼油者从利润提高中的获利机会仍然比其仅售出市价的燃料油互换高得多。

第 13 章　风险管理程序和政策制定指导

风险管理程序

健全的风险管理程序包括如下基本步骤：

- 对风险进行综合评估测量
- 衍生头寸限制的详细结构
- 组织管理者对于风险管理采取的明确方针及其他参数
- 强大的风险管理信息系统
  - 风险控制
  - 风险监控
  - 风险报告

这些步骤对衍生金融品和非衍生品的交易活动都至关重要。涉及衍生品交易活动的潜在风险，如信用风险、市场风险、流动性风险、操作风险及法律风险等并非只是能源交易部门独有的，但其风险测量及管理要比现货能源交易复杂得多。

正如所有风险活动一样，组织进行的衍生活动中的风险应由其营运资金支持，组织须确保其有足够的资金支持衍生风险并且其进行的衍生活动能拥有足够的资金。如果该组织的子公司或关联公司是任何 ISDA 协议上的"特定机构"（Specified Entities）时，这种资金保证就变得更为重要了。在其关联公司中的任何一项小错误，比如，贷款或合约支付上的错误，都会影响其在市场上的交易头寸，曾有公司就因为其关联公司的错误而关闭了其所有市场头寸（更多详细情况见第 17 章）。

某组织对其衍生活动的风险必须有一个综合的、准确的测量体系。以下是风险记录的一些关键点：

- 所有衍生活动都必须计算出其最大程度的风险。
- 使用金融衍生工具的组织必须有一个严格的管理风险的体系。

■ 组织使用的风险管理体系，比如VAR，必须能够准确反映出该组织面对的各种风险（这可能根据使用的衍生工具的不同而有所改变）。

■ 整个组织的各个部门，上至董事会下至交易人员的相关员工，都必须完全理解风险计算标准，而且应该提供一个限制及监督风险活动的共同框架。

■ 按市值核算衍生头寸（正确的价值统计和控制管理过程）必须正确计算并报告其风险。

■ 对于进行场外能源衍生投机活动及其他衍生交易的组织来说，应有能力每天对以下目标进行监控：

● 信用风险

● 现货交易头寸和衍生交易头寸

● 市场价格波动

任何风险管理政策中都应包括衍生头寸压力测试。VAR可以清楚地提供组织一天之内在一定置信水平上的美元风险（比如说95%的置信水平）。然而，VAR只预测了一种可能的现实情况，它并没有精确地显示真实情况。因此，在使用VAR系统的同时进行压力测试是相当重要的，应对组织进行定期检查，以评估一旦灾难发生时组织将要受到的冲击。例如，若某正常市场出现一个大幅度的标准差波动（可能是3倍于标准差的市场波动），那么该组织能在现金流的危机中存活下来吗？在石油行业，20世纪90年代初的"海湾战争"期间就有大量的历史数据可供现实体系参考操作。

良好的风险计算体系应能够识别可能对组织造成不良影响的市场变化，并且估计该组织是否能够应对此变化。这些分析应该不仅仅考虑到不良事件的可能性，并且还要估计到最坏的情况。还需注意的是，这些相同的报告能够帮助管理层及会计部门按照近期的要求对衍生活动进行财务公开（要获得更多关于衍生产品内部会计计算标准，请见第18章）。

理想的情况下，这种"最坏情况"分析最好能够在一个组织或小组的基础上进行，同时将价格和（或）波动率的异常变化所造成的影响也都考虑进来。管理层还须看到市场波动下"如果……将会怎样"的情况，在这种情况下，公司的法务部门还应确保所有基层经理都理解一旦出现灾难情况可以用突发事件应急计划来应对。

为了使风险管理过程完善，这些定期的测试不能只局限于潜在损失或收益的量度计算上，它还需分析一旦发生"灾难"情况时，管理层给出的计划的质量。

如果管理层和交易者都有书面的"如果……将会怎样"的问题的计划，当然效果会更好。这样可以提高方针的执行度及操作过程的计划性，因为一旦出现问题，之后的恐慌带来的公司名誉上和经济上的损失要比问题本身多得多。这时，如果之前就已经考虑过并且有所计划，在面对问题时就会从容许多。即使制订的计划不完全符合处境的要求，也可以使每个人能集中精神处理问题，而不是看它越变越糟糕。

交易控制——头寸限制

一个健全的一体化组织限制体系和风险活动指南是风险管理过程中的重要组成部分。这是针对内部欺诈的第一道防御，同时它能使得管理层和交易者的衍生品头寸控制、风险管理报告以及事后行动计划等得以执行。这个系统可能要求较多的人力、物力投入，但如果从开始进行衍生交易之初就实施的话，它一定能多次证明其物有所值。

这种头寸限制系统应为组织的风险投资和套期保值活动设定一定的范围，从而确保一旦出现超越这种范围的头寸，会马上引起管理层的注意。任何超过范围的头寸的出现都会产生一份"意外报告"（Exceptional Report），而此报告应是管理层每天都能读到的。衍生头寸限制系统应与该公司的总体风险管理过程一致，并有足够的资金投入，不能仅因为某组织只是进行套期保值而不是投机活动，就不进行头寸控制了。还有一点非常重要，管理层必须确保套期保值活动在董事会政策允许的范围内，一旦衍生头寸超过了这个范围，必须通知高级管理层，从而决定是减少衍生交易头寸还是允许更多的套期保值头寸。

头寸限制不仅限于头寸的大小，还应包括衍生工具的使用以及可进行套期保值的能源产品的选择。在风险管理政策中应写清楚详细细节，从而使交易者知道他们可以用哪些产品进行哪些套期保值活动，有些什么风险。如果该组织还进行投机活动的话，那么政策里面还应包括远期的头寸尺寸限制。比如说，出于流动性的考虑，某组织需写清楚交易者可以进行 6 个月（而不可以更久）的石脑油互换交易。

一个准确且及时的管理信息系统对衍生交易活动的正确操作是相当重要的，而且时间越接近越好。

关于准确度，是进什么出什么，即只有进入系统的数据准确，系统的分析才会准确（这在第 9 章中有所叙述）。

在投机交易操作中，报告应涉及整个市场由于能源市场变化而产生的风险，为组织提供每个市场的净头寸数据及整体 VAR 结果和其他测量结果。这份报告再加上盈亏报告，应该每天一起交给不参与交易活动的管理层（即只进行监督但他自己并不进行交易活动），从而确保个人职责分开。

头寸限制

■ 能源产品种类，如迪拜原油、英国 NBP 天然气、新加坡含硫 0.5% 柴油、纽约港无铅汽油

> ■ 衍生工具种类——互换、期货、期权、奇异期权
>
> ■ 期限——头寸大小及期限，如迪拜原油互换200万桶（1~6个月）以及100万桶（7~12个月）
>
> ■ 分支机构和办事处
>
> ■ 个人交易者
>
> ■ 几个分支机构或办事处（取决于操作大小）

建议经常使用衍生工具进行长期套期保值交易的终端用户建立损益报告，即通过逐日盯市计算其每日套期相对于基础能源市场风险的公平价值，以确保其套期保值是有效的，同时可以说明每个营业日收市时套期保值的绩效如何。可能其中有一些别的头寸报告和灾难预测报告是多余的，也可能有些不必要的套期保值现金流风险分析或降低风险报告，但组织的管理层应该根据公司的衍生工具使用情况来决定哪些报告是适当的，哪些是多余的。

衍生头寸的报告可能不会经常提交到董事会或高层管理层手中，但提交给他们的报告中必须要有足够的信息供其判断组织风险的性质是否发生变化。毕竟一旦出了问题，他们最终要对股东负责。对于使用衍生工具套期保值来规避长期能源风险的公司来说，如果它们不经常更换衍生头寸，那么一般来说应每季度向董事会报告一次；如果公司经常改变衍生头寸，那么建议其每月向董事会进行一次汇报。当然最好的是一个组织有自动化的风险管理体系，那么董事会成员就可以随时了解公司衍生头寸的概况，并且（如果可能的话）了解现货能源投资组合及公司总体的风险情况。这些信息应当进行定期更新，一般为每季度更新一次，或在企业有特定需要的时候进行。

风险管理信息系统最好能把测算出的衍生交易活动的风险（可行的话也应包括现货能源风险）从一个技术及量化的格式译成一种简单易懂、可被董事们理解的语言。在这种情况下，VAR方法学就非常有用，因为其本质就是把风险量化为一定时间内、一定可能的货币价值。

制定风险管理政策的一些重要原则

风险管理政策的原则往往是无限多的，下面列举了其中一些原则。这些原则表达了风险管理政策所要涵盖的精髓，以及任何一家企业的风险管理政策的核心内容，无论该企业使用衍生工具的目的是什么。当然，每家企业的需求都是不同的，但这些政策还应考虑到要求的因素。

■ 风险管理政策需经过董事会批准，其中包括组织使用衍生工具的范围及使用的总体政策。组织使用衍生工具的目的为何？是为了套期保值还是交易目的？

■ 每天评价衍生头寸的市场价值，至少为了风险管理报告的目的。

■ 使用压力测试模拟来量化组织在市场情况一旦逆转的情况下将面对的风险。

■ 基于定期检查信用限制的当前风险和潜在风险来分析衍生交易的信用风险。是否对于单一的衍生工具有过多的风险暴露？是否有信用风险规避和控制政策？组织是否可以使用信用衍生工具和信用保险？

■ 应在高级管理层和其他相关人员（包括风险管理人员、内部监控人员、法律人员、财务审计人员等）充分了解了产品并且能把其与组织风险测量和控制体系完全结合起来之后再开始完全投入产品操作。

■ 扩大使用具有净额结算条款的多产品协议，以降低信用风险。

■ 把市场及信用风险管理人员同前方直接进行衍生交易操作的人员清楚区分开来，授予不同的职权（职责分离）。

■ 被授权的风险管理人员应具备管理能源风险的相应技术和经验，并具有报告、监控及审计衍生交易活动的能力。

■ 建立起一套详细的管理信息体系，可提供不同种类衍生工具风险的计量、管理及报告。

■ 使用公正价值衍生工具审计，并且财务公开（如 FAS 133 和 IAS 39）。

■ 利用中间市场调整或适当的出价/报价水平来计算衍生工具组合的价值。中间市场价值调整应能够估计各种期货成本，如不相称的期权差价、抛售成本、投资成本及管理成本等。

■ 一旦建立起风险管理机制，市场风险限制必须基于如下因素：低概率的极端损失与高概率的一般损失相比组织的管理容忍程度、资金来源因素、市场流动性因素、预计获利程度、交易者经验以及企业战略。

■ 使用衍生工具的组织应该以相同的计算方法每天测量其衍生头寸的风险，并将其与市场风险限制做比较。市场风险测量最好是采用适用概率分析的"风险价值"VAR 方法，并且该概率分析以某一正常置信区间（如两个标准差长度）和时间范围（如一个单日内的风险暴露）为基础。

■ 交易者应对其投资组合在市场压力的情况下进行定期模拟，以了解其投资组合在压力下会如何表现。

■ 任何健全的风险管理政策都应包括压力测试，其中既应该包括历史事件的模拟又应包括未来可能性的模拟。压力状况不仅应包括异常的大规模市场震荡，而且还应包括长时间的静止周期。测试应考虑到该投资组合中间市场价值的价格变化，以及中间市场调整后的变化（如降低流动性会对抛售成本造成的影响）。交易者应评估压力测试的结果，从而制订相应计划。

■ 交易者应定期预测其衍生工具组合的现金投资及资金投入要求。此预测的频率和精度取决于错配程度和其性质。一份详细的预报应决定随时间变化的盈余和投资要求。它还需检测合约展开条款或其他会产生现金或间接收支的信用条款的潜在影响。很多例子证明了套期保值者利用衍生工具会出现货币问题，其中，最常被报道的案例是20世纪90年代末的韩国航空公司事件。韩国航空当时使用美元互换对航空燃料油进行套期保值，但公司核心现金流货币却是韩元。很不幸的是，当时美元对韩元的汇率发生了巨大波动，于是韩航不得不以非常不利的汇率买入额外的美元以对即将到期的航空燃料油互换进行结算。因此，韩国航空公司使用衍生工具进行的这次套期保值遭遇了外汇风险，损失惨重。

■ 独立风险管理经理应确保执行了以下职责：

● 完善风险限制政策，监督并确保交易是在这些政策规定下进行的。

● 设计压力状况，以测量会产生市场空白、价格波动、主要关系的瓦解，或可能降低流动性的市场状况的影响。

● 监控投资组合价值的实际波动率与市场风险测量（如 VAR）预测下的波动率之间是否存在差异。

● 审议并批准前后台工作人员使用的定价模型和估值系统，如果存在不同系统的话，则有必要开发一些协调措施和程序。

■ 建议组织建立起一个市场风险管理机构，一般由组织董事会或相关执行者领导。

● 市场风险管理经理需起到开发健全的市场风险管理体系的催化剂作用。他们评价交易活动时应看其是否与组织采用的风险价值一致。市场风险管理者一般很少直接参与实际风险决策。终端用户可请董事会里了解衍生工具的成员辅助监督风险管理和交易过程。

■ 终端用户应采取与投机商一样的估值和市场风险管理措施（只要其使用的衍生金融工具性质、数量和复杂程度相似）。他们需要特别考虑的是，为其出于风险管理目的而进行的衍生交易进行常规性的逐日盯市，周期性地预报其衍生交易的现金投入和资金需求，建立一个独立且明确授权的部门来设计并确保组织风险及头寸限制。

■ 许多终端用户可能不相信在进行能源价格套期保值时，其衍生头寸与基础能源风险的组合价值会发生巨大变化。但即使如此，终端用户仍需建立适合其衍生交易活动的套期保值绩效评估体系和衍生活动管理控制程序。

■ 投机商和终端用户在使用衍生工具进行套期保值时需衡量其信用风险，有如下两种方法：

● 现行风险承担，即衍生交易的重置成本（市值）。

● 潜在风险承担，即未来衍生交易的重置成本的估计。其计算需基于更宽一点的置信区间（如两个标准差长度）对交易剩余期进行概率分析。

这种信用分析可以回答下面几个关于信用风险的重要问题：

- 如果某衍生工具的对手方丧失清偿能力，重置此衍生交易需花费多少钱？
- 如果交易方将来丧失清偿能力，届时重置成本是多少？

■ 考虑到任何可行的净额结算协议，需累计衍生产品的一切信用风险。信用风险需被定期计算且与信用限制做比较。在计算与某一对手方进行交易的投资组合当前风险时，第一个问题为是否使用净额结算。如果可以的话，当前的风险暴露就是简单地把投资组合中交易的正负风险加起来。覆盖现货能源及衍生工具的净额结算主协议尚在初步开发中，但是其确实为可行的。更常见的是具有 ISDA 主协议中的净额结算协议。

■ 衍生产品的交易者和终端用户应建立起一个独立的信用风险管理机构，具有分析衍生产品的能力，主要负责以下工作：

- 通过信用风险衡量标准。
- 设置信用限制并监控其作用。
- 评价交易对手方的信用和其信用风险的集中程度。
- 评价并监控降低风险措施，与法律部门和律师一起检查其可行性（这可能根据对手方管辖区有所不同）。

■ 信用风险管理机构应持续评价交易对手方的信誉及其信用限制。

■ 交易者和终端用户应制定政策，尽可能广泛地在与每个交易对手方交易时都使用主协议，以规范现在和将来的衍生交易。主协议应包括支付净额结算和平仓净额结算条款，并使用完全的双向支付方法（见第 17 章）。

■ 所有衍生产品使用者都应有清楚的风险降低政策，可在管理交易对手方的信用风险时使用（例如，抵押担保和保证金协议，第三方信用强化，如担保书和信用证等，见第 1 章）。

■ 使用衍生工具的组织必须确保其衍生交易是由足够专业人员操作（以减少依赖某个人的操作风险），这些人员需要有相关专业的足够经验和技巧。这些人应包括交易和风险管理人员、监管人员，以及负责加工、汇报、控制和审计交易活动的人员。

■ 衍生工具使用者的财政报告应涵盖其使用衍生工具的充足信息，并包括以下内容：

- 为什么进行衍生交易？
- 交易内容、衍生交易进入的市场以及交易量是多少？
- 可能的风险程度，如果进行套期保值活动，可在多大程度上减少组织的总体风险？
- 此交易活动是怎样进行计算的（即组织采用的哪个会计准则来计算在其资产负债表上的衍生头寸）？

■ 了解市场，建立起某些政策以评估新的衍生市场，看看它们是否符合组织的交易和风险管理需要。在进行这种评估时，组织需回答以下关键问题：

- 新的市场是否适合该组织？
- 该市场是否能提供有效的套期保值？如果可以的话，组织还具有哪些风险？
- 有什么资产流动性问题？
- 市场的主要参与者是谁？这些参与者中是否有信用问题？

第 14 章　能源市场运用的技术分析

对任何成功的交易计划或套期保值项目而言，选定交易时间都是一个相当关键的因素。但是，正确地选定交易时机与其说是一门精确的科学，倒不如说是一门艺术。不过，有些分析工具能够在市场趋势发生改变时，帮助我们建立一个比较清晰的画面，从而能够给我们提供一个市场方向和时机的指示。

通常采用的分析有两种类型：基本面分析（Fundamental Analysis）和技术分析（Technical Analysis）。基本面分析重点研究的是现实能源世界中的供给要素，而技术分析则关注的是市场过去的历史价格。在实际分析中，大多数人将两者结合起来使用，这被称为"技术—基本面"分析（Techno-Fundamental）。换句话说，在市场方向和时机的技术图形大体上建立后，任何有关基本面的信息在其公布时刻就可以被包含到该技术图形中来。

如果某一交易商以一幅清晰的技术图形为分析开端，那么在交易日中，无论何时新闻或信息进入到市场中时，他或她都应该问三个关键问题：这是一个新的新闻吗？这是一个刚发生的新闻吗？市场已经看到这条新闻了吗？最后一个问题很重要，因为有时市场中的一些信息或事件可能是谣言，就像俗语说的，人们"买入谣言，卖出事实"。这就可能导致一种状况出现：牛市消息下市场会下跌，而在熊市消息下市场会上涨。这些情况下，新闻或信息早就已经反映在价格中，所以对新闻的确认就给了那些依靠谣言投机的人一个信号，他们可以获取利润并进行平仓。

本章介绍了应用于主要能源期货市场的关键技术方法和工具，它们结合在一起非常有用。注意这里的"结合"二字：技术分析有点像侦察工作，因为它要求对所有可能支持任何价格趋势方向和进出时机的理论证据进行实时的关注。

技术分析

图 14-1 是一个典型的期货市场柱状图，每一条柱代表了一个单一时期。上面的例子是一张日条形图，所以每一条柱代表了一个交易日。条柱的最左侧这条线代表市场当天的开盘价（该交易日第一个交易价格）在什么位置，条柱内的顶部代表当天的最高价，底部代表当天的最低价，而条柱的最右侧这条线代表市场当天的收

盘价（该交易日最后一个交易价格或官方结算价）。在条形图结构中，表示价格和时间方面算术数值是最常用的。对数数值在技术分析中不怎么用到，尽管其可能有助于对将不同的商品带到同一层次进行分析以获知哪个市场在百分比方面领先。

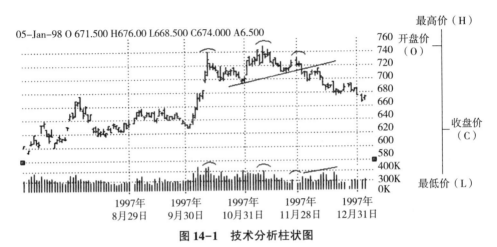

图14-1　技术分析柱状图

注：一幅柱状图可显示某一证券的开盘价（如果存在的话）、最高价、最低价和收盘价。柱状图是最流行的证券分析图。

虽然有很多种定义技术分析的方法，但是简单地说，技术分析不过是市场价格的研究罢了，运用价格图作为主要工具（见图14-1）。正是基于这个理念，某一商品的历史价格变动就可以被用来预测市场参与者关于价格趋势的观点和期望值。

另一种看待技术分析的观点是将其看成应用社会心理学，因为技术分析从在群体行为中识别趋势和变化开始。在很多方面，技术分析都是试图预测大多数交易者所相信的下一步将要发生的事情，主要是市场价格方向将如何变化。事实上，技术分析有用的一个主要原因仅仅是每个人都认为它起作用。市场中进行交易的大多数人都受技术分析的影响，所以其预测从某种程度上说可能是自我实现。因此，在后面我们就要检测一下大多数人做出决策的关键技术分析工具。

有一件事情是很明确的：技术分析在进行选择和市场方向预测时是有帮助的。然后，依赖单一的技术工具还是不够的，有必要运用5~6种技术工具和方法的组合来帮助建立一幅较好的市场趋势价格目标和时机的图形。同时也应该记住，某些类型的市场价格变动可能会让一些技术分析工具变得不起作用，甚至变得很不可靠从而不能运用。这里的关键是识别技术分析工具什么时候应该被审慎对待。

技术分析的原理

技术分析的运用基于一些关键原理。它们包括：

■ 所有已知的市场基本面（市场中的新闻）都被考虑到，并且已经反映到市场价格中，市场吸收了所有的消息，市场价格表示各方在所有已知数据的基础上对价格的一致同意。这一点在交易量和流动性都很好的有效市场中是肯定成立的。

■ 价格运动会形成趋势，而趋势会持续。

■ 市场行为具有重复性或周期性。

■ 如果我们接受这样一个事实，即人的情绪和期望值在商品定价中起了一定的作用，那么我们也应该承认我们的情绪在决策制定中也起到了一定的作用。

任何打算运用技术分析的人需要明白的两个关键规则：

■ 使技术分析简单。

■ 运用大多数人正在关注和运用的技术分析工具和方法。毕竟你企图预测的是大多数交易者的想法和预期。所以，密切注意大多数人正在使用的分析工具是非常重要的，这反过来从某种程度上也会影响他们对未来价格趋势的看法。同时，参考新闻通讯社关于市场的报道也是很有用的。你也要明确，这些工具与未来价格趋势有关。

技术分析的条形图

技术分析的历史

现代技术分析的根源是道琼斯理论，最早由查尔斯—道于 1900 年左右提出。直接或间接来源于道氏理论的主要原理有：价格的趋势属性、价格反映所有已知的信息、交易量反映价格变化以及支撑位和阻力位。当然，广泛运用的道琼斯工业平均指数（DJIA）则是道氏理论的直接产物。

某种商品的价格代表了一种对该商品的一致同意意见，它表明一方同意以该价格购买此商品，而另一方则同意以该价格出售此商品。投资者愿意的买卖价格主要依赖于其对未来的期望。如果他认为证券价格将要上升，他就会去购买该证券；如果他认为证券价格要下降，他就会出售该证券。这些简单的说法是预测商品价格时的最大挑战，因为他们来源于人们的经验。正如我们所知，人类不是轻易可预测的，这一事实就使得任何机械的交易系统不能持续正常工作。

将人的因素考虑在内，任何投资决策都是以被认为不太严格的标准为基础的。毕竟，在市场中，我们的信心、期望和决策都可能受到相当多因素的影响：与家庭、邻居以及雇主的关系，交通状况、收入或以前的成功及失败经验，这些没有一个可以用统计模型来进行成功的定量分析。

牛市和熊市（Bulls and Bears）

"牛市"（市场向更高位移动）或 "熊市"（市场向更低位移动）这两个词汇起源于早期伦敦商品市场的天数。在那时，斗牛和斗熊是伦敦非常流行的表演运动。商品市场和金融市场中所指的这两个词是以牛和熊各自的搏斗方式为基础。牛用角进攻，将对手翘起并扔向空中；然而熊则站稳后退，从对手顶上往下滑，凭其体重压垮对手。

趋势线（Trendlines）

在进行任何数学分析计算之前，我们可以从基本的开盘价、最高价、最低价、收盘价的图形（见图 14-2）抽象出大量的期货价格运动的信息和指导。

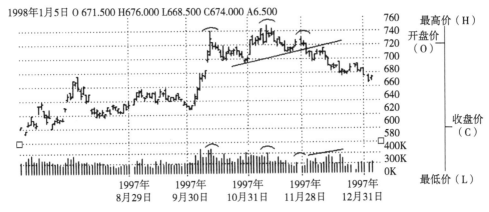

图 14-2 趋势线

将趋势线法应用于技术分析中，趋势的概念是至关重要的。一般来说，趋势仅是市场方向，更精确一点，市场运动通常是一系列的 "之"字形，代表一系列的具有明显波峰和波谷的波动，正是这些波峰和波谷的总体趋势构成了市场趋势。

大多数时候，交易者通过观察趋势的变化和随后的确认，发现在根据某个信息采取行动之前，趋势就开始变化或已经改变了。趋势线在分析发生的变化时起了很关键的作用，它也给了投资者一个关于价格水平的暗示，暗示什么时候可能触发价格变化或新的买卖仓位。趋势线通过两点连线画出——高点或低点与能够找到的最早的一个价格点的连线。趋势线应该能够被第三个点检验确认（见图 14-3 和图 14-4）。

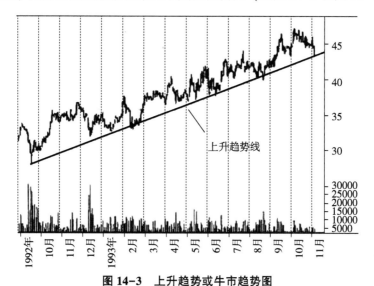

图 14-3　上升趋势或牛市趋势图

资料来源：英国 Future Source 公司。

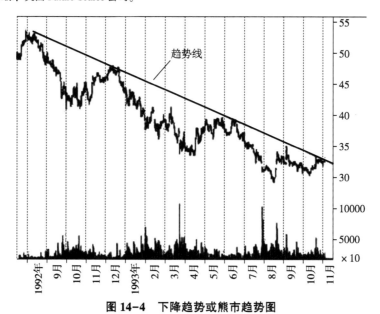

图 14-4　下降趋势或熊市趋势图

资料来源：英国 Future Source 公司。

其他关于趋势线的注解

趋势线的相对陡峭（斜率）也是很重要的。一般来说，大多数趋势线的平均斜度往往大约是 45 度。这样的一条直线反映了价格正在上升或下降的一种状态，该状态下价格和时间达到了平衡。很少能找到一条正好45度角的趋势线，但我们可以说，在牛市当中，如果趋势线太陡峭（大于45度），就意味着价格上升太快，当前陡峭程度的上升将不会持久。图14-5和图14-6列示了一些趋势线的特征。

图14-5 伦敦国际石油交易所（IPE）布伦特原油

资料来源：英国 Future Source 公司。

图14-6 纽约商品交易所（NYMEX）WTI原油

对于趋势线A，该线一开始起支撑作用，但后来支撑作用被突破。

对于趋势线 B，该线一开始起支撑作用，随后变成阻力线，起压力作用，再后来又起支撑作用（对于趋势线而言，既起支撑作用又起阻力作用是很普遍的）。

对于趋势线 C，一开始是起阻力线的作用，几个月后就变成起支撑作用了。

趋势线和突破

突破是趋势线最后被打破的地方，它表明如果此时交易量很大的话，那么价格趋势的变化就可能发生。其他一些指标也有助于识别趋势变化什么时候发生，比如，通常遵循的原则是：趋势线中的一个暂停，就确认了趋势变化（见图 14-7）。记住这一点是很重要的：无论是支撑线还是阻力线，趋势线被检验并维持的次数越多，则当趋势线最终被不可避免地突破时，相应的市场价格相对趋势线的变动或反应就越大。

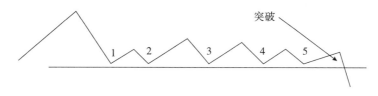

图 14-7　突破

支撑与阻力

在图形中的趋势线旁边，清晰的支撑线和阻力线也能够被画出来。如果能源价格被认为是正在进行的多头（买方）和空头（卖方）之间的战争，那么支撑线和阻力线就可以被认为是该战争的战场。换句话说，支撑线和阻力线代表了价格变化的屏障。

根据趋势线的突破或支撑线/阻力线的突破来量化交易者期望值的很好的方法是看与价格突破有关的成交量。如果价格突破支撑线或阻力线，同时伴有成交量的大幅上升（见图 14-8），并且每次返回移动时成交量相对较低（阻力变支撑），这就暗示着新的预期将开始统治（少数交易者不可信）。相反，如果某一次突破下，交易量很一般，而回移期间内成交量上升，那么这暗示了没有什么交易商的预期发生变化，初始预期（即最开始的价格趋势）还能够被看到。

成交量

低成交量水平是犹豫不决（如果当时没有什么大的国际假日）的特征或预期趋势可能变化的特征。这主要发生在价格巩固期——价格在交易范围内向一边移动的时期。低成交量也会发生于市场底或市场顶时的犹豫不决时期。有时，交易商或经纪商会提到市场"固定反弹"（Bottoming Out）或"见顶"（Looking Toppy），这意

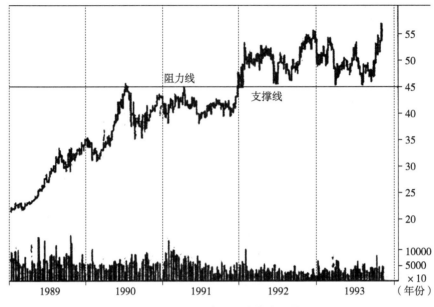

图 14-8　突破和上升的成交量

味着市场可能相对于先前的趋势发生逆转。

　　另外，高成交量也是市场顶部的特征，此时买卖双方对价格将会上涨得更高表现出强烈的一致同意。高成交量在新趋势开始阶段（即价格突破某一交易范围时）也是很普遍的。比如说，就在市场将要见底前，成交量常常会因恐慌心理驱使下的抛售而急剧增加。

　　成交量通过其是强还是弱的指示，也有助于判定现有趋势是否健康。一个健康的上升趋势应该在其上升阶段（上升趋势中的上升部分）伴随较高的成交量，而在其回落（调整）阶段伴随较低的成交量。一个健康的下降趋势则通常在其下降阶段伴随较高的成交量，而在其上升（调整）阶段伴随较低的成交量。

其他类型的图表

K 线图

　　17 世纪，日本人提出了一种技术分析方法用来分析米价合约，该技术被称为 K 线图。K 线图利用一种近似于条形图的格式，列示出开盘价、最高价、最低价和收盘价，但它更突出开盘价和收盘价的关系（见图 14-9）。K 线图只不过是不含有任何计算在内的看待价格的另一种方式罢了。

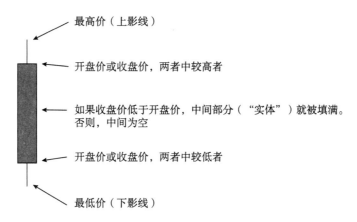

最高价（上影线）

开盘价或收盘价，两者中较高者

如果收盘价低于开盘价，中间部分（"实体"）就被填满。
否则，中间为空

开盘价或收盘价，两者中较低者

最低价（下影线）

图 14-9　K 线图

K 线图有其自己的用处，尤其是对那些债券市场交易者而言。但是在能源市场，只有一个关键构成要素值得注意，因为它能够给出一个主要趋势变化的预警，即图 14-10 所阐释的"十字线"（DOJI）。

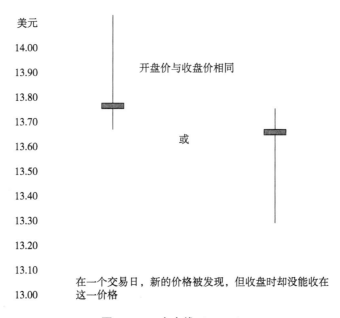

图 14-10　十字线（DOJI）

在过去七年里，我在三四个场合注意到"十字线"，当它出现在纽约商品交易所（NYMEX）或者国际石油交易所（IPE）期货合约中时，其后都跟随着一根趋势线支撑，有一次市场关于 IPE 布伦特原油期货价格在几天内就下降了 3 美元/桶。

VIP 关系（成交量、未平仓合约和价格）

将趋势分析（使用图形、支撑线/阻力线）、成交量（使用市场总交易量）和未平仓合约信息结合起来分析，则可能帮助建立一幅很好的画卷以清楚地知道市场当前的情况。

进行市场分析时，成交量是简单但关键的辅助指标。它能够给出一个很好的有关新趋势开始或旧趋势结束时合约水平的实时信号。这和未平仓合约 Open Interest（在期货市场合约中存在，而股市则没有）相结合，就得到了一个非常好的组合工具，可以用来分析某个趋势是否要持续下去或者走向终结。

未平仓合约是交易所现存的期货或期权合约的净数量。在计算上，一份买方合约和一份卖方合约算作一个未平仓合约。表14-1列出了各种 VIP（Volume, Open Interest and Price）关系。

表 14-1　VIP 关系

价格	成交量	未平仓合约	市场是……
上升	上升	增加	强牛市
上升	下降	减少	趋势变弱，静观反转
下降	上升	增加	强熊市
下降	下降	减少	趋势变弱，静观反转

图14-11是 VIP 关系的图解。在第（1）段，市场向更高位移动，成交量在增加，未平仓合约也在增加。这表明，随着新的买方进入市场，牛市上升趋势将得以支撑。

在第（2）段，市场向更高位移动，但成交量和未平仓合约都在减少。这表明，在持续牛市趋势方面没有新的合约进入。事实上，随着未平仓合约的减少，市场看起来将要平仓出清（卖出）先前买入的（多头）头寸，以此获利。这种市场趋势显示出市场较弱的信号，所以要密切注意方向的变化。

在第（3）段，市场改变了方向，开始向低位运动。成交量和未平仓合约都在增加，表明新的抛售头寸进入市场，这就反过来支持熊市趋势。

在第（4）段，市场仍然向低位移动，但成交量较少，未平仓合约也在减少，这表明一些市场参与者对当前趋势的持续慢慢失去了信心。结果，他们买回先前卖出的头寸，赚取利润并进行平仓，这样就减少了未平仓合约。

趋势结束信号

一个趋势的结束常常是有信号的，此时每个交易日的成交量变得越来越小，交

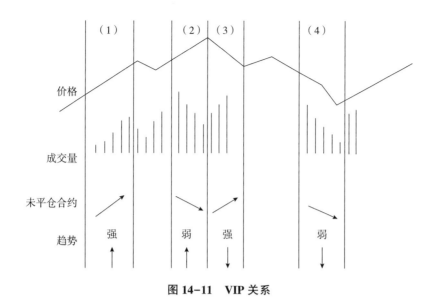

图 14-11　VIP 关系

易日内的价格波幅（交易当天最高价与最低价之差）也在减小。一个旧趋势的末尾到下一个新趋势的开端，这段时期是市场观望期，市场在等待对新趋势做出决策。一旦趋势线被突破，或者关键的支撑线或阻力线在增加的成交量下触到重新的交易头寸点，那么决策就会被做出。

值得强调的是，当趋势线或关键的支撑线/阻力线最终被突破时，应该能够看到成交量的显著增加。如果没有看到显著增加的成交量，那么该突破有可能是虚假突破。这在市场很平静的时候有可能发生。事实上，有些投机者受到诱惑而利用报道最多趋势线水平强迫市场成交量维持在一个低的水平，以此企图触及市场的某些反应。

作为价格目标的价格缺口

另一个决定市场朝哪个方向前行的较好方法是关注价格图上的价格缺口（见图 14-12）。能源期货市场常常使用价格缺口作为目标。许多交易商问到的一个问题是，他们应该寻找多长时间下的价格缺口。我发现，在每日柱状图上（图 14-12 中每个柱状代表一个交易日），人们能够经常看到过去差不多 3 个月发生的价格缺口仍然被市场所关注。

但是，价格缺口不只是价格目标的指标。它们也能暗示一个旧趋势是否将要再次形成。这在牛市趋势下能够看到，此时价格突破支撑线并向下形成了一个价格缺口。如果市场填满了该缺口，并守住了缺口的底部（见图 14-13），那么可以预测，买方将返回到市场从而牛市趋势将获得延续一段时间的新生。

在图14-13中，市场处于牛市趋势下，但是在向下调整。价格缺口被填满，但是市场守住了缺口底部以延续原来的牛市趋势。在类似于这样的情形下，通常能够看到重新进入的买入合约。

在图14-14中，市场处于熊市趋势下，但是在向上调整。价格缺口被填满，但是市场守住了缺口顶部以延续原来的熊市趋势。在类似于这样的情形下，通常能够看到重新进入的卖出合约。

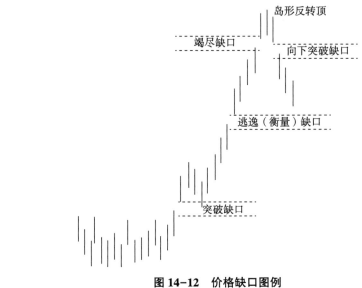

图14-12　价格缺口图例

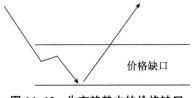

图14-13　牛市趋势中的价格缺口

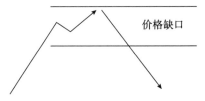

图14-14　熊市趋势中的价格缺口

斐波那契回转线

到目前为止，我们已经介绍过了趋势线，它有助于识别趋势和建立关键的支撑线和阻力线，而这些线又能让我们更清楚地看到即将被突破的趋势。我们也见识了成交量数据、未平仓合约数据和价格（VIP关系）是怎样给予我们对即将结束的趋势的预警，以及有多少来自于市场参与者的合约以帮助维持当前的趋势。我们也介绍了作为价格目标的价格缺口，它让交易者知道市场可能朝某一特定方向移动多少，而另外一个预测价格目标的较好方法是斐波那契回转百分比法。

斐波那契是 13 世纪数学家 Leonardo Pisano 的昵称，他发现了现在非常著名的斐波那契序列。该序列从 0 和 1 开始，后面每个数是前面两个数字的和。该序列写出来就是 0，1，1，2，3，5，8，13，21，34，55，…

这些数字之间的比率也给了我们很重要的价值：61.8%、50% 和 38.2%。这些比率在我们周围到处都能发现，从 DNA 的双螺旋线到旋涡星云都存在这些比率。有些交易者如 W. D. Gann（甘氏线）和 R. N. Elliott（艾略特波浪理论）等的先驱性的工作也表明，那些比率在金融市场同样盛行。当这些比率应用到能源期货市场时，它们表现出令人惊奇的可靠，市场也非常热衷于注视这些反转线。

能源期货市场（如 IPE 国际石油交易所、NYMEX 纽约商品交易所）往往在一旦达到这些比率线（利用前一次趋势反转距离来测度）的时候就会反转或巩固。这就意味着它们作为头寸进入和退出线而显得非常有用。

能源期货市场在继续原有的趋势时，常常会先向下回调（牛市趋势期间）或向上复苏（熊市趋势期间）50%。在图 14-15 给出的例子中，市场先反转回调 50%，然后继续保持原来的牛市趋势向上运行。除了 50% 的回转外，允许的最小和最大回转比率分别是 32.8% 和 61.8%。这就意味着在一个非常强的市场趋势的回调中，市场只能回转先前运动的 38.2%。如果某一交易商在寻找买入或卖出的机会（依趋势而定），则该交易商可以先计算斐波那契反转线，然后利用它们作为进入或退出市场的参考点。

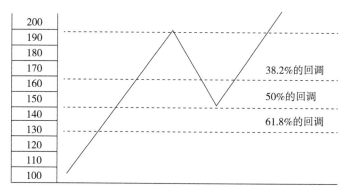

图 14-15　斐波那契回转线

图形解读

为了识别斐波那契反转线，我们一定要先辨别期货图中最近的最高点和最低点。一旦识别了这个，就可以准备开始测量回转百分比了。

大多数能源期货合约在朝一个方向持续了较长时间的运动后，最后都有一定比例的回转，然后才持续向原来的方向进一步延伸。大多数商业上销售的股票图形软件包都能运用传统的 32.8%、50%、61.8%和 100%回转线，而自动画出位于短期、中期和长期轴点之间的斐波那契线。这些线可以被视作卖出（靠多头而获利）时的价格靶向或阻力线，或者相反方向（下降）情况下计算回转线时作为支撑点的价格靶向，此时空头补进（实际购回）可能会发生，并且新的买入合约会进入市场。

对于技术分析而言，最重要的事情是，在石油市场人们遵循斐波那契百分比回转，并且事实上该数列规律相当起作用，以至于有时市场看起来非常精确地符合斐波那契目标线，从而守住和恢复市场趋势。

数学指标

技术分析领域的数学指标有很多类型，这里我们只集中讨论一些能源期货市场作为基本标准一致认同的关键指标。当这些数学指标与条形图、支撑线/阻力线、缺口、趋势线、成交量及未平仓合约信息等一起运用时，就可以给交易者一个简单但非常有效的工具以判断价格方向和操作时机。

相对强弱指标（RSI）

描述相对强弱指标如何反映市场行情的最简单的方法是，相对强弱指标将期货市场价格当作是一个橡胶带来对待。该橡胶带能够被最大程度拉直，但是在拉到某一点后，只要它不断，它都会被迫开始收缩。这一观点是由 J. Welles Wilder 提出来的，并于 1978 年在其著作《技术交易系统中的新概念》（New Concepts in Technical Systems）中首次出现。

相对强弱指标的表达式非常简单：

$$RSI = 100 - \left(\frac{100}{1 + U/D} \right)$$

这里：

U = 一定天数内价格上升的平均值

D = 一定天数内价格下降的平均值

基本上，相对强弱指标等于与前一天相比收盘价上升的天数除以收盘价下降的天数。事先设定的时间长度决定了指标的波动性。很多技术分析的书和一些新闻报道谈论的都是 9 日、14 日或 21 日下的相对强弱指标。这些时期在应用于日条形图时大都非常有效。然而，利用更长的时期或更短的时期计算相对强弱指标，也不是不可以的。

运用两个相对强弱指标可能比只采用一个相对强弱指标要好。将一个短期相对强弱指标和一个长期相对强弱指标结合起来使用，能有助于交易商评估能源期货市场超买或超卖的数量是多少（对能源期货而言，建议运用 3 日 RSI 指标和 14 日 RSI 指标）。"超买"是指在 RSI 的设定时期内价格上涨过快；"超卖"则是指在 RSI 的设定时期内价格下跌过快。

RSI 简单计算方法示例

一个 14 日相对强弱指标的计算，包括以下步骤：

（1）将 14 日内所有上涨日收盘价相加，然后用得到的和除以 14。

（2）将 14 日内所有下跌日收盘价相加，然后用得到的和除以 14。

（3）将上涨日平均值除以下跌日平均值。该结果用 RS 表示，即上面公式中的 RS 因子。

（4）将 RS 加上 1。

（5）用 100 除以第（4）步得到的结果。

（6）用 100 减去第（5）步得到的结果 = 14 日 RSI。

推荐的能源期货市场 RSI 期限（14 日和 3 日）

■ 14 日 RSI

● 如果 14 日 RSI 值大于 75%，期货合约就表现为超买，价格将很难进一步上涨。价格将迅速回落下跌，且下跌程度要高于 3 日 RSI 下超买出现后的回落。

● 如果 14 日 RSI 值小于 35%，期货合约就表现为超卖，市场价格会找到一个支撑线，即价格将很难进一步下跌，而价格将回调上涨。

■ 3 日 RSI——一个非常有用的短期入市/退市指标

● 如果 3 日 RSI 值大于 90%，市场就表现为强烈超买，如果此时市场在进行技术性交易，那么从技术上来看，市场将冲击到更高的位置，而市场应该会有一个内部日来将价格调整到较低水平。

● 如果 3 日 RSI 值小于 20%，市场就表现为强烈超卖，如果此时市场在进行技术性交易，那么从技术上来看，市场将冲击到更低的位置，而市场应该会有一个内部日来将价格恢复到较高水平。

将 3 日 RSI 和 14 日 RSI 结合起来使用的指导原则：如果根据 3 日 RSI 值和 14 日 RSI 值，市场表现为超买或超卖，那么你能够判断出不只看到一天价格调整，而是看到连续几天的价格调整。图 14-16 举了一个例子。

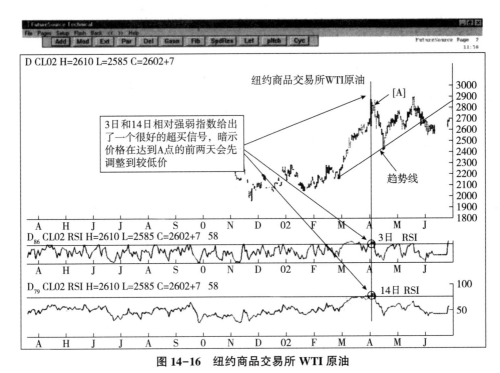

图 14-16　纽约商品交易所 WTI 原油

资料来源：英国 Future Source 公司。

移动平均线

有三种常用的移动平均线：简单移动平均线、加权移动平均线和指数移动平均线。移动平均线的关键要素就是计算移动平均值时所用到的日期参数。在事后使用移动平均线时，总是能够发现移动平均线是非常有用的。

39 周移动平均线对主要（长期）市场周期的交易时机轨迹记录得非常完好。在能源市场日条形图上，基于交易收盘价（或前一日收盘价）的 13 日移动平均线给出了非常好的买卖信号。

13 日简单移动平均线（基于前一个市场收盘价）作为买卖提示对于原油期货市场也被证明是非常有用的。13 日简单移动平均值是一个斐波那契数字，但是该移动平均值被市场广泛报道和频繁引用，大量交易者也密切关注该移动平均值。

在所有技术分析指标中，简单移动平均线因其自身确实存在一些缺点，所以从来也没有被使用过。缺点之一是，为了得到最后是否买卖的提示，投资者将不得不等到市场收盘。然而，在补充投资者其他指标方面，简单移动平均线也可以是非常有价值的确认工具，可以帮助投资者对大市有个基本了解。

移动平均线指标解读

解读移动平均线最常用的方法是将某种商品价格的移动平均线与该商品价格本身的关系进行比较。

当证券价格上升超过证券价格的移动平均线时，买入信号便产生了；当证券价格下降低于证券价格的移动平均线时，卖出信号便产生了（见图 14-17）。

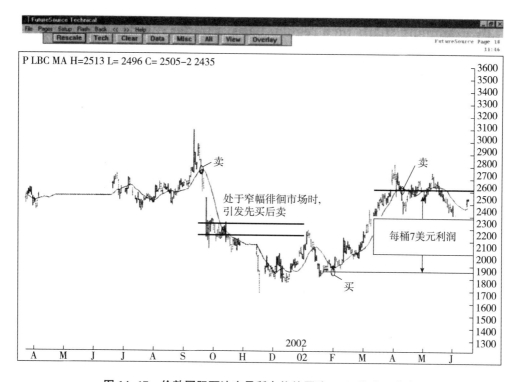

图 14-17　伦敦国际石油交易所布伦特原油 13 日移动平均价

资料来源：英国 Future Source 公司。

移动平均线的缺点：如果市场是"Range Bound"，那么移动平均线可能造出虚假信号，尽管其在趋势市场表现得相当好。

移动平均线所采用的时间长度应该与投资者所期望遵循的市场周期一致。表 14-2 列出了典型的移动平均线期限。

表 14-2　典型的移动平均线期限

趋势	移动平均线区间
极短期	5~13 日

续表

趋势	移动平均线区间
短期	14~25 日
中短期	26~49 日
中期	50~100 日
长期	100~200 日

图形形态

价格图形形态的概念

图形形态是出现在期货合约价格图上的能够被归为不同类别的各种形态。观测到的各种形态能给出一些重要的线索，来判断市场是否将要持续当前的趋势或者是否会逆转当前趋势。有一些形态还会给出有关市场会变动多大幅度的线索。

图形类型的种类

有两组主要的图形形态：反转突破形态（Reversal Patterns）和持续整理形态（Con tinuation Patterns）。反转突破形态表明市场价格趋势的反转正在发生。持续整理形态则表明市场正在巩固——市场处于静止盘整状态可能是因为市场发生了严重的超买或超卖（是否超买或超卖可通过前面刚刚讨论过的 RSI 指标来判断）。一旦该状态松懈下来，市场将恢复到它原来的牛市或熊市趋势。

通过定期和有规律地检测图形，交易者能够养成专业直觉和观察技巧，以判断一个即将形成的形态是反转突破形态还是持续整理形态，越早被检测越好。

三角形态

在三角形态的形成过程中，由于价格波幅越来越窄，交易量也应该减少。对于所有巩固形态而言，交易量萎缩的倾向是真的。一旦市场突破三角形态，交易量会显著增加。交易量没有增加则提出警告：市场对原来的市场方向没有信心。三角形态的一个好处是它既指示了突破发生的时机，又指示了突破发生的方向。

上升趋势开端时的对称三角形（持续整理形态）

图 14-18 中的上升趋势开端时的对称三角形给出了一个信号，即市场更大的上涨即将到来。注意：在三角形态形成过程中交易量在减少，在突破点处成交量突然爆发。

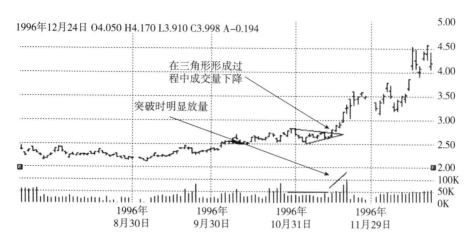

1996年12月24日 O4.050 H4.170 L3.910 C3.998 A−0.194

在三角形形成过程中成交量下降

突破时明显放量

图 14-18　上升趋势开始时的对称三角形

资料来源：英国 Future Source 公司。

上升趋势中途的对称三角形（持续整理形态）

图 14-19 中的上升趋势开端时的对称三角形给出了一个信号，即市场更大的上涨还会到来（持续整理形态）。注意在该三角形态形成过程中交易量的水平以及在突破点交易活动的突然爆发。

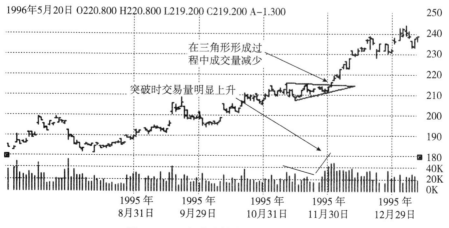

1996年5月20日 O220.800 H220.800 L219.200 C219.200 A−1.300

在三角形形成过程中成交量减少

突破时交易量明显上升

图 14-19　上升趋势中途的对称三角形

资料来源：英国 Future Source 公司。

所有的三角形态构成不仅给了我们一个市场会持续原有趋势的暗示，同时也给了我们一个价格靶向的指示。

下跌趋势开始时的对称三角形（持续整理形态）

图 14-20 和图 14-21 描绘出了下跌趋势开始时和下跌趋势进程中的对称三角形。

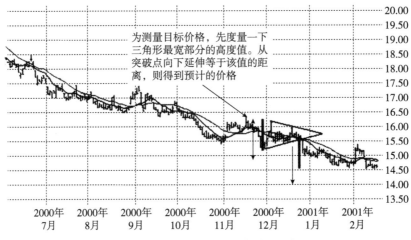

为测量目标价格，先度量一下三角形最宽部分的高度值。从突破点向下延伸等于该值的距离，则得到预计的价格

图 14-20　下降趋势开始时的对称三角形

资料来源：英国 Future Source 公司。

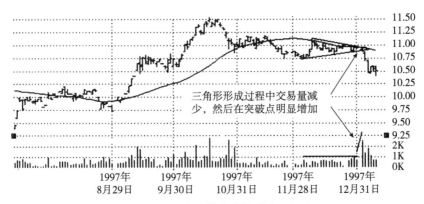

三角形形成过程中交易量减少，然后在突破点明显增加

图 14-21　下降趋势中途的对称三角形

资料来源：英国 Future Source 公司。

上升趋势中的上升三角形（牛市持续整理形态）

图 14-22 和图 14-23 描绘出了上升趋势中的上升三角形。在该三角形形成过程中，成交量先下跌，然后慢慢回复，最后在突破点及随后价格上涨期间，成交量开始扩张。

下降趋势中的下跌三角形（熊市持续整理形态）

图 14-24 和图 14-25 描绘出了下降趋势中的下跌三角形。

图 14-22　上升趋势中的上升三角形

资料来源：英国 Future Source 公司。

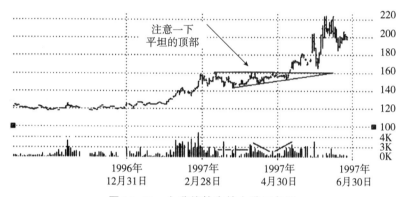

图 14-23　上升趋势中的上升三角形

资料来源：英国 Future Source 公司。

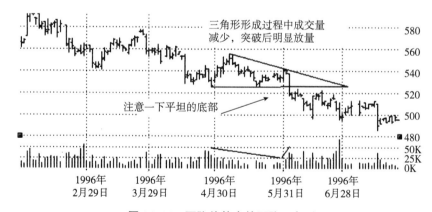

图 14-24　下降趋势中的下降三角形

资料来源：英国 Future Source 公司。

下降契形（牛市形态）

图 14-26 描绘了一个上升趋势中的下降契形（Falling Wedge）。在经过一次 2 美元

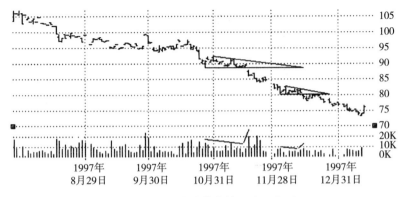

图14-25 下降趋势中的下降三角形

资料来源：英国 Future Source 公司。

的上升后，市场先暂停一阵，然后才是牛市下的持续上升。暂停期间，成交量也减少，然后在最后的突破点恢复交易量。三角形形态的一个有用的方面是它们能帮助预测什么时候突破会发生。交易者可以将那两条趋势线延伸形成三角形，看看这两条线在什么时候收敛，这就可让他们较好地知道市场突破的最新日期，即便仅仅是持续横向交易。

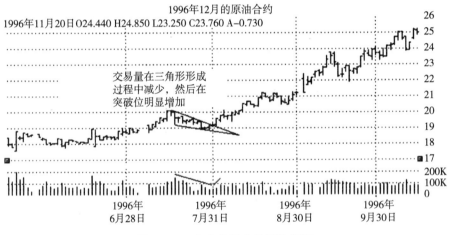

图14-26 上升趋势中的下降楔形

资料来源：英国 Future Source 公司。

下降趋势中的下降契形（牛市形态）

该形态（见图14-27）能够很好地逆转下跌趋势。成交量在契形阶段会下降，当市场走出该形态时，成交量就恢复了。

上升契形（熊市形态）

上升契形（见图14-28）将阻止上升趋势继续下去。当该趋势奋力维持时成交量则会萎缩。最后，当市场跌过契形底部且新的下降趋势开始时，成交量就开始扩张。

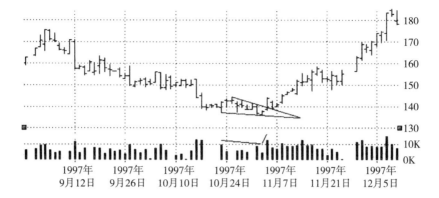

图 14-27　下降趋势中的下降楔形

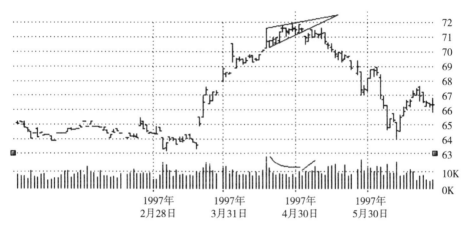

图 14-28　上升楔形

图 14-29 中的上升契形（Rising Wedge）给出了一个犹豫不定的区域。然后，几周之后，市场自己会决定趋势的方向（向下）。与平常一样，在该契形形态逐渐缩小之后，成交量会在突破点处增加。

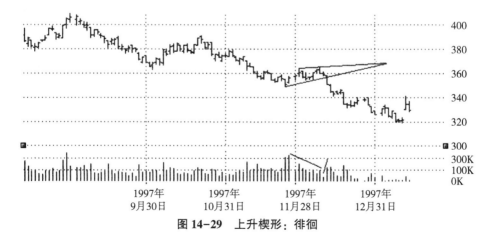

图 14-29　上升楔形：徘徊

头肩形 （反转突破形态）

该种形态可能是最难识别出的图形形态之一，但它却能对即将发生的变化给出一个清晰的信号。除了是最复杂的形态之一外，头肩形可能还是最著名的、最可靠的反转突破形态之一。图 14-30 列举了一个例子。

图 14-31 的头肩形形态反转了纽约商品交易所西得州中质原油 （WTI Crude Oil） 期货市场一年长牛市趋势。与前面刚刚介绍过的缺口概念联系起来，该原油价格技术性变动甚至也会出现一个"跳空缺口"，这有可能触及更加凶猛的买空压力而不是温和的突破头肩形反转形态的"颈线"趋势线。

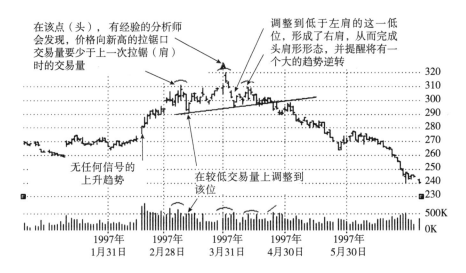

图 14-30 头肩形

图 14-31 头肩形形态逆转牛市趋势

倒转头肩形（反转突破形态）

图 14-32 中的倒转头肩形反转了纽约商品交易所无铅汽油期货价格的微小下跌趋势，我们甚至可以看到一个跳空缺口，表示有真实的动力来推动新的上涨趋势。

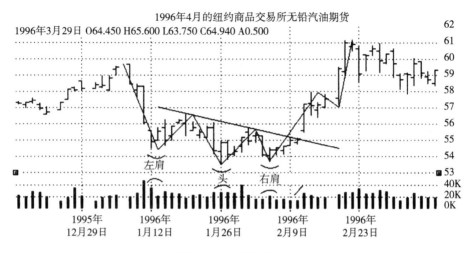

图 14-32　倒转头肩形

头肩形形态的注意事项

左肩和右肩应该大约是相同的高度，更重要的是，右肩不应该高于左肩。头要比两个肩高。头肩形形态形成过程中，成交量应该是下降的。

颈线从左肩和头的各自下降时的最低点连线画出。一旦颈线被突破，该头肩形形态便完成从而结束。该形态让交易者能预知市场方向和价格靶向。交易者可以度量一下头到颈线的距离，从而可推测出当颈线被突破时价格下降的幅度。

在石油市场，除了价格靶向突破幅度只有推测的 75% 外，头肩形形态被观察到还是起作用的。这实际上相当普遍并且许多人都关注该形态，所以很多交易商都在基于头肩形推测下的价格靶向达到之前抢占先机进行交易。

头肩形（熊市持续整理形态）

熊市持续整理形态不要与反转头肩形（尽管该形态是可辨别的）相混淆，应为该形态在熊市产生前就已经存在。在该形态的肩和头的形成过程中，成交量应该是下降的。

旗形（持续整理形态）

在石油期货市场，旗形形态（Flag Formations）相当普遍。旗形代表了市场价格剧烈变动过程中的简单暂停。事实上，旗形形成的必要条件之一便是在形成之前市场价格急剧变动，近乎直线移动。它代表了一种状态，即在市场再次朝同一方向运动之前，其原来的剧烈上涨或下跌需要一个暂时调整。

旗形应该是沿原来的趋势倾斜。在旗形形成过程中，成交量应该会减少，并且为后面的突破积聚力量。旗形形态通常在市场价格运动的中点或半途附近出现。

上升趋势中的牛市旗形（半途处）

该形态（见图 14-33）表明原来的趋势只达到了其潜力的一半。由于相对强弱指标（RSIs）指示出的超买的存在，市场会在继续原有趋势前先巩固一段。

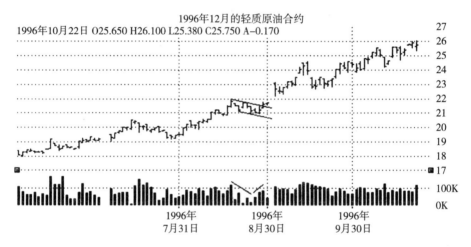

图 14-33　上升趋势中的牛市旗形

下降趋势中的熊市旗形（半途处）

图 14-34 显示了下降趋势中的熊市旗形。

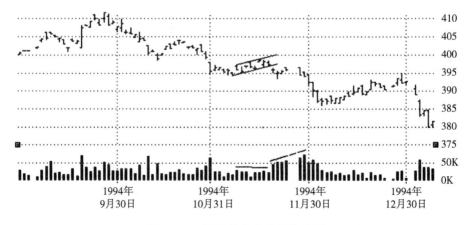

图 14-34　下降趋势中的熊市旗形

三角旗形

三角旗形是一种持续整理形态。在图 14-35 中，该牛市三角旗形在一波牛市趋势后出现。

在图 14-36 中，该熊市三角旗形在一波下降趋势后出现。

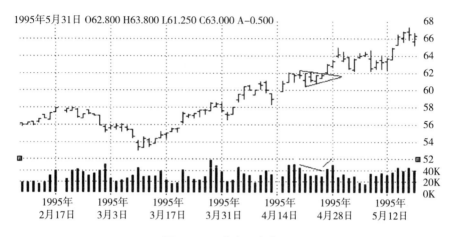

图 14-35　牛市三角旗形

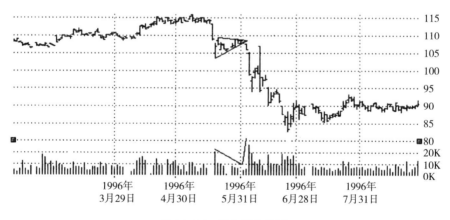

图 14-36　熊市三角旗形

双重顶和双重底

图 14-37——一个双重顶趋势反转的例子。价格没有超过前一次的顶峰，而后面接下来的下降则突破了前一次的最低点，这就构成了一个下降的趋势反转。

图 14-38 是到底反转形态的例子。该底的第一个信号是价格能维持最近的前一

次的低点。一旦最近的阻力线被突破，前面的信号就得到确认了。这时成交量应该有望增加并且市场远离底部开始上升的速度也会加快。

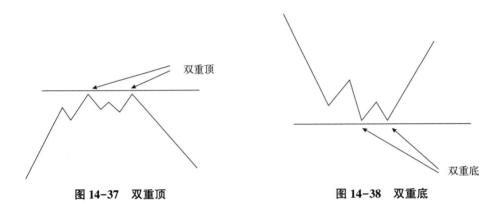

图 14-37　双重顶　　　　　　图 14-38　双重底

小　结

有大量的工具可以用来进行市场技术分析。不同的工具结合起来运用是相当重要的。但是，即使是运用了这五六种最贴切的分析工具来研判市场状况，所得出的结果也不总是可靠的。事实是，在现实中，有一些交易日是技术要素驱动市场，而其他一些交易日则由基本面驱动。

最关键的一点是要识别并且一而再、再而三地持续问同样的问题：什么在驱动市场——技术因素还是基本面？还有基本面消息没被市场价格吸收从而被进行技术分析的吗？成功的交易者都知道，重要的最新新闻反映在技术图形之前，已经被价格所吸收反映到价格中去了。

第15章 后安然时代——关于信用控制和风险降低手段的应用指南

能源产业是世界经济的血液，而从 2001 年安然事件中得到的教训又让我们明白，信用是能源产业的血液。保持良好的信用评级应成为能源企业的中心目标。可以说自从安然破产之后，越来越多的能源企业用类似银行的方法，通过强调保证金的作用来管理其信用额度。本章评价了一些企业有效管理信用风险的惯用方法和新手段。

安然的倒闭

安然公司从未有过特别好的信用评级，但它在市场中却有着重要地位，于是能源市场的其他企业必须要和安然做生意。也就是说，相比与信用评级为 BBB+ 的企业做生意，与安然做生意的能源行业企业不得不面临更大的风险，否则的话，它们将失去交易获利的机会。安然在线的出现使得能源市场参与者对于安然的信用风险更加避无可避。

让人十分震惊的是，安然这个在能源市场举重若轻的企业，从 BBB+ 的信用评级到破产的惊人速度：从 2001 年 10 月 15 日到 12 月 3 日。

表 15-1 历史上最差的年违约率

评级	1970~1997 年历史上最差年违约率（%）
Aaa	0.00
Aa	0.61
A	0.26
Baa	1.33
Ba	5.30
B	23.38

资料来源：穆迪投资者服务公司（Moody's Investor Service），"历史上企业债券发行者的违约率，1970~1997 年"。

■ 2001 年 10 月 15 日：安然公布财务报告，宣布其账面权益资产减少 22 亿美元，其中 12 亿美元来自于其众多财务合伙人的假账。

■ 2001 年 10 月 16 日：信用评级机构重新肯定了安然的 BBB+评级。标准普尔公司在新闻发布会中声称："权益资产账目减少不会对安然的现金流产生直接影响。然而，由于其权益价值的降低，从而使公司未来融资需求方面更多地依赖于负债，这样一来，安然的财务灵活性将会降低。中短期资本支出是可以管理的，并且可由现金流操作来承担，这样就可以平缓对流动性的担忧，以帮助维持安然的信用评级。资产出售，诸如近期公布的对波兰通用电子公司的交易，也使安然公司足以尽快加强其资产负债表和其他信用措施。"

■ 2001 年 10 月 25 日：安然继续保持 BBB+的评级，但评级机构将其前景改为负的。标准普尔公司声称："尽管前景欠佳，但在安然公司周围的众多不确定因素之外，仍然有一些对安然的信用等级有利的因素存在。安然的强大能源市场和贸易特权依然保持稳定。标准普尔没有找到安然公司风险管理措施及交易原则上的任何失误。在与能源市场参与者接触时，也没有发现安然的交易量降低或其他公司不愿与其交易的情况。"

■ 2001 年 11 月 1 日：标准普尔把安然的信用评级降低到 BBB，并且作为负信贷观察对象。在新闻发布会上标准普尔宣称："安然的降级表明其使用的资产出售等修复资产负债表的措施不足以使其长期信用回到 BBB+的历史纪录。把安然列入负信用监管说明由于资本市场中无法预测的可能性，安然近期的信用等级仍存在许多不确定因素。"

■ 2001 年 11 月 8 日：安然向美国证券交易委员会（SEC）提交 8K 文件，揭露了对其盈利的非现金流冲击的严重性，并且指出，依照公认会计准则（GAAP）应合并在其财务报表中的多种财务工具的效果，对其资产负债表也产生了负面影响。在安然提交了 8K 文件后，迪奈基公司公开确认其正在和安然讨论业务合并的可能性。

■ 2001 年 11 月 9 日：标准普尔把安然的信用评级降为 BBB-，并继续把其作为负信贷观察对象。标准普尔在新闻发言稿中称："安然的降级主要是 1997 年以来公司的财务状况及由其董事会对某些相关交易做出的财务评价等因素促成的。该投资评级是在预测其信用质量改善的前景基础上产生的，因为安然近期将与资金实力强大的迪奈基公司合并，后者将随着合并协议的签署而对安然注资 15 亿美元的权益资本金。"

■ 2001 年 11 月 19 日：安然公布的 10-Q 报告解释了降级的原因，其中包括从 2001 年 11 月 26 日至 2003 年将增发 6.9 亿美元的债券。

■ 2001 年 11 月 21 日：迪奈基就与安然合并事项发布声明。

■ 2001 年 11 月 28 日：标准普尔把安然的信用评级降至 B-，并将其置于信贷监管开发（CreditWateh Developing），标准普尔的新闻稿中称："这一降级措施是因为标准普尔对迪奈基购并安然失去信心。由于对这一交易后的资本市场信心大减，迪奈基很可能不愿意收购安然。标准普尔认为，市场反应已经扩散到整个能源市场，并对安然的交易对手造成了严重影响。这将严重削弱迪奈基收购安然的决心。"

■ 2001 年 11 月 30 日：标准普尔把安然的信用评级降为 CC，并将其列为负信贷观察。标准普尔在新闻发言中声称：这一降级决定反映了标准普尔相信，事先已公布过的安然与迪奈基的合并将流产，由于债务负担沉重，流动资产减少，融资乏力，将使安然不得不走上寻求破产保护的道路。信贷观察的变化表明标准普尔相信近期安然进行破产申请是可能的。

■ 2001 年 12 月 3 日：在 12 月 2 日安然申请破产保护后，安然的借贷评级降至 D 级。

安然股价的下跌过程如图 15-1 所示。

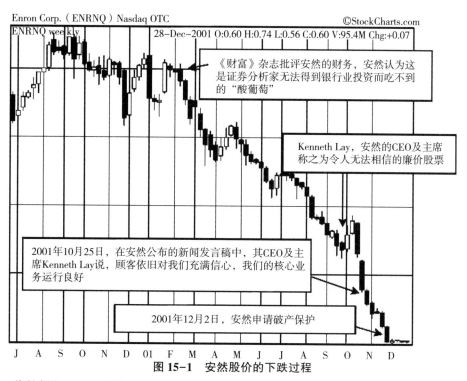

图 15-1　安然股价的下跌过程

资料来源：www. stockCharts. com。

管理信用风险的一些手段

主净额结算

■ 通过净额结算来降低信用风险暴露。这种方法将在以后章节"通过 ISDA 主净额结算协议降低信用风险"中进行详尽讲述。

■ 这种手段的成本较低。

抵押担保

■ 近年来场外衍生市场交易中使用信用风险抵押担保的情况越来越多。现在很多交易者都会对场外衍生产品交易进行一定程度的抵押担保。交易者使用抵押担保来减轻其信用风险，这样，相比不担保的情况，他们就可以进行更多的交易。一般现行的抵押担保协议都是基于 ISDA 信用支持附件——这一交易双方间 ISDA 主净额结算协议的补充协议。这为 ISDA 主协议中的交易组合存在的风险提供抵押担保。

■ 这种做法的成本较低。

财务担保

■ 在金融市场中，这通常是一份由交易对手申请开出的不可撤销备用信用证。

■ 有时候交易一方可以购买沉默担保，比如说，交易方 A 担心其对手方 B 的信用状况，于是去银行购买了 B 方违约的担保（其定价通常相当于信用证风险），其中担保的通常是一项特定的交易风险——某一互换交易或能源交易合同。在沉默担保中，交易方 A 自行购买担保，而 B 方并不知情，所以称之为"沉默担保"。

■ 这种做法的成本取决于交易时间长短、交易对手的资信及交易数量（以美元计）。

信用保险

■ 把信用风险转嫁至保险公司。

■ 部分保障，长时间支出（30~90 天或更久），一般对保险公司进行索赔的公司在保险公司赔偿之前已通过其他途径拿回资金。

■ 信用保险的条款中可包括很多不予理赔的条款。

■ 这种做法的成本不尽相同，但通常要比信用衍生工具低。然而，在实际做法中，信用衍生工具在导致赔偿的事件方面更具透明度，而且对衍生交易进行信用保险一般比较困难。信用保险更加适用于现货实物能源资产的具体交易，比如，某一特定的石油货运合同或能源供应合同等。

信用衍生工具

■ 转移单一的（有时候会是"一揽子"交易对手）信用风险。

■ 这种做法的成本不尽相同，但从基点费率的角度来看要比信用保险高一点。然而，这种做法在导致赔偿的触发事件上更加清晰。

■ 这种做法的一个问题是，信用衍生工具所覆盖的能源部门可能较大，即使是一个发展中的市场，也存在资金流动性问题，这通常由个案决定。

委派

■ 这种做法不是很常见。这是通过把场外衍生交易委派给第三方的做法。安然公司就曾试图把可获利的互换合约委派给第三方，以降低其净损失风险。这里值得注意的是，再次交易中的另一方不得不接受这个接受委派的新的第三方所带来的信用风险。

■ 这种做法比较难以监管，有时候可能会造成税务负担，这可能是使用这种方法的最大成本所在。

清算场外能源衍生交易

■ 这可以降低并转移信用风险，可以通过把交易（把场外买卖交易转移至清算所）转移到资信可靠的清算所，然后清算所成为场外交易的中间方。伦敦清算所（http：//www.1ch.com）和纽约商品交易所（http：//www.nymex.com）已经实行了一些这类交易。

■ 与其他方法相比，这种做法成本比较高。

■ 并非所有场外能源衍生交易都被清算所接受。

通过 ISDA 附件降低信用风险的方法

在达成 ISDA 协议前进行交易

虽然有许多交易者在进行第一笔衍生交易前会签订主协议，但仍有一些能源交易商和新的交易对手在签订主协议之前进行交易（由于公司信用风险越来越大，这种做法现在已日趋少见）。如果在交易前未能达成主协议可能会使交易者在对手违约时无法结束交易，由此增加信用风险。然而，适当的 ISDA 协议确实可以帮助减少交易对手的信用风险。ISDA 协议中关于终止净额结算的条款对于降低信用风险十分有用。一项主协议通常会规定，一旦交易对手违约，未违约的一方可以提前终止所有未结算的衍生交易，并对交易市值进行净额结算，其总额归于未违约一方。据报道，合法的可执行净额结算规定可以降低交易对手的总信用风险，达 20%~60%！这是非常不错的结果。ISDA 协议中的净额结算规定是否可执行取决于违约的对方所在的管辖区。ISDA 花费了很多时间和资源来收集关于 ISDA 主协议可行性的意见。ISDA 将定期更新它们收到可行性意见的国家或地区列表，这些将由交易者自行理解。表 15-2 是 2002 年 9 月 ISDA 收到意见的国家或地区列表（若想获取这些意见，请联系 http：//www.isda.org/）。

确保 ISDA 协议中净额结算条款的强制执行成为 ISDA 致力实现的一个主要目标，因为它对于降低交易中的信用风险至关重要。ISDA 已把参加国家或地区扩大到 38 个。各种意见涉及的领域包括中止协议的可强制执行性、双边终止净额结算以及 1992 年主协议中的复式净额结算条款。

ISDA 每年对此进行更新，以满足各国中央银行的要求。同时，它也与相关立法机构及监察代表合作，加大力度增强新兴市场法庭裁决中净额结算的强制性。

表 15-2　ISDA 收到意见的国家/地区列表（2002 年 9 月 1 日）

国家/地区	是否收到意见	律师
澳大利亚	是	Mallesons Stephen Jaques
奥地利	是	Schonherr Barfuss Torggler & Partnets
巴哈马群岛	是	Higgs & Johnson
比利时	是	Coudert Brothers；Coppens Van Ommeslaghe & Faures
百慕大群岛	是	Appleby, Spurling & Kempe
英属维尔京群岛	是	Walker Smiths
加拿大	是	Stikeman, Elliott
开曼群岛	是	Maples & Calder
丹麦	是	Gorrissen Federspiel Kierkegaard
英国	是	Allen & Overy
芬兰	是	Hannes Snellman
法国	是	Gide Loyrette Noutel
德国	是	Hengeler Mueller Weitzel Wirtz
中国香港	是	Allen & Overy
印度尼西亚	是	Ali Budiardjo, Nugroho, Reksodiputro
爱尔兰	是	McCann FitzGerald
意大利	是	Ughi e Nunziante
日本	是	Mitsui, Yasuda, Wani & Maeda
卢森堡	是	Beghin & Feider
马来西亚	是	Shearn Delamore & Co.
墨西哥	是	Ritch Heather y Mueller

续表

国家/地区	是否收到意见	律师
荷兰	是	De Brauw Blackstone Westbroek
荷属安的列斯群岛	是	Clifford Chance
新西兰	是	Bell Gully
挪威	是	Wiersholm, Mellbye & Bech
菲律宾	是	SyCip Salazar Hernandez & Gatmaitan
葡萄牙	是	Abreu & Marques, Vinhas
苏格兰	是	Dundas & Wilson
新加坡	是	Allen & Gledhill
南非	是	Webber Wentzel Bowens
韩国	是	Kim & Chang
西班牙	是	Allen & Overy
瑞典	是	Wistrand
瑞士	是	Prof. Dr Dieter Zobl and Dr Thomas Werlen
中国台湾	是	Lee and Li
泰国	是	Baker & McKenzie
土耳其	是	Pekin & Pekin
美国	是	Cravath, Swaine & Moore

通过 ISDA 主协议和附件来降低信用风险

ISDA 主协议和附件将在第 17 章中进行详尽讲述。然而，这里有必要强调一下 ISDA 附件可在一定程度上用来降低可能的信用风险。

参照 ISDA 附件和 1992 年 ISDA 主协议：

■ 特定机构
  ● 根据 ISDA 协议第五部分，另一交易对手的关联公司或集团公司可被加作"特定机构"。
■ 起点金额/交叉违约
  ● 在 ISDA 附件中为另一交易方指定较低的起点金额。较低的金额意味着违约一方的关联公司（即特定机构）在突破起点金额之前不必拖欠过多债务（如贷款或其他交易），从而导致违约。这项规定允许了未违约一方在 ISDA 附件下有权终止所有交易。
■ ISDA 附件中的抵押担保/信用支持
  ● 使用不可撤销备用信用证的形式进行抵押担保的做法在场外互换交易领域

或现金交易领域中非常流行。如果其他形式的抵押担保（如债券或黄金）也被接受的话，你在售出这些资产取回现金时就可能支付一定成本，也可能面对这些资产价值的波动。在银行术语中，抵押担保可能会有"折减"（比如说对于债券而言，你可能只能拿走其面值95%的金额入账）。

- 信用支持文件——这可能是母公司为子公司进行的担保，因为如果子公司单独进行交易，就会有较大的风险。美国的公司经常对其海外子公司进行担保。大多数交易公司对其海外交易活动不会注入重资；相反，它们出于控制的目的，对子公司进行担保或通过银行支持其子公司开出备用信用证。在不可撤销备用信用证下，可以更快地拿到资金，因为不需要任何证明——只需简单地递交给银行分支机构就可以了。利用在母公司担保的方式下拿到资金可能需要较长的时间，因为这需要更多案头工作。

ISDA 主协议为使用者提供了强有力的保障。在此部分涉及的其他一些方法将继续强调在 ISDA 法律框架下规避信用风险的利处。

除了简单地对衍生交易进行 ISDA 净额结算，一些公司现在还使用"主净额结算协议"（有时与 ISDA 有所关联）。这种做法可以对不同能源产品、不同种类的合约甚至不同分支机构进行净额结算。这种做法现在应用得并不广泛，而且在美国破产条例中仍缺乏对于现货及金融交易进行净额结算的清除解释。

请关注 MNA（主净额结算协议）的更多发展情况！

鉴于能源部门信用紧张且成本较高，因此对于能源产业来说，任何可以解放资金和交易额度，从而允许更多交易的做法都是令人鼓舞的。当然今后会有更多的交易者使用这些做法。

抵押担保

信用风险还可以通过交易抵押担保的方式降低。在能源衍生交易中，大多数要抵押担保的交易方都会要求其交易对手方提供不可撤销备用信用证（这种形式的抵押担保已被列入交易双方签订的 ISDA 主协议或其他主协议的信用支持附件中）。

然而，这种做法的效率并不高，而且信用证成本较高，修改也比较困难。信用证的手续复杂，因此它比较适合规避某些交易中不变的金融风险（比如，如果原油以 1500 万美元的价格进行交易，那就可以用信用证来支付）。这种类型的文件并不十分适合规避衍生交易的风险，因为衍生交易的风险每天都会变化，而修改信用证却要花费很长时间。一些银行也提供手续较为灵活的特殊信用证，以抵押场外互换头寸中每天变化的实现/未实现损失风险，但这种信用证的成本可能是普通信用证成本的 10 倍！这里还存在一些法律上的问题，即这种信用证在法律上是否可以强迫银行付出比信用证面值更高的款项。从商业角度来讲，银行出于名誉和将来交易的考虑，可能愿意支付给持证人多于面值的款项。

抵押担保要求

抵押担保的多少取决于交易者是否要求交易对手方涵盖未保护的信用风险。举例来说，一级做市商向银行对某船运公司提供燃料油互换进行套期保值，他们一般会要求以名义保证金的 10% 开立信用证。

国际结算银行（http://www.bis.org）声称：银行对于商品衍生风险的内部保证金不得高于名义金额的 10%。然而，大多数银行使用的内部风险模型都收取交易当日名义保证金的 6%~8%，资本支出可看作交易者开设一期货头寸时的期货交易初始保证金，也有一些较为保守的银行使用附加利益方式对进行 1~12 个月的远期交易收取名义价值的 15%。

从交易对手方得到抵押担保的一些指导原则

用作抵押担保的金融工具

当金融工具被用作抵押担保时，一般大多数公司都会对其面值进行一定"折减"，从而反映出市场风险和外汇风险——一旦有必要把该金融工具折现以弥补损失时，这种做法就会提供更多保障。

例：措辞灵活的场外衍生头寸备用信用证

这是典型的由银行开立的规避场外互换交易风险的备用信用证措辞。

致：XYZ 银行有限公司

我方兹开立不可撤销信用证，信用证号码 12345，到期日：2003 年 1 月 10 日。内容如下：

开证申请人：ABC 小型交易者有限公司

受益人：XYZ 银行有限公司

金额：USD 100000.00（拾万美元整）

到期日：2003 年 1 月 10 日

只要提示以下单据，就可以在我行各柜台即期获得偿付：

[A] 具有实际结算金额或者逐日结算金额的发票电传副本

[B] 附有指定签名的受益人的声明，声明如下：

我方，XYZ 银行有限公司，向贵方证明此金额涵盖了以下互换交易中 ABC 小型交易者有限公司未向我方结清的款项：

合同号：12345abc

交易时间：2002 年 12 月 20 日

产品：新加坡 HSFO 180 CST

数量：5000 公吨整

固定价格：134.50 美元/公吨

浮动价格：2003 年 5 月 1 日到 31 日，包括 1 日和 31 日

特殊情况：

1. 允许多批/分批提取。

2. 所有受益人银行方面的费用都打入受益人账户；所有开证人银行方面的费用打入开证人账户。

3. 此备用信用证的金额将根据逐日结算的金额自动调整（调整包括超出此信用证原先设定的金额的一切增加金额，我方将不再进行修改信用证）。

偿付指示：

"折减"的目的是防止在持有期间价格下跌，以及弥补兑现抵押担保物的成本。"折减"一般都表述为抵押担保物面值的一定比例，企业应自行决定"折减"的程度，表 15-3 可看作初步参考。

表 15-3　建议的抵押担保折减

	≤5 年	>5 年
现金	0%	0%
主权评级为 AA 及以上的[1][2]	0.5%	1%
其他投资级别	2%	5%
非投资级别	10%	15%
公司评级为 A 及以上的[1]	7%	10%
公司评级为 BBB	10%	15%
非投资级别公司	20%	25%
股本主要指数	—	—
——投资等级开证人	—	20%

	≤5 年	>5 年
——其他开证人	—	30%
贵金属	—	10%
外汇折减	—	—
——主要货币③	—	5%
——其他货币		10%

注：①或者相似类似等级。②这里的主权广义的定义为包括超国家的主权。③主要货币即根据国际货币基金组织规定的浮动货币。

资料来源：ISDA 报告（2002 年 2 月）

信用保险

保险市场也为转移信用风险提供了一些方案，然而，信用保险对支付金额并不十分清楚。一般信用保险仅限于现货交易的信用保险，而且对于互换和期权等衍生产品的违约，往往比较难以界定承保范围。这种方法更适合于有固定现货能源流量的交易对手，使用信用保险的交易者还需注意赔偿条款、违约触机以及流动性。信用保险与备用信用证不同，备用信用证的受益人只要向银行申请而不需要其他关于资金的证明，而保险一般要求提供明确的文件。此外，受益人一般要先想其他的方法来寻回损失的资金，然后再向保险公司索赔。一般违约的理赔通常为 30~90 天，于是这里受益人还要考虑到现金流的问题，但如果违约是在破产或倒闭的情况下的话，理赔就会快一点，因为一个公司破产会留下公开记录，这种情况下理赔一般为1~10 天。

如果需要更多关于信用保险的信息，可浏览 http：//www. eulergroup. com，关于燃料供应保险的信息可浏览 http：//www. bunkerinsure. se/。

交易的新工具——信用违约互换（CDS）

信用违约互换（CDS）是最直接的信用衍生工具。这是一份把违约风险从一方转嫁至另一方的合约。也就是说，交易的一方卖出第三方违约的保险，另一方买入该保险。信用违约互换的买方需支付卖方一定的费用，通常是以一个合约价值的一定比例（像利率一样）的形式收取。

当出现所谓的"信用事件"时，买方就有权取得赔偿。一般有三种类型的"信用事件"：

- 破产
- 重组
- 无力偿付

如果没有信用事件发生，CDS 的买方根据合约名义金额的若干基点支付给卖方一笔费用。比如说，对于 XYZ 银行有限公司的 1000 万美元的 CDS 要求支付 95 个基本点（即每年收取 0.95%），于是买方为这个 1000 万美元的合约需付给卖方 95000 美元/年。一旦 XYZ 银行引发了信用事件，那么该份 CDS 就会为买方承担 1000 万美元的信用违约金额（见图 15-2）。

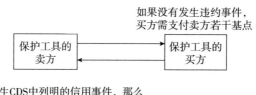

如果没有发生违约事件，
买方需支付卖方若干基点

| 保护工具的卖方 | ← → | 保护工具的买方 |

如果发生CDS中列明的信用事件，那么
卖方必须支付买方互换中规定的金额

CDP涉及的第三方也被称为
"名称"或"参考信用"，
或者有时也叫"参考实体"

图 15-2　信用违约互换

在 CDS 中，买方一般会付给卖方一定金额，以交换卖方合约，即一旦事先规定的另一家公司（即参考信用）发生了事先规定的信用危机（信用事件），买方就可以得到赔偿。

信用衍生工具的使用广义上分为风险管理和投资者应用。风险管理用于使用者是买方并想降低信用风险的情况（虽然有时可能并非完全出于降低风险的考虑）；然而投资者/交易者应用当中，使用者是卖方并且想增加其信用风险。

使用了 CDS，即使你在对投资级别公司的组合投资方面面临信用风险，你承担的这些风险中大部分也可能只集中在少数几家公司上。任何信用政策都应该分散风险，并且对任何一家交易对手方都有一定的最大限制。最常用的信用衍生工具是单名信用违约互换或多名信用违约互换。一家公司可针对能源市场常规的信用风险组合对几家公司的总体信用风险进行套期保值。

本章关于信用风险控制和降低的内容中将着重讲述 CDS 的下列用途：

■ 降低风险
■ 信用额度管理

通过 CDS 降低风险

CDS 的最明显和最常见的用途是用来降低使用者担心的信用风险，这种信用风险可能发生在媒体披露对某一合约信用实体不利的消息时，具有风险的组织对其实际风险进行套期保值。投机交易者可能购买 CDS，因为他们对某一特定部门、地区或一实体的信用持消极态度，认为事态会越来越糟糕。

通过 CDS 进行信用额度管理

与降低风险的用途有所不同，当使用者对该套期保值的信用质量持乐观态度，但由于诸如内部限制等因素，没有足够的信用额度来进行计划交易时，他们往往会使用 CDS 来进行信用额度管理。一个很突出的例子就是 Petronas，这家马来西亚国有石油公司十分热衷于进行 CDS 交易，它的信用评级非常高，财力雄厚，并且在能源市场与许多企业做着交易。于是，它就用 CDS 来管理不可靠的借贷者的信用额度，由于对于该实体的信用持乐观态度，要提高信用额度来进行更多交易，所以就需要进行此类套期保值。

在图 15-3 的案例中，A 公司每月卖出 500 兆瓦电能给 B 公司。假设每月 B 公司要支付给 A 公司 100 万美元，为了降低 B 公司违约的信用风险，A 公司向某 CDS 提供者买入 CDS 互换。该 CDS 包括定期付给 CDS 提供者的费用——可根据互换结构分期支付。一般来说，该费用包括信用差价加上其他成本。在这个案例中，如果 B 公司的信用评级为 BBB，而 CDS 的对手方是一家评级为 AA 的银行，那么信用差价就来自于 AA 与 BBB 评级的差别，其他成本可能包括融资的成本以及 CDS 提供者的资产负债表的使用成本费用。

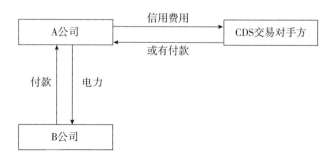

图 15-3　信用违约互换案例：电力市场

障碍和限制：对手方信用风险

CDS 的交易通常会承受所谓的"信用尴尬"，即信用风险永远无法完全规避。

信用衍生产品的信用风险可表现在以下方面：

（1）买方须承担 CDS 卖方的交易风险。使用 CDS 的组织很可能通过降低某一家实体的总风险来达到分散风险的目的。能源部门的交易者可能会面对很多其他能源交易者的风险，但通过使用 CDS，其中的一些风险就可被转移给银行或者 CDS 做市的投资机构。注意"转移"这个词，交易者并没有完全摆脱信用风险，而是把其中一些能源部门的风险转移到了金融/银行部门或基金部门。

（2）有理论认为，CDS 的最实惠报价来自于信用风险方面最不适合的对手方。换句话说，就是 CDS 的对手方与参考方之间就存在信用风险，这样一来就增加了关联风险。这就意味着 CDS 的卖方面对着参考方的更大风险，一旦参考方违约，那就会为 CDS 卖方带来麻烦，从而使买方处于零保护状态。在这种情况下，就存在了两个违约可能，而不仅仅是与对其风险进行套期保值的参考方有关的违约。

如果在某一组织买了 CDS 后，该 CDS 卖方的信用问题越来越严重，但还没有发生影响合约信用实体的信用事件（因此 CDS 不会有赔偿），CDS 的买方可以选择提前终止 CDS 合约（虽然这可能有些困难，因为一般而言 ISDA 的 CDS 交易并不包括明显地提前终止条款），或者 CDS 的买方也可以针对此 CDS 的卖方购买信用保护。做哪种选择取决于合约信用实体的信用良好度以及 CDS 卖方的违约与合约信用实体违约间的关联。这种情况可能发生在当双方处于同一国家，但其信用评级刚刚被降级，或者双方的国家附近即将发生战争、冲突。所以作为 CDS 的买方，十分重要的一点就是在执行 CDS 前要检查合约信用实体的信用风险是否会和 CDS 的卖方关系过于紧密。

对于作为 CDS 卖方的交易者和投资者来说，风险就简单多了，其风险仅仅是拿不到 CDS 的互换金。一般买方不支付互换金的基点就可使卖方终止合约。

定价和估值机制的基本看法

一种常见的做法是在 CDS 合约到期时使用资产互换差价，并根据诸如期望融资率或资产流动性等因素来调节价格。

这种做法可通过下面的例子来解释。假设银行同业基准拆息利率是 Libor，风险债券的融资利率也是 Libor。我们来考虑这样一笔交易，在该交易中某投资者持有一风险债券的多头头寸（即买入该债券），该交易通过 CDS 套期保值，最后的盈利为 Libor+80 个基点（bp）。忽略交易对手风险，此交易的净效果是把交易者违约的风险转移至该风险债券。这样一来，对于此违约的保护就要花费投资者 80 个基点。

如果 CDS 差价少于 80 个基点，投资者可以买入债券，用 Libor 利率融资，然后买入违约保障来防止风险，并取得一些利润。类似地，如果违约互换差价高于 80 个基点，投资者可以卖空债券，卖出违约保障，于是得到一笔收入回报。

应该说，这种基本做法是一个较好的定价起点，而且在债券市场和信用衍生市场相互之间具备流动性时，这种做法就更有意义了。

可用来交易的信用

虽然市场参与者也会对未评级实体做一些 CDS，但这种情况并不常见。并且，大多数市场参与者都要求有一个参考信用标的，该参考标的通常是合约信用实体发行的固定利率债券。在没有评级或相关债券发行的情况下，该信用实体或公司的潜在流动性就会明显降低。

然而，一些交易者愿意接受几乎所有风险，然后再决定是否为其定价，那么这就应该多询问一下了。CDS 的退路可以是对手方开出的信用证、默示担保或者信用保险（这当然是对于现货能源交易来说的）。参与 CDS 市场交易的一些主要的能源部门和运输名称请见附录 2。

信用衍生工具的文件

信用衍生工具的文件现在已变得越来越复杂，也越来越规范。ISDA（国际互换和衍生工具协会，http：//www.isda.org/）对加快文件处理的速度并降低文件风险做出了一定帮助。

大部分的信用违约互换即 CDS，是在 ISDA 的基础上进行的。2001 年 ISDA 做的《衍生市场活动调查》表明，其愿意协助信用衍生市场的运作，ISDA1999 年信用衍生工具定义（加上补充说明）与标准 ISDA 主协议一起使用，ISDA 可提供这些指导。

CDS 市场的发展

安然与 CDSs

在 2001 年安然的危机中，信用违约互换在这个能源巨人倒下前拉响了警报，以此证明了其价值。当 10 月中旬，在安然的境外合伙人被揭发出来前，安然的股票并未开始狂跌。然而在此两个月前，信用衍生市场已经显示出了危机的信号。

8月15日，在安然的首席执行官Jeffrey Skilling突然辞职的后一天，安然的股价几乎没什么变化，收盘在40美元之上。同一天，安然的信用合约的价格上涨了18%，那天交易的合约价格为185个基点（即为每1000万美元贷款支付每年185000美元的违约保障金）。到了10月25日，问题趋于严重时，安然的股价下跌了超过50%，而当时的信用合约价格已经上升到每年每1000万美元支付900000美元的保障金。即使是如此高的价格，当天仍然有相当高的成交量。

当然，在安然于2001年12月初宣布破产后，美国能源企业受到了能源信用崩溃的重创。在安然破产后的一周内，ElPaso五年信用违约互换差价从安然事件前的225bps上升到了325bps左右，Williams能源的信用差价甚至在同一周内从180bps上升到295bps。然而，安然事件并没有停止CDS的发展；相反，安然的倒闭更加证明了这种新工具对于规避信用风险的有效性，于是能源和运输部门的CDS市场保持持续快速发展。

从图15-4与图15-5中可以看出，在安然倒闭前后市场发展有所减缓，但很快就迅速回升，并且从2002年1月起就一直保持上升状态。CDS合约里的能源相关企业的数量和该市场中的要求合约数量都保持迅速增长趋势。

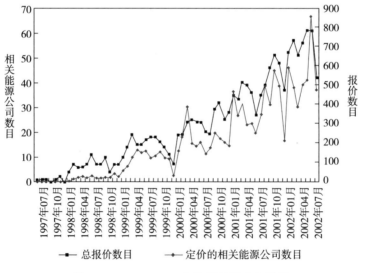

图15-4 1997~2002年能源部门市场增长

资料来源：由Gredit Trode提供数据。更多信息请拨打电话+44（0）20 7400 5050或访问网站http：//www.credittrade.com。

虽然不可能完全消除信用风险，但可以对组织必须承担的风险进行强化或升级。这种做法是有一定成本的，但相比一旦发生违约风险的潜在成本来说，这种做法就属于成本节约型的。这一点也可以从安然事件中看出端倪：安然把可获利的场外交易派发给其欠款的公司。一些场外交易通过EFS交易（期货与互换交换）方式而被转变成场内交易（美国Henry Hub GAS天然气和英国天然气NBP都曾通过EFS而进入了清算所的场内机制，当然保证金是要补交的。但这样做既让交易对手高兴，又减少了场外交易的风险暴露)。

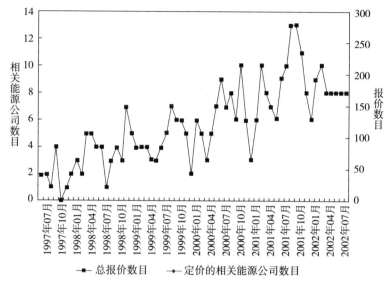

图 15-5 1997~2002 年交通部门市场增长

资料来源：由 Gredit Trode 提供数据。更多信息请拨打电话+44（0）20 7400 5050 或访问网站 http://www.credittrade.com。

CDS 市场的规模

ISDA 从 2001 年开始报告信用违约互换市场的规模。在其 2001 年末的成员（有 80 个成员参与了此调查）调查报告中称，信用违约互换市场的名义价值为 9189 亿美元。这个数字相比货币市场和利率衍生市场的数以万计的价值来说是小巫见大巫的，但可以看到信用互换的发展是极其迅速的。2001 年下半年，地区增长达到 45%。正如 ISDA 主席 Keith Bailey 所说：

"……信用衍生市场在艰难时期显示出了巨大增长……这证明了 CDS 在震荡不稳定期间进行风险管理方面对于市场参与者的价值。"

CDS 最活跃的地区

这可能会令人惊讶，但事实上欧洲市场是 CDS 交易的领导者。在欧洲大约有 50 家做市商，与之相比，纽约只有大约 20 家，而这 20 家所做的业务就已占到了美国该项业务的 90%。

于是美国处在第二位的地位，而亚洲正逐步发展，处于第三位的位置。

3 年期的互换流动性较好，而对于一些合约信用实体来说，也可能做 5 年期的 500 万元到 1000 万元的信用互换。通常最长期限为 10 年期，这一般用于信用非常好的合约信用实体。

总收益互换

总收益互换（TRS）是信用衍生互换的一种，契约当事人一方（总收益支付人），支付另一方（总收益收受人）标的资产的全部收益，包括所有应支付之款项以及资产增值，换取另一方支付按约定固定或浮动利率（通常以 Libor 为基础）计算的现金流（见图 15-6），其标的资产一般是简单的股票或股票指数、某债券或者信用工具组合。TRS 让使用者可以用资产负债表外的资产或经济利益，同时可以用来规避国家风险或政治风险。

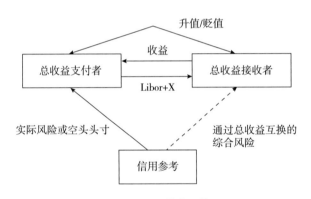

图 15-6　总收益互换

TRS 与 CDS

TRS 和 CDS 的区别在于信用违约互换（CDS）仅仅转移了风险，并要求参考标的（一般为信用合约实体发行的债券或其他利率工具）发生违约行为，才能得到赔偿，而总收益交换则转移合约标的的全部风险。

TRS 交易使得交易方把原先持有的参考标的（如债券）放在了投资/交易账面上，而买入这些参考标的义务的交易方则可以在没有实际上购买这些资产的前提下获得其收益。

国家风险应用

CDS 看上去和 TRS 很相似，但在时机和保障范围方面却有着很重要的差别。CDS 的期限需要与该资产套期保值的期限相同（在需要完全保护的情况下），而 TRS 并不需要。无论时间长短，TRS 都可以完全涵盖当时经济损失的风险并获得一定收益。买方定期支付给卖方该资产收益的一定利率加上资本增值金额，作为回报，卖方承诺支付一定的浮动利率加上资本贬值金额。

当某国的政治局势不稳定时，能源产业或组织可能会应用 TRS 来降低风险，同时仍能继续与当地企业交易（在信用限制政策中经常对交易方进行限制，然后限制整个国家的信用风险）。

举例来说，某石油出口商或 LNG/LPG 出口商把货物出口至某市场，想要规避一段不稳定期内的主权或政治风险，在这种情况下，TRS 的参考标的可以是该国家发行的主权债券。TRS 的优势（CDS 没有此优势）是当该不稳定的市场的信用一旦发生问题，TRS 买方就可以获得收益，而不是像 CDS 那样，必须有违约的情况发生。

TRS 的障碍和限制

让 TRS 无法快速发展的一个主要问题是很难计算参考标的（如前面所说的主权债券）的升值或贬值量。

在没有实际市场交易或违约的情况下，一个非流动性的资产的价值可能会比较难以定位，而同时又会有许多构造方案，大部分信贷因不具流动性而无法使用 TRS。

TRS 的另一问题在于缺乏一个市场标准结构。信用违约互换已经被公认为是一个标准的产品，所有交易者都使用类似的文件（如 ISDA 基础协议），而总收益交换 TRS 则离这个标准还有相当长的一段距离。

通过清算所降低信用风险

信用风险规避的最终工具是资本化良好的中央清算所。集中的清算可提供多方的净额结算、标准的保证金以及违约时的高度保障，而这种安全保障成本较高，可能是规避场外衍生交易风险的最昂贵的途径。

清算所成为场外交易中间方的过程如下：

■ 场外市场的双方，比如，A 和 B 协商并互相达成协议。这可通过常规方式进行，如电话磋商或通过电子交易平台。

■ 一旦该交易中包括"清算"基础的交易，它就自动交给了清算所接管。这是在清算所的某些主清算协议下进行的。这种途径让清算所合法地作为一个交易方来接管此交易。

■ 从这一刻起，清算所就是 A 方和 B 方间的合法交易对手方，或者说，在该场外交易中它取代了 A 成为了 B 的对手方，或者取代了 B 成为了 A 的对手方。

■ 之后该场外衍生交易就受清算所法规的条款的约束，ISDA 条款已不再适用。

■ 清算所会对每笔进行清算并提供财务担保的合约收取一定的费用。

■ 一般情况下，清算所会在开设场外衍生交易时收取一笔"诚信保证金"（和期货交易一样），称为"初始保证金"，在清算所监管场外交易合约的整个期间内，它都会保留该笔费用。

■ 每天清算所都会进行逐日盯市计算，从而决定客户手中头寸的合理公平市值。任何清算所计算到未平仓头寸的 OTC 合约未实现的损失都必须被融资，这一般叫作"变动保证金"（Variation Margin）。

通过清算所清算交易的成本一般包括放在清算所的场外衍生交易头寸的保证金的融资成本，以及清算所对清算每一合约收取的其他一些费用。另外，给予清算中间商或清算所本身的抵押担保也可能会产生其他商业成本。动用这些营运资本之后即丧失了进行业务/交易的机会，所以还存在难以计算的机会成本。

信用掉期术语

买方（Buyer）：或称固定利率支付方，指的是通过信用衍生工具转移信用风险的一方。

现金结算（Cash Settlement）：在发生信用事件，信用违约掉期终止后，如果选择的是现金结算方式，那么卖方需支付给买方相当于合约名义面值乘以 100 再减去最后价格的款项。

信用事件（Credit Event）：是指引起信用违约掉期终止的事件（或一系列事件）。标准的事件包括破产、无力支付或重组。除了破产外，其余事件都适用于合约信用标的。

信贷额度（Credit Line）：对某一单独公司或实体借贷者能够承受的信用风险量的内部限制。

可交付债务凭证（Deliverable Obligation）：可作为合约的一部分使用实体交割进行结算的一部分确认资产。

经济资本（Economic Capital）：根据某一组合模型计算的资本数额，该数额的资本支撑银行风险资产面临的经济风险。经济资本的计算目前还没有硬性要求。

无力支付（Failure to Pay）：合约信用实体无力支付到期的参考信用下的款项。

实物交割（Physical Delivery）：在发生信用事件后，信用违约掉期终止，如果选择实体交割作为结算形式，那么在结算日，买方交割给卖方等同于合约名义价值的可交付债务凭证，从而用来交换卖方开具的合约名义价值的收据。

合约信用实体（Reference Credit）：被信用衍生工具进行套期保值的法人团体。

合约信用标的（Reference Obligation）：指的是一般由合约信用实体发行的明确的资产，可以被用来判断是否发生信用事件，并决定信用事件后的现金结算。

监管资本（Regulatory Capital）：监管机构要求银行持有的保障其风险资产的那部分资本。现行的规定（1988 年巴塞尔资本协定的一部分）要求每 100 美元公司风险有 8 美元；每 100 美元 OECD 银行风险有 1.6 美元；每 100 美元 OECD 主权风险有 0 美元。

重组（Restructuring）：指合约信用实体的某些变化对其经济产生了物质影响。ISDA 信用衍生工具定义中对重组曾作过定义，但后来 ISDA 自己又做出了修改。因此，市场对重组有两个定义："新 R"和"旧 R"。

卖方（Seller）：或称浮动利率支付方，指的是使用信用衍生工具承担信用风险的一方。

场外清算所采取的做法概要

洲际交易所（ICE）电子交易平台及伦敦清算所（London Clearing House）（http：//www. theice. com/）－2002

■ ICE 在美国和欧洲执行了一些天然气和能源互换和期权交易，其目的是在 2003 年提供油类衍生产品清算服务。

■ 交易是通过 ICE 电子交易平台进行的，清算后的交易会自动进入 LCH 系统。

■ 用户之间必须签署三方协议，任命清算经纪人（LCH 成员）以及 LCH。

■ 用户必须是 ICE 成员，他们一旦登录 ICE 并输入密码后，就可以任意任命他们想要对其交易进行清算的清算经纪人。

■ 然后他们的清算经纪人会在 ICE 清算管理屏幕上建立其账户的细节。

■ 这些都做完之后，这些执行过的"已清算"交易会自动进入其经纪人的清算账户。如果某公司已经在 LCH 成员清算经纪人处建立了期货账户，那它只需签订一份三方文件。OTC 已清算交易会登记在现有的期货账户上。

UKPX：http：//www.ukpx.com/~1999

■ 英国电力交易所（UKPX）是由 OM 伦敦交易所有限公司运营的能源市场，是一家英国公认的投资交易所。OM 伦敦交易所被英国金融监管局（Financial Service Authority，FSA）认定为一家投资交易所及清算所。UKPX 是英国第一家独立的电力交易所，在提供综合交易及对现货期货合约进行清算方面是独一无二的。

■ UKPX 清算交易所对其成员提供英国天然气及电力的 OTC 现货合约清算服务。2002 年 9 月，交易所还开设了德国远期现货电力合约的清算服务。

■ UKPX 在合约双方间扮演中间方的角色，保证此类合约的财政水平。由于英国和德国的电力和瓦斯市场都是采取实物交收合约，UKPX 还执行现货任命和通知的功能。

北欧电力交易市场（NORD POOL）

■ 北欧电力交易市场开始于 1996 年，是由于北欧国家电力市场的不规范而建立的（http：//www.nordpool.no/）。

■ NECH 为其成员提供对北欧电力交易所的合约的清算服务及对双边市场中金融合约的清算。清算是指 NECH 作为合约的中介及清算成员的对手方，同时，NECH 保证财政结算。

■ NECH 对于在北欧电力交易所之外进行的现货交易提供完整的清算方案。对于金融电力合约，这意味着它评估了标准合约，并且给予清算成员每个合约一个净额头寸。该净额头寸是计算每日追缴保证金和保证金结算的基础。

■ 对于现货电力合约的清算适用于 Elspot 和 Elbas 的交易合约。NORD POOL SPOT AS 是实物交收合约的合约方，但是，NECH 监管所有的清算服务。

■ 要使 NECH 承担交易对手方的责任，每个清算成员若想要对其电力合约进行清算，他们必须提供对于初始保证金之外的每日追缴保证金的抵押担保。

■ 2001 年 NECH 清算的电力合约，包括所有北欧电力交易所的交易，达到 2769TWh，价值 4120 亿挪威克朗（相当于 540 亿美元）。

■ 2002 年底，NECH 有来自于 11 个国家的 302 个清算成员和清算客户。

■ NECH 总部在奥斯陆的 Lysaker，并在斯德哥尔摩设有分部，共有 17 个雇员。

欧洲能源交易所（EEX）（http：//www.eex.de/）

■ 欧洲能源交易所对德国电力市场的现货期货合约进行清算和担保。这些合约可进行交收，可以邮寄场外电力交易至交易所来得到比 EEX 期货合约低的清算费用。

■ EEX 的未来令人担心，因为 UKPX 已于 2002 年为德国电力市场推出了价格更低廉的清算服务，而且 UKPX 是由一流的 OTC Broker Spectron 支持的。

纽约商品交易所（NYMEX）（http：//www. nymex. com/）-2002

■ 通过其网络在线系统清算包括场外原油、石油产品、天然气、电力以及与煤相关的场外衍生品等在内的交易。

■ 这一系统没有附加任何电子交易平台，因此可能比 ICE-LCH 的做法更具灵活性。OTC 经纪人可以为其客户将交易进入 NYMEX 清算系统，而他们却无法直接参与 ICE-LCH 的清算过程。

建立信用控制框架的管理方针

建立一种信用风险氛围

■ 董事会有责任通过公司信用风险战略和重要的信用风险政策，并定期做出评估。

■ 高级管理人员有义务执行董事会通过的风险策略，并开发确定、测量、监控及控制信用风险的政策和措施。这些政策和措施应当能够管理所有银行活动的单个信用风险或风险组合。

■ 组织应能够确认所有产品和活动中的信用风险。在承担新的信用风险前，组织需确保有足够的措施可控制该风险，并须事先经过董事会或其适当的内部委员会同意通过。

在健全的信用程序下操作

■ 组织需对所有层面的单个交易方或其关联公司都建立全面的信用限制。

■ 组织对于建立新的信贷额度和新的交易对手方（即使是之前交易过的企业的关联公司）或扩大现有信贷额度都应有清楚的程序。十分重要的一点是，企业必须仔细审查其交易对手方是否有欺诈或洗钱行为，之后再决定是否承担该方的信用风险。

■ 组织应建立一个管理信息系统和信用分析技术，从而使高级管理层能够测量评估资产负债表内外的交易活动的信用风险。该管理信息系统应提供关于某些集中风险的信息，比如，某一特定法人或集团公司的风险，甚至国家风险的集中，这些都需要引起重视。

对信用风险进行充分控制

■ 组织应建立独立的现行风险评价程序，并且这些评价的结果应直接递交给董事会或高级管理层。

■ 组织应建立并加强内部控制，确保一旦有违反信用政策、程序或信用限制的情况出现，马上就能够汇报至公司相关的控制管理部门。

■ 组织内部应通过突发事件应对计划/程序，以进行问题信用风险管理。

第16章　能源金融

能源部门的信用评价

任何企业的融资都要受其信用评价影响。在能源行业，这一点尤其重要，因为能源行业给人的感觉就是一个高风险行业，所以对于能源机构而言，知道那些信用评级机构如标准普尔（Standard & Poor's）和穆迪（Moody's）公司等是怎样进行信用评级是至关重要的。他们也应该知道某一评级机构或第三方机构在评估他们时哪些要素是关键要素。

在能源部门，公司评级机构通常会审查：

- ■ 企业战略。
- ■ 能源市场参与情况和能源业务的多元化情况。
- ■ 公司竞争优势。
- ■ 风险管理操作。
- ■ 能源市场与业务风险的管理和监管。
- ■ 风险承受能力：公司是如何管理其价格风险（市场风险）的。
- ■ 能源公司衍生工具组合投资的估值方法。
- ■ 信用风险政策。
- ■ 企业和风险管理控制系统。
- ■ 影响向能源市场供给的因素，包括营运成本、产品定价和多样化。
- ■ 财务风险和绩效。

一项有利可图的能源交易业务的关键是其风险管理操作。大多数商业信用调查机构在进行风险管理评估时，评估重点集中在交易业务的管理监督能力、风险承受能力、信用风险政策以及在适当的地方控制风险管理步骤的系统和报告结构。这些评估能够帮助评级机构决定一家能源交易商能否在能源市场取得成功。这意味着，有效地执行含有衍生工具在内的合适的价格风险管理策略能够帮助一家能源机构获得评级机构的良好印象。

一些评级机构（如标准普尔）将风险控制系统作为被评估对象获得投资级别信用品质的绝对必要条件。对标准普尔而言高于 BBB，或者对穆迪而言高于 Baa 的级别就是典型的被认为是投资的级别（见表 16-1）。

表 16-1　信用评级比较

投资级别

穆迪	标准普尔	违约概率	
Aaa	AAA	0.001	偿付能力极强
Aa1, Aa2, Aa3	AA+, AA, AA-	0.01	财务支付能力非常强，与 AAA 级只有微小差异
A1	A+	0.02	还款承诺能力很强
A2, A3	A, A-	0.04	易受经济变化的负面影响
Baa1	BBB+	0.15	能履行其财务承诺
Baa2	BBB	0.30	适当，但可能被负面经济状况所弱化
Baa3	BBB-	0.60	—
低于投资级别/投机级别			
Ba1	BB+	0.90	最不脆弱的投机级别
Ba2	BB	1.25	非常适度地保护利息和本金的支付
Ba3	BB-	1.60	非常适度地保护利息和本金的支付
B1, B2, B3	B+, B, B-	5.00	履行财务承诺的能力很弱
Caa	CCC	14.00	易违约
Ca, C,	CC, C	17.00	易违约
D	D	100.00	违约，实际违约或即将违约

假如存在显著的能源价格风险，并且预计交易者会去投机，那么能源部门的总体风险就会很高。这就意味着，能源部门平均信用质量评估等级按标准普尔规则来算会是在 BB 类中的较低级别。

高信用品质的能源交易商通常有较高的信用评级，因为他们不仅向人们供应实物能源，而且这些公司常常还拥有下列中的一部分或全部：

■ 领先的国内或国际市场地位［如壳牌（Shell）或英国石油（BP）］。
■ 业务的多元化和（或）上、下游领域的一体化，以此来减少财务利润侵蚀（Exxon 公司多年来一直认为没有必要进行套期保值，因为该公司既有上游的原油领域产业，在下游也有自己的炼油厂和加油站）。
■ 作为低成本的工业能源/给料的供应商的优势（石油、天然气、电力、石化）。
■ 专业运用和出售金融衍生工具，以及大量的现货流动性。

确定（投资）评级

评级机构会密切关注被评估对象的风险管理操作，因为很多人将其视为一笔成功的能源交易业务的基石。评级机构希望看到下列事项的有效监控：

■ 公司交易业务的完善监管
■ 市场风险
■ 信用风险政策
■ 用来控制和监控公司现货和衍生品交易及结算过程的系统

评级机构也会为衍生工具的使用寻找一个清晰的管理控制结构。它们也希望看到一套已制定好的政策，以确定下列报告在每一个工作日开始就能做出并发到高级管理层。一份"日头寸报告"包括：

■ 盯市（Mark-to-Market）
■ 对手的信用风险（Credit Exposure）
■ 风险价值（VAR）报告
■ 发生的任何意外事件的详细报告（如政策违例、交易限制违约等）

拥有强大的高级管理层也会被评级机构关注（这通常在有关账户的信息披露或公司官方访谈时被要求）。

对于在本章讨论的管理控制，董事会应该对批准通过的机构交易政策负总体责任。这些政策包括交易程序和由风险管理委员会赋予的投资组合限制。通常，风险管理委员会由指定董事、高级"非交易"相关管理人员以及交易经理组成。风险管理委员会应该明确其责任，即检查评估任何被提起的交易政策的改变和能源公司交易限制的改变。同时，风险管理委员会也应该对新的风险管理技术和套期保值策略进行评估，同时它也有权批准通过新的衍生工具进行交易。

从理想的角度来说，信用评级机构想看到董事会很有兴趣去积极监督交易操作。这可从下列情况中得到解释：某一组织的大宗能源交易要得到董事会的批准，董事会附属委员会要对该组织交易风险管理政策的内外部审计负责。

风险承受能力：管理市场风险

组织的市场风险管理与估值需要在有确定的政策和程序附属下进行，该政策和程序主要是组织交易风险管理的政策。这些附属的条件必须经过审计检查，以便外部评级机构能够理解。

信用咨询机构真的会注意到某一组织检查其交易政策的频率，它们认为被评估组织一年至少要检查两次交易政策，以便反映业务中的任何变化或者改善交易程序。如果一家能源公司在进行投机交易，那么它的交易商可能会在该能源公司面前暴露显著的潜在财务损失的风险，所以信用评级机构会密切注意一组织的风险敞口是怎样被最小化的，以及制定的能源交易和风险管理政策与程序是如何严格地被保持的。对于一个组织来说，向外界阐释这一点的最清楚的方法就是告知外界，本组织一直在提供交易报告。这些报告则是本章前面提及的那些。

衍生交易头寸估值

信用评级机构一直都关注一家公司是如何记录其能源衍生品和实物能源资产投资组合的价值。但是，自从能源业会计灾难泛滥以来（安然公司是关键的一个），外界更关心组织是如何为其投资组合进行估值的。

公司应该采用蒙特卡罗（Monte Carlo）模拟风险价值（VAR）方法来为其与衍生工具风险组合有关的风险敞口进行定量，VAR 模型的结果是标准化的，它能够让信用评级机构将该公司面临的风险与其他也运用 VAR 计算的能源公司的风险进行比较。

信用风险管理政策

评级机构会注意被评级对象交易对手的，与场外交易有关的信用风险敞口，该交易主要通过建立美元信用限制来管理。使用 VAR 来评估信用的公司还不太多，能源业大多数公司都使用简单的未实现美元损失限制。信用机构也会注意到公司对衍生活动的净额结算（Netting Arrangement）支付的使用，因为这种支付方法能够减少信用风险（第 17 章详细地介绍了这种方法）。

业务与风险管理控制系统

评级机构（或某组织的交易对手，就这点而论）也会关注被评级对象的某些系统，检查组织是否能专业化地管理其在市场中的头寸。外界也想知道该组织在适当的位置有什么类型的 IT 基础设施，是否有事故恢复计划以及保持业务持续性的备份系统。

公司的核心风险管理系统如果瘫痪相当长一段时间，那么该公司将很难有效运营或管理其交易头寸。

任何一个使用衍生工具的能源业组织都应该构建业务持续性计划，以便在 IT 设施一旦因某种缘故不能正常运转或不可用时，公司能够继续登记其账户并提供持续的报告，并且监控、交易的确认、报价和结算等都能正常完成。一些公司在其公告中会明确写上："公司电力系统中断能够通过方便地进入到文件和人事部交叉培训来进行管理。"

举例来说，标准普尔公司将复杂的计算机系统视为控制组织风险的必备条件。这就要寻求一个明了所有交易（信用、交易和其他限制）和每日经验风险敞口计算的系统。交易商从理想的角度来说也应该配备能够进行模拟交易、记住市价需求和存货的系统。另一个重要特征是能够自动通知交易商交易限制和合适的交易价格。该系统还应该与交易程序的应收账款账户信息相连接，禁止任何超过限制的交易以及要求高管人员授权完成交易，更加复杂的系统甚至能够以单笔的交易为基础来计算所有的风险头寸和远期定价曲线。所有的分支办事处交易和多重交易场所都应该与单独的一个交易和风险管理系统相连，以便捕获全部的风险敞口并有望限制或防止任何无赖交易。越接近实时控制就越好，因为这就给出了一定层级的控制和透明度，以此来让管理层在已知信息下做出更好的决策。同时，当人们评估信用风险时，这也给了外界一个积极的信号。对于能源交易商而言，如果一家公司风险管理系统陈旧且经常坏，不能正确计算公司价值和发票价值，那么这就存在很大的风险。

市场地位

一个机构的运作规模和其在按地理划分的区域市场上的市场份额是非常重要的，因为能源交易市场上的交易中也存在规模经济。大能源机构在市场信息和情报方面也具有优势。处于信息流中央的公司具有很大的优势，因为它有更好的机会知道市场在最短时间内的变动方向。

规模或者与销售额有关，或者与一个机构拥有的已知的活跃交易对手数目有关。规模大小也可通过与交易对方签订的销售合约和 ISDA（国际互换及衍生工具协会）协议的数目大小来判断（ISDA 的具体细节会在第 17 章讨论）。一般说来，较大的规模是一个正面的信用因素，因为能源市场中较大的市场参与者能够获得更多的不同市场交易的知识。

能源公司市场活动的多样化

高信用品质能源公司的另一个重要特征是其产品和服务的多样性和可靠性，具有这种特征的公司能够随时随地以固定或可变的价格和数量来提供石油、天然气或电力。一次成功的能源交易操作的关键是准确交付客户所需要的东西。

现在讲"拥有资产最好"可能已经有点过时，但是当关注到组织的总体信用评级风险时，资产仍然很重要。因为通常来说，如果一家能源公司实质上拥有天然气储备、一些储藏气、发电厂、炼油厂、石化厂等，那么该能源公司对于某一能源商品就有更强的控制力。当然，负面影响是该组织将会有一些运营这些附属机构的风险，并且信用风险评估人员会关注公司员工和管理层的素质和经验，以试图定量分析在操作风险方面是否有任何值得注意的因素存在。

租用的资产如购买的电力和天然气的合约、收费协议、承诺使用传输或储藏力等，虽然对能源市场控制力不强，却没有任何操作风险。然而，信用风险还是存在，也就是说供应商可能会违约而没有履行义务交付石油、天然气或电力。这就巧妙地将评估分析引向对供应方的关注。在调查一个组织的信用风险时，第三方评估机构将会检查该组织的供应来源。如果组织从一个高信用风险公司购买能源，那么这个组织的信用评级也会受到影响。

大多数评级机构认为拥有自有资产是最好的，但是测度一个能源交易商获利能力的最真实的方法是利用业绩。如果一个组织能证明其用较少的资产创造了较多的销售额，那么该组织在评估中就能获得较好的信用评级。

能源公司如果在市场中拥有大量交易关系良好的交易者，则肯定能够获利。交易者是能源公司的核心资产，他们深刻的经验、交易实物资产或衍生产品的能力以及获得交易信息的能力等都是能源交易公司竞争地位中的关键要素。

管理层记录

信用评级机构经常会通过检查下列要素来评级公司的管理层：

■ 风险管理水平的背景。
■ 交易的了解程度。
■ 衍生产品的熟悉程度。
■ 高管是否有管理价格风险的背景经验。
■ 管理层是否懂得运用金融衍生工具的风险。

他们了解实物交易结算和衍生品交易结算不在同一天时与现金流有关的资金要求吗？他们也应该了解如何利用外汇和配对物来为衍生品进行抵押。

■ 有没有积极监控每日资金。
■ 高管采取哪些措施以确保交易新产品前适当地控制已经到位。
■ 责任隔离（第9章提及过）。任何一个信用风险评估人员都会关注被评级组织在预防欺诈方面采取的控制措施。比如，内部信用部门应该与交易大厅（Trading Floor）进行物理隔离。评级机构是会注意到这一点的，就像银行在对客户进行授信额度评估时所关注的一样。

准备金

任何一个信用评估人员将会关注的另一个重要因素便是准备金水平。

组织应该检查确认自己有足够的准备金来进行交易活动。方法是首先对其市场交易对手进行评估并为每个对手指定一个相应的级别，然后考察存在于每个信用级别上的总体授信额度。

表 16-2 用标准普尔违约风险概率与每个概率对应的评级级别下的授信额度相乘，就得到各个信用级别下的信贷限额。然后运用一年期违约概率，就可以计算出每个评级组的加权平均信用风险敞口。

组织留出来的合适的风险资本金额度应该包括所有这些内含的风险。值得一提的是，无论是通过标准普尔还是通过其他信用评级机构，想要获得高信用评级的能源公司拥有数倍于授信额度下风险资产金额的资本。注意，此处的风险资本不是评估市场风险大小的风险价值（VAR）计算的替代说法，而是 VAR 的补充。

表 16-2　加权平均信用风险

评级	信用额度（百万美元）	违约概率（%）	风险资本（美元）
AAA	200000000	0.00100	2000
AA	125000000	0.01000	12500
A	100000000	0.04000	40000
BBB	100000000	0.30000	300000
BB	50000000	1.25000	625000
CCC	25000000	14.00000	3500000
总计	600000000	—	4479500

资料来源：标准普尔和 Tom James（笔者研究）。

信用级别：小结

出于融资的目的，或者出于合约方的信用评价的目的，公司要想被认为是好公司就必须做到能拥有足够的营运资本以覆盖到下列各种风险敞口：

■ 信用风险，即本章已经讨论的风险。
■ 价格风险，VAR 或者该组织选用的风险管理方法能够帮助经理们做出决定。
■ 操作风险，组织应该配置好资本以应对事故恢复、新系统采用、人事调整带来的更多的职员。

可以这样说，有能力将未平仓头寸进行套期保值的能源市场参与者面临的风险较低。同时，拥有健全的信用风险管理程序（具体见第 15 章）的能源市场参与者能够减少他们面临的信用风险。因此，如果公司的管理层想确保公司被视为一家信用风险管理良好的公司，那么他们就应该设计一种与公司当前业务战略和预计会发生的风险水平相符合的资本结构，这些风险就是我们刚刚提到过的三种风险。

使用衍生结构品融资

衍生工具在能源行业公司中越来越成为流行的融资方法。这里我们回顾一些使用衍生工具达到目的的最常用方法。

能源指数贷款

指数联动贷款（Index Linked Loan）是一种将价格对冲和融资打包在一起的方法。对于固定金额能源风险而言，指数债务的主要好处包括：

■ 为出借人和债权人附加的证券。该证券能够减少生产商现金流波动的风险和能源价格风险。

■ 为借款人或债务发行者进行价格套期保值。

能源价格联动为下面所列例子中的消费者创造了一个套期保值机会。既然允许创造比衍生品市场（该市场期限较长的远期合约缺少流动性）所能得到的套期保值期限更长的套期保值工具，那么创建这种类型的套期保值可能会更好一点（由于衍生工具没有直接交易而创造的一种人为合成的套期保值，但能够取得同样的效果）。因此，就借款人为其套期保值所能够获得的价格而言，上述类型的套期保值不但在信用上更有效，在成本上可能也更便宜。这是因为它通过贷款将套期保值和融资结合在了一起，有效地为套期保值进行了抵押担保。

举例来说，如果一个天然气消费商想要以天然气指数贷款来为其今后支付的天然气价格风险进行套期保值，该贷款的构造应该像下面的样子：

借款方可能是一个发电站，而贷款方（借出人）可能是天然气生产商或者是为发电站安排融资以买入长期供应合同的交易商。通过该贷款结构，借款方能够得到一个套期保值从而防止贷款合同到期日天然气价格变高带来的损失；贷款方则会面临价格上升的风险，所以需要做一个套期保值，要么使用一个背对背（Back-to-Back）实物合约，要么与另一个合约方做一些衍生结构物。

天然气消费商的天然气指数贷款

本金金额：10000000 英镑

期限：10 年

偿还方式：到期全额还款

商品指数：英国国家平衡点（NBP）天然气指数

固定商品价格：20 便士/摄姆（0.2 英镑）

在该贷款交易下，借款方（天然气消费商，如发电站）在融资初期就可收到 10000000 英镑。在 0.2 英镑/摄姆基础上，这些现金可换成等价的天然气头寸（相当于名义上的 50000000 摄姆天然气，10000000×0.2 英镑/摄姆）。

借款方本金（借入的金额）偿还与英国天然气价格变化相联动，联动关系见下面简单公式：

本金偿还额－｛［天然气价格（到期日）－固定商品价格］×名义商品头寸数量｝

假设天然气价格涨到 25 便士/摄姆，到期日现金额将是：

10000000 英镑－［（25 便士/摄姆－20 便士/摄姆）×50000000 摄姆］＝7500000 英镑

该情形中，到期偿付的本金比贷款面值少 2500000 英镑。节约的这部分金额可以为借款方提供一笔资金，以应对 25 便士/摄姆这一较高的天然气价格所引起的增加的操作成本。

能源指数债券

吸引投资者采用下列结构物（该方式过去在金属和能源市场都见过）进行融资的原因是，该构造不仅能提供给投资者一个利率回报，还可以提供给投资者一个与能源价格联动的敞口。

对这类债券发行者而言，关键好处是能够享受对基础能源价格风险的保值。因为随着债券利率的上升，债券发行者能够从更高的现货石油销售收益中获得现金流增加的利益。

反过来就是能源消费者面临的情况：举例来说，航空公司有时会关注该种类型的融资，即利率与航空燃料价格联动，这最多可解决一家航空公司营运成本的 1/3。在该案例中，债券将会被这样构造出来，以便一旦航空燃料价格上升，根据公式，支付的利率就减少，以缓解由于较高的航空燃料价格导致的现金流紧张状况。当航空燃料价格下跌到低于某一水平时，利率就增加（通常在债券协议中设置一个利率上限）。

能源生产商债券发行的例子

发行人：能源生产商

到期期限：10 年

特定能源数量：×单位的能源

债券本金金额：本金金额等于债券发行日特定数量能源市场价值

利率：债券本金金额的 X%

利息：以利息支付日前协议计算日内平均能源市价为基础按上面的利率计算得出，用美元支付

本金赎回：债券将以赎回前协议天数内平均能源市价为基础，结合特定数量能源计算出金额以美元为单位被赎回

担保利益：债券以能源资源（可能是一个油田）抵押或留置权进行完全担保

航空/船运公司债券/贷款的发行

在航空公司或船运公司的债券/贷款计划说明书中，如果规定一家航空公司航空燃料价格上涨，债券或贷款利率就下跌，那么在此基础上银行就会购买该债券或发放一笔贷款。如果航空燃料价格下降，因为航空公司会因此而有更高的营运收益和经营利润，债券或贷款的利率因此会在预先协定的利率上限范围内有一定的上升。有时，这种融资方法能够与具体的飞机或船舶融资交易相联系。银行提供这种交易，是因为它们能够利用石油市场衍生工具为其风险敞口套期保值。同时，通过为其客户在能源价格高涨时缓解现金流压力，银行能够减少那些客户企业的内部信用/商业风险，从而减少对债券购买人或贷方（借出者）的潜在违约风险。

存货融资示例

这种类型的结构化工具适用于有能源风险的生产商、交易商和消费者。该方法主要局限于能够方便存储的能源类型，比如说天然气或者石油。电力则会有些问题，尽管可能构造有关水电的结构化工具（高位的水被认为是一种存货，有必要引入到某些天气互换合约中，以防止不利的天气状况）。在电力市场，压缩空气储油罐有时被用作人造的电力储存物。非高峰时刻的电被利用生产压缩空气储藏起来，然后在适当的时候将其释放出来进行发电以应对更为昂贵的高峰用电负荷（这和水电站用抽水储存是一样的）。

存货融资的一般运用

■ 能源消费者如一个工业用户，不得不维持其现场燃料油或柴油等的战略储备以确保其业务能持续进行。然而，这会牵涉到公司重要的营运资金，这些营运资金用在其他业务扩展或研发工作上可能会更好。使用存货融资，公司能够正常维持在其工厂现场的能源原料。然而这要用衍生工具套期保值，并且现场储存能源的价值的一定比例会从工业用户处减掉（减去结构化工具和融资成本）。该贷款用现场储存能源进行担保，对于公司而言这会是一个较低成本的融资途径。

■ 有储存能源的能源生产商或交易商可使用远期市场衍生工具通过金融机构来锁定其储存的能源价值。另一个好处是，这种方式能够用较少的业务营运资金去储存能源，并且该套期保值也被用作担保，这种方法创造了一个担保的套期保值。

三方协议融资

即便一家公司现在对存储资金和套期保值资金的借款并不关心，但是如果它能向一家银行展示交易方程（Transaction Equation）的两边，那么可能会享受较低的资金成本，但是，没有大量资本用来运作的能源公司可能关注三方协议的融资图（见图 16-1）。这种方式使得交易商能够交易得更多，银行家们则可借出更多的钱。能源交易商将其衍生品套期保值现金流和实物能源市场交易现金流的留置权都给予为其提供融资的组织。为交易提供融资的银行面临风险较低，因为其有一个平衡的头寸——实物能源交易的套期保值合约。它仅需应对在该套期保值合约和基础能源产品之间可能出现的任何基础风险。这种方法通常允许银行借更多的钱给交易商，而对于交易商则能够使其增加更多的资本。银行在评估是否扩展这种类型的融资安排

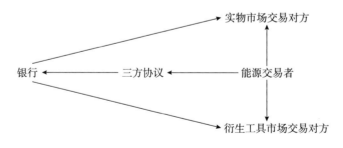

图 16-1　三方融资

注：实际上，能源交易者向银行交付其支配实物交易的现金流和衍生品套期保值的现金流的权利。银行凭此向该交易者的实物市场交易对方和衍生市场交易对方担保交易者的信用水平。银行乐于这样做，因为它有权看到双方的交易并且拥有一本平衡账本。

时，会集中精力密切注意融资方式技巧设置、交易商记录以及某一组织的管理层。另一个关键优势是三方协议的授信额度能自动保证套期保值的额度。交易对方事前可能不要求现金，但是任何衍生合约或实物能源的交易会用尽组织在市场中的偿债能力。然而，如果交易对方（如为该组织提供融资的银行）能够看到现金流的套期保值和实物支撑，那么上述用掉的偿债能力会少得多。

提前偿付融资的例子

过去，有几个 OPEC（石油输出国组织）和非 OPEC 国家使用过提前偿付结构工具在当天实现未来实物销售协议现金流。

这些结构化工具是一种类型的远期合约，合约买方同意预先支付给卖方石油价格的现值。实际上，买方提供给了卖方一笔基于未来在远期日供给的贷款。有时，远期实物购买和资金由某一交易商或能源组织来进行。更寻常的做法是，由于能源部门缺少投资级别的实体，能源交易商会和一批银行协商以为某一生产商构造该类交易。

由于建立该结构物的初始准备成本（Setup Costs）的原因，提前偿付结构物在中期融资（5 年或以上）中通常很少采用。能源生产商如某一原油生产国或者一炼油厂可以获得一个结构物，通过该结构物，未来原油生产产量或石油产品可以在衍生市场进行套期保值（通常，这需要一个为银行而买入石油制品并在石油市场将其处理的交易商的协助）。在该案例中，银行当天会将已套期保值的能源产量未来价值的一定百分比支付给能源生产商，银行则使用远期石油产量作为担保。

这种融资方法在长期融资安排中存在融资成本优势。它也能被有效地应用于因信用评级较差而不太可能进行直接企业融资的实体。这种预付款不需让一个公司或独立核算实体在会计账目上产生一笔负债，因为它是一笔基于购买实物能源的商业交易的预付款。

该结构物的优势：

■ 石油无须与项目相联系。

■ 融资人付款风险冲销。主要石油买方支付石油款项，由此偿还贷款本金和利息。

该结构物的不足之处：

■ 这是一个复杂的结构化，所以诉讼费（Legal Costs）可能较高。

■ 必须找到一个愿意并且能够接受的承担方（Off Taker）或买方（因为信用风险要转移到石油买方）。

■ 交付风险仍然存在（但这是任何有关实物商品的融资结构中都存在的）。

图 16-2 显示了代理人和证券受托人作为中立的第三方，在报告石油产量和交付情况的订约人的协助下是怎样监督整个融资过程的，该数据应该与现金流相匹配。在上述情形中，出借人（Lender）通过受托人将有未来石油产量担保的贷款资金贷给石油生产商。如果是国有石油公司，出借人可能会将资金直接交给政府财政部。远期石油价值通过石油生产商自己锁定的套期保值而被锁定，或者有时是出借人将该笔贷款作为打包贷款的一部分来锁定未来石油价值。该套期保值可以由期货、互换和（或）期权等组成，套期保值的现金流被抵押给代理人和证券受托人（或者是出借人），石油销售所得现金流也是一样。石油公司收到的现金流等于石油销售现金流减去偿付的费用和利息，再减去代理人和证券受托人成本，出借人从代理人和证券受托人处收到本金和利息的偿付。石油买家或者有时也叫石油承担方将任何石油款项交给代理人和证券受托人，后者随后将款项付给出借人、石油公司以及套期保值发生任何损失的套期保值对手。

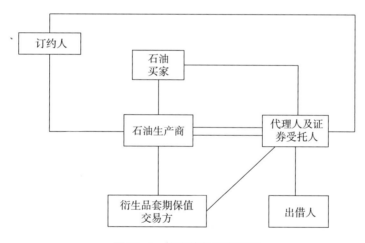

图 16-2　提交偿付融资结构

关于提前偿付结构物的（公司）专用目的工具

在提前偿付结构融资下，一旦发生违约，出借人通常有权处置石油产品和其他可能的资产，所以，有时一些希望用这种方式筹集资金的公司或国家会尽力确保仅有的出借人有权处置的资产是那些非常特定的油田或其他资产。在这种情况下，可以设立一个 SPV 即专用目的工具。

通常 SPV 出于下列原因而被设立运用：

（1）为了借款人（Borrower）在提前偿付融资中能够灵活地销售石油给任何潜

在买家（Lifter），而不是像前例子中的只固定将石油卖给唯一的买家。

（2）有时，一些国家或银行不能直接与某些别的国家签订合约。

（3）为融资项目圈钱（Ring Fence）。SPV 除了对实际借款人拥有权利外没有任何资产。

（4）将对 SPV 的借款从 SPV 背后的实际借款人处转移，能够帮助提升该交易的总体信用评级。

如图 16-3 所示，该专用目的工具（SPV）对于整个交易而言变成了一个实际法人交易对方，其资产便是对实际借款人——本例中是该石油生产商——的权力。SPV 向石油买家出售石油，并且与石油生产商有一个背对背实物合约。SPV 从石油销售现金流中拿出钱向出借人支付偿还的本金和利息，剩余的现金则付给石油生产商。订约方检查确认每一件事的运作都符合贷款协议和代表出借人的行动，这是一个复杂的结构物，通常需要大量税收咨询建议和法律构造。

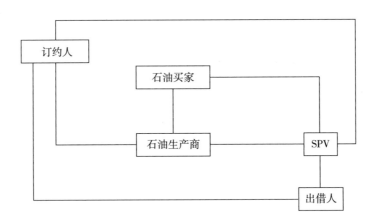

图 16-3　利用 SPV 进行提前偿付融资

含嵌入期权结构物的贷款（结构化票据）

通过产生现金流或者带有嵌入期权结构物（Embedded Option Structures）的贷款能够被用来减少借款的综合成本，别的地方也叫作贴水（如同第 5 章所讨论的）。借款者可以利用这种工具同时结合自身优势在一笔贷款中内置一个期权，以减少融资成本基点（Basis Point）。

石油关联结构化债券的例子

这是一个基于石油期权的票据发行的例子，债券赎回价值与 WTI 原油价格联动。该债券内置了一个关于 WTI 的一年期欧式看跌期权。期权出售使得债券发行人得到一个 Libor 减 1 的融资利率。

关键条款

金额：1 亿美元

期限：1 年

息票利率：每年 20%

发行价格：100.875%

佣金费率：0.875%

赎回条款：债券赎回价值按下列公式计算，比如：

■ 到期日石油指数价格如果高于石油指数赎回执行价格，那么债券按面值赎回。

■ 如果石油指数价格低于每桶赎回执行价格，那么债券持有人收到的金额就低于其本金所决定的面值，即低于每 1000 美元的债券面值：1000×（赎回执行价格/参考价格）。

赎回公式：参考价格是西得克萨斯中质原油（WTI Crude）

赎回执行价格：2002 年 10 月交割的 WTI 轻甜质原油（Light Sweet Crude Oil）期货合约，在 2002 年 8 月 13 日纽约商品交易所（NYMEX）的每桶结算价格，这里报价为 17.50 美元

参考价格：2003 年 10 月份内交割的 WTI 轻甜质原油期货合约在纽约商品交易所结算价格的算术平均值，价格信息来源中的报价采用的是三个 NYMEX 交易日之前的价格，但不包括到期日前两天的价格

价格来源：《华尔街日报》（Wall Street Journal）

结算：按赎回公式进行现金支付

该赎回公式嵌入了一个一年期 WTI 原油欧式看跌期权，期权执行价格为 17.50 美元/桶。这一看跌期权由付款给债券发行人的债券购买者出售。

在到期日，如果 WTI 的参考价格高于 17.50 美元的赎回执行价格，那么该期权下就不会发生现金流，发行人则偿还债券持有人债券的面值。然而，如果 WTI 价格低于 17.50 美元（如 16 美元），那么现金流将会是这样的：

■ 发行债券的能源公司偿付给债券持有人的金额与赎回公式一致：

面值的 91.428%

计算如下：1000×（16/17.50）= 914.2857

● 对于全部金额而言，这等价于 91428570 美元。

● 1 亿美元的面值和 91428570 美元的赎回价值之间的差额由发行债券的能源公司在到期日（欧式）支付给看跌期权的购买方，以代表到期日期权价值。

使用这种结构工具创造出了更便宜的前端融资方式，同时债券发行人面临的不利风险也能通过其他衍生工具套期保值结构进行防护。比如说，如果债券发行人出售的嵌入式看跌期权存在大约23%的隐含波动幅度，而当前市场可比较的期权的波动幅度大约是30%，这就代表了潜在的几百万美元（基于WTI）的期权费的差额。该差额将使债券发行者获利，而这笔期权费上的利润将被用来支付融资利息，就是通过这一手段，债券发行者能够潜在地获得一个NET——负Libor融资利率。

石油指数票据的例子

某一交易商发行的石油指数票据（效果上等同于石油看涨期权）

期限：15年

价值：37500000美元

执行价格：25美元/桶

对于从能源交易商处取得该票据的买家而言，如果石油价格高于25美元/桶，该投资者将会得到一笔金额，以反映能源交易商通过这一石油指数票据发行的看涨期权价值的增加。然而，如果石油价格是25美元或低于25美元，那么期权在到期时不会被执行，投资者只能收回票据面值。这些票据对于那些想要获取较远高于一般利率的潜在回报的投资者是有用的，但这些投资者同时也要承担一个风险，即到期可能会仅仅收回初始投资的本金而没有任何利息。

贸易应收账款融资

许多公司希望为其应收账款融资以便迅速获得现金，从而保持其借款的能力。一笔典型的能源现货交易设计金额最小也有几百万美元。由于对能源行业大多数公司（平均信用评级不超过BB级）而言，贷款成本都是相当高的，所以能源交易商和生产商通过运用贸易应收贷款融资就能获得大量必需的流动资金。为了保证那些贸易应收账款的可获得性进行融资，专业融资公司已经出现，这个业务领域中处于领导地位的公司之一便是Euler集团，很可能是由于该公司与一般再保险市场和信用保险市场的紧密联系（http：//www.eulergroup.com/corpo/en/corpol/services.cfm）。

该方法也能帮助公司给客户更长的信用期限，这能形成公司的一种竞争优势，既是吸引新客户的办法，又是留住老客户的办法。

第17章 场外衍生工具的法律风险控制和法律文件

国际互换和衍生工具协会（ISDA），是代表在私人可交换衍生工具市场中最重要的参与者的全球贸易组织。"ISDA 主协议"给能源衍生市场提供了主要的法律框架，市场中有些人可能想使用他们自己的非 ISDA 协议，但是现在已经非常少见了。

2002 年，ISDA 的操作基准调查发现，ISDA 主协议的使用正稳定地增加。ISDA 成员报告，已签署的主协议占他们场外衍生交易的 92% 以上，比 2001 年的 85% 有所增加。现在 ISDA 主协议涉及利率互换、汇率互换、远期利率合约、商品互换（能源衍生工具）、股票/股指互换，包括上限期权、下限期权、上下限期权、外汇、信用衍生工具和金块的各种期权。

值得注意的是互换（也就是说完全基于现金不涉及实物交易的衍生工具）主要使用 ISDA 主协议，但非金融电力与天然气市场，比如，英国电力与天然气市场，使用由 Allen&Overy（http：//www.allenovery.com）提供的 GTMA（普通贸易总协议），欧洲电力与天然气市场通常受欧洲电力贸易者联盟（EFET）管理。

涉及合约清算和操作风险时，衍生合约使用资金（现金）结算这一事实就显得非常重要，使用基于 GTMA 和 EFET 的场外交易合约有更大的风险，因为到期进行的是实物交易，这意味着在这些实物交割市场很少有像银行这样的金融交易者。

自 1985 年建立以来，ISDA 在明确并减少衍生交易和风险管理行业的风险方面做出了先驱性的贡献。其主要的成就有：

■ 发明 ISDA 主协议（能源行业通常使用 1992 年主协议）。
■ 出版各种相关文件材料和涵盖各种交易类型的工具。
■ 提供净额结算强制执行的法律意见（仅针对 ISDA 成员）。
■ 就资本需求决定中净额结算的减少风险的效果提供担保。
■ 推动健全的风险管理实践，从公共政策和资本管制的视角加强对衍生工具和风险管理的理解和处理。

ISDA 协议

ISDA 协议由两个重要部分组成：不变的标准格式的 ISDA 主协议（本章末有实例可供参考）和 ISDA 主协议附件（Schedule）（该附件与后文提到的信用支持附件 Annex 不是一个概念，译者注）。该附件由交易双方协商而定，包括针对总协议的当事双方的结算、合同中止、合同违约、净额结算安排（如有）和银行业务细节等方面的程序。

ISDA 协议有时附有信用担保附件，本章末的实例中也包括（这种附件不久会被新的保证金附件取代，见随后的注解）。

大多数原油、石油制品和金融电力、天然气的场外衍生交易（也就是说，衍生工具用资金交易而不涉及实物交易）使用 1992 年 ISDA 跨国多币种互换主协议。市场上的交易双方在使用这种协议的同时，使用 1993 年 ISDA 商品衍生工具定义和 2000 年对其的补充说明。

ISDA 主协议

任何不懂法律的经理第一眼看到 ISDA 协议时通常会大吃一惊。它非常庞大，包括 14 个部分：

- 释义
- 义务
- 陈述
- 协议
- 违约事件和中止事件（指任何可能引起有关合同行动的事由，比如，合同一方破产，可认为是事项之一，可能引起对方在 ISDA 协议下的一定行动）
- 提前中止
- 转让
- 合同币种（能源业通常用美元）
- 其他规定
- 办事处
- 支出
- 通知

● 管辖法律和司法管辖区
● 定义

ISDA 出版物

ISDA 出版了一些非常有用的书来帮助业务经理理解合同各部分协议的内容，特别是 1993 年和 2000 年补充 ISDA 协议和术语的意义。

1993 年 ISDA 商品衍生工具的定义

这些定义用于更好地签署 1992 年主协议下的商品交易的文件，包括确认的样本格式。

对 1993 年版 ISDA 商品衍生工具定义的补充（2000）

这次补充是 1993 年 ISDA 商品衍生工具定义（1993 年定义）的更新，它被许多场外衍生工具交易的参与者在现存的合同和其他协议中使用。作为 1993 年定义的补充，它主要适用于现金结算的互换、期权、上限、下限、上下限和互换期权或其他双方当事人希望的现金结算商品衍生物交易的文件。

该补充包括附加的能源、金属、纸张商品参考价格。该补充版可能不包括供市场参与者使用的个别商品的参考价格，但是它大量增加了 1993 年定义中商品参考价格的数量，并包括了 1993 年定义中的参考价格框架，促进了该补充版中并未定义的商品参考价格的形成。除了扩大的商品参考价格部分，该补充版还允许交易者把价格实收实付算入 7.4 中定义的价格来源中断事项。

2000 年 ISDA 的定义和附件

这是能源市场中大部分交易者现在使用的，尽管在不久的将来可能变化。

预确认书和长式确认书

尽管交易双方签订 ISDA 协议通常需要 3~6 个月，但银行和金融机构一般在 3

个月内协商和签署。由于 ISDA 协议的成立需要时间，通常双方在交易时会以最后生效的协议为基础（或者一边交易一边协商）。多数风险管理政策都禁止双方在签订 ISDA 协议前进行交易，但是商业交易的需要有时比政策优先（有管理批准）。没有协议就进行的交易确实会造成相当大的法律风险，如果交易确实要提前进行，那么最好使用所谓的"预确认书"和"长式确认书"（确认书即合同，译者注）。

"预确认书"规定了将来会出现在 ISDA 主协议中的衍生交易的条件和条款的选择。这样做是为了使交易双方在签协议之前都能认同一些合同术语，但是，由于对文件的风险管理政策和对先于协议的交易的控制都在加紧，这种预确认书变得少见了。

现在"长式确认书"的使用频繁得多（它们通常有九英尺的电报或传真纸！由此得名），它是针对具体交易的一次性的衍生交易合同，涉及最后合约的所有主要方面。如果对方是非经常交易伙伴，不用负担签订 ISDA 的法律成本，使用长式确认书可能是最好的选择。在没有来得及签订 ISDA 时需要紧急交易，长式确认书也很有用。长式合同应用于短期普通衍生工具，交易方有相似的法律管辖。

ISDA 文件处理

图 17-1 中是需要的 ISDA 文件。成立 ISDA 协议时，通常是一方主动把 ISDA 附件样稿给另一方评论和修改。之前提到，ISDA 主协议不能改变，ISDA 附件是双方协议的文件。

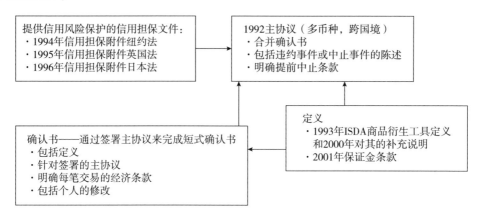

图 17-1　能源行业 ISDA 文件

在这个阶段，并没有开始 ISDA 附件中具体事项的商议。在商议之前，信用部必须先对双方的详细资料进行处理，然后把内部信用证明文件递交给法律部作为 ISDA 附件的内含文件，它对是否需要信用担保附件也有影响。

在和新的场外交易方进行法律文件处理中，付费之前先检查对方公司的组织章程是很有用的。"M&As"提供了一个法人组织的详细资料，特别指明它运作的业务和某些禁止的业务。确定一家公司的 M&As 里没有禁止场外衍生交易合约是非常重要的，如果 M&As 没有问题，双方就应准备坐下来成立 ISDA 协议了。

虽然 ISDA 主协议是标准文件，但仍有引起交易双方的不同类型风险的条款，因此这些条款通常在 ISDA 附件中协商（记住：主协议附件是交易双方做出选择，确定主协议中的条款怎样对他们的衍生交易产生影响）。这些条款包括：

■ 法律风险方面

- 第 1（b）条，不一致性——ISDA 主协议文本和 ISDA 附件（交易双方协商而定）中有不一致的地方，以 ISDA 附件为准。同时很重要的一点是，如果确认书和主协议及 ISDA 附件之间有冲突，以确认书为准，因为交易确认书随着交易更新。这样做可能会增加操作风险，所以交易确认书必须非常正确。

- 第 1（c）条，单一协议——交易结束后，这一部分保证双方的所有交易都相抵并计算净值，因此只需一方付款。这就避免了一种"摘樱桃"的现象，就是一家公司破产后，清算人只收取这家公司获利的交易的款项，而拒绝支付不获利的交易的款项。举例而言，假如交易双方 A 和 B 做两笔衍生交易，A 从一笔中获利 200 万美元（这里是零和博弈，所以 B 亏损 200 万美元），在另一笔交易中，B 获利 150 万美元（A 亏损 150 万美元）。这种情况下，如果 B 破产而没有第 1（b）条的内容（因为它在 ISDA 附件的措辞中被有意地排除了），A 最终会被迫支付 B 150 万美元（尽管从净值来看是 B 欠 A50 万美元）。单一协议的概念强调了清算时不能这样做。它把整个衍生投资组合折算成只需一方支付的单一净值。

- 第 5（a）条，违约事件是关键处——它针对在主协议第二部分的义务规定下，一方不能付款或进行交易的情况。过去能源业采用 3 天的宽限期，但现在宽限期越来越短，有时只有 1 天。这部分也涉及违约信用担保、违约、特定交易违约（在随后章节的 ISDA 附件实例中有详细分析）、连带违约、破产、合并、违法行为和有关合并的信用事件。

- 第 7 条，协议的转让——通常，在没有对方书面同意的情况下，不允许转让 ISDA 协议或其中的权利和义务。但是有极少数情况是例外，如为了避免某些事宜（如违法行为、税务、合并引起的某些事件）而进行的转让，一方把合同中止后对方不履行的应付款转让到另一家公司。

- 第 8 条，合同币种——避免交易双方在结算和抛售时的外汇损失。

- 第 9（d）条，其他规定（累积补救 Remedies Cummulative）——对方违约时，切记中止衍生交易不是唯一的应对措施，如果愿意可以保留未解决的交易甚至起诉求偿。

- 第 13 条，管辖法律和司法管辖区——美国以外大多数 ISDA 协议的能源衍生交易，甚至和美国公司进行的，都适用英国法，受英国法庭管辖。美国国内的 ISDA 交易可以选择英国法和英国法庭，或者适用纽约州法，受纽约州法庭和纽约曼哈顿区的美国联邦地方法院管辖。

■ 交易对手风险方面

- 第 5 条，违约事件和中止事件——之后章节的 ISDA 附件实例中会从操作的角度进行分析。

■ 市场风险方面

- ISDA 主协议第 6 条——这部分针对提前中止，特别是自动提前中止。我们在之后的 ISDA 附件实例中可以看到。

■ 文件风险方面

- 第 4 条，合同——主要涉及交易双方同意提供给对方的文件（如公司法人资格证明、执照和续期的副本）。

■ 清算支付风险方面

- 第 2 条——关键地方是交易双方关于如何支付和如何计算净值的细节协议，也包括避免代扣所得税减除的条款。

签订 ISDA 协议前进行交易

在场外衍生交易进行和协议达成并签订之间的时间段存在文件风险。如果交易者确实在双方 ISDA 协议签订前交易（不建议这种情况，除非有巨大的商业压力必须立刻交易），那发出的交易确认书通常会要求交易双方尽"最大努力"（法律术语，达成协议付出的努力程度）成立 ISDA 协议。确认书中通常指出没有 ISDA 附件时衍生交易服从 ISDA 主协议中的条款，所以通常不做修改。

没有 ISDA 附件意味着交易双方不能按照自己的意愿在 ISDA 主协议的关键问题上做出选择。这些问题包括：引起衍生交易自动提前中止的事项、支付净值和计算方法、公司合并的后果、中止币种、税务（考虑到清算支付时的代扣所得税）、信用担保（任何母公司愿意为衍生交易提供信用担保）和特定机构包括的种类（其他故意引起违约事项的公司也包括在协议里）。

没有 ISDA 协议而进行的交易面临的最大风险是如果对方破产或进入清算，清算人会"摘走"所有获利的"樱桃"。

ISDA 主协议附件

ISDA 主协议附件通常指明双方协议中主协议的哪些部分是有效的。因此，它通常是争议的焦点。虽然各种 ISDA 附件在商业术语上略有不同，但关键部分还是会一再出现，所以在这章中我们会仔细分析一份银行和非金融机构的能源衍生交易的 ISDA 主协议。

ISDA 附件通常和对应的主协议同时生效（签署）。如果一方之后更新了主协议附件，同时和对方还有根据先前的协议进行的场外衍生交易，普遍做法是把新的 ISDA 附件的日期回溯到先前协议的日期，这样先前的交易也以更新的 ISDA 附件为准。

ISDA 附件由以下核心部分组成：

- 终止条款
- 税务陈述
- 递交文件协议
- 其他规定
- 其他条款

接下来，我们将仔细分析一份 ISDA 主协议附件，并突出其中的关键点。

银行与交易者间典型的 ISDA 主协议附件的逐步分析

协议日期：2002 年 12 月 15 日
甲方：ABC 小型交易者有限公司
乙方：XYZ 银行
[首先，ISDA 附件写明了协议双方的名称，也就是希望相互交易的两个组织（或集团）。]

第一部分：终止

在本协议中：

1. "特定机构" 就 A 方而言，为下列条款的目的指：

第 5 （a）（V）条：［特定交易下的违约］

第 5 （a）（vi）条：［交叉违约］

第 5 （a）（vii）条：［破产］

第 5 （b）（V）条：［终止事件——因合并导致的信用事件］

"特定机构"就 B 方而言，为下列条款的目的指：

第 5 （a）（V）条： 不适用

第 5 （a）（vi）条： 不适用

第 5 （a）（vii）条： 不适用

第 5 （b）（V）条： 不适用

［在违约事项中，乙方得到针对甲方的尽可能大的信用涉及面。本例中，XYZ 银行不必给 ABC 交易者有限公司第五部分中的这些保证。但是，ABC 交易者有限公司通常要同意，如果与 XYZ 银行的场外衍生交易时违约，在本协议下 XYZ 银行有权利停止所有交易。注意：ABC 公司的信用担保提供者（如它的母公司）自动加入 1992 主协议的本条款。

特定机构条款旨在拉近资本与 ABC 交易者有限公司资本有紧密关系的机构。银行很少需要特定机构条款，如与 ABC 交易者有限公司或它的特定机构之一因为一所支行的违约而中止交易的协议，因为它的大多数资产就在银行本身，所以很少面临像 ABC 贸易公司那样的风险。］

2. "特定交易"具有本协议第 14 款规定的含义。

［主协议第十四部分中，除非特别说明（本例中并未说明）特定交易是指 ISDA 附件的双方或附属或特定机构之间协议的任何场外衍生交易。底线是，如果 ABC 贸易公司与 XYZ 银行有许多互换和场外期权的头寸，ABC 公司的一个分公司 EFG 与 XYZ 银行基于另外的协议有互换交易，而 EFG 因为破产而违约，根据本协议，XYZ 可以回溯并中止与 ABC 的交易！正在提出的特定交易条款修正能扩大涉及范围，使没有违约的一方可以中止与违约方的所有交易，而不仅仅是场外交易。］

3. "交叉违约"：第 5 （a）（vi）条"交叉违约"的条款将适用于 A 方和 B 方。

［此条款主要针对 ISDA 协议双方及其特定机构和信用担保第三方的借款行为中的合同条款和支付违约情况。这种违约需要超过一个特定的限制，称为"Threshold Amount 临界值"。就是说 ABC 公司或者它的集团中任一公司，或者给 ABC 和 XYZ 提供信用担保的公司，在任何借款合同上违约，本协议下 XYZ 银行可以中止所有交易。］

"特定负债"具有本协议第 14 条之含义，但以下情况除外：（i）该条款不应包括在一方的银行业务的正常情况下接受有关存款的义务，以及 （ii）在该条款末尾应该补充一点"或者通过其他别的方式筹集的资金，无论是通过发行中期票据、债券、商业票据、存单等的方式或者是其他的债务工具、融资租赁、推迟购买计划或者是外汇或利率互换协议等任何别的什么方式"。

[此 ISDA 附件中，XYZ 银行扩大了借款的相关范围，如期票、本票、债券或金融租约。注意到 ABC 公司在别处的贷款或租借的违约可能是破产的提前警示，XYZ 银行借此避免 ABC 公司较高的风险，继而 XYZ 银行能中止交易并控制损失。这部分中 XYZ 银行排除了它从客户处收到的银行性存款，这是很普遍的做法。从技术上来说，这些存款是银行向客户的借款，可能引起异议。银行面临的常见问题是客户的银行账户很大，很容易超过临界值。]

"起点金额"是指，对于 A 方而言，该金额为 10000000 美元或者是相当于 10000000 美元的其他货币、货币单位或者是其组合；对于 B 方而言，该金额等于其最近一个完整财政年度末股东权益的 5%（或者是用任何货币表示的等价金额）。

[起点金额是特定债务的数量界限，根据交叉违约条款，小于起点金额 XYZ 银行不能行使中止权。本例中，ABC 交易者有限公司的起点金额是 10000000 美元。XYZ 银行是庞大的机构，资本基础变化很大，因此起点金额不是一个固定的货币数额，而是基于股东股百分比的一个公式。对华尔街上的精练者，也就是能源衍生品市场上的金融机构而言，这种做法很普遍。]

4. "因合并造成的信用事件"根据第 5（b）(V)条，因合并造成的信用事件将会适用于 A 方和 B 方，同时做下列修改：

根据本协议第 5（b）(V)条，将来出现的机构、现有的机构或受让机构（以下简称"Y"）是否是"实质性弱者"要根据另一方的合理判断来做出决定。虽然有上述说法，但是如果 Y 同意并且做到了在要求的两个当地工作日内提供出符合条件的信用支撑（具体定义见信用支撑附件）其金额等于或超过交割金额，后者以对 Y 而言应该是零的起点金额为基础，那么 Y 的信用度也不应该被定为是实质性弱者。需要指出的是，之前任何与信用支撑附件不符之处，在以后都要维持始终是符合条件的信用支撑，以便与根据该条款修改的信用支撑附件相一致。

[有时为了避免争议，ISDA 附件的双方为了附约的协议会明确"实质性弱者"到底指什么。比如，"ABC 公司或 XYZ 银行不能保持长期的、无担保的、非附属的至少 BBB 级（标准普尔评级或 Baa3 莫迪投资评级）的债务投资"。使用这些评级是因为低于这些级别的债券将被认为不适合投资甚至是垃圾债券。类似的术语在 ISDA 附件中由两个大机构使用，如两家大型银行。Enron 评级降低后由于场外交易的中止无疑遭受了损失，因为 ISDA 附件中违约只涉及交易和借款的一方在 Enron 急速下跌时不得不等待，而如银行等在贷款上没有违约责任的一方会试图抛出。自 Enron 之后，在场外衍生交易中违约的定义审查更加严格。]

信用事件也会发生，如果：

（a）任何个人或机构能直接或间接获得受益人股权所有权证券，使其有权选举 X 公司董事会多数董事、任何 X 公司的信用支撑提供者或者是任何 X 公司可适用的特定机构，再或者就是直接或间接地获得对 X 公司政策决策制定的控制权。

（b）X 公司、X 的信用支撑提供者或任何一家 X 公司可适用的特定机构达成协议，同意为主协议第 5（b）(V) 条所列或者上述条款中所列的任何信用事件负责。

5. 第 6（a）条"自动提前终止"条款将会适用于 A 方和 B 方。

［自动提前终止——影响破产的违约事项

此条款的效果是协议下所有的交易都视为在对违约方的清算命令前一日即刻结束，其他情况下在破产程序开始前终止。这意味着非违约方可以在破产程序外行使权利。80% 的 ISDA 附件中有这一部分。也有些国家或地区建议使用第六部分（a）。最新的国家或地区名单由 ISDA 提供（http：//www.isda.org）。］

6. 对提前终止的支付。出于本协议第 6（e）条考虑：

（i）将采用市场报价法。

（ii）将会采用损失法。

（iii）将会采用第二方法。

［能源市场上交易双方合同中止时，计算应付款项的方法有三种：市场报价法、损失法和第二方法。市场报价法很常用，因为它便于普通金融工具的计算，如易于清算的固定流动互换。它需要获得一系列通常为 3~4 个未上市的报价（非上市经纪人）来代替中止的衍生商品价格。如果衍生产品比普通互换复杂，获得报价会出现困难，这种情况下损失法作为后备方法写进 ISDA 附件后备条款里。损失法是非违约方为了估计中止的交易而诚实守信地计算自己的损失和成本（减去获利）。最后值得一提的是第二方法，是指违约方必须支付所有应付款给非违约方，但非违约方没有义务支付给违约应付款，直到收到确认书，说明此 ISDA 附件下所有交易都已中止，所有违约方及其附属对非违约方及其附属的债务（到期或未到期）都已偿还。］

7. "终止货币"是指由当事一方选择的货币，但该当事方不是违约方或某个受影响方。如果有不止一个受影响方时，则终止货币须由 A 方和 B 方共同决定。然而，终止货币必须是对有关交易进行支付的货币的一种。如果选定的终止货币不是可自由兑换的货币，或者受影响方有两个并且他们不同意该终止货币，那么此时终止货币只能采用美元。

［所有衍生交易只在中止和结算时需要币种转换。以上的第七部分是 ISDA 附件中的厂家措辞。它允许非违约方选择币种。如果选择的币种因为某些原因不能提供，ISDA 附件以美元为默认。］

8. "其他终止事件"应按下列情况加以适用：

［其他终止事件包括：控制权变化、评级下降（如"Enron 事件"）、关键员工的死亡（如果和一家小公司做生意一个人可能控制着关键的管理）、严重违约、政治事件（可能交易的公司基于不稳定的政治统治）。这份 ISDA 附件实例以所有权变化和评级下降为措辞范本。］

所有权变化。直接或间接的，拥有 ABC 交易者有限公司股东大会或同级会议投票权的 Mega 公司不再直接或间接拥有 ABC 交易者有限公司 51% 的流通股，或者不再控制 ABC 交易者有限公司的董事会，或者 ABC 交易者有限公司不再是 Mega 的附属分公司。

评级下降。

（i）标准普尔或莫迪评级或两者对 ABC 交易者有限公司或 XYZ 银行的长期的、无担保的、非附属的负债至少三个 Modifiers（莫迪评级是 1、2、3，标准普尔是负、中、正）低于之前适用的 ABC 交易者有限公司或 XYZ 银行的长期的、无担保的、非附属的负债最高评级（从协议成立开始）。

（ii）标准普尔和莫迪评级都不再为 ABC 交易者有限公司或 XYZ 银行评级。

根据前述的中止事宜，受害方应为评级降低或停止被评级的一方。

[这是自身的解释：如果评级太差影响协议下的场外衍生交易，"受害方"可以中止交易。]

第二部分：税务陈述

[早在税务部门还不确定是否对场外互换交易的结算支付征收代扣所得税时就有了税务陈述。ISDA 协议第二部分（d）（i）（4）保证了所有衍生结算中双方都抵偿应缴代扣所得税，这样付款方（支付款项的公司）有责任保证收款方（收到款项的公司）获得全额款项。支付方必须支付的包括税收的总数目，收款方收到后扣除支付方管辖地的代扣所得税，可以保证得到衍生交易的清算全额。我只遇到一个国家——泰国，对能源衍生品有明确的代扣所得税法条。与新的合作方签署 ISDA 协议需要了解对方国家或地区的法律。]

付款人税务陈述。

（1）为本协议第 3（e）条的目的，双方做如下陈述：

经有关政府财税部门的惯例修改的任何有关管辖地的任何适用的法律均不要求从该方根据本协议向另一方支付的任何款项 [本协议第 9（h）条下的利息除外]中扣除或预提任何税款。在做出此项陈述时，该方可以依赖：

[ISDA 附件的相关管辖是指付款方的所在地，也就是实际执行交易的办公场所的管辖、执行协议所在地的管辖以及做出本协议结算支付所在地的管辖。]

（i）另一方按本协议第 3（f）条所做出的任何陈述的准确性；（ii）本协议第 4（a）（i）条或第 4（a）（iii）条中所载的约定的履行，以及另一方按本协议第 4（a）（i）条或第 4（a）（iii）条所提供的任何文件的准确性和有效性；（iii）本协议第 4（d）条中所载另一方约定的履行，但是，若该方依赖上述第（ii）款时，另一方为避免对其法律或商业地位造成严重损害而没有递交第 4（a）（iii）条项下的表格或文件则不构成对本陈述的违背。

[付款方税务陈述实际不包括违约利息支付和提前中止支付引起的利息。这部分付款方税务陈述十分标准，有一些地区的管辖可能不认可 ISDA，当地的衍生交易已经超过了一些海外支付和税收的规定。如果 ISDA 附件中你没有被要求认可，请

提出质疑！］

收款人税务陈述

（2）为本协议第3（f）条的目的，双方做如下陈述：

收到的或即将收到的与该协议有关联的每一笔支付款项都要与一方当事人的日常业务运作相关（但与该方的投资无关）。

［这部分可有可无，因为广泛存在的双重征税条约已有收入和利息条款来避免代扣所得税。］

其他陈述。

（1）各方向对方做如下陈述并保证（这种陈述和保证在每次交易发生当日应该由一方重述一次）：

（a）从最近一个经审计的财务报表日期的最后一天开始，本方的财务状况不会发生任何实质性不利改变，为第3（d）条而提供的"特定信息的准确性"适用于该财务信息，根据本附件一方要向另一方提交该财务信息。

（b）是作为委托人达成协议和每一笔交易（而不是作为代理人或任何别的身份或受托人等）。

（2）各方应该在达成交易的当日向对方做如下陈述（双方之间缺少书面协议，该书面协议清楚地将一些相反的义务强加给此交易）：

（a）非依赖性（Non-Reliance）。各方只为自己考虑，凭自己的独立决策达成该交易。至于交易是否合适或适当，则依赖于其自己的判断或者依赖于咨询顾问的建议（如有必要的话）。交易的达成不依赖于另一方的任何投资建议或推荐方面的交流信息（书面或口头的）。需要理解的是，有关交易条款和条件的信息和解释不应被视为达成该交易的投资建议或推荐。应该保证或担保不从对方接收任何有关该交易预期结果的信息（书面或口头的）。

（b）评估与理解。能够评估交易价值并理解该交易（自己理解或通过独立的专业建议理解），理解并接受交易的条款、条件和风险。同时，也能够假定交易的风险。

（c）双方身份。对该交易而言，另一方不是受托人身份或交易顾问的身份。

（3）诉讼缺失。为便于陈述，通过限制"关联企业"（Affiliate）的定义［如关联企业为第5（e）条中的某个特定机构］而在此对本协议的第3（c）条做一定修改。

第三部分：提交的文件

为达到第4（a）（i）条和第4（a）（ii）条的目的，各方同意交付下列相关的文件：

［以下是交易前银行和公司成立ISDA需要的文件的标准清单。它也注明了哪些文件在每笔衍生交易后需要交换。得到董事会对协议的授权执行书的正式副本很重

要，否则双方的交易可能难以实施。实际条款中，由于董事会较少举行，交易方可能需要 3 个月以上才能得到董事会决议，不过这段时间值得等待。]

被要求提交文件的一方	表格/文本/凭证	提交日期	是否涵盖第 3（d）条陈述
A 方	一份经核验的董事会决议，该决议授权执行、交付和履行本协议及本协议下的各项确认书，同时注明被授权履行该协议和确认书的人员的姓名、职务和签字样本	在执行当日或执行之前提交文件，另外如果在提交前授权发生改变，则在每个确认书执行当日或之前提交文件	是
	对于每一笔交易都要提交一份被认可的确认书，该确认书已由被授权人签字	收到来自 B 方相关确认书的 24 小时内提交文件	
	一份能力证书，其以表格形式附在本协议后作为附录 A	在有关协议执行当日或之前提交文件	

第四部分：其他规定

[不要被"其他规定"的字眼迷惑，这里仍然重要。第四部分双方设定合同中注意的细节，主要出于管理的需要。]

（1）通知地址。为本协议第 12（a）条的目的：

A 方收取通知或通信的地址为：

地址：伦敦，Canary Wharf，ABC 小型交易者公司

收件人所在地：英国

电报号码：12345　　应答码：ABC 小型交易者公司

传真号码：+44 123 456789　　电话号码：

B 方收取通知或通信的地址为：

地址：英国伦敦，bank of England road，XYZ 银行

通知人：内部互换交易办公室（仅确认书）

N. Leeson 先生（其他通知或联系）

电报号码：98238XYZ

传真号码：+44 207 681 1201　　电话号码：+44 207 12345678

（2）传票代理人。为达到本协议第 13（c）条的目的：

[如果 ISDA 协议适用英国法（多数场外能源交易偏好使用）而公司不在英国或者适用纽约法的协议公司不在纽约，则需要指派传票代理人代理。所以一家机构如果在以上辖区内没有办公机构或法人资格，它需要任命伦敦或纽约的机构或律师作为它的代理。传票代理人代为接收与 ISDA 协议有关的文件、终止通知和其他法律

文书。]

　　A 方指定其传票代理人：

　　B 方指定其传票代理人：不适用

　　[乙方不适用说明 XYZ 银行在英国有公司（本例适用英国法），如果合同适用纽约法则说明它在纽约有公司。XYZ 银行可以直接接收通知，不需要传票代理人。]

　　（3）办事处。第 10（a）条的规定将不会适用于本协议。

　　[第十部分规定，如果签署本 ISDA 附件的公司通过其分支机构来进行衍生交易，其义务与其总部直接进行交易是一致的。]

　　（4）拥有多个办事处的交易方。为达到本协议第 10（c）条的目的：

　　A 方不是一个拥有多个办事处的交易方。

　　B 方不是一个拥有多个办事处的交易方。

　　[如果第十部分（c）不适用，则表示签署 ISDA 附件的双方公司都为其分支机构进行的衍生交易提供有效的支付保证。多分支机构的好处在于通过总部的一份 ISDA 协议，其所有分支机构都可以与协议的另一方进行交易。

　　如下：

　　"（d）多分支机构。根据本协议第十部分（c）：甲方是多分支机构，可通过以下办公机构执行：东京、新加坡、法兰克福、伦敦、纽约、休斯敦。"

　　乙方也可选择是否与分支机构交易。]

　　（5）计算代理人。除非有关交易的确认书另有规定，否则计算代理人为 B 方。

　　[这一方需要确定浮动汇率和计算支付款项。通常在与套期保值的公司或非金融机构交易者的协议中，金融机构交易者如银行会坚持成为计算代理人。不是计算代理人的一方总需要再次验算计算代理人方的数据，有大的出入时可以提出争议。在普氏价格的能源衍生交易中，大多数情况下，计算分歧仅仅是因为计算代理人方没有使用特定日的普氏价格，而价格的修正直到下个交易月才能公布。如果双方对谁是计算代理人不能达成一致，双方均可成为计算代理人，也就是说，双计算代理人。计算代理人也需要成立"市场中断事项"判断机制和补救措施（见本例 ISDA 附件中的第五部分）。]

　　（6）信用支持文件。信用支持文件的详情如下：

　　就 A 方而言：2002 年 12 月 10 日，母公司担保书。

　　就 B 方而言：不适用。

　　[这里对 ISDA 协议的衍生交易中无条件、不归还的信用担保的具体形式作了规定。比如，在场外能源互换交易中，大多数公司使用银行"不归还信用文书备份（LCs）"、银行担保或者（不常用）附属公司使用母公司担保书。本例中，甲方 ABC 交易者有限公司提供了母公司 Mega 提供的信用担保书。]

　　（7）信用支持提供者。

　　就 A 方而言，提供信用支持的是 Mega 公司。

［第 6 段中提过 Mega 公司是提供信用担保的母公司，这里需要指明。］

（8）管辖法律。本协议将受英国法律的管辖并按其解释。

［本例适用英国法——本章之前提过，两个关键的法律和管辖分别是英国的和美国纽约州的。应当回避其他管辖，除非双方做好法律顾问的准备，即新的管辖对 ISDA 条款和主协议有负面的影响。ISDA 合同已经通过英国法和纽约州法。如果本例适用纽约州法，则第 8 段表述为"本协议根据纽约州法解释并执行"（没有法条选择的参考）。］

（9）付款净额结算。"多项交易付款净额结算"为本协议第 2（c）条的目的从本协议签订之日起不适用于本协议下的所有交易。

［本条中交易双方选择本协议适用的支付净额结算方式。选择的方式受它们风险管理先进程度的限制。公司使用复杂的支付净额结算方式不应感到有压力，而要与内部各部门沟通保证系统可以自动结算净额，如果不能，也应调配人力资源来操作。

本例中的支付净额结算方式是能源衍生界中多数银行和交易者的默认选择。如果以上"适用第二部分（c）第（ii）节"是指适用"交易单一净额结算"。

交易单一净额结算＝相同产品、相同币种、相同起息日。这是指附件双方不需各自支付，而是应付较多的一方支付两方应付款的差额。

机构可以选择的其他支付净额结算方式有：

■ 交叉产品净额结算
一笔以上的衍生交易，不同产品、相同币种和相同起息日。
■ 多交易净额结算
一笔以上的衍生交易，相同类型、相同币种和相同起息日。

如果一家公司想要有更多的选择，一开始使用最简单的结算方式，之后如果可以，则使用复杂的结算方式，则与对方协议表述如下：

支付净额结算。自本协议生效起，本协议下所有交易不适用第二部分（c）第（ii）节，相关交易确认书中另有规定的除外。］

第五部分：其他条款

对本协议做如下变更：

（1）定义。除非在确认书中特别说明，本协议体现国际互换及衍生工具协会出版的 2000 年版 ISDA 定义（"2000 年定义"）和 1993 年版 ISDA 商品衍生工具定义（"1993 年定义"）的内容，并受其约束与管辖。一旦本协议条款和"2000 年定义"或"1993 年定义"出现任何的不一致，均以本协议为准。如果"2000 年定义"中的某些条款与"1993 年定义"中的条款出现不一致，以"1993 年定义"为准。如果确认书的某些条款与本协议不一致，或者与"2000 年定义"或"1993 年定义"中的条款不一致，则为了有关交易的目的，以该确认书为准。如果附件条款与本协议不一致，以该附件为准。

[本章之前介绍了部分 ISDA 的出版物，其中一些有定义的清单。本附件实例中使用了最新的 2000 年 ISDA 定义和 1993 年 ISDA 衍生商品定义，其中包含了能源场外衍生交易。]

（2）账户变更。在第 2（b）条的末尾补充如下字眼：

"如果通知方的任何新账户在权限方面与初始账户不相同，那么另一方则没有义务在此账户变更发生后支付比变更未发生情况下更高的金额或收取更低的金额。"

[ISDA 主协议下，双方银行收付账户改变时，可以给对方 5 个当地交易日的通知。如本附件实例第二段中所述，原因是为了避免由于一方账户管辖改变引起的、潜在的代扣所得税和外汇控制。]

（3）平等条款。A 方在此同意，将保证其付款义务和交付义务一直处于优先状态，至少保证在各方面与 A 方其他未担保义务或非次要义务平等（那些法律强制实施的除外）。

[本例中，XYZ 银行要求 ABC 贸易公司保证本 ISDA 合同中它所有对 XYZ 银行的交易结算后的负债，与 ABC 公司所有其他的中止结算后的非担保非附属的负债处于平等的地位。理解这一条对公司很重要，因为只有情况属实时这一条才成立。如果是对方提出这一条，则需要考虑法律的顾问。]

（4）确认书。每一份确认书都应该采用 B 方经常使用的格式或者是双方同意的其他格式。对于每一笔交易，B 方都应该在交易当日或之后适当的日子里，向 A 方发送一份确认书。A 方应该正确地签字并将一份签好的确认书副本返回给 B 方，或者向 B 方指出该确认书与 A 方自己的记录存在出入，并建议双方同意采用 A 方签过字的替换确认书的文本。

[意义明确。值得一提的是能源交易中越来越多的关于电子确认书的条款逐渐进入 ISDA 附件。一些组织发明了针对能源互换交易的电子确认系统。它们包括 SwapNet（http：//www. swapnet. net），使用叫作"能源检查点"的系统，使用者为场外衍生交易经纪公司 Garban Intercapital 和 TFS。洲际交易所（http：//www. theice. com）也开始使用电子确认系统来执行它 ICE 平台上的交易。通过 NYMEX（http：//www. nymex. com）在线系统进行的交易也有电子确认书。

允许使用电子确认书的条款示例如下：

电子确认书。通过双方选择的电子信息系统进行确认的交易，其确认构成本协议中所指的"确认"。]

（5）自动提前终止。如果自动提前终止特定适用于上述第一部分第 5 节，那么一方应该在违约事件一发生就立即将其通知给另一方。进一步假定，如果自动提前终止不适用于任何一方，则在事先没有告知的情况下可撤回起诉。如果在违约事件发生当日缺少这样的通知，那么违约方应该根据需要全部赔偿非违约方的所有费用、损失、毁损或非违约方在本有关协议和每笔交易上可能发生的负债，此负债是由于在提前终止日和非违约方第一次获知提前终止日期已经发生的当地营业日中间利率、汇率或其他相关比率或价格的变动而导致。出于此目的，非违约方可能将所有的费用、损失、毁损或负债转换成终止货币。

（6）提前终止。在第 6 条末尾补充如下条款，第 6（f）和（g）条：

（f）某些确定的付款条件。尽管第 6（e）条的条款有规定，但是非违约方没有义务就提前终止而向违约方做任何支付，除非并且直到非违约方收到依其唯一判断而符合条件的确认书（确认书可能含有无条件意见）。该判断是基于：第（i）根据本协议第 6（c）（ii）条，有关终止交易在第 2（a）（i）条或第 2（e）条下的进一步付款或交付不做要求；（ii）每笔特定交易应该按照其特定终止日终止，或者通过一方的具体执行来终止。每笔这类交易下的所有义务最终都应该履行。

（g）（i）在不影响本协议有关要求计算确定净支付额的条款的情况下，本协议下的所有款项都将无抵消或无索赔地进行支付。然而，只有在第 5（b）（i）～（v）条下所包含的违约事件发生时，并且在只有一个违约方或受影响方的情形下，在 X 方而不是违约方或受影响方的选择下，一方（付款人）支付给另一方（收款人）的任何金额（提前终止金额）将根据由收款人支付（无论是当前支付、未来支付或者是或有事件发生时支付均可）给付款人（不论其币种、付款地点或债务出售地点）的抵消金额（其他协议金额）而减少。这需要收款人和付款人之间先前存在其他的协议，或者是之前一方向另一方发行或承销过债务工具或存在延期支付的债务等（其他协议上的金额会被相应清偿，从该角度来说就是这里的抵消）。X 方将给予另一方有关本条下抵消效果的通知。

（ii）出于该目的，无论是提前终止金额还是其他协议金额（或这些金额的相关部分）都可由 X 方按一定汇率将其转换为其他货币作为面值的金额，并且 X 方能够合理善意地以该汇率购买到相应金额的这种货币。

（iii）如果某一义务处于不确定状态，X 方应善意地对该义务进行估计并确定出有关该估计的抵消金额，但该估计应当与义务明确情形下的金额一致。

（iv）第 6（g）条在创造费用或证券利息方面没有任何作用。第 6（g）条应该是无偏见的，同时任何一方在万一没有被授权（无论是法律授权还是合约授权或其他别的授权）时，该条款就是一种附加授权，允许一方有抵消权、合并账户权、留置权和其他别的权利。

（7）转让。本协议下或任何交易下的权利和义务，无论是整体的还是部分的，都不允许转让，除非事先得到双方的书面同意。任何无书面同意的这类转让都是无效的。

［为确保另一方接受 ISDA 协议下权利和义务的转让，一方通常会加入以下这句话："同意不应被无理拒绝。"］

（8）违约利率。违约利率按每日复利计算，等于 LIBOR 加上 1%。这里的任何一天的 LIBOR 是指在《金融时报》上公布的一月期伦敦银行同业拆借利率，或者如果《金融时报》临时或永久停止出版时，那么 LIBOR 就是指 B 方指定的其他在伦敦出版的类似报纸上的利率。

［如果一方付款违约，另一方有权利要求支付欠款的利息。］

（9）实物交割。除非在签过字的确认书上有相反的特别说明，根据本协议条款和达成的交易的条款，任何一方都将不进行实物交割，而只有现金结算。

［ISDA 能源衍生交易都是现金结算。］

（10）电话记录。协议各方知悉并同意在一方或者另一方或者双方之间建立双方（包括每位总经理、高级职员、一般员工、代理人或代表等）电话谈话的电子记录。这些谈话记录将会作为法庭证据提交或者是出于建立有关交易资料的目的而保存下来。

［电子交易平台渗透并发展了场外能源交易市场，但美国以外的市场操作还是普遍依靠电话。出于将来的法律用途，同意电话记录是必须的。］

（11）美元付款的指定账户明细。

（a）对 A 方而言：按 A 方返回 B 方发过来的确认书时所指定的为准。

［也可在协议中指明具体的银行账户，将来账户变更时需给出 5 个交易日的通知。］

（b）对 B 方而言：

银行名称：XYZ 银行

账户号码：08231-89178236-73624-02

账户名称：XYZ 银行衍生交易收款

（12）"市场扰乱事件"是指在计算代理人合理决定下，下列事件的发生：

（a）价格源头扰乱；

［由于某些原因导致不能获得结算价格，如通常提供参考价格的代理商 Platts 没有公布价格。］

（b）交易暂停；

［类似互换的交易需要每日的期货市场价格，而期货市场暂停。］

（c）商品参考价格消失；

［如果没有公布商品参考价格，价格参考方会依据浮动参考价格来计算衍生交易。］

（d）规则的实质性变更；

（e）内容的实质性变更；

（f）交易限制。

（13）与商品交易有关的扰乱依据：

下列扰乱依据（以 1993 年商品定义为准）按其出现顺序适应于各种情形：

(i) 对于任何一笔含有计算期且计算期等于或大于一个日历月份的交易：

(a) 平均每日价格扰乱；最大扰乱天数为 5 天。

(b) 扰乱依据参考价格。

(c) 议付依据。

(d) 双方应指定唯一的独立专家来决定可选择的定价方法。如果双方没有就专家指定达成一致，那么任何一方可要求时任的英国石油协会主席在两天内做出该指定。如果专家被指定，那么该专家不能被视作仲裁人，而是作为提交决定的专家，其提供的决定对双方而言应该是终局的并应当遵守，但决定有明显错误和欺诈的除外。

［本附件实例中，一切办法失效时，双方最后求助于石油学会主席来任命专家定价。］

(e) 无过失终止。

(ii) 拥有一个计算期或拥有不超过一个日历月份的几个计算期的任何交易。

(a) 平均每日价格扰乱。如果最大扰乱天数为零，那么计算期就等于或小于 2 个商品营业日；如果最大扰乱天数为 1，那么计算期就在 3~5 个商品营业日（含 3 和 5）；如果最大扰乱天数为 2，那么计算期就在 6~10 个商品营业日（含 6 和 10）；如果最大扰乱天数为 3，那么计算期就在 11~15 个商品营业日（含 11 和 15）；如果最大扰乱天数为 4，那么计算期就大于或等于 16 个商品营业日。

(b) 依据参考价格。

(c) 议付依据。

(d) 双方应指定唯一的独立专家来决定可选择的定价方法。如果双方没有就专家指定达成一致，那么任何一方可要求时任的英国石油协会主席在两天内做出该指定。如果专家被指定，那么该专家不能被视作仲裁人，而是作为提交决定的专家，其提供的决定对双方而言应该是终局的并应当遵守，但决定有明显错误和欺诈的除外。

(e) 无过失终止。

计算代理人所做出的所有决定和计算应当是以诚实善意和商业上的合理判断为基础，并事先与另一方咨询讨论。

(14) 生效日期。本协议应在 2001 年____月____日生效。

ABC 公司 XYZ 银行

签名： 签名：

职位： 职位：

签名： 签名：

职位： 职位：

［ISDA 附件实例结束。］

其他注意点

代扣所得税与 ISDA

在开始商业交易关系前，交易双方需要做详细的法律和税务分析，以保证在场外衍生交易的所有可能管辖下都不会被征收代扣所得税。ISDA 的法律基础提供了避免代扣所得税的条款，即交易方支付净额（在交易方所在国需缴税额的净值）。

净额结算与 ISDA 协议

ISDA 主协议为管理私人可交换衍生工具市场建立了国际性的合同标准，减少了法律上的不确定性，并通过合同债务的净额结算来减少信用风险。正由于其减少场外衍生交易风险的重要性，保证 ISDA 主协议中净额结算条款的执行一直是 ISDA 的关键任务。由于 ISDA 在这一领域的努力，许多国家或地区通过了一系列保证净额结算过程的法律。

约 36 个国家或地区已经确认接受场外衍生交易的 ISDA 主协议中的净额结算程序，接受的国家或地区还在增加。关于最新的各国或地区的有关法律情况，详见 ISDA 的网站（http：//www. isda. org）。

ISDA 的修改建议

ISDA 协议的修改建议很多。在 Enron 倒台后，虽然很难准确预测 ISDA 主协议会有何变化，但必定会有更多的建议提出。本书撰写时，普遍的观点认为修改建议的关键是"违约"的组成和其他相关条款。

ISDA 计划制作新的 ISDA2002 版来取代 1992 版。在 2002 新版中，主要条款的修改建议如下：

■ 违约的宽限期从 3 天改为 1 天。支持者认为减少了风险；然而反对者认为如果对方在己方之前提出违约，就没有足够的时间采取行动，任何的延误都会造成市场上的不利。理想的宽限期是 1 天还是 3 天要看违约是否由于错误或技术差错产生。

■ 特定交易下违约的延伸——过去通常认为，如果你在一笔场外能源衍生交易上违约，则与对方的整个场外衍生交易仓位都自动被认为违约。修改建议提出，如果一方在一个较宽范围的交易中违约，根据 ISDA 协议将引发所有交易的违约。如果 ISDA 主协议采用这条建议，而你是协议的一方，就意味着如果你在一项场外能源衍生交易上违约，最终面临着与对方的所有其他交易都违约，如期货合同、外汇合同、债券及协议中包括的所有"特定交易"。

■ 如果一方没有未偿债务，不能宣称对方违约，即使对方在与他人的交易中违约。

■ 合并事项的措辞应扩展到接管情形、机构变更、资本重组等。一家公司因被接管或重组而影响其信用评级，如果 ISDA 协议的条文允许，交易方有权终止、取消交易或要求完全担保。

■ 新的不可抗力事件——导致 ISDA 的交易中止。

■ 交易违约的计算方法变化。多数交易者采用"主要未上市经纪人的市场报价"方法，如果不行就转向损失计算法（也就是说，计算损失，这需要合理性和证据提供等）。ISDA 提出第三种方法：

■ "重置价值"是指对每笔交易或每批交易（视情况而定），决定方或其代理人诚实地使用合理的商业程序计算出的决定方的成本（正数表示）或收益（负数表示）应当能够替代或者等价于每笔交易或每批交易剩余的支付、交割或选择权。决定方（或其代理）可以计算所有、部分或单笔中止的交易的重置价值，对于不同的交易或几组交易，可以使用不同的估价方法。但是总的来说，决定方（或其代理）决定任何重置价值和计算全部交易的重置价值是一样的。重置价值取决于相关交易的提前中止日期，如果在商业惯例中不合理，可以使用最晚或最早的日期或提前终止日期之后的日期，只要在当时的商业惯例中合理。

决定方（或其代理人）决定重置价值时可以参考由其内部（包括附属机构）或第三方提供的信息。该信息不受限制，包括相关利率的报价（确定或预测皆可）、收益、收益曲线、波动率、区间或其他有关的市场数据。如果信息来源于内部渠道，根据决定方的登记记录，应与相似交易的估价使用的信息属于同一类型。决定方（或其代理）可以直接使用这些信息决定重置价值，也可以将定价和估价模型的信息运用于决定方在相似交易的定价和估价过程中。第三方提供的信息不受限制，包括相关市场的交易者、相关产品的终端用户、信息销售者、经纪人和决定方在相似交易的定价和估价过程中用到的其他有关的市场信息。

决定方（或其代理）需考虑到，或者要求提供信息的第三方考虑到：决定方的信誉度、相关文件和信用政策，中止的单笔或多笔交易的规模、市场流动性和当时市场主导环境下的其他相关因素。

决定方（或其代理人）决定的重置价值可能包括以下一个或多个部分，但不重复：

（a）所有成本和收益（无论将要发生还是已发生）。进行一笔或多笔交易对决定方会产生的所有成本和收益，等价于每笔交易或每批交易将会产生的但是由于相关提前中止的发生没有被要求或执行的支付、交割或选择权。决定方（或其代理）可以计算所有、部分或单笔中止的交易的重置价值，对于不同的交易或几组交易，可以使用不同的估价方法。但是总的来说，决定方（或其代理）决定任何重置价值和计算全部交易的重置价值是一样的。重置价值取决于相关交易的提前中止日期，如果在商业惯例中不合理，可以使用最晚或最早的日期或提前中止日期之后的日期，只要在当时的商业惯例中合理。

决定方（或其代理）决定重置价值时可以参考由其内部（包括附属机构）或第三方提供的信息。该信息不受限制，包括相关利率的报价（确定或预测皆可）、收益、收益曲线、波动率、区间或其他有关的市场数据。如果信息来源于内部渠道，根据决定方的登记记录，应与相似交易的估价使用的信息属于同一类型。决定方（或其代理）可以直接使用这些信息决定重置价值，也可以将定价和估价模型的信息运用于决定方在相似交易的定价和估价过程中。第三方提供的信息不受限制，包括相关市场的交易者、相关产品的终端用户、信息销售者、经纪人和决定方在相似交易的定价和估价过程中用到的其他有关的市场信息。

（b）任何融资成本。

（c）所有损失和成本。不论是一笔还是一批交易，所有因中止、清算、购买或重新购买套期保值或其他有关交易的仓位产生的损失和成本（也包括从中获得的收益）。

一笔或一批中止交易的未付款项和自动提前中止当日及以后的法律费用，和根据第十一部分的现金支付款项由于提前中止而没有支付的（假设符合之前所有使用条件），不包括在重置价值中。

适用于重置价值计算的数据独立来源

由 Totem Risk（http：//www. totem-risk. com）和 McGraw-Hill Platts（http：//www. platts. com）等公司提供的独立 Forward Curve 估价报告和 Platts Forward Curve-PFC 给市场一个后备的价格信息，保证重置价值的计算。

仲　裁

合同争议的主要起因

关于合同的法律问题有许多信息可供公司参考，大多数时候人们都试图不去考虑发生争议的可能性。但是，争议有时不可避免，知道如何应对非常重要。当然，争议的解决取决于涉及争议的双方或多方间的关系，但是给出一些基本的指导是可能的。

实践证明，争议的主要起因如下：

（1）文件或信息交换没有仔细制定草案。

（2）合同条件模糊。

（3）合同双方遗漏甚至误解合同内容。

（4）语言也是问题。如果文件翻译成另一种语言，应保证在文件中说明哪一种语言的合同是具有法律效力的，而其他翻译只是用作信息传递。能源市场中有这样的争议：一方认为英语版本的合同是有效的，而另一方虽然也签署了英语的合同，但是从自己语言的译本的理解出发而签约的。这些情况在法律上会制造很多的麻烦。

（5）合同的提前终止。

争议开始——可以做什么

当然，各种争议有不同之处，但是有几个关键的地方值得注意。

首先，合同中是否涉及争议的主题？如果有，则有一套针对交易方的处理过程。

其次，合同中是否涉及争议的解决办法？

最后，了解己方的目标。也就是说，应该知道在这种情况下的目标是什么，可以考虑：

■ 是否避免公开。

■ 继续与对方合作的意愿。

■ 己方愿意用于解决争议的时间和金钱。

■ 是否愿意使用合同中的解决办法，如果有的话。

争议的解决

解决商业争议的主要办法：

■ 谈判协商

■ 调解

■ 和解

■ 调解——仲裁

■ 小型审判

■ 中立实情调查专家

■ 正式仲裁专家组

■ 诉讼

第18章 衍生品的国际会计准则

引　言

当今，公司账户中衍生交易的、准确的会计报告的重要性毋庸置疑。"安然之死"不仅警示我们衍生工具的信用风险问题，更是突出了衍生交易透明审计报告的迫切需要。因为信用风险评估的大部分信息是来自公司的账户和资产负债表，会计报告尤为重要。

不论是实物交易还是衍生交易，交易者或多或少会面临对方的信用风险。如果没有执行可靠的会计准则，能源方面的公司就不能适当地、公正地估计它们面临的风险，不光是实物交易方面，衍生保值和投机交易也是如此。

过去，衍生交易的会计至多是不标准、不一致的模糊混乱的操作。衍生市场的实际发展一直超过控制它们的金融规范和会计准则的发展。缺乏清楚的会计准则意味着衍生交易者需要自己阐释 GAAP（公认会计准则）在衍生商品中的运用。这具有不确定性，并且会招来非议，尤其麻烦的是套期保值（用于控制商品存量、石油货物、产品/消费远期价格的风险）的会计领域。

然而，在 2001 年出台的两份会计准则 FAS133（来自美国 FASB）和 IAS39（来自伦敦国际会计准则委员会）最终进行了明确规定，这两份标准也是本章要着重讨论的。虽然它们是各自发展的，但它们采用了大体相似的方法进行衍生产品的会计核算和报告。公司采用哪种标准取决于它所在的辖区以及董事会参考顾问和审计意见做出的决定。从执行操作的角度，同时联系现行情况，我更偏向在衍生保值的公司/最终使用者交易中使用 IAS39。

欧洲上市公司到 2005 年就必须执行 IASC 准则，但是它们现在也可以采用该准则。尽管 FAS133 和 IAS39 有细微的差别，但是它们都要求衍生交易采取逐日盯市的核算方法（MTM——获得公允价值），并且报告在资产负债表上。

当然，有些风险主管和会计职员对新的会计准则的执行有所顾虑。因为会计准则有时不允许把资产和负债按市值计价，公司的收入状况的波动会增加，因为衍生保值交易的盈利或亏损在一些情况下必须被计入收入状况。

过去，大部分衍生工具交易者（甚至最终使用者，如航空公司和公用事业公司）按逐日盯市的方法以每天的市价计算它们衍生品的头寸的价值，会用买进/卖出的成交价和同一份合同的当日价值进行比较。由此，公司可以知道它们的衍生品账面（仓位）未实现损益。就新标准而言，不同之处在于它们必须把这些数字写到资产负债表上。

比如，ABC 公司买入场外喷气发动机燃料互换，每桶固定价格 20 美元，一共 12 个月，每月 100000 桶（共 120 万桶），这笔交易的名义价值（NV）是 2400 万美元：

（100000 桶／月 × 12）× 固定价格 20 美元 = 2400 万美元（名义价值）

所以，交易价格是固定价格每桶 20 美元，而逐日盯市下按市值计价的衍生品价值则是交易价格和现在或最新的市场价格的差价。如果喷气发动机燃料的价格跌到 18 美元，则该衍生交易头寸的 MTM 价值是-240 万美元。

（100000 桶／月 × 12）×（－2 美元／桶的 MTM）= －240 万美元

FAS133 和 IAS39 之前，公司绝不会把这 240 万美元的未实现亏损报告在资产负债表上。衍生交易及其未实现的亏损一直在资产负债表之外，直到该衍生交易到期并结算，或者是衍生头寸被某一交易者平仓。由此，公司会在收入状况中减去或加上衍生交易仓位上的收款或付款额。现在已经不是这样，新的会计准则要求参与衍生交易的公司报告其投资组合的每日市值。这就是说，公司必须在资产负债表上报告衍生交易的未实现损益，而不是只在交易结算时记录支付或收取的现金数字。如果你对现货能源产品的风险进行保值，并在资产负债表上报告衍生品保值的损益，这就会在贵公司报表上增加经济状况波动的反效果。为此，FAS133 和 IAS39 特设详细的"保值账户"，用于对现货能源产品的风险进行保值的报告。但是，如果你只是在市场上进行投资，为投机和获利进行衍生交易，不论选择哪种标准，你的衍生投资组合的未实现损益都要直接记入资产负债表。新会计准则下保值的会计核算变得更明确了。

本章将以衍生商品交易者和管理者的视角来阐释传遍整个行业的新会计准则。

它着重关注多数公司会面临的主要会计情形。当然，所有已经或即将使用衍生交易来保值或投机的公司都应该从特定交易的审计顾问那里得到专业的建议。由于保值账户规则更复杂，这些建议对于为了风险管理而保值的公司尤为重要。

2001 年以来会计准则的合并和解释

会计准则的合并和解释的主要工作由美国的财务会计准则委员会（FASB）和英国的国际会计准则委员会（IASC）负责。这两个组织都为衍生市场会计准则的建立做出了贡献，两种会计准则为从中管理提供了有用的指导。

具体如下：

- FAS113——联邦会计准则（http：//www. fasb. org）
  - FAS133 "衍生工具和套期保值活动的会计核算"
  - 2001 年初生效
- IAS32 和 IAS39——国际会计准则委员会（http：//www. iasc. org. uk）
  - IASC 框架，有望成为衍生品交易和套期保值会计核算的国际标准
  - ISBN 0 905625 994（公开稿）

在 FAS133、IAS32 和 IAS39 引入之前，公认会计准则（GAAP）中只有一些脚注的告示（脚注——参考、解释和评论的标注，通常放在会计报告主体条目之下）。它并不注重衍生交易的实际会计核算问题，因而许多衍生合同仍在资产负债表之外。

在衍生交易的新会计准则下，衍生工具（合同）的交易者不仅要报告衍生交易的会计条目，而且要能够回答以下的关键问题：

- 在套期保值操作中选择了什么衍生工具？
- 如何评价这些衍生工具是有效的？

它们是公司管理方面最大的两个问题，由于管理和指导条例的要求，银行和金融机构一直会出具关于使用衍生工具的详尽内部报告。行业管理层都要求他们各层次的人员认真看待正在使用的衍生工具和使用的原因。

从风险管理的角度上来看，最大的考虑是如何对套期保值交易（为了减少面临的价格风险进行的交易）进行会计核算。过去缺乏标准导致了一块灰色地带。在 FAS133、IAS32 和 IAS39 之前，GAAP 对不同的保值交易有不同的会计方法，取决于基础能源风险的种类。保值交易的会计很重要，因为如果使用衍生工具来保值，会希望在公司财政状况中体现出来确实减少或分散了面临的价格风险。但如果是使用衍生交易来投机，给公司带来的可能是丰厚的获利，也可能是严重的损失，这样的风险必须准确地报告出来以便于管理层和投资者监督和适当控制。

FAS133——美国 2001 年 1 月 1 日生效

FAS133 下出现在资产负债表上的所有衍生工具采用 "公允价值"（对买方和卖方都公平的市场价格，该价格通常参考定价模型决定）。FAS133 的重点是出于风险

管理目的的保值的会计核算。

FAS133引进了规则来判断某种衍生工具是否能够进行保值核算以及哪些工具没有条件或不能用于保值（因为现在公司必须证明保值有效，所以用来保值的衍生工具的选择非常关键）。

衍生工具的使用分为以下几种：

■ 用于投机目的。

这种情况下，衍生交易的盈利与亏损必须按照市值计价，并在财政状况中归入"即期收入"。

■ 有关资产、负债或委托事项的价格波动风险的保值。

保值项目——资产、负债或委托事项——的现存价值的调整来自于被对冲的风险引起的市场价值变化，这些变化归入收入。用于保值的衍生交易的相应的盈利或亏损也归入收入，与其他非保值运用相同。

■ 有关不确定的预测现金流风险的保值。

对于现金流保值，必须评价其衍生交易的结果，并且判断结果中多少是有效的，多少是无效的。其中，无效的部分必须兑现并且计入即期收入。FASB只在（累计基础上）保值后果可能超过基础现金流的风险后果时才认为是会计目的上的无效。

"公允价值"会计核算方法用于公允价值保值交易，也就是为基础能源产品或消费品的保值。保值（衍生交易仓位）的会计处理遵循资产（能源产品和消费品）的会计处理。两者都是以市值计价，并且衍生保值和实物能源的现金流都归入当期收入，并计入总收入。

衍生保值和衍生投机的会计核算基本一致，区别在于，由于被保值的现货能源风险的存在，被保值的实物能源必须以市值计价。这样操作之后，衍生保值交易的结果和实物能源的情况都计入当期收入状态。保值衍生工具选择的重要性就体现在这里。如果保值不是完全保值（即衍生合同的价格变化不能100%地反映被保值的基础实物能源的价格变化），则对收入有影响。

对于现金流保值，必须评价其衍生交易的所有盈利与亏损，公司须建立保值标准来衡量其有效性。任何无效的金额必须立即计入当期收入，而保值的有效部分最开始就记在新建的收入状态项OCI。这一项是OCI（其他综合收入）特地为保值衍生交易而设立，通过这一新项和原来的当期收入项，衍生保值的盈利与亏损都可以计入OCI，直到整个交易（保值和基础能源交易）结束后把它们归入当期收入。

公司的衍生品套期保值使用者有了一项新的负担，即他们必须证明用以保值的衍生工具与被保值的基础实物能源有紧密的联系。实际上FASB要求进行"有效性测试"，保值交易执行前和交易中的每个季度都要进行，如果衍生保值被证明有效，则保值衍生合同才符合保值会计核算的要求。

套期保值示例

如果该衍生品套期保值获利 1000000 美元而现货能源交易亏损 750000 美元，相差的 250000 美元直接计入当期收入项目。剩下的 750000 美元计入 OCI（其他综合收入），到整个交易结束再进行处理。

在能源市场上，由于季节影响、政治因素和"中东事件"，价格相关性模型不稳定很常见。根据 FASB 规则，证明衍生品保值的价格参考与被保值的基础实物能源的价格紧密相关非常重要。FASB 要求的有效性测试使用如"回归分析"等统计方法，并不能保证紧密相关，所以 FASB 要求公司每三个月检查一次保值的有效性。为简化起见，FASB 没有制定某种方法。所有衍生交易的使用者都希望保值有效，如前文所述，因为无效的保值会立即计入收入状况，给整个公司的资产负债表增加额外的波动。

FASB 选择 80/20 对冲比率作为衡量有效性的标准。如果相关性不能达到要求的标准，保值将被中止，盈利或亏损计入公司收入，使用者须另外寻找更能保值的衍生品。

对于小型交易者和公司这类最终使用者来说，这带来了过多的管理工作，对于有效性测试行业内也有麻烦。如果把回归分析用于测算保值是否有效地适用于保值会计核算，公司还需确定是使用价格水平数据还是价格变化数据，是以日计、月计还是年计。

执行 FAS133 的另一个问题是公司收入报告状况的波动会增加。衍生行业中一种观点是：按市值计价（公允价值）并不给公司增加任何收入，因此不应计入收入状况。另一种观点认为，虽然 FAS133 的报告增加了波动，但这些波动确实存在，在之前的会计准则下从未体现出来。

以从业者的角度来看，考虑到 FAS133 标准的灰色地带，随后将讨论的 IAS 标准采用起来可能更直接明了。其他国际标准如 IAS39 正试图减少其与美国 GAAP 的差异——FAS133 和美国 GAAP 合并后可能成为现今会计准则的先导。

国际会计准则委员会（IAS）

有关 IAS 的信息，可访问 http：//www. iasc. org. uk/或 http：//www. iasb. org. uk/。

IAS32——金融工具披露与陈述

在分析 IAS39 衍生会计准则之前，有必要首先明确 IAS39 中的衍生合同是什么。在 IAS32 指导方针中，金融工具被定义为"可以产生一方金融资产和另一方金融负债或债权的合同"。继续定义为金融工具包括"如金融期权、远期和期货……互换的衍生工具……"衍生金融工具（如互换和期权）符合 IAS32 的定义，正是会计准则的对象。

根据定义，衍生金融工具应创造权利和义务，具有在合约各方间转移基础主金融工具的固有金融风险的效果，能源市场上主要的基本金融风险是市场价格。金融衍生工具开始通常不产生转移基础金融主工具的效果（如 ISDA 主协议下现金结算的石油互换，既不发生实际的石油交换，又不按合同的名义价值交换），这样的转移在合同中止和结算时也未必发生。

IAS32 最近的修改建议（2002 年 6 月）提出，如果交易者买卖非金融产品，如商品期货合约，到期后以固定价格进行实体交易，则不属于 IAS32 中的"金融工具"的定义。也就是说，能源期货市场中，使用衍生期货工具而最后结算时进行实物交易的衍生期货头寸不属于 IAS32 的要求范围。所以在最新的 IAS 修改建议中，值得注意的是哪些合同不属于衍生交易会计准则：

- **NYMEX WTI 原油期货**
  - 民用取暖油 NYMEX 期货
  - 无铅汽油
  - 亨利中心天然气
  - 电力
- **IPE 柴油**
- **IPE Nat Gas NBP**

例如，IPE 布伦特就不属于以上的清单所列，因为它是现金结算的期货，在到期结算时不会发生实际交易。公司的头寸在如下情况也会属于 IAS32 报告规则的范围，即公司定期卖出或买进其期货合同的同时买进或卖出相抵消的期货头寸，或者进行实际商品交易之后很短的时间内就卖出从市场价格波动中获利。这也表示期货合同是为了投机/交易之用，而不是为了实际的购买、销售或其他使用要求。

IAS32 下所有 ISDA 协议的互换都指定现金支付，由合同中的规则决定。互换虽然是从商品价格中来但以现金结算。因此，ISDA 协议的能源价格互换属于金融工具，必须进行会计信息披露（更多内容可见 2002 年 6 月 IAS32 修改建议公开稿，由英国伦敦国际会计准则协会公布，http://www.iasb.org.uk/）。

IAS39 金融工具：记录与衡量

IAS39 在 2001 年 1 月 1 日开始的会计年度生效，所有欧洲上市的公司在 2005 年需根据 IAS 制作账户（欧洲委员会提议）。IAS39 是对 IAS32 有关金融工具信息披露要求的补充。

IAS39 下，所有金融资产和负债包括所有衍生交易都必须记入资产负债表。开始时以成本计，即它们的公允价值。在最初资产负债表的记录后，所有衍生工具都用公允价值重新计算价值（以市值计价）。

IAS39 与 FAS133 有很多相似之处，想采用 IAS39 的公司可以从它们的美国同行学到相关的内容，其实 IASB 每年都致力于合并 IAS39 和 FAS133 标准。

IAS39 的实施

公司要做的第一步就是好好熟悉 IAS39，因为它包括一些就目前介绍为止最复杂的规则。随后公司要考虑建立正式的风险管理政策，公司通常要能够对自己的保值交易做出详细的分析才有能力选择保值交易的衍生工具。许多衍生交易者可能第一次发现他们需要实行自动会计/风险系统才能递交 IAS39 要求的会计文件，如衍生头寸的市值计价（衍生品的当前市场价值）。它们也需要制作有关文件对保值交易进行"有效性"测试，如果不在一定的参数范围内，则不符合套期保值会计核算的要求。

IAS39 下的套期保值项目

保值项目可以是资产、负债、公司委托或者可能有高市值或现金流风险的期货交易。如 LPG Cargoes 买方是瓶装 LPG 再次零售的，通常只是即期买入，没有和任何一方签署定期购买的合同契约。但这家公司可能面临购入 LPG 的风险，影响其零售网络，它只有使用衍生保值工具才能避免价格风险，否则会面临其他供应商的竞争，利润更是有风险。

在这个标准下，套期保值符合保值会计核算标准的情况：

■ 如果保值与特定的、明确的风险有关，而不仅仅是整个行业的风险，而且它肯定最终会影响公司的盈利或亏损。

■ 如果保值的目的是有效地抵消市值或现金流的变动（如果衍生合同跟随它保值的基础资产或现金流变动）。

■ 如果公司开始时整合内部风险管理的目标和保值战略文件：
- ● 保值工具的证明（公司计划用来对基础能源风险精心保值的衍生品类型）。
- ● 被保值的能源风险的具体信息。
- ● 被保值的风险的实质。
- ● 在对被保值项目的市值或交易的现金流风险进行保值时，向公司如何评估衍生品的有效性。
- ● 在公司年度或中期财政状况报告中，保值的有效性应以最小值评估。

在此会计准则下的最有效的套期保值

如果在保值期间，被保值项目的市值或现金流变动有望被保值的衍生工具的市值或现金流变动完全抵消，则可以认为保值有效。类似 FAS133，该标准没有指定单一的评估有效性的方法，但是规定公司有关保值的文件必须包括评估有效性的程序。在公司年度或半年度财务报表中，保值的有效性应以最小值评估。如果衍生工具和被保值资产负债及被保值的可能交易关键条件相同，公司可以得出在现行基础上执行保值交易后，被保值项目的市值或现金流变动被保值的衍生工具的市值或现金流变动完全抵消的结论。

例如，如果为可能购入石油、天然气或电力的交易进行保值，使用的期货或互换和基础石油、天然气或电力有相同的定价参考，公司就可以认为保值十分有效，在盈利或亏损保值上没有任何问题。

这就是场外衍生交易的好处，你可以很方便地找到和所需保值的现货能源使用相同定价参考的互换或期权。仅仅有时机风险，要看衍生合约与被保值的基础现货能源时间是否相配。

虽然 IASB 没有指定一种评估有效性的方法，但是在 IAS39 文件中它给出了参考的例子。如果被保值项目的市值或现金流变动有望被保值的衍生工具的市值或现金流变动完全抵消，或者如果有效性评估的实际结果是 80%~125%，公司可以认为保值是有效的。例如，如果套期保值工具本身损失 120 美元，而被套期保值的能源价格获利 100 美元，则保障水平就是 120/100＝120% 或者 100/120＝83%，这两个值都在 80%~125%，所以可认为是有效保值。

如果公允价值套期保值符合这些条件，则可以按 IAS39 进行会计核算，有如下几点：

■ 以公允价值（按衍生物保值合同）对保值工具按市价重新评估的盈利或损失应当立即归入利润或亏损。

■ 应根据被保值风险引起的保值项目（基础能源风险）的盈利与亏损调整保值项目的持有量，并立即归入盈利与亏损。

由于衍生品套期保值的价值和被套期保值项目的价值都会记入盈利与损失，因此明智地选择保值衍生品的类型就显得很重要。无效的套期保值必然会增加使用者资产负债表的波动。

逐日盯市下的公允价值的依据

在最近 IAS39 上有一句陈述："报出的价格通常作为公允价值最好的依据。"建议将来修改为："报出的市场价格是公允价值最好的依据。"

IAS39 与美国公认会计准则（GAAP）和国际会计准则委员会一样，都建议修改规则来进一步减少或消除不同规则之间的差别。

FRS13——英国会计准则委员会

衍生品和其他金融工具披露

本章大部分内容都在关注最近的国际会计准则，但由英国会计准则委员会发布的 FRS13 财务报告准则 13（1998 年公布）也值得一提。由于最近 FAS133 和 IAS39（2001 年起）的引入，FRS 变得有点过时，介绍它的原因是一些英国的或在英国上市的主要能源市场参与者和银行仍然使用 FRS13。

FRS13 是在提供综合的衍生品及金融工具信息披露方面，英国会计权威组织采取的第一步措施。在这方面，FRS13 主要着重于账户风险和衍生品交易的信息披露，而不是像最近的 FAS133 和 IAS39 标准那样注重衍生交易的特定处理方法。FRS13 的核心目标是给年报和账目使用者提供公司整个风险框架的概况信息，以及公司是如何使用衍生工具的。英国 FRS13 下会计报告的使用者确信有一系列公告表可供他们合理地估计公司的风险情况（如股票分析师、评估代理、信用控制经理）。一些在英国上市的石油巨头，如 BP 现在正使用这个标准。从 BP2001 年的年报中摘录的"账户注意事项"清楚地说明了 FRS13 下的衍生品交易风险披露（见图 18-1）（在此感谢 BP 授权复制这些内容）。

FRS13 公告可分为以下三个核心部分：

■ 有关金融工具的文字叙述性披露
　● 针对风险管理政策的解释。
　● 有关金融工具的风险描述如公司使用的衍生品，这些风险包括：
　　——所有信用风险
　　——所有流动性风险
　　——所有汇率风险
■ 公司持有衍生品的数字披露
　● 按衍生品种类、持仓量、金融风险表示的公司风险的数字式描述。
■ 公司会计政策的披露
　● 在本披露要求下，公司必须商议如何准确记录衍生品头寸并对其估值。

BP2001

会计政策

会计准则

账户按照英国会计准则制作。两项新的财务报告准则：第 17 号"退休金"（FRSI7）和第 18 号"会计政策"（FRSI8）适用于集团 2001 年年终报告。账户包含 FRS17 要求的过渡性披露。FRS18 的采用不会影响本年的结果，也不会要求之前年份有关内容的重述。

集团报表合并

集团财务报表包括母公司和其附属企业（子公司）的账户的合并。收购/出售子公司的情况下，其财务报表的合并应按公司控制权转让日之后/之前来计算。

联营企业（合作公司）是集团拥有长期股权并通过该股权对其有重要影响的实体。被合并的财务报表包括按照集团所占股权比例计算的营业利润或损失、例外项目、持股盈利或亏损、利息费用、税务和联营企业的净资产（股权法）。

合资企业是集团拥有长期股利并与一个或多个合资者共同控制的实体。被合并的财务报表包括营业额、营业利润或损失、例外项目、持股盈利或亏损、利息费用、税务以及合资企业的总资产和总负债（总权益法）。

集团的某些经营活动是通过合资协议进行的，它们应该被合并在财务报表中，并与那些合资合同的红利收入、费用、资产和负债成比例。

在收购子公司或收回合资企业中的股份或收购附属企业时，反映收购当日条件的公允价值的是已获得的可确认净资产。如果收购成本超过集团在这些净资产中所占份额的公允价值时，其差额按购买商誉处理。这部分应予以资本化，并按最长 20 年的预计有效经济年限进行摊销。

在被收购实体的某个独立业务中的利息如果暂时未处理，就将其计入资产负债表的预计销售收入净收益当中。

会计惯例

会计账户按照历史成本惯例制作。历史成本账户表明股东的可获利额，同时也是集团资产负债表编制的最适当的基础。历史成本法决定的损益包括控股损益，因此它不必反映基础交易的结果。

重置成本

单个业务和地域的活动结果基于重置成本编制。重置成本经营结果不包括持股损益，同时它反映全年供应的平均成本，因此提供了一个了解基础交易结果的途径。持股损益表明了使用先进先出法计算的历史成本和重置成本计算结果的差额。

库存估值

库存估值使用先进先出法与可实现净价值孰低法。存货不高于平均法计算的成本记录。

收入确认

石油、天然气、溶解天然气、汽油、化学制品和其他产品的销售有关收入在顾客得到所有权后记录。通常，集团拥有股息的企业的天然气和石油所有物收入的记录以集团在这些所有物中的开采利益为基础。产品销售和产品份额记录直接的差别并不大。

外币

合并时，子公司的资产和负债按收市汇率转换成美元。收入与现金流的结算按平均汇率转换。在子公司、合资公司、联营公司中净投资再转换所引起的汇率差异以及按收盘汇率和平均汇率结算的收入差额都作准备金处理。集团外币投资使用的长期外币借款的外汇损益也计入准备金。其他按收盘汇率结算或换算的货币性资产和负债的外汇损益计入本年利润。

衍生金融工具

集团使用衍生金融工具（衍生品）来管理外汇汇率和利率波动引起的风险，同时也管理石油和天然气价格变化引起的保证金风险。衍生交易通常与这些风险管理活动相关。

衍生合同的目的前文已经作了说明。为了符合风险管理的要求，合同必须根据已有的指导方针确保实现目标的有效性。前文风险管理中没有指明的所有合同是用于交易的目的，以市值法核算，如所有石油价格衍生品。

集团使用以下方法核算衍生品

市值法（公允价值法）：资产负债表上的衍生品按公允价值计价（按市值计价），价值变化计入当期收入。该方法适用于所有交易目的的衍生品。集团所交易的利率合约包括期货、互换、期权和互换期权。交易的外汇合约包括远期和期权。交易的石油和天然气价格合约则包括互换、期权和期货。

应计法（权责发生制）：衍生品的应收账款或应付账款按合同期内的收入进行估价确认。该方法用于管理利率风险的衍生品，主要是长期负债使用的平衡固定利率和浮动利率的互换合同。此用途的其他衍生品可能包括互换期权和期货合约。这些衍生品应收账款或应付额计入合同中的利息费用进行调整。衍生品市值变化不计入。

递延法：来自衍生品方面的损益递延至基础债务到期或保值交割发生时，此时它们被确认为相应的收入或作为调整项。该方法用于将非美元借款转换成美元的衍生品，对重要的非美元委托或可能交易的衍生品保值以及管理天然气价格波动风险管理的衍生品。将非美元借款转换成美元的衍生品包括外汇互换合约和远期合约。这些衍生品的损益递延至基础债务到期后与相应债务的损益一起计入。用于对重大的非美元交易的套期保值的衍生品包括外汇远期合约、期权和天然气价格风险保值。

衍生品和其他金融工具

在日常商业运作中，集团是具有表外风险的衍生金融工具（衍生品）的一方，主要管理外汇汇率和利率波动的风险，包括管理浮动利率负债和固定利率负债的平衡。集团也对油气价格变动的风险进行管理。集团现金流的基础币种是美元。因此，多数借款是美元，为美元保值或进行美元的互换。大额非美元现金流也被保值。这些套期保值引起的损益递延至保值项目发生，此时计入收入或调整项。另外，我们也交易与这些风险管理活动相关的衍生品。交易的结果确认为当期收入。

集团在全球范围内协调进行一些重要活动，以优化其财务状况和业绩。这些活动包括对借款币种、到期期限及借款利率的管理，对现金的管理，对其他重大金融风险的管理以及管理与银行和其他金融机构的关系。国际油气交易和业务运营的风险管理由集团石油、天然气交易部门执行。

BP 面临金融风险，包括来自集团的常规业务活动的市场风险、信用风险和流动性风险。以下讨论这些风险及集团的应对方法。

市场风险

市场风险包括汇率、利率和油气价格变化的可能性，会影响集团的金融资产负债和期望现金流。管理市场风险使用一系列金融和商品工具，包括衍生品。我们也支持与这些风险管理活动相关的衍生品。

汇率波动对集团报告利润有显著影响。多数利率波动的影响通过改变成本竞争力、市场对应调整的滞后和特定交易的转换差额而反映在企业经营结果当中。因此，汇率波动的总影响不能单独在集团的报告利润中体现。

集团现金流的基础货币是美元，因此集团大多数借款是美元。我们的外汇管理政策是使美元兑换引起的经济和实物交易风险最小化。集团集中协调外汇风险的处理，通过净值计算所有可能自然发生负面影响来减少风险，然后处理所有实质性残余外汇风险。大量的残余非美元风险通过一系列衍生品而得以管理。

利率风险。集团面临长期和短期浮动利率工具方面的利率风险以及固定利率负债再融资带来的利率风险。相应地，除了管理汇率和到期债务，集团通过平衡高风险低成本浮动利率负债和低风险高费用的固定利率负债管理利息费用。因为借款多数是以美元记价或者兑换成美元，集团主要面临美元 LIBOR（伦敦同业拆借利率）利率的风险。

集团使用衍生品管理固定和浮动利率负债的平衡。2001 年，浮动利率负债占总负债的 32%~43%。

石油和天然气价格风险。BP 的交易部门使用金融和商品衍生工具作为集团石油产品价值优化的一部分，也作为附属企业原油、石油产品和其他工具的交易的一部分。它们也使用金融和商品衍生工具来管理集团面临的天然气交易的价格波动风险。

图 18-1　摘自 BP 账目（感谢 BP P. L. C 授权引用© BP P. L. C2001 年报"账户注意事项"的内容）

结尾注释

与过去相比，持有资产（可能是油井或发电站）的公司越来越被鼓励和要求使用按市值计价的会计准则（MTM）。新的会计规则要求对衍生交易和资产（如被保值）以公允价值评估（按市值计价），这在理论上是一套，但实际上可能弃而不用。能源业中有些衍生合同和资产没有明确的价格，要制作 MTM 公允价值的报告，必须合理地判断价格。金融审计的责任就是确保这些按市值计价可信，至少合理。2001 年末，安然（Enron）的倒台，说明它的审计和控制职能有严重问题，它的审计公司安达信（Andersen）也跟着衰落了。

会计准则致力于增加公司行动和金融状况的透明度。但是，任何会计准则最多和公司周边的内部控制和真正独立的审计公司提供的外部控制一样有效。

TOTEM 风险

这一部分中，Totem 市场评估公司（http：//www. totem-risk. com/）的 CEO，Tim Barker 先生将会分析能源市场参与者如何成功应对新的会计准则，如何管理长期衍生头寸的复杂的市场风险，如何实施风险控制操作。Totem 是评估清算行业中最重要的公司，给证券交易所和银行定期提供公认价格参考，为许多场外和上市金融工具提供参数。

20 世纪 90 年代中期，可能是衍生市场发展的一个低谷。1995~1998 年，一系列的失败使市场遭到空前打击。尼克·里森（Nick Leeson）在巴林银行（Barings）上跌了跟头，损失了 8 亿美元；口碑不错的价值 1.5 亿美元的 Natwest 利率衍生品因为定价错误，导致董事会成员离职，瑞士银行（UBS）在全球股权衍生品账户上损失 3.5 亿美元。当纽约联邦储备基金准备向损失 46 亿美元的 John Merriwether 的长期资本管理公司（Long Term Capital Management）伸出援手时，市场上要求针对破产和系统风险进行严格管理的呼声日益迫切。

衍生品交易亏损现在再次成为报纸头条。安然仍是大字标题，而 AIB 的衍生品交易损失让人回忆起 20 世纪 90 年代中期的景象。现在的能源市场与 90 年代中期的金融市场有极大的相似之处（见表 18-1）。

表 18-1 金融市场和能源市场的比较

金融市场：20 世纪 80 年代末到 90 年代中	能源市场：20 世纪 90 年代中至今
市场增长	
在银行业自由化的驱动下，借助于信息科技和计算机，股票、外汇和债券/利率市场蓬勃发展	20 世纪 90 年代中开始的能源市场自由化引发了大规模地利用金融技术进行交易，而这最早是五年前由银行业带头使用的。能源市场上监管较松的场外衍生品的使用呈指数增长
产品复杂性发展	
复杂结构物的爆炸性增长是销售驱动而不是需求驱动所引发的（敲入、敲出式数字期权）	特定目的产品的使用增加，如 Raptor、LJM2 或者 Dynegy 最近的 Alpha 操作
著名的亏损案例	
巴林银行 8 亿美元；国民西敏银行（Natwest）1.38 亿美元；瑞士银行 3.5 亿美元；长期资本管理公司 46 亿美元	安然公司最高价值 700 亿美元的市值一年内全部蒸发
监管压力	
巴林银行/国民西敏银行/瑞士银行/长期资本公司的亏损引发了强力监管，最后引入了 FAS133/IAS3990	最近 SEC/FERC/CFTC 对安然、达力智（Dynegy）和其他能源公司加紧审查

金融衍生市场从 20 世纪 80 年代末到 90 年代中经历了爆炸式的发展，在银行部门自由化的驱动下，借助于信息科技革命，股票、外汇和债券市场蓬勃发展。20 世纪 90 年代中期，这些市场遭到重创，管理者试图加强控制。监管美国互换和期货交易的美国期货交易委员会（CFTC）与证券交易委员会（SEC）就衍生交易规则的管辖权展开了一场长期的拉锯战。SEC 与 CFTC 都想扩大管辖，但是各有各的条件。这场公开战慢慢过去，交易规则最终产生于不同的渠道——财务会计准则委员会（FASB）。

20 世纪 90 年代末以来发生了什么

起初的衍生品只是像现在的普通衍生工具，自 20 世纪 90 年代中期以来，它们变得非常复杂。国民西敏银行在利率衍生品错误报价最初公布时，就像打开了一罐蠕虫，带来了 5000 万美元的损失，不久就扩大到 9000 万美元。即使专业人员也没法跟上这种算法的速度。在参与复杂的"窗饰"衍生品交易之后，CSFP 被迫从日本撤回投资，来避免会计报告上的损失。

表 18-2　FAS133 和 IAS39

FAS133 和 IAS39 分别在 1999 年 6 月 15 日和 2001 年 1 月 1 日开始实行。这些标准规定了衍生品的会计处理，要求所有衍生交易都按公允价值（按市值计价）核算。两个标准在本质上是一样的，但是由不同的监管组织提出。财务会计准则委员会（FASB）负责美国会计准则，IASB 负责国际会计准则。

实施之前

这些标准实施之前，公司可以选择使用按公允价值（按市值计价）或按历史成本会计来确认实现的收入。多年来所有主要的银行一直使用按市值计价的核算方法作为它们会计系统的主心骨。许多石油生产商、开采公司和能源业者并未采用该方法。

变化

FAS133 和 IAS39 要求所有公司遵守规则：

● 使用公允价值会计方法，对所有衍生品按市值计价。

● 将所有衍生交易体现在资产负债表上。

● 对现货或衍生交易合约（如天然气摆动合约或石油合约中的数量误差）中的嵌入式期权按照衍生品来进行估值。

例外

以特定保值合约为名的衍生交易可以不计入资产负债表（如待采矿石、石油和天然气期货）。但是，这证明起来非常麻烦，许多公司认为还是遵守逐日盯市（MTM）比较简单。

实施

● 主要银行一直在使用 MTM 会计方法，虽然不是完全"照常营业"，但是银行已有会计惯例和遵守的基础来应对新的管理。

● 对于那些还没有完全接受 MTM 规定的公司如一些商业能源公司、能源公用事业公司和采矿公司等而言，会计准则方面的这一最大变化必将导致其在合规会计系统、基础建设和人员上大量投资。

● FAS133 文件超过 1000 页，包括很多修正和 166 条解释，还在不断修订中。

未估计到的负面作用

● 场外交易头寸的估价产生大问题，因为场外市场上它们没有价格和波动的信息，很难按市值计价。

● 给小公司和以前不使用 MTM 方法的公司造成巨大的管理和实施的负担。

● 引起套期保值者的非故意损益，因为过去按照表外资产进行保值的衍生交易现在必须以 MTM 核算。

为了遵守新的会计准则而造成交易行为的变化。

这些事件之后，虽然金融市场的趋势还是朝着复杂结构方向发展，但普通衍生工具的交易量有所增加。像公司保值者这类的衍生品使用者已经更好地掌握了衍生品。他们对衍生产品和管理报告的基础有很好的理解，能够使用普通衍生工具有效地规避多数的风险。

简单化的趋势已出现在能源市场上，最近我们也看见市场是如何惩罚那些不能合理控制风险、账户透明度不够的公司的。达力智（Dynegy）的股价从 2002 年 4 月末的 30 美元跌到了 2002 年 5 月中的 10 美元多，因为它的 Alpha 操作涉嫌增加税务支付的复杂交易。

监管方最近的反应

Enron 的倒台警示之后，我们再次看到监管方的巨大反应：SEC、FERC 和 CFTC

都采取了预期中的必要的事后调查，但是，巨大的压力会把衍生品当作替罪羊。

美国参议员 Diannne Feinstein 就是高声呼吁加强监管中的一员——虽然她加紧能源衍生品监管的议案申请被否决了：

参议院在周三（2002 年 4 月 10 日）否决了一项议案申请。这项申请由安然的倒台引起，要求对与能源相关的金融衍生工具进行联邦监管，安然广泛开拓的电力市场也是其中之一。但是，这项措施的反对者认为管理太宽，会影响整个衍生市场和商品及其他交易市场的保值机制（http：//www.cbsnews.com/stories/2002/04/10/politics/main505797.shtml）。

我们倾向于同意国际互换和衍生工具协会（ISDA）的观点，其最近的报告指出安然的倒台是公司管理失败的结果。同时，报告还指出：

……虽然衍生品交易制造了一些治理失败的表象，但是它们并不是导致公司治理失败的主要角色……没有证据说明现存的监管制度不足以解决出现的这些问题。不用说现存的会计和信息披露要求，只要安然能够遵守现存的市场操作规则，就不会根基不稳而最终轰然倒台。

监管制度的一部分，FAS133 和 IAS39 最近开始实行。它们针对刚才提及的 20 世纪 90 年代中期的衍生交易的诸多问题而设计，它们在银行业以外的效力现在才逐渐明显。这些标准及其含义在表 18-2 中有简要描述。

现今能源交易的发展集中在场外市场上，洲际交易所见证的交易量的增加说明最近两年来场外交易的显著发展。

危险在于，尽管在风险管理和合规系统建立方面进行了大量的投资，但关键问题仍然没有被重视。公司面临来自于监管方面的日益巨大的压力，必须建立更为复杂的风险管理系统，但是没有合适的定价数据，这些系统是无效的。场外市场价格不透明，价格和波动的数据通常无处可寻。

我自己的经验是 20 世纪 90 年代中期在 BZW 投资银行的风险管理部工作时，我和同事 Edward Barlow 负责账面上衍生交易的市值定价的核实。风险最大的交易发生在场外市场——买方和卖方通过中间经纪人交易，价格通常与公开的报价无关——没有独立可靠的价格来源。我们在工作中受挫，促使我们决定成立公司填补这块空白，专门收集和处理投行需要的数据。Totem 市场估价公司正在招聘具有商品交易经验的团队，将我们的公认定价服务扩展到长期石油、天然气和电力等场外衍生品领域。

银行使用按市值计价的方法已有一段时间，这些标准对它们的影响很小。虽然按市值计价已经是会计方法的主心骨，但是银行对风险管理的态度发生了变化。不仅使风险管理人员数目大大增加，风险管理在机构内的地位也在上升。

我相信，大体上大型的投资银行已经把必须的风险管理控制完善到位。过去五年中，风险管理人员数目、风险管理在机构内的地位、人员和技能水平都在快速发展。美国联邦储备委员会主席格林斯潘最近指出，风险管理经理们正左右着信贷人员的决定，金融机构中层级分明，这样转变背后的关键因素是大量的风险管理技术。

Totem 为账面交易市值核实提供了风险管理工具，扮演着该行业中最重要的角色。然而，银行业中的控制程序和风险管理技术还没有成功地移植到能源和商品业。

近几年，能源业发展迅速，吸引了传统金融市场上的从业人员。人员和技术的转移引起了人们对能源行业中风险管理功能的重视。由 Totem 领衔的技术知识正在扩散。

在美国参议院之前，圣地亚哥大学法学教授、前摩根士丹利衍生品销售员 Frank Partnoy 就证实：

看起来安然的交易者为了隐藏损失而有选择地错误标识（Mismark）了它们的远期曲线，交易者根据他们的利润拿报酬，所以如果能够通过错误标识远期曲线来隐藏损失，他们就可能拿到更多的酬劳。

某些衍生合同很难被错误标识，交易者不可能错误标识公开交易的合同——如在 NYMEX 交易的天然气合同——因为这些合同的报价是公开的。但是，NYMEX 只有六年期的远期曲线，交易者很可能错误标识一个十年期天然气远期利率。

能源业可以借此机会将合适的控制措施设置到位，以防止最近那些损失事件的重演。此外，就像金融市场近来的表现一样，能源业如果证明可以实行有力的自身监管，或许可以避免外部的过度控制。

能源和商品市场的参与者在实施复杂风险管理系统时可以向金融机构学习，从对真实市场投入的合理控制开始。

附录 1　风险管理评估示例
某公司运用衍生工具为石油需求套期保值

　　这里介绍的是一个外部咨询机构对 ABC-XYZ 交易有限公司做出的风险管理程序评论的例子。ABC-XYZ 公司出于套期保值目的（风险管理）而正在使用衍生工具。

标准结果和例子结果

私人的且机密的操作风险管理评估

本报告基于 1999 年 9 月的访谈和观测资料做出

ABC-XYZ 交易有限公司

12345Canary Wharf，伦敦，东 14 区

英国

评论执行人联系方式：

伦敦—英国 Tel：44 12345　Fax：44 12346

E-mail：*energyriskadvisor@yahoo.co.uk*

评论执行期间：2002 年 9 月

评论报告出版日：2002 年 10 月 10 日

私人的且机密的

2002 年 10 月 10 日

管理层

ABC-XYZ 交易有限公司

12345Canary Wharf，伦敦，东 14 区

英国

尊敬的先生/女士：

风险管理评论

根据本人作为一名咨询师对 ABC-XYZ 公司风险管理过程的回顾评估，在此我很乐意发布我所做的涵盖风险管理过程和基础设施的 ABC-XYZ 公司风险评估报告，该报告支持 ABC-XYZ 公司的风险管理政策和交易活动。

评论使用

该评论报告只提供给 ABC-XYZ 公司的管理层，尽管我明白你们可能希望贵集团所属其他公司也能得到这份报告，甚至我也赞成将该报告完整地提供给它们。根据贵方要求，我直接将报告副本发送给了贵公司海外办事处以便满足任何尽职调查报告要求。

工作范围

注意，该评估报告中的信息均以所做的观测数据、评阅的文献资料和收到的口头陈述为基础，不受进一步核实或检测的约束。

我的评论由对 ABC-XYZ 公司的人事访谈和到 ABC-XYZ 公司办公室现场访问调查两部分构成。

范围限制

我的调查评估结果仅在当时时点适用。我不能保证当时的有关程序和设施的信息将一直保持有效。

我相信，贵方将发现本报告的内容能够满足你们的要求。

如果您想就本报告的任何细节做进一步的讨论，请立即拨打电话+44 12345 与我联系。您也可以通过电子邮件与我联系：energyriskadvisory@ yahoo. co. uk。

最后，非常感谢贵方给我这样一个难得的机会与你们一起做这样重要的工作，同时希望在不久的将来我能够进一步协助贵方。

真诚的

独立风险管理咨询师

风险包绕

风险管理区域

风险管理区域见附图 1-1。

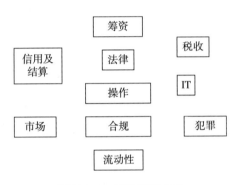

附图 1-1　风险管理区域

AIST 风险管理实践概述

用价格风险管理上的术语讲，在衍生工具市场上，一家公司可被描述成该市场的"终端用户"。我要很高兴地指出，对于 ABC-XYZ 公司而言，其适当的风险管理基础设施和控制已经令我印象颇深［本文中，"终端用户"是一家在实物商品市场有基础价格风险敞口的公司，其利用衍生合约（期货、期权、互换）的主要目的是控制/减少价格风险］。

我完成了一项风险管理评估，附件是该评估报告的主要结果和我个人提出的仅供参考的建议。

无论您部分还是全部地采用这些建议都将有赖于您自己的判断，即我建议的ABC-XYZ 公司管理层是否与您的业务一致。我的建议都是以我在衍生市场用户"标准实践指南"方面的经验为基础的。

风险管理/交易政策的评估

我注意到，ABC-XYZ 公司的风险管理政策与其母公司 ZYX 的财务风险管理政策捆绑在一起，ABC-XYZ 公司的董事会政策同样如此，公司职员和管理层都知道这些政策。除此之外，还需注意的是，在不久的将来 ZYX 公司的一份具体的商品风险管理政策要被汇编完成。

从与 ABC-XYZ 公司的人事访谈中我注意到，ABC-XYZ 公司当前已经开始在风险管理方面进行实践，它一周至少举行两次风险管理委员会（Risk Management Committee，RMC）会议。公司有关人员告诉我，该委员会会评估检查当时 ABC-XYZ 公司在市场交易中的未平仓头寸、评估当前市场趋势、ABC-XYZ 公司市场风险敞口、讨论几周前的交易/对冲建议以及为接下来的交易创造交易策略。同时，也设立了包括但不限于交易头寸限制的交易政策。所有的风险管理委员会会议记录都被汇编记录在案。

在一家使用交易所期货合约和场外互换市场期货合约（衍生工具）的公司中，上述做法是很好的管理习惯并且符合标准风险管理的控制方法。

我注意到，公司还有一些关于头寸限制的规则，这些规则规定在一份期货当中，某一衍生工具在多长时间内能被开立……如 12 个月期货或者 6 个月期货等。对于任何利用衍生工具交易或对冲的操作，像上面的那些规则都是至关重要的。很高兴的是这些规则在 ABC-XYZ 公司的操作中都可以看到。我发现，管理层监控对冲比例的限制，控制在预算好的未来实物需求金额的 75%。这是非常谨慎的风险管理控制方法，因为未来的预算实物需求只不过是估计值。

对公司对冲交易政策的建议

我的理解是，ABC-XYZ 公司主要是想对冲其母公司制造业务上的预计实物需求成本，但 ABC-XYZ 公司没有平仓衍生工具头寸时损失限制的政策，如果它们持有大量未实现损失（损失限制更多与投机交易而不是套期保值有关）。

在实施该政策的公司，用于套期保值的实际期货市场的交易限制以对未平仓合约和波动性的评估为基础。这是对流动性风险的评估，即因市场缺少流动性而必须支付极端的价格以平仓—期货头寸所带来的损失的风险。

由于我们正在谈论交易政策的话题，因此这里值得一提的是灵活性，即交易商在"终端用户"公司被允许操作的权限。我所指的灵活性是指交易商被准许一个百分比（a%），通常是"机会对冲"总对冲量的 10%~20%。

我建议，ABC-XYZ 公司应该着手给予其交易商一定的灵活性，以便允许他们利用意外的、可能短暂的、有益的价格变动的优势。一套隔离的控制措施应该被放在一起以覆盖该"机会对冲"。在这种情形下，如果短期通知没有预先授权准确的交易的明细（交易者的限制已经预先授权），那么经纪商将必须在交易商的授权下交易×数量，而上述短期通知的授权是通过 ABC-XYZ 公司和 ZYX 公司签字的传真授权来进行的。交易商通常被要求去通知经纪商，告诉他这是一个"特别"的执行指令。一收到该指令或者该交易一被执行，经纪商就会立即向 ZYX 公司和 ABC-XYZ 公司发一个指南概要传真，通知他们这一"特别"交易。ZYX 公司和 ABC-XYZ 公司则会向该经纪商传真回一份签过字的指南概要副本以授权交易。

同时，ABC-XYZ公司可能也想（即使其实物需求数量和衍生头寸在数量上是匹配的）在其后台系统或管理层报告系统创建一个损失限制警报，以便在未来衍生工具头寸损失使公司陷于紧张状态时，避免现金流危机。通过和ABC-XYZ公司员工的讨论，值得注意的是，即便是场外互换市场，ABC-XYZ公司对其互换对手（通常未披露）都会有信用限制。ABC-XYZ公司必须牢记，如果将来互换头寸价值出现巨亏，公司能够被要求向其合约对手提供现金或保证。未来头寸的潜在未实现损失就是风险管理委员会定期评估审核的项目。

在后面讨论有关管理层的报告范围时，我会提及与此相关的一点。

我还被告知，所有的场外（OTC）互换交易都是在ABC-XYZ公司和其对手之间的国际互换与衍生工具交易协会主互换协议（ISDA Master Swaps Agreement）的基础上执行的。

ISDA协议的使用也是一个很好的风险管理习惯。ISDA合约广泛运用于互换交易领域，它是互换协议受法律约束的基础。由于互换协议上的ISDA用语成为许多金融市场的标准，因此很多法律公司在ISDA主互换协议下的合约争端处理方面拥有专业知识。

风险管理与交易环境中的角色和责任隔离

在衍生工具交易操作符合国际标准惯例方面，ABC-XYZ公司任何交易职能部门的职员都是独立地操作其后台交易调节和创建衍生交易的管理层报告。后台职员直接向ABC-XYZ公司的财务经理报告，所以后台职员的管理人员也独立于任何一个负责衍生市场每日交易执行的经理。值得一提的是，公司已经打算更换后台IT设施，如引入123ABC系统，这将进一步加强交易前端和后台系统的IT隔离。

指令/交易的流向

我注意到，便于内部交易指令的良好控制系统已经存在。根据我的了解，ABC-XYZ公司在新加坡市场的指令由交易商提交，但要经过下面的签字：

（1）伦敦ABC-XYZ公司总经理、ZYX公司总部生产经理；然后传真到ZYX总部，由下列人员签字。

（2）ZYX总部财务管理人员。最后再传真回伦敦ABC-XYZ公司。正如另一个谨慎的审计记录一样……

（3）当经纪人收到来自伦敦ABC-XYZ公司的指令传真副本后，经纪人必须将该含邮戳时间和签过字的指令副本传真回ABC-XYZ公司。

在将来，交易授权由两个非交易相关的经理根据ABC-XYZ公司对被提议指令的签字来做出，同时要将副本送往ZYX总部供参考。同时，两个非交易相关的签字必须是两个签字名单（A）和（B）中的名字（请参阅有关签字名单的注释）。既然ZYX总部有适合ABC-XYZ公司的通用交易政策，所以该签字做法仍然是风险管理上的正常标准惯例。

指令一旦收到就被认为是有效的并被提交给经纪商或场外衍生互换合约的订约方以供执行。

当指令做好后，它通过电话完成。根据我的理解，经纪商/交易商有时会立即收到授权的指令确认函的传真件。比如，在纽约商品交易所期货市场（对部分 ABC-XYZ 交易商的尽职调查），一旦部分指令在最初依赖口头指示而完成，期货经纪商可能只能通过传真看到指令和其交易总量。尽管经纪商希望在 48 小时内收到已经签过字的指令副本（由 ABC-XYZ 公司和 ZYX 公司总部财务经理签字），因为这是 ABC-XYZ 公司的交易政策。

ABC-XYZ 公司的这一指令进入程序很好，但是其交易和审计记录的安全性还有待提高。在接下来的几页里我记下了一些建议。

最佳执行——场外互换交易

ABC-XYZ 公司交易职员和后台职员至少从两个不同的来源接收市场价格信息以进行头寸的盯市估值。这非常好，因为对于场外市场固有的不透明性这一特征，拥有几个价格价值数据来源就显得非常重要。目前，普氏远期曲线（PFC, http：// www. platts. com/）对于所有关键场外石油相关互换的远期曲线估值信息而言是一个值得信赖的第三方数据来源。

建议——指令/交易的流向

为了避免一些情况出现，如交易商否认通过电话收到过指令或者否认在交易中犯过错，同时也为了协助 ABC-XYZ 公司维持其指令执行环境和对交易对手/经纪商的指令时机，或者为了内部审计师的方便考虑，我在此提供如下建议：

（1）所有交易员下指令的电话线路都要被录音。为了让证据有力，所有的交易商和场外互换对手都要被书面告知，ABC-XYZ 公司可能会录下交易商和经纪商/场外互换交易者之间的谈话。

（2）发给 ABC-XYZ 公司交易员一个印时戳即计时打印机，最理想的是现代数字印时戳，它能自动记下时间，或者至少是给一个手工的印时戳。印时戳或计时打印机的钥匙或密码由后台内勤或其他非交易经理保管。如果是手工印时戳，那么钥匙保管人应该负责确保每个交易日开始时的时间以及随后在交易日的某个阶段中的时间总是正确的。

（3）应该给予 ABC-XYZ 公司的风险管理部经理或交易员一些交易入场券（每笔指令一张）。这是对目前 ABC-XYZ 公司和 ZYX 公司总部财务部人员的签字指令的补充。当 ABC-XYZ 公司交易员通过电话将指令下达给经纪商时，他们要记下指令。一份交易入场券的副本能够一直在交易员处保持到交易日结束，最后被交到 ABC-XYZ 公司后台职员并记录进后台系统作为当天的一个新交易。随后，它与经纪商反馈到后台的信息相协调。

（4）一旦向经纪商或场外互换交易对手下达交易指令，交易员就应该在他们的交易入场券或指令册上打上时间戳，然后在每次指令或部分执行的任何修改以及到最后指令的完成，交易员都要在交易入场券或指令册上打上时间戳。如果某一经纪商被控告没有尽到"最佳执行"服务时，上述记录时间的做法将更方便、容易地查询，因为交易商能够参考过去在交易入场券上的时间，检查相应的交易所的次数和销售合约，以查看当时的交易价格和交易数量。

（5）交易员应该至少在他们第一次处理指令时在交易入场券上签字，以便该指令的审计记录也能显示是哪个交易员下达并处理该指令的。

（6）后台管理人员应该在每个交易日末或任何合理的、可能的交易过程中检查与ABC-XYZ公司交易员的交易入场券或对冲账册相对应的经纪商报告。如果稍后有必要的话，他们会在交易入场券上注明经纪商合约参考号（如果是场外合约，则注明交易对手的参考号）以便于横向参考。交易入场券的后台副本应该被现场保存至少一个月，以防可能发生的任何延误的争端。

（7）从理想的角度来说，交易入场券副本应该一直保存到财政年度末审计清查结束以后，以防万一审计员需要ABC-XYZ公司的交易记录（值得注意的是，在某些权限内，金融机构被要求保存交易入场券信息5年或5年以上）。

（8）许多公司不允许其交易员在交易办公室外进行交易，但是考虑到ABC-XYZ公司的小规模风险管理团队和公司出于套期保值或风险管理目的而采用一些衍生市场对公司办公场所而言处于不同时区的这样一个事实，所以执行起来，这可能不是一个切实可行的控制。然而交易员在办公室外部下达交易指令时，应该尽力记录下达指令给经纪商的电话（移动电话为此提供了方便）。一个建议是：所有交易员轮班工作，办公室则留一个交易员来向交易对手和经纪商下达指令。

交易执行程序确认

一旦一笔交易被执行，第一个与此有关的信息通过电话被收到，出于交易安全，这一重要电话信息将被录音。

我从与ABC-XYZ公司员工的讨论中注意到，经纪商有关已经结束的交易的所有拖要重述都被发送到伦敦的ABC-XYZ公司，但同时也被ABC-XYZ公司制定经纪商直接复制给ZYX公司总部财务部。这就形成了一个与好的风险管理惯例相符合的报告控制体系。

我注意到，所有场外互换确认报告都被送往伦敦的ABC-XYZ公司，同时单独通过传真发送至ZYX公司总部财务部。这也是一个与好的风险管理惯例相符合的报告分离控制体系。我被告知，合约注释首先由伦敦ABC-XYZ公司的总经理签字，然后所有的副本和原稿被送往总部等待签字，之后一份副本被送回伦敦的ABC-XYZ公司，一份原件则被送往交易对手。

建议——场外互换概述和执行

对场外互换合约上签字对于伦敦 ABC-XYZ 有限公司和 ZYX 总部而言在当前来看是必须的。审慎控制惯例必须强加于此，同时该惯例还要符合标准风险管理惯例。

签字清单

在检查了包括伦敦 ABC-XYZ 公司管理层和 ZYX 总部财务部的签字要求在内的指令提交程序后，我询问了伦敦 ABC-XYZ 公司的员工，签字清单是如何更新和分配给经纪商及交易对手的。

ABC-XYZ 公司的员工告诉我，通过每季度一次的伦敦 ABC-XYZ 公司董事会，签字清单被审议，同时如果有必要的话就会被更新。

签字清单包括清单 A 和清单 B。交易授权需要清单 A 中的一个签字和清单 B 中的一个签字。

ABC-XYZ 公司员工能够确认 ZYX 总部财务部的签字由 ZYX 总部直接发送到经纪商和交易商。

在此，审慎控制惯例被强制执行，并且符合标准风险管理惯例。

新交易对手控制

任何一个经纪商或互换交易对手都要经过总部的审查，然后总部才授权给伦敦的子公司 ABC-XYZ 与经纪商或互换交易对手签订协议。ABC-XYZ 公司董事会则批准 ABC-XYZ 公司的某个员工去签订新经纪商账户协议或互换交易协议。文件签好后就送往总部进行会签。会签完后，正本被直接送往新经纪商或交易对手处，一份副本则被送回伦敦 ABC-XYZ 公司以留作记录。

所有董事会议都被记录下来，记录副本或者是董事会决议则被送往经纪商或交易对手，以证明 ABC-XYZ 董事会同意该协议。

这是很好的风险管理惯例，减少了交易者以 ABC-XYZ 公司名义开立未授权经纪账户的风险，或者是与新的或潜在不存在的交易对手进行未授权场外互换交易的风险（见附图 1-2）。

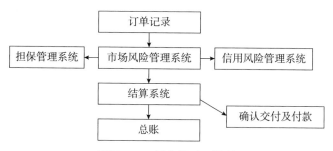

附图 1-2 新交易对手控制

内部报告出具——市场风险管理

建议交易/公平价值价格数据的真实完整

我注意到，场外互换合约的市场估值不是在内部得出的，而是在伦敦 ABC-XYZ 公司的主要场外互换对手计算并提供的价格报告的基础上得来的。拥有超过一种以上的估值数据来源（如现在 ABC-XYZ 公司的情况）使得向 AIST 远期价格曲线提供精确的"公平价值"变得更加有保证。我的建议是利用现有的数据来源再加上现在可获得的普氏远期曲线（PFC）数据（http://www.platts.com/），进一步加强以"公平价值"对衍生工具投资组合"盯市"的能力。这对于每日管理报告和控制是非常重要的，同时对于衍生工具公平价值报告的国际公认会计惯例也是非常重要的。

由于伦敦 ABC-XYZ 公司有时持有长达 27 个月的场外互换合约头寸，所以 ABC-XYZ 公司持续拥有一组"公平价值"供应商就显得至关重要，它们最终要负责出具衍生工具头寸未来未实现损益的管理报告。管理层从其系统中获得的报告的质量和中肯依赖于采用的数据的质量。

出具的每日内部市场头寸报告

- 协调报告（Recondliation Report）
- 每日盯市报告（Daily Marked to Market Report）
- 未平仓期货报告（Open Futures Report）
- 互换头寸报告（Swap Positions Report）
- 实现的头寸报告（Realised Position Report）

总的来说，我的评估检查发现这些报告符合标准风险管理惯例，尽管对于这些报告我还有一些要求其改善提高的建议。

每周合规报告

我注意到，该报告关注即将到来的现货石油价格和石油、天然气及外汇方面的衍生品套期保值的实现结果。该报告也涵盖一些事件，如衍生合约过期、即将到来的期权过期以及即将出现的类似的交易要求等。在每周的"衍生工具合规会议"上，交易员和后台职员向总经理和财务经理出具该报告，这也是一个要记录的会议。上述做法是一种很好的风险惯例报告/控制程序。

每月风险报告

涵盖石油和天然气（衍生工具和实物现货）领域所有的风险敞口（按照总部交易策略，限制时间长达两年）。根据 ABC-XYZ 公司员工介绍，该报告包括真实成交量、套期保值价格以及将未保值交易量市场价格与预算价格相结合的潜在价格。该报告也含有预测的现货交易需求，为了风险管理的目的，这能被用作检测过度套期保值的管理指南。该报告是很好的风险管理报告惯例。

建议——内部市场头寸报告

■ 协调报告——很好，没问题

■ 未平仓期货报告

　● 应该包含经纪商合约/交易序号（Broker Contract/Deal Number）。

　● 如果采用该建议，那么报告应该包含 AIST 交易入场券序号（经纪商之间的号码一个挨一个，以便于审计记录更容易）。

■ 期货期权头寸报告（Futures Option Position Report）

　● 增加期权到期日到报告中，以便能够知道该期权还有多久将被执行从而变成一个期货合约。

■ 出售期权报告（Selling Options Report）

　● 为了管理层能够通过出售（空头）期权头寸来全面管理 AIST 承担的风险，管理层头寸报告应该注明，这一期权是否已被一个相反的期货或实物头寸保值，该头寸冲销了没有反向头寸覆盖时潜在的销售期权的无限制负债。

■ 互换头寸报告

　● 为交易对手增加一个专栏。即便有时一笔交易是直接和交易对手进行的，但该交易对手的名字却出现在注明是经纪商的这一栏中。这是不对的，甚至可能混淆公众，所以 INFINITY 的引入应该从本质上解决这个问题。

■ 实现的头寸报告——很好，没问题

一些建议

场外互换头寸报告

我相信，包含在互换合约头寸（石油/天然气）中将会有用的是对未来现金流风险的一些分析。当突然的或未预料到的市场价格结构变化出现时（如一个倒退市场向一个上扬市场的急剧转变，或者相反；以及单个的远期衍生合约突然价格下跌或上涨从而产生较大的未实现损失），远期现金流的风险就可能出现，这些损失可能都需要资金支撑。

ABC-XYZ 公司管理层应注意创造一些市场结构变化的情形，并且常规性地检查这些情形下他们的未平仓头寸。

在市场小幅波动下，伦敦 ABC-XYZ 公司可能不会碰到"追加保证金"或"担保要求"等字眼。但是，即便是提供交易互换合约的银行也会对贵公司有内部信用限制（通常，银行不会对贵公司披露该限制）。如果互换合约价格发生严重反向变动，伦敦

ABC-XYZ公司就会发现自己已经处在现金困境中，此时它们不得不为远期头寸的实现损失进行融资。

估算一下这些灾难情景并将其放在基于每日的管理层报告中，这至少会使得管理层去考虑，如果发生那样的情景，它们应该采取什么行动。

风险价值

为了给在石油、天然气和外汇方面的头寸所承担的风险以美元价值，ABC-XYZ公司可能希望关注采用风险价值的头寸计算方法。

例外报告

例外报告由伦敦ABC-XYZ公司后台出具，并分发给伦敦ABC-XYZ公司和总部的管理层。

按照伦敦ABC-XYZ公司风险管理委员会设置的交易政策，报告里应该增加交易限制的突破，并且其副本会被送到总部。

任何一个交易员打破损失限制时，都应该出具报告。

没有经纪商摘要的任何执行的交易被接受，或者这些交易在经纪商报表中应该显示而没有显示未平仓头寸，都应出具报告。

一旦这些情形发生，则应该要求问题经纪商传真一封解释函，向公司解释交易何时能够恢复正常，或者补进伦敦ABC-XYZ公司账户，再或者正在采取什么补救措施。这封解释函应该作为记录保存下来并且在当天和管理层报告一起出示，然后和问题交易日的交易入场券/报告一起汇编整理存档，以防万一今后公众询问和要求查询。

操作风险

由于伦敦ABC-XYZ公司团队规模较小，因此在该组织中明显存在操作风险。

只有两个人负责照料后台操作系统，如果他们两人有事都不在，那么一个没有适当培训/经验的交易员或某一普通职员将不得不接管该工作，这就会在当前符合标准风险管理控制惯例的角色和职责分离中，潜在地创造故障。创建一份内部风险管理手册，它甚至允许临时员工也能一字一句地按照风险管理指南来执行操作，就能够免除上述情形下的故障发生（见下文）。

伦敦ABC-XYZ公司有一个关键交易员，但我注意到伦敦ABC-XYZ公司的总经理也能起到一个支持作用，因为他有石油和天然气套期保值业务方面的经验，并且他还认识所有的期货经纪商、场外互换经纪商和互换交易对手。

风险管理政策手册

在面临某个情形时，风险管理政策手册有时可能会起关键作用，特别是该情形还伴随着市场价格的大幅变动的时候。

为了伦敦ABC-XYZ公司的方便和安全，我建议公司管理层准备一份风险管理手册。后台内勤职员、交易员和其他支持职员能够参考该手册，以便在某种"例外"发生时（如一笔交易没有出现在经纪商为平仓头寸中），他们能更好地知道自己的角色、应该做什么或者应该采取什么类型的行动。

通过创建该手册，伦敦 ABC-XYZ 公司能够让临时职员按照每日操作指南的安全知识进行操作，从而可以代替其他专业人员。同时，像这种危机情形下的管理层行动计划可以给总部的海外管理层带来更多方便。

这让我想到了操作风险的另外一个重要领域。

操作风险——事故恢复计划

通过与伦敦 ABC-XYZ 公司的讨论，我发现该公司目前没有事故恢复计划。如果存在该计划，那么让员工更多地了解它；如果不存在该计划，我强烈建议公司应该建立一个事故恢复计划并且让员工了解该计划。

事故恢复计划主要是指如果某些故障出现，比如伦敦 ABC-XYZ 公司办公室着火而被烧掉或者因某种原因而不能用，那么此时会发生什么事情。纽约世贸中心的倒塌事件还让人记忆犹新。

如何保持贵公司业务的持续？在什么地方开设一间备用办公室？从哪里能够得到来自 ABC-XYZ 局域网的备份数据的副本？该副本能够向公司显示所有交易员套期保值头寸记录。这里我要提到的是，在每个工作日末尾，备份数据是相当重要的。

伦敦 ABC-XYZ 公司的确是在每个工作日结束时备份了所有关键的电脑文件。虽然这些文件保存在 ABC-XYZ 公司办公室现场，但我还是建议使用一个安全的非现场数据库服务。它们将你们每天的备份数据进行收集并存储到非现场数据库中，或者你们直接安全地将数据上传到非现场服务器上。这意味着，将来如果你们公司办公室发生什么事故，你们的数据仍然是安全的。

IT 设施

在后台和会计系统使用 LOTUS 系统

后台运作应该采取针对宏病毒的 Lotus 实时防护措施。检测可能含有宏病毒的文件。

宏病毒是一种存在于文档或模板的宏中的计算机病毒。当您打开这样的文件时，宏病毒被激活，转移到您的电脑上并存在 Normal 模板中。从这点来看，您保存的每个文档都会自动感染宏病毒，如果其他用户打开这些被感染的文档，宏病毒同样会转移到他们的电脑中。

微软 Word 和 Excel 还不能扫描软盘、硬盘和网络驱动器以发现和清除宏病毒（如果您想得到这种保护，您得购买并安装专业的杀毒软件）。然而，无论何时当您打开一个含有宏（该宏中可能含有病毒）的文档时，Word 会弹出警告信息。您可选择带宏打开该文件或不带宏打开该文件。

如果您想打开含有有用的宏（比如，在您电脑中使用的订货命令形式）的文档，您就打开带有宏的文档。

网络安全

如在责任隔离中提到的一样，应该更好地限制进入后台网络。

关注后台数据的一体性

我还被告知，交易员使用的电脑和后台行政管理人员使用的电脑处于同一内部网。这样，交易员修改后台职员电脑上文件的潜在能力就值得关注。即便那些文件设置了读取的密码保护，他们仍然能够被抹掉或替换。

建议

在办公室内部网上创建一个隔离的网络驱动器，后台部门利用该驱动器存储其文件和数据。交易员电脑不允许进入该网络驱动器。交易员仍然要求能够读取头寸信息，就像后台能够进入到自己的网络驱动器和交易者的网络驱动器一样。并且，报告摘要能够很容易地被后台复制到交易员网络驱动器上以供交易员们查阅。

经纪商和交易安全问题

ABC-XYZ 公司委托给期货经纪商的资金安全

我注意到，ABC-XYZ 公司指定经纪商处的期货账户是隔离账户，即 ABC-XYZ 公司的资金与经纪商的自有资金相隔离。这是很好的风险管理惯例和标准惯例，并且常常得到管制经纪商的支持。

我对一件事印象深刻，即实际上是 ABC-XYZ 公司的公司政策确保了其所有期货账户成为隔离账户。值得注意的是，所有受金融服务管理局管制的英国经纪商通常为其客户自动开立期货清算账户，以此作为"隔离账户"，账户说明中会详细说明这一点。

资金账户隔离的优势是：如果经纪商的业务从相反的方向受到其另一个客户信用/业绩失败的影响，那么 ABC-XYZ 公司在该经纪商处拥有的任何已实现利益或存款就会是安全的，因为这些资金与经纪商营运资本是相隔离的。如果某一账户没有隔离（这是很多公司在 20 世纪 90 年代的通常做法），那么经纪商可能会将客户资金与自有营运资本混合在一起。

祝好！

独立风险管理咨询师

附录 2 CDS 市场上的主要能源部门和运输单位 （2002 年 9 月）

埃尔帕索能源公司	杜克资本公司
恩德沙公司（西班牙）	西班牙电力公司 Union Electrica Fenosa SA
阿利根尼能源供应公司	马来西亚国家石油公司
维旺迪环境公司	意大利天然气公司
杜克能源公司	意大利埃尼化工
德国 RWE AG 能源集团	挪威海德鲁公司
法国电力	Birka 能源 AB
意大利 Enel 公司	GAZNAT 天然气输配公司
苏伊士里昂水务集团	以色列电子集团公司
英国能源 PLC	英国公用水事业公司 Kelda
SK 集团	英国国家电力供应集团
Devon 能源公司	联合公用事业公司水务公司
葡萄牙电力公司	韩国油公株式会社
意大利 Edison 电力有限公司	智利 Endsea 公司
Kansai 电力公司	东京电力公司
TXU 集团	法国道达尔菲纳—埃尔夫公司
德国 Eon AG 公司	美国 Xcel 能源
英国国家电力供应公司	群星能源集团公司
韦瑟福德国际有限公司	哈利伯顿石油公司
Reliant 能源资源公司	菲利普石油
万欧卡	Pride 国际石油钻探公司
联合公用事业公司 PLC	得州瓦勒罗能源公司
瑞典 Vattenfall 公司 AB	AEP 资源有限公司
Sempra 能源	AES 公司
Alliant 能源资源公司	魁北克电力
美国电力	Illinois 电力公司
澳大利亚 Gas and Light 公司	国际电力 PLC

Avista 公司

Baker Hughes 公司

BG Transco 控股 PLC

波士顿 Edison 公司

BP 阿莫科 PLC

伯灵顿资源公司

Cal Energy 天然气公司

Calpine 公司

澳大利亚 Caltex 有限公司

加拿大自然资源有限公司

Chevron 公司

中华电力有限公司

日本中部电力有限公司

日本 Chugoku 电力公司

Cinergy 公司

CMS 能源公司

滨海石油公司

Cogen PLC

哥伦比亚能源集团

Conoco 公司

Consolidated Edison 公司

CSW 能源公司

Dominion 资源有限公司

Dynergy 控股公司

Dynergy 公司

东部电力

东部集团 PLC

爱迪生国际公司

爱迪生代表能源公司

Elf

智利 Enersis S. A.

安然公司

美国 Exelon 公司

美国 Forest 石油公司

天然气 SDG SA

新加坡明辉环球海事公司

Kepco

Kerr-McGee 公司

Keyspan 能源公司

美国 Kinder Morgan 合伙公司 LP

美国 Kinder Morgan 公司

九州电力公司

Lasmo PLC

LG-CALTEX 精油

伦敦电力

中部电力 PLC

Mirant 公司

Nabors 工业有限公司

菲律宾国家电力

国家电力 PLC

国家乡村电力合作法国公司

美国 Nipsco 资本市场

NRG 能源公司

Natar

Nuevo 能源公司

印度油和天然气委员会

安大略电力公司

美国驰耐普公司

墨西哥石油

PG & E 公司

Potomac 资本投资公司

Powergen PLC

Powergen 英国 PLC

PPL 公司

公众电力公司

电力天然气公共服务公司

Reliant 能源公司

美国 Republic Services 公司

力拓矿业能源集团

苏格兰电力 PLC

智利 Gener SA

日本北陆电力公司

加拿大海湾资源有限公司	英国海德尔 PLC
苏格兰电力公司 英国 PLC	中远投资
Seacor Smit 公司	北欧航空 SAS AB
日本四国电力有限公司	美国大陆航空公司
日本昭和壳牌石油	联合包裹服务公司
新加坡电力有限公司	AES 新能源公司
南加利福尼亚爱迪生公司	AIG 国际公司
南部公司	美国 Allegheny 能源公司
Talisman 能源公司	Alliant 能源公司服务公司
Teco 能源	纽约 Amerada Hess 公司
马来西亚国家能源公司	美国电力服务
得克萨斯公用事业电力公司	美国银行
得州—新墨西哥电力公司	蒙特利尔银行
日本东北电力公司	新斯科舍银行
法国 Total SA 公司	法国巴黎银行
Transocean 公司	英商巴克莱银行
TXU 欧洲集团 PLC	巴克莱资本
TXU 欧洲公司	澳大利亚 BHP 公司
联合太平洋资源集团公司	英国石油
美国公用事业联合公司	伯灵顿资源贸易公司
德国费巴集团	BP 阿莫科公司
Vintage 石油公司	加德士贸易
西部矿业公司	加拿大帝国商业银行
威廉斯公司	卡基尔公司
约克郡电力 PLC	美国大通银行
加拿大航空	花旗银行 N. A.
法国航空	美国康菲石油公司 Conoco
西北航空公司	日本科兹莫石油
日本航空公司	法国东方汇理银行
美国航空公司	里昂信贷银行
英国航空 PLC	德意志银行
澳洲昆达士（Qantas）航空	DTE 能源贸易公司
美国联合航空公司 UAL	澳洲麦格里银行
达美航空（Delta Airline）	马拉松石油公司
国泰航空公司	日本 Marubeni 公司
日本全日空航空	三菱公司

德国汉莎航空股份公司	三井化工
荷兰皇家航空（KLM）	三井东京产业
美洲航空公司（AMR）	摩根士丹利
新西兰 Ansett 航空	澳大利亚国家银行
瑞士航空	挪威海德鲁公司
新西兰航空有限公司	西北航空公司
新加坡港务集团（PSA）	马来西亚国家石油公司
西南航空公司	三星集团
CNF 货车运输公司	SK 集团
泰国国家石油管理局	住友化工
苏格兰皇家银行	挪威国家石油公司 Statoil
德士古公司	联合航空
西部资源公司	

资料来源：GFI Holdings＋44 207 422 1120 或者＋1 212 968 4199 以及 Credit Trade（http：//www. credittrade. com/）。

附录3 国际互换及衍生工具协会（ISDA）主协议①

本附录包含了一个 ISDA 的主协议文本及其附件。

（多币种——跨界）

ISDA

国际互换及衍生工具协会

主协议

___ 年 ___ 月 ___ 日

_____ 与 _____

之间已进行及/或预期进行受本 2002 年主协议约制（或将为其约制）的一项或多项交易（均称为"交易"）；本主协议包括附件（以下简称"附件"）以及各方之间交换的或为确认或证明这些交易而生效的文件和其他确认证据（均称为"确认书"）。本 2002 年主协议及其附件统称为"主协议"。

据此，双方同意如下：

1. 释义

（a）定义。就本主协议而言，第 14 条以及本主协议的其他部分所定义的词汇将具有其所特定的含义。

（b）不一致。若附件的条款与本主协议的其他条款有不一致之处，以附件为准。若任何确认书与本主协议之条款有不一致之处，就有关交易而言，以确认书为准。

（c）单一协议。所有交易的进行乃基于本主协议以及所有确认书构成双方之间的单一协议（统称"协议"）这一事实，否则双方不会进行任何交易。

2. 义务

（a）一般条件。

---

① 原书中附的是 1992 年的主协议版本，现在 ISDA 已公布了 2002 年的版本，因此此处译者把最新的 2002 年主协议版本附上。

（ⅰ）受本协议的其他条款约束，双方应按各份确认书的规定进行各项付款或交付。

（ⅱ）本协议项下的付款应于到期日在有关确认书所规定的账户所在地或按本协议其他规定另行支付；款项应以自由可转让资金以及所需货币付款的通用方式支付。若结算以交付形式进行（即付款之外的方式），该交付应于到期日按有关义务的通用方式进行，有关确认书或本协议另有规定者除外。

（ⅲ）第2（a）（ⅰ）条下各方的每项义务取决于以下先决条件：①对方没有发生及持续存在的违约事件或潜在违约事件；②就有关交易而言尚未出现或尚未有效地指定提前终止日；③本协议规定的作为本第2（a）（ⅲ）条先决条件的其他各项条件。

（b）更改账户。除非另一方及时发出通知对账户更改提出合理的反对意见，任何一方可在付款或交付的预定结算日前至少五个当地营业日通知对方变更接收款项或交付的账户。

（c）付款净额结算。若任何日期双方均须：_____

（ⅰ）以相同货币；

（ⅱ）就相同交易，向另一方付款，双方支付该款项的义务将于当日自动地完成及解除，若一方本应支付的总额高于对方本应支付的总额，支付较大总额一方的付款义务则为向另一方缴付两者之间的差额。

双方可就两项或以上的交易选择就这些交易于同一日期以相同货币支付的所有付款进行净额结算及履行付款义务，不论此等付款是否关于同一笔交易。该选择可于附件或任何确认书上做出，并规定"多项交易付款净额结算"适用于该选择所指定的交易（在此情况下上述第（ⅱ）款将不适用于此等交易）。如多项交易付款净额结算适用的话，其生效日期为附件或确认书中规定的开始日期；如附件或确认书中未规定生效日期，则由双方书面另行约定开始日期。此选择可就不同组别的交易分别做出，并分别适用于双方用以交接款项或交付的每一组办事处。

（d）税收的扣除或预提。

（ⅰ）所扣税项补足。本协议项下的所有付款应不因任何税项而予以扣除或预提，除非此扣除或预提是按当时有效的并经有关政府税务机关的惯例加以修正的适用法律之要求而做出。若一方被要求扣除或预提的任何款项，该方（"X方"）应：

（1）及时将该要求通知另一方（"Y方"）；

（2）当确定需要支付该扣除或预提款项或收到通知获悉已向Y方评核该款项（二者之较早发生者）时，应及时向有关政府机关支付所需扣除或预提的全部款项［包括按本第2（d）条需要从X方付给Y方的任何额外款项中扣除或预提的全部款项］；

（3）及时向Y方发出正式收据（或经认证的副本），或Y方能合理接受的其他文件，证明已向有关政府机关付款；

（4）若该税为可获补偿税项，则除了支付给 Y 方其在本协议项下应得的款项外，还应向 Y 方支付额外款项，使 Y 方实得的净额（不包括向 X 方或 Y 方评估的可获补偿税项）等于在不需要扣除或预提款项时其应得的全部款项。但是，如果 X 方的支付义务是由以下事件所引发的，则 X 方无须向 Y 方支付任何额外款项：

（A）Y 方未能遵守或履行第 4（a）（ⅰ）条、第 4（a）（ⅲ）条或第 4（d）条所载的任何协议；

（B）Y 方按第 3（f）条所做的陈述为不准确及不真实，除非该陈述是由于在进行某项交易以后，税务机关采取的行动或在有管辖权的法庭内提起的诉讼（不论该行动或诉讼是否就本协议一方提出），或税法的变更而变得不准确及不真实。

（ⅱ）责任。如果：

（1）因按经有关政府税务机关的惯例加以修正的任何适用法律的要求，X 方需做出任何扣除或预提，但按第 2（d）（ⅰ）（4）条之规定，X 方无须向 Y 方支付任何额外款项；

（2）X 方没有扣除或预提款项；

（3）税务责任直接加于 X 方。

则 Y 方除非已承担或将承担该税务所引致的责任外，Y 方应及时向 X 方支付有关该责任的款项［包括任何有关利息，但仅在 Y 方未能遵守或履行第 4（a）（ⅰ）条、第 4（a）（ⅲ）条或第 4（d）条所载的任何协议时才包括有关惩罚性责任］。

3. 陈述

各方向另一方做出第 3（a）、3（b）、3（c）、3（d）、3（e）和 3（f）条以及（如按附件规定适用时的）第 3（g）款所载的陈述，这些陈述将被视为在每次进行交易当日为各方复述，按第 3（f）条所做的陈述将被视为直至本协议终止前不断为各方所复述。如任何"其他陈述"按附件或确认书的规定适用时，该陈述中规定的一方或各方将于该陈述规定的时候做出或被认为在重复（如适用的话）这一其他陈述。

（a）基本陈述。

（ⅰ）地位。其为适当地组成按其成立或组织的司法管辖区之法律有效存续，以及如与该等法律相关的话，处于良好的状态。

（ⅱ）权力。其有权签署本协议以及其为一方的与本协议有关的其他任何文件，有权按本协议有关交付的要求交付本协议及有关本协议的任何其他文件，及有权履行本协议项下的义务以及任何以其为一方的信用支持文件下的义务，并已采取所有必要行动授权此等签署、交付及履行。

（ⅲ）无违反或抵触。此等签署、交付及履行出无违反或抵触任何适用的法律，符合其组织章程性文件的任何规定，符合适用于该方或其资产的任何法庭或政府机关所颁布的法令或判决，或任何约束或影响该方或资产的合同约定。

（ⅳ）同意。已获取有关本协议或其为一方的任何信用支持文件所需的一切政府同意及其他同意；此等同意已全面生效并且有关同意生效的所有条件已获遵守。

（ⅴ）义务的约束。其在本协议及其为一方的任何信用支持文件项下的义务均构成其合法、有效及有约束力的义务，并可按这些文件的有关条款强制执行。这受限于适用的破产、重组、无偿还能力、延期偿还或通常影响债权者权利的类似法律，并在有关执行方面受限于普遍适用的衡平本则，无论该执行是诉诸于衡平法或普通法。

（b）不存在某些事件。没有任何已经发生及持续的违约事件或潜在的违约事件，或据其所知并无有关该方的终止事件，并且签署或履行本协议或其为一方的任何信用支持文件下的义务，不会引致该终止事件或情况的发生。

（c）诉讼缺失。没有任何待决的，或据其所知，没有任何对其或其任何信用支持提供者或其任何有关特定机构构成威胁的基于普通法或衡平法或于任何法庭、裁判所、政府实体、代理人、官员或仲裁者前进行的诉讼、控告或起诉，将可能影响本协议或其为一方的任何信用支持文件的合法性、有效性或可执行性，或其履行本协议或信用支持文件下的义务的能力。

（d）指定资料的准确性。以书面形式由其发出或以其名义发给另一方，并为本第3（d）条的目的在附件上指明的所有适用资料，该资料的日期在各重要方面均为真实、正确及完整。

（e）付款人税务陈述。其为本第3（e）条目的在附件中所做的陈述均为正确及真实。

（f）收款人税务陈述。其为本第3（f）条目的在附件中所做的陈述均为正确及真实。

（g）无代理。其作为本人而非任何人或架构的代理人订立本协议。

4. 协议

双方彼此同意，当任何一方在本协议或其为一方的任何信用支持文件下负有或可能负有任何义务时：

（a）提供指定资料。其将向另一方，或在下面第（ⅲ）款的某些情形下向另一方合理地指示的政府或税务机关提供：

（ⅰ）附件或任何确认书规定的有关税务的表格、文件或证书；

（ⅱ）附件或任何确认书规定的任何其他文件；

（ⅲ）按另一方的合理要求，提供可能需要或以书面合理地要求的任何表格或文件，使该另一方或其信用支持提供者在按本协议或任何适用的信用支持文件付款时无须就任何税务支付扣除或预提款项，或以降低比率支付此等扣除预提款项（只要该表格或文件的完成、签署或递交不会严重地损害接受该要求一方的法律或商业地位），此等表格或文件应准确地并按照另一方合理满意的方式填妥，签署后再附上任何合理要求的证明予以交付。

以上各项义务需按附件或该确认书规定的日期，无规定时则以合理可行的最快时间予以完成。

（b）维持授权。应尽一切合理的努力使本协议或其为一方的任何信用支持文件中要求该方从政府或其他机关获取的一切同意维持充分的效力，并将尽一切合理的努力，获取日后可能必要的其他同意。

（c）遵守法律。应在一切重要方面遵守对其有约束的所有适用法律及法令，如果不遵守该等法律、法令，将会严重影响其履行本协议或其为一方的任何信用支持文件下的义务的能力。

（d）税务协议。当该方得悉其按第3（f）条所做的陈述有不准确及不真实之处，应及时就此发出通知。

（e）印花税的缴付。除第11条另有规定外，应缴付其成立、组织、被管理、被控制的司法管辖区，或视该方拥有一席位，或为履行本协议的某个办事处所在的司法管辖区对该方或就其签署或履行本协议所征收的印花税（"印花税司法管辖区"），并当某印花税司法管辖区对非处于该印花税司法管辖区的一方或就其签署或履行本协议征收印花税时对另一方进行赔偿。

5. 违约事件和终止事件

（a）违约事件。任何时候，如适用的话，当一方或该方的任何信用支持提供者或该方的任何特定机构发生以下任何事件，将构成［受第5（c）条和第6（e）（ⅳ）条限制］该方的违约事件（以下简称"违约事件"）：

（ⅰ）未能付款或交付。该方未能于到期日按本协议付款或按第2（a）（ⅰ）条、第9（h）（ⅰ）（2）或（4）条的规定履行交付义务，并且在向该方发出逾期通知后的首个当地营业日（适用付款）或首个当地交付日（适用于实物交付）或之前仍不予纠正。

（ⅱ）违反协议；否认协议。

（1）该方未能按本协议规定遵守或履行其应该遵守或履行的任何协议或义务，但不包括本协议第2（a）（ⅰ）条、第9（h）（ⅰ）（2）或（4）条下的付款义务或交付义务，或发出终止事件通知的义务，或第4（a）（ⅰ）款、第4（a）（ⅲ）款或第4（d）条项下的任何协议或义务，并且在向该方发出违约通知后的30天内仍不予以纠正。

（2）该方取消、否认、放弃或拒绝全部或部分的本主协议、由该方签订和交付的任何确认书或此等确认书证明的任何交易，或对本主协议、上述确认书或交易的有效性提出异议（或该行动由经委派或授权管理该方的任何个人或实体做出或代表其做出）。

（ⅲ）信用支持违约。

（1）该方或该方的任何信用支持提供者未能按任何信用支持文件的规定遵守或履行其应该遵守或履行的任何协议或义务，并在任何适用的宽限期过后仍然不予以纠正。

（2）未经另一方书面同意，在该方未就此等信用支持文件所涉及的每项交易履行所有义务前，此等信用支持文件届满或终止，或此等信用支持文件或该方或其信用支持提供者根据任何此等信用支持文件给予另一方的任何担保权益未能保持为本协议目的之充分效力（以上任一情况均不包括按协议条文的正常失效）。

（3）该方或该方的信用支持提供者取消、否认、放弃或拒绝全部或部分的信用支持文件，或对该信用支持文件的有效性提出异议（或该行动由经委派或授权管理该方的任何个人或实体做出或代表其做出）。

（ⅳ）错误的陈述。该方或该方的任何信用支持提供者于本协议或任何信用支持文件下做出或复述的，或被视为做出或复述的陈述［按第3（e）条或第3（f）条所做的陈述除外］，被证实在做出、复述或被视为做出或复述之时在重要方面为错误或带有误导成分。

（ⅴ）特定交易项下的违约。某方、该方的任何信用支持提供者或该方的任何适用特定机构：

（1）于特定交易或有关特定交易的任何信用支持安排下违约（未能履行交付义务除外），而在任何适用的通知要求或宽限期生效后，该违约导致该特定交易的清算、加速偿还或提前终止的情形。

（2）于任何适用的通知要求或宽限期生效后，未能在特定交易的最后付款或交换日到期时履行任何付款的义务，或未能支付有关特定交易的提前终止的款项（或如无适用的通知要求或宽限期，该违约持续至少1个当地营业日）。

（3）未能履行特定交易或有关特定交易的任何信用支持安排项下的任何交付义务（包括最后付款日或交换日到期的任何交付义务），并在适用的通知要求或宽限期生效后，该违约导致有关特定交易的文件下所有未完成交易的清算、加速偿还或提前终止的情形。

（4）全部或部分取消、否认、放弃或拒绝由该方、其信用支持提供者或特定机构签订和交付的文件或其他确认证据确认或证明的特定交易或有关特定交易的任何信用支持安排，或对特定交易或有关特定交易的任何信用支持安排的有效性提出异议（或该行动由经委派或授权管理该方的任何个人或实体做出或代表其做出）。

（ⅵ）交叉违约。若"交叉违约"在附件中被指定为适用于某方，发生或存在以下事件：

（1）该方、该方的任何信用支持提供者或该方的任何适用特定机构（单独的或总体的）就有关任何一方特定债务的一份或多份协议或文件发生违约、违约事件或其他类似的情况或事件（不论如何描述），该协议或文件下的累计本金金额与以下第（2）款所述的金额（如有的话）分别或累计达到适用的起点金额（如附件中定义），从而使特定债务在原定到期及应缴付的期限之前已按此等协议或文件得以宣告到期及应缴付或能够被宣告为到期及应缴付。

（2）该方、该信用支持提供者或该特定机构（单独的或总体的）未能在付款到期日（在任何适用的通知要求或宽限期生效后）按上述协议或文件付款，并且其累计金额单独或与以上第（1）款所述的金额（如有的话）分别或一并计算达到适用的起点金额。

（vii）破产。若一方用该方的任何信用支持提供者或该方的任何适用特定机构：

①解散（因联合、合并或兼并的除外）。②资不抵债或无力偿还债务，或以书面承认其总体上无力偿还到期债务。③向其债权人，或为其债权人利益做出一般的转让、安排或和解清偿。④（A）在该方成立或组建的司法管辖区或其总部或总办事处的司法管辖区内，对其拥有主要破产、重整或监管权的管理者、监督者或任何其他同类官员针对该方提出或已提出法律程序，按任何破产或无力偿付法律或影响债权人权利的其他类似法律寻求无力偿付或破产判决或任何其他救济方法，或该方、其管理者、监督者或同类官员提交关于业务结束或清算的请求。（B）已经提出法律程序，按任何破产或无力偿付法律或影响债权人权利的其他类似法律寻求无力偿付或破产判决或任何其他救济方法，或就其业务结束或清算提交请求，并且该诉讼或请求并非由以上（A）款中的人士或机构提出，并且这一诉讼或请求：（Ⅰ）导致无力偿付或破产之判决或救济命令，或其业务结束或清算的命令；（Ⅱ）该诉讼或请求在提出后 15 天内未被驳回、撤销、中止或禁止。⑤就其业务结束、官方管理或清算（因联合、合并或兼并的除外）通过决议。⑥就该方或各方或其大部分的资产寻求任命或任命破产管理人、临时清算者、监护人、破产事务官、受托人、保管人或其他类似官员或受该类任命约束。⑦担保权益持有人取得其所有或大部分资产的占有权，或对其所有或大部分资产提起或强制执行扣押、执行、查封、强制保管或其他法律程序，并且该担保权益持有人持续占有此等资产，或在其后 15 日内该法律程序未被驳回、撤销、中止或禁止。⑧受制于在任何司法管辖区适用法律下产生与任何上述第①~⑦款（包括该条款）所指事件有类似效果的事件或促使该事件的发生。⑨就上述任何行为采取支持行动，或对其表示同意、批准或默许。

（viii）不承担债务的合并。一方或该方的任何信用支持提供者与另一实体联合、合并或兼并，或将其所有或大部分的资产转移给另一实体，或重组、再设立或改组成为另一实体；然而在该联合、兼并、合并、转让、重组、再设立或改组时：

（1）最终的、续存的或受让的实体未能承担该方或该方信用支持提供者或其前任者在本协议下或任何信用支持文件下的所有义务。

（2）任何信用支持文件的利益（在未得到另一方同意前）未能延伸以涵盖该最终的、续存的或受让的实体在本协议下的履约行为。

（b）终止事件。一方如适用的话，该方的任何信用支持提供者或该方的任何特定机构在任何时候若发生以下第（i）款所述的事件将构成 ［除第 5（c）条另有规定外］非法；若发生第（ii）款所述的事件将构成不可抗力事件；若发生以下第（iii）款所述的事件将构成税务事件；若发生第（iv）款所述的事件将构成因合并造成的税务事件。若指定为适用的话，发生以下第（v）款所述的事件将构成因合并造成的信用事件，发生以下第（ⅵ）款所述的事件将构成其他终止事件。

（ⅰ）非法。在运用了有关确认书或本协议其他部分规定的任何适用条款、中断保障或补偿条款后，因交易进行之后发生的任何事件或情况［一方或（如适用）该方的信用支持提供者采取的任何行动除外］使得以下行为按照任何适用法律，包括但不限于任何一方或任何信用支持提供者（视情况而定）需进行付款、交付和遵守协议时所在地国家的法律，于任何一日成为非法，或使得有关付款、交付和遵守协议如做出时将会成为非法［因违反第4（b）条导致上述后果的除外］：

（1）该方（即受影响方）就该交易交接款项或交付的办事处为该交易进行支付或交付而履行任何无条件或附条件义务，或接受支付或交付，或就该交易遵守本协议的任何其他重要条款。

（2）该方或该方的任何信用支持提供者（即受影响方）为做出该交易有关的信用支持文件中规定的该方或信用支持提供者的支付或交付而履行任何无条件或附条件义务，或接受该信用支持文件项下的支付或交付，或遵守该信用支持文件的任何其他重要条款。

（ⅱ）不可抗力事件。在运用了有关确认书或本协议其他部分规定的任何适用条款、中断保障或补偿条款后，因交易进行之后发生的不可抗力或政府行为，于任何一日：

（1）该方（即受影响方）就该交易交接款项或交付的办事处不能为该交易进行支付或交付而履行任何无条件或附条件的义务，或不能接受支付或交付，或不能就该交易遵守本协议的任何其他重要条款（或如该日提出该付款、交付或遵守协议的要求而不能做到），或该办事处的履行、接受付款或遵守协议变得不可能或不可行（或如该日提出支付款项、交付或遵守协议的要求而该办事处按要求履约不可能或不可行）。

（2）该方或该方的任何信用支持提供者（即受影响方）不能履行该方或该信用支持提供者在有关该等交易的任何信用支持文件项下无条件或附条件的支付或交付义务，或不能接受支付或交付，或不能就该交易遵守本协议的任何其他重要条款（或如该日提出该付款、交付或遵守协议的要求而不能做到），或该方或该信用支持提供者的履行、接受付款或遵守协议变得不可能或不可行（或如该日提出支付款项、交付或遵守协议的要求而该方或该信用支持提供者按要求履约不可能或不可行）。

只要这一不可抗力或政府行为超出该办事处、该方或该信用支持提供者（视情况而定）的控制范围，并且该办事处、该方或该信用支持提供者在尽所有合理努力（但该努力不应使该方或该信用支持提供者承受损失，但不重要及附带开支以外的损失除外）之后，仍无法克服上述不能、不可能或不可行的情况。

（ⅲ）税务事件。由于：①在交易进行以后税务机关采取行动或在有合法管辖权的法庭提出的任何诉讼（不论该诉讼是否与本协议一方有关）。②因税法的变更，一方（即受影响方）将或有极大可能，于下一个预定结算日：（A）须按第2（d）

（ⅰ）（4）条就可获补偿税项向另一方支付额外款项［有关第9（h）条的利息除外］；（B）收取一项需从该项付款中扣除或预提税款之款项［有关第9（h）条的利息除外］，而无权按第2（d）（ⅰ）（4）条之规定要求对方支付额外款项［基于第2（d）（ⅰ）（4）（A）或（B）条的原因除外］。

（ⅳ）因合并造成的税务事件。在下一个预定结算日，一方（"有负担方"）将：①就第2（d）（ⅰ）（4）条下的可获补偿税项支付额外款项［有关第9（h）条有关的利息除外］。②收取一项已在该付款中扣除或预提任何税款的款项，而另一方无须就该税款支付额外款项［基于第2（d）（ⅰ）（4）（A）或（B）条的原因除外］，以上任何一种情况，皆由于一方将与另一实体联合、合并或兼并，或将其所有或大部分资产（或本主协议日期起其从事的商业行为中运用的大部分资产）转移给另一实体，或重组、再设立或改组为另一实体（称为受影响方）所导致，并且该行为不构成不承担债务的合并。

（ⅴ）因合并造成的信用事件。若附件本规定"因合并造成的信用事件"适用于某方，而该方、该方的任何信用支持提供者或该方的任何适用特定机构（各为"X方"）发生指定事件（定义如下），并且该指定事件不构成不承担债务的合并，而X方或（如适用的话）X方的继承、存续的或受让的实体的资信情况，在考虑任何适用的信用支持文件之后仍严重低于指定事件发生之前X方的资信情况（在任何此等情况下，该方或其继承的信用、存续的或受让实体，视情况而定将成为"受影响方"）。有关X方的指定事件指：

（1）X方与另一实体联合、合并或兼并，或将其所有或大部分资产（或本主协议日期起其从事的商业行为中运用的大部分资产）转移给另一实体，或重组、再设立或改组为另一实体。

（2）任何人、相关联的人或实体直接或间接获得：（A）选举X方董事会（或同类机构）大多数成员的股权的受益权；（B）使其能对X方行使控制权的任何其他所有权的受益权。

（3）X方通过发债、负债或保证的方式对其资本结构进行重大改变：（A）以发行优先股或可转换或交换成债券或优先股的其他证券；（B）如X方并非公司，发行其他形式的所有权的方式对其资本结构进行重大改变。

（ⅵ）其他终止事件。若附件或任何确认书规定"其他终止事件"适用时，发生这些事件。在此情况下，受影响方或各受影响方将视附件或该确认书中有关其他终止事件的规定而定。

（c）事件的等级。

（ⅰ）任何构成或导致非法或不可抗力事件的事件或情况，如在其存续期间与未能付款或未能交付或未遵守本协议或信用支持文件（视情况而定）的任何其他重大规定有关，则将不构成或导致第5（a）（ⅰ）条、第5（a）（ⅱ）（1）条或第5（a）（ⅲ）（1）条下的违约事件。

（ⅱ）除上述第（ⅰ）款规定的情况外，若任何可构成或导致非法或不可抗力事件的事件或情况，亦构成违约事件或任何其他终止事件，该事件或情况将被视为违约事件或其他终止事件（视情况而定），而不构成或导致非法或不可抗力事件。

（ⅲ）若任何可构成或导致不可抗力事件的事件或情况亦构成非法，该事件或情况将被视为非法［上述第（ⅱ）款规定的情况除外］，而非不可抗力事件。

（d）等待期间的迟延付款及交付。如就任何交易已发生非法或不可抗力事件且非法或不可抗力处于持续状态，该交易下须履行的每项付款或交付迟延至以下时间方才到期：

（ⅰ）有关非法或不可抗力事件（视情况而定）适用的等待期之后的首个当地营业日，在交付的情况下为首个当地交付日，或若无非法或不可抗力事件（视情况而定）的发生本应为当地营业日或当地交付日（视情况而定）的首日。

（ⅱ）如更早的话，构成或导致非法或不可抗力事件的事件或情况终止之日，或如该日不是当地营业日或就交付而言并非当地交付日，则下一个构成当地营业日或当地交付日（视情况而定）之日。

（e）总部或总办事处不能履行分支的义务。如（ⅰ）发生第5（b）（ⅰ）（1）条或第5（b）（ⅱ）（1）条下的任何非法或不可抗力事件，而有关办事处并非受影响方的总部或总办事处；（ⅱ）第10（a）条适用；（ⅲ）另一方要求受影响方的总部或总办事处履行有关义务或遵守有关规定；（ⅳ）某一事件或情况导致受影响方的总部或总办事处未能按要求履约，而若该受影响方通过该总部或总办事处就有关交易进行付款和交付，该事件会构成或导致非法或不可抗力事件，而且该未能履约的行为可构成该方第5（a）（ⅰ）条或第5（a）（ⅲ）（1）条下的违约事件，则在第5（b）（ⅰ）（1）条或第5（b）（ⅱ）（1）条（视情况而定）所述办事处及受影响方的总部或总办事处皆持续存在有关事件或情况的整个期间，该未能履约的行为不构成第5（a）（ⅰ）条或第5（a）（ⅲ）（1）条下的违约事件。

6. 提前终止；终止交易时的净额结算

（a）违约事件发生后的终止权利。

在任何时候发生有关一方（以下简称"违约方"）的违约事件持续存在，另一方（以下简称"守约方"）可以用通知期不超过20天的通知形式通知违约方有关违约事件，并将不早于通知生效的日期指定为有关所有未完成的交易的提前终止日。但是，如果附件上规定"自动提前终止"适用于一方，则该方发生第5（a）（ⅶ）（1）、（3）、（5）、（6）条规定，或第5（a）（ⅶ）（8）条规定的类似的违约事件之时，或在该方发生第5（a）（ⅶ）（4）条所规定或第5（a）（ⅶ）（8）条规定的类似的违约事件后提出有关诉讼或请求状之前，有关所有未完成交易的提前终止日立即生效。

（b）终止事件后的终止权利。

（ⅰ）通知。若发生不可抗力事件以外的终止事件，受影响方应在获悉该事件后立即通知另一方，说明该终止事件的性质及每项受影响交易，并按另一方合理的要求把有关终止事件的其他资料通知另一方。如发生不可抗力事件，每一方应在获悉该事件后立即尽所有合理的努力通知另一方，说明该不可抗力事件的性质，并按另一方合理的要求把有关不可抗力事件的其他资料通知另一方。

（ii）为避免终止事件而转让。若发生税务事件，而只有一个受影响方，或发生因合并造成的税务事件而有负担方是受影响方，受影响方作为拥有第6（b）（iv）条下指定提前终止日的权利的条件，应尽所有合理的努力（但该努力不应使该方承受损失，但不重要及附带开支以外的损失除外）在按第6（b）（i）条发出通知后的20天内将其在本协议下就该受影响交易的所有权利和义务转让给其他办事处或关联企业，以避免有关终止事件。

若受影响方未能做出以上转让，应在20天内通知另一方，而另一方可于收到第6（b）（i）条下的通知后30天内进行上述转让。

一方按第6（b）（ii）条所做的任何转让均须取得另一方的事前书面同意，如另一方届时生效的政策容许其与受让方按提出的条件进行交易时，另一方不得拒绝同意该转让。

（iii）两个受影响方。若发生税务事件而有两个受影响方时，各方应在第6（b）（i）条下有关事件发生的通知做出后30天内尽一切合理的努力达成协议，以避免该终止事件的发生。

（iv）终止的权利。

（1）如果：

（A）受影响方在发出第6（b）（i）条下的通知后30天内，未能就所有受影响交易进行第6（b）（ii）条下的转让或达成第6（b）（iii）条下的协议（视情况而定）；

（B）发生因合并造成的信用事件或其他终止事件，或发生因合并造成的税务事件而有负担方并非受影响方。

发生因合并造成的税务事件情况下的有负担方，发生税务事件或其他终止事件并且有两个受影响方情况下的任何受影响方，或发生因合并造成的信用事件或其他终止事件并且仅有一个受影响方的情况下的不受影响方，可在有关终止事件正在持续的情况下，用通知期不超过20天的通知形式通知另一方，指定该通知生效后的一日作为所有受影响交易的提前终止日。

（2）如任何时候非法和不可抗力事件发生并持续存在，而适用的等待期已经届满：

（A）除下述第（B）款另有规定外，任何一方可以用通知期不超过20天的通知形式通知另一方：（Ⅰ）就所有受影响交易指定该通知生效日之后的一天作为提前终止日；（Ⅱ）在通知中说明其指定提前终止日的受影响交易，就部分受影响交易指定该通知生效日2个当地营业日之后的一天作为提前终止日。另一方在收到仅就部分受影响交易指定提前终止日的通知后可以通知指定方（该通知须于指定的提前终止日或之前生效）就任何或所有其他受影响交易指定同日为提前终止日。

（B）任何受影响方，如非法或不可抗力事件与该方或该方的任何信用支持提供者履行有关信用支持文件下支付或交付的义务有关，或与遵守有关信用支持文件任何其他重要条款有关，仅在另一方根据第6（b）（ⅳ）（2）（A）条就部分受影响交易指定提前终止日之后，方有权按第6（b）（ⅳ）（2）（A）条就第5（b）（ⅰ）（2）条下的非法或第5（b）（ⅱ）（2）条下的不可抗力事件造成的结果指定提前终止日。

（c）指定的效力。

（ⅰ）如果按第6（a）条或第6（b）条发出通知指定提前终止日，则不论有关的违约事件或终止事件能否持续，该提前终止日将于指定的日期生效。

（ⅱ）当提前终止日来临或被有效指定时，无须再就已终止交易进行第2（a）（ⅰ）条或第9（h）（ⅰ）条下的付款或交付，但本协议的其他规定将不受影响。有关提前终止日应支付的款项（如有的话）将按第6（e）条和第9（h）（ⅱ）条确定。

（d）计算；付款日。

（ⅰ）报告。在提前终止日或之后合理可行的最短时间内，各方应按第6（e）条的规定计算其账目，并向另一方提交一份报告：①合理详细地说明此等计算（包括计算中使用的任何报价、市场数据或内部信息）；②说明应付的任何提前终止款项（有两个受影响方的情况除外）；③详细说明其应收款项应存入的有关账户。若在确定结算款项的过程中，就一项报价或市场数据无法从其来源得到书面确认，则获取该报价或市场数据一方的记录将成为该报价或市场数据存在和准确性的结论性证明。

（ⅱ）付款日。就任何提前终止日所计算的提前终止款项将连同根据第9（h）（ⅱ）（2）条应付的任何利息款项：①当因违约事件指定提前终止日时，在付款通知书生效当日支付；②当因终止事件指定提前终止日时，在付款通知书生效日后的第2个当地营业日支付，或如有两个受影响方，在第二方根据第（ⅰ）款所提供的报告生效日之后支付。

（e）提前终止的付款。如出现提前终止日，就提前终止日应缴付的款项（如有的话）（以下简称"提前终止款项"）将根据本第6（e）条确定并须遵守第6（f）条的规定。

（ⅰ）违约事件。如提前终止日因违约事件产生，提前终止款项等于①以下（A）项与（B）项之和：（A）为守约方就每一项终止交易或一组终止交易（视情况而定）决定的结算款项（无论是正数还是负数）的终止货币等值额；（B）为欠守约方的未付款项终止货币等值额。减去②欠违约方的未付款项的终止货币等值额。如该提前终止款项为正数，应由违约方向守约方支付；如该提前终止款项为负数，守约方应向违约方支付该金额的绝对值。

（ⅱ）终止事件。如提前终止日因终止事件产生：

（1）一个受影响方。除下述第（3）款另有规定外，如只有一个受影响方，提前终止款项应按第6（e）（ⅰ）条决定，但有关违约方和守约方的指称将分别被视为对受影响方和非受影响方的指称。

（2）两个受影响方。除下述第（3）款另有规定外，如有两个受影响方，各方将就每一项终止交易或一组终止交易（视情况而定）决定一笔相当于结算款项（无论是正数还是负数）的终止货币等值额，而提前终止款项将等于（A）以下（Ⅰ）项与（Ⅱ）项之和：（Ⅰ）为（由"X方"）确定的较高的金额与（由"Y方"）确定的较低金额的差额的一半；（Ⅱ）为欠X方的未付款项的终止货币等值额，减去（B）欠Y方的未付款项的终止货币等值额。如提前终止款项为正数，Y方应向X方支付；如提前终止款项为负数，X方应向Y方支付该金额的绝对值。

（3）市场中间价事件。如该终止事件是非法或不可抗力事件，则提前终止款项将根据上述第（1）款和第（2）款（视情况而定）决定，但决定方在确定结算款项时应当：

（A）若从一个或以上的第三方（或从决定方的任何关联公司）获取报价，则要求第三方或关联公司：（Ⅰ）不考虑决定方目前的资信情况或任何现存的信用支持文件；（Ⅱ）提供中间市场报价。

（B）在其他情况下，使用市场中间价，并且不须考虑决定方的资信情况。

（ⅲ）破产调整。如提前终止日因自动提前终止适用于一方而产生，提前终止款项将根据适用法律允许做出适当的调整，以反映在有关提前终止日起至第6（d）（ⅱ）条决定的付款日止一段期间内，一方在协议项下向另一方支付（并为该方保留的）的任何款项或其他支付。

（ⅳ）就非法或不可抗力事件做出的调整。一方或该方的信用支持提供者未能于到期日支付任何提前终止款项，并且这一未能按期付款的事件或情况如发生于有关交易下的付款、交付或遵守协议的义务时将会构成或导致非法或不可抗力事件，这一行为将不构成第5（a）（ⅰ）条信用或第5（ⅲ）（1）条下的违约事件。该款项将：①累计利息，如随后由于有关违约事件、因合并造成的信用事件或其他终止事件使所有未完成交易变成受影响交易而导致提前终止日的到来，应被当作欠另一方的未付款项；②根据第9（h）（ⅱ）（2）条计算利息。

（ⅴ）预先估计。双方同意以在按第6（e）条支付的款项是对亏损的合理预先估计而非罚款。支付该数额的目的是补偿交易的未能实现和预防风险安排的丧失。除非本协议另有规定，任何一方均无权因终止交易的终止而收取任何额外赔偿。

（f）抵消。在出现违约方或发生因合并造成的信用事件而产生一个受影响方的情况下，或发生任何其他终止事件而所有未完成交易变成受影响交易时，一方（以下简称"付款人"）应向另一方（以下简称"收款人"）支付的任何提前终止款项将按守约方或不受影响方（视情况而定，以下简称"X方"）的选择，并在无须事先通知违约方或受影响方（视情况而定）的情况下，用于扣减抵消收款人应向付款人支付的任何其他款项（以下简称"其他款项"），无论其是否本协议下产生的、是到期的还是或有的，亦无论该债务的货种、支付地点或债务入册的地点如何。在任何其他款项以此方式抵消时，此等其他款项将被立即全面解除。X方将通知另一方根据本第6（f）条实施的任何抵消。

为此，X方可以使用按诚信原则以合理的商业程序购得相关数额该种货币时的汇率，将提前终止款项或其他款项（或这些款项的相关部分）兑换成另一款项票面所使用的货币。

如果一项债务尚未确定，X方可以按诚信原则预估出该债务就该预估数目进行抵消，只要该债务确定后由有关交易方向交易对方交账即可。

本第6（f）条的规定不具有设立抵押或其他担保权益的效力。本第6（f）条不影响，并且额外存在于任何一方可能随时享有或受到的（法律、合同或其他规定下的）任何抵消权、充抵权、合并账户权、留置权、保留权或预扣或类似的权利或要求。

7. 转让

受第6（b）（ii）条的限制并在适用法律允许的范围内，未经另一方事先书面同意，本协议任何一方不可转让本协议或本协议项下任何权益或义务（不论以担保或其他方式），下列情况除外：

（a）一方可通过与另一实体联合或合并，兼并另一实体或并入另一实体，或向另一实体转让其所有或大部分资产以转让本协议（但不影响本协议下任何其他权利或补救措施）；

（b）一方可转让违约方应向其支付的任何提前终止款项的全部或部分的权益，以及其根据第8条、第9（h）条和第11条就上述款项享有的利息及任何其他权利。

与该条不符的任何转让均为无效。

8. 合同货币

（a）以合同货币进行的支付。本协议项下各款项均以本协议规定的有关货币（以下简称"合同货币"）支付。在适用法律许可的范围内，本协议项下以合同货币付款的任何义务如果通过使用合同货币以外的其他货币偿付，不被视为已清偿或满足，但是，若该等偿付款项被应收款方按诚信原则以合理的商业程序把本协议项下应付的所有数额全数兑换为合同货币并实际收讫，则不受此限。如因任何原因，所收合同货币少于本协议项下应付的合同货币额，按要求付款一方应在适用法律许可的范围内，立即以合同货币支付该等额外数额以补足缺额。如因任何原因，所收合同货币超过本协议项下应付的合同货币额，收款方应立即把该等超出额退回。

（b）判决。在适用法律许可的范围内，如任何判决或命令中明示以合同货币以外的货币支付：（i）本协议项下所欠任何款项；（ii）有关本协议任何提前终止的任何款项；（ⅲ）另一法院做出的有关支付上述第（ⅰ）款或第（ⅱ）款所载款项的判决或命令，则请求补偿的一方在收取其根据判决或命令有权获得的总金额后，有权立即从另一方获得该方因以其他货币付款而少收的合同货币，或立即向另一方退回因以其他货币付款而多收的合同货币，如果该缺额或超出是因合同货币为该判决或命令的目的兑换为判决或命令中的货币时的汇率，与该方按诚信原则以合理的商业程序，在用实际收到的判决或命令中的货币款项购买合同货币时，能够实际获得的汇率不同而引致或产生的。

（c）独立赔偿。在适用法律许可的范围内，本第 8 条的赔偿权构成分别和独立的义务，有别于本协议项下其他义务，并将作为分别和独立的案由而执行，无论应收款一方是否授予任何宽容均得到适用，并不受就本协议下应付的任何其他款项而获得的判决或做出的要求或提供的证明所影响。

（d）亏损的证明。出于本第 8 条的目的，如一方可证明若实际发生兑换或购买，该方将会蒙受损失，则该方视为已满足对亏损的证明责任。

9. 其他规定

（a）完整协议。本协议构成双方就本协议下事宜的全部协议和谅解。各方承认其在签订本协议时并无依赖任何口头或书面的陈述、担保或其他保证（本协议中规定或提及的除外），并就以上所述放弃原本可以享有的一切权利和补救，但本协议的内容不得限制或排除一方的任何欺诈责任。

（b）修订。除非以书面形式（包括有传真证明的书面文件）做出并经双方签署，或经交换电传或通过电子信息系统交换的电子信息所确认，任何与本协议有关的修订、修改或放弃均为无效。

（c）义务的续存。在不影响第 2（a）（ⅲ）条和第 6（c）（ⅱ）条的情况下，双方在本协议下的义务在任何交易终止后仍然有效。

（d）累积补救。除本协议另有规定外，本协议规定的权利、权力、补救及特权具累积性，并不排除法律规定的任何权利、权力、补救及特权。

（e）复本和确认。

（ⅰ）本协议（及有关本协议的各修订、修改和弃权）可以复本签署和交付（包括以传真及电子信息系统发送的复本），各复本均被视为正本。

（ⅱ）双方自其同意各交易的条款起，受各交易条款的法律约束（不论以口头或其他方式做出的）。在实际可行的情况下，应尽早签署交易之确认书，并可签署和交付复本（包括以传真发送的），或由交换电传或通过电子信息系统交换电子信息或交换电子邮件而建立确认书，上述各种方式均足以证明具有约束力的协议补充文件之存在。双方在该通信中或通过另一有效途径规定，任何该等复本、电传、电子信息或电子邮件均构成一项确认书。

（f）不放弃权利。未能或延迟行使与本协议有关的任何权利、权力或特权不被视为弃权，单独或部分行使任何权利、权力或特权不视为放弃对以后或进一步对该权利、权力或特权的行使，或任何其他权利、权力或特权的行使。

（g）标题。本协议所用标题只为方便参考，并不影响本协议的构成或用作解释本协议。

（h）利息和补偿。

（i）提前终止之前。就有关交易出现或有效地指定提前终止日之前：

（1）违约付款的利息。如一方未能履行付款义务，该方应在适用法律允许范围内并受限于第6（c）条的规定，（于判决之前及之后）在另一方要求时，向另一方就逾期款项按违约利率以与欠款相同的货币支付利息，计息的期间为从原定付款到期日（包括当日）起至实际付款日（不包括当日）为止，但不包括按以下第（3）（B）或（C）款就逾期款项支付利息或补偿的期间。

（2）违约交付的补偿。如一方未能履行任何交付义务，该方应在另一方要求时：（A）须按有关确认书或本协议的其他规定向另一方做出补偿；（B）除有关确认书或本协议另有规定外，在适用法律允许范围内并受限于第6（c）条的规定，（于判决之前及之后）向另一方按违约利率就交付义务的公平市值并以与该款项相同的货币支付利息，计息的期间为从原定交付日（包括当日）起至实际交付日（不包括当日）为止，但不包括根据以下第（4）款就过期款项支付利息或补偿的期间。以上所述的公平市值由有权接收交付的一方从原定交付日起，依据诚信原则以合理的商业程序确定。

（3）迟延付款的利息。如：

（A）一方不支付若非第2（a）（iii）条的规定原则应支付的任何款项的话，该方应在适用法律允许范围内，并受限于第6（c）条和以下第（B）款和第（C）款的规定，（于判决之前及之后）在另一方要求时（在该款项应予支付时）以与该款项相同的货币按适用的迟延利率支付利息，计息期间从若非第2（a）（iii）条的规定则原应支付款项之日（包括当日）起，至实际应予支付之日（不包括当日）为止。

（B）若某项付款按第5（d）条的规定迟延支付的话，本须支付该款项的一方将在适用法律允许范围内并受限于第6（c）条的规定，在该方未发生及持续存在违约事件或潜在的违约事件的整个期间内，（于判决之前及之后）在另一方要求时（在该款项应予支付时）以与该迟延款项相同的货币就迟延款项按适用的迟延利率支付利息，计息的期间为从若非第5（d）条规定则原应支付款项之日（包括当日）起，至该付款根据第5（d）条规定不再迟延交付或该方在迟延期间发生违约事件或潜在的违约事件之日（以较早的日期为准，不包括当日）为止。

（C）如一方于以上第（B）款下的任何迟延期生效后，因发生非法或不可抗力事件不能支付任何款项，该方将在适用法律允许范围内并受限于第6（c）条的规定，在导致非法或不可抗力事件的事件或情况持续存在并且该方没有发生出持续存在的违约事件或潜在的违约事件的整个期间，（于判决之前及之后）在另一方要求时以与该逾期款项相同的货币就欠款按适用的迟延利率支付利息，计息的期间为从该方因非法或不可抗力事件无法付款之日，或更迟的话，该付款根据第 5（d）条规定不再推迟支付之日（包括当日）起，至导致该非法或不可抗力事件的事件或情况不复存在之日或该方在迟延期间发生违约事件或潜在的违约事件之日（以较早的日期为准，不包括当日）为止，但不包括有关逾期款项的利息或补偿根据以上第（B）款支付的期间。

（4）迟延交付的补偿。如：

（A）一方不履行若非第 2（a）（ⅲ）条的规定则原应交付的义务；

（B）交付根据第 5（d）条推迟；

（C）一方在任何适用的等待期届满之后因非法或不可抗力事件而无法进行交付。

按要求（或按要求本应）进行交付的一方应在适用法律允许范围内并受限于第 6（c）条的规定，按有关确认书或本协议其他规定在另一方要求时［在以上第（A）款和第（B）款的情况下，在该交付被要求之后］向另一方做一补偿并支付利息。

（ⅱ）提前终止。就有关交易出现或有效地指定提前终止日之时：

（1）未付款项。在确定有关交易的未付款项时，在适用法律允许范围内，应就任何应付款项或交付义务的公平市值以该款项相同的货币按适用的结算利率支付利息，计算利息的期间为有关义务须［或若非按第 2（a）（ⅲ）条或第 5（d）条规定应当］予以履行之日（包括当日）至有关提前终止日（不包括当日）为止。

（2）提前终止款项的利息。如提前终止款项于该提前终止日到期，该款项将在适用法律允许范围内，与以终止货币在该提前终止日（包括当日）至该款项实际支付之日（不包括当日）的期间内，按适用的结算利率计算的利息（于判决之前及之后）一起支付。

（ⅲ）利息的计算。任何根据本第 9（h）条支付的利息将按每日复式利率以及实际过期的日数计算。

10. 办事处、拥有多个办事处的交易方

（a）如附件规定第 10（a）条适用，则通过办事处而非总部或总办事处达成交易的一方向另一方声明并约定：尽管登记交易的办事处地点与其成立或组成的司法管辖区不同，但就追索权而言该方的义务与通过总部或总办事处达成交易情况下的义务相同，但根据第 5（d）条迟延履行的付款或交付例外，在这种例外情况下，在迟延的整个期间内一方对另一方的总部或总办事处不拥有追索权。本声明和约定将被视作在双方达成交易的每一日由每一方重述。

（b）如附件规定一方为拥有多个办事处的交易方，依下述第（c）款的规定，该方可通过在附件中列明的任何办事处达成交易、登记交易、做出或接受任何交易项下的款项或交付，除非双方另有书面约定则不可使用其他办事处。

（c）一方达成交易的办事处即是有关确认书中为该方指定的或由双方另外书面约定的办事处，如该方的办事处未在有关确认书中指定或由双方另外书面约定，则是其总部或总办事处。除双方另有书面约定外，一方达成交易的办事处亦是其登记交易的办事处以及其做出或接收任何交易项下的款项或交付的办事处。除依第 6（b）（ⅱ）条的规定外，未经另一方事先书面同意，任何一方不可更改其登记交易的办事处以及其做出或接收任何交易项下的款项或交付的办事处。

11. 开支

违约方将按要求向另一方赔偿并报销其一切合理的开支，包括该方因执行和保障违约方为一方当事人之本协议或任何信贷支持文件项下的权利所产生的律师费、签署费及印花税，或因任何交易提前终止而产生的费用，包括但不限于催收费用。

12. 通知

（a）生效。有关本协议的任何通知或其他通信可以下列所述任何方式送达下列地址或号码（第 5 条或第 6 条项下的通知或其他通信不得以电子信息或电子邮件送达者除外），或根据提供的电子信息系统或电子邮件送达（详见附件），通知的生效日期如下：

（ⅰ）如用书面方式及通过专人或速递服务交付，则为交付当日；

（ⅱ）如用电传发送，则为收到收件人的回信之日；

（ⅲ）如用传真发送，则为收件方之负责员工收到字迹清楚的传真当日（双方同意，发件方承担收件方是否收到该通知的举证责任，发件方传真机列印的传真报告将不满足该举证责任）；

（ⅳ）如用挂号邮递（如在外国则为航空邮件）或同等的邮递方式发出（需送邮件收据），则为邮件交付或试图交付当日；

（ⅴ）如用电子信息传送，则为收到电子信息当日；

（ⅵ）如用电子邮件传送，则为交付当日。

如果交付（或试图交付）或收件当日（按情况适用）并非当地营业日或该信息在当地营业日结束后才交付（或试图交付）或收到（按情况适用），则该信息将视作在该日之后的第一个当地营业日送达和生效。

（b）更改详情。双方可向另一方发通知，更改收取通知或其他通信的地址、电传或传真号码或电子信息系统或电子邮件。

13. 管辖法律和司法管辖区

（a）管辖法律。本协议受附件规定的法律管辖并按该等法律解释。

（b）司法管辖区。就与本协议产生的或相关的任何争议有关的任何诉讼、法律行动或程序（以下简称"诉讼"），各方不可撤销地遵守下列规定：

（ⅰ）接受管辖：

（1）如本协议明确规定由英国法律管辖：（A）该诉讼不涉及公约法院，则接受英国法院的非排他性管辖；（B）该诉讼涉及公约法院，则接受英国法院的排他性

（2）如本协议明确规定由纽约州法律管辖，则接受纽约州法院及位于纽约市曼哈顿区的美国联邦地方法院的非排他性管辖。

（ⅱ）放弃任何对该等法院选择的诉讼地点提出异议的权利，放弃因该等诉讼在不方便的法院进行而提出请求，并放弃基于该等法院就有关诉讼对该方没有管辖权的反对权。

（ⅲ）同意在适用法律允许范围内在任何一个或多个司法管辖区提起诉讼不排除在任何其他司法管辖区提起诉讼的权利。

（c）送达法律程序文件。双方不可撤销地委派附件指定的与其名对列的传票代理人（如有的话）替其并代表其在任何诉讼中接收传票。如因任何原因，任何一方的传票代理人未能履行上述工作，该方应立即通知另一方，并在 30 日内委派另一方接收替代传票代理人。双方不可撤销地同意以第 12（a）（i)条、第 12（a）（ⅲ）条或第 12（a）（ⅳ）条规定的通知方式送达法律程序文件。本协议的规定不影响任何一方以适用法律许可的任何其他方式送达传票的权利。

（d）放弃豁免权。在适用法律许可的范围内，各方不可撤销地放弃有关其本身、收入和资产（不考虑其用途或试图用途）的基于主权或其他类似权利而享有的所有下列豁免权：（ⅰ）诉讼；（ⅱ）任何法院的司法管辖；（ⅲ）禁止令或实际履行或收回财产的命令；（ⅳ）扣押资产（不论在判决之前或之后）；（ⅴ）任何司法管辖区内任何针对其本身的收入或资产判决的执行或强制执行，并且双方不可撤销地同意，在适用法律许可的范围内，其不会在任何诉讼中要求该等豁免。

14. 定义

在本协议内，下列词语有如下定义：

"其他陈述"具有第 3 条规定的含义。

"其他终止事件"具有第 5（b）条规定的含义。

"受影响方"具有第 5（b）条规定的含义。

"受影响交易"指：（a）对于那些由非法行为、不可抗力事件、税务事件或因合并造成的税务事件所构成的任何终止事件，指所有受该终止事件影响的交易。第 5（b）（ⅰ）（2）条的非法或第 5（b）（ⅱ）（2）条的不可抗力事件下的受影响交易指所有交易，除非有关信用支持文件仅提及某些交易，在信用支持文件将受影响交易限定为某些交易时，指这些被限定的交易，如有关信用支持文件构成一项交易的确认书，指这项交易。（b）对于任何其他终止事件，指所有交易。

"关联企业"除非附件另有规定，就某一实体或人而言，指直接或间接对其进行控制、直接或间接受其控制、直接或间接与其共处同一控制之下的任何实体或人。本定义中"控制"任何实体或人指拥有该实体或人的大部分投票权。

"协议"具有第 1（c）条规定的含义。

"适用的结算利率"指：

（a）在确定以下的未付款项时：

（ⅰ）对于违约方应支付或交付的义务［或若非第2（a）（ⅲ）条之规定则应支付或交付的义务］，指违约利率；

（ⅱ）对于应由守约方支付或交付的义务［或若非第2（a）（ⅲ）条之规定，则应支付或交付的义务］，指守约利率；

（ⅲ）对于根据第5（d）条而迟延履行的义务，如无违约方，在迟延期内指适用的迟延利率；

（ⅳ）在发生终止事件［除按上述第（ⅲ）款累计利息的情况外］后的其他一切情况，则指适用的迟延利率。

（b）对于提前终止款项指：

（ⅰ）从有关提前终止日（包括当日）至该款项应付之日为止［根据第6（d）（ⅱ）条确定］（不包括当日）的期间内：

（1）如应由违约方支付提前终止款项，指违约利率；

（2）如应由守约方支付提前终止款项，指守约利率；

（3）在其他情况下，则指适用的迟延利率。

（ⅱ）从该款项应付之日［根据第6（d）（ⅱ）条确定］（包括当日）至实际付款日（不包括当日）的期间内：

（1）造成一方不能支付提前终止款项的事件或情况是因为发生于某项交易下的付款或交付会构成或导致非法或不可抗力事件，当该提前终止款项因该事件或情况的持续存在而仍未支付时，指适用的迟延利率；

（2）如应由违约方支付提前终止款项［但不包括上述第（1）款适用的期间］，指违约利率；

（3）如应由守约方支付提前终止款项［但不包括上述第（1）款适用的期间］，指守约利率；

（4）在其他一切情况，则指终止利率。

"适用的迟延利率"指：

（a）就第9（h）（ⅰ）（3）（A）条的目的而言，指有关付款人认证的有关银行同业市场上一家主要银行就相关货币隔夜存款给予付款人的利率，该银行由付款人按诚信原则选择以便获得可合理反映该有关市场当时状况的有代表性的利率；

（b）就第9（h）（ⅰ）（3）（B）条和适用的结算利率的定义中第（a）（ⅲ）款的目的而言，指有关付款人认证的为有关银行同业市场上一家主要银行就相关货币隔夜存款给予主要银行的利率，该银行由付款人经与另一方（如可行）协商后按诚信原则选择以便获得可合理反映该有关市场当时状况的有代表性的利率；

（c）就第9（h）（ⅰ）（3）（C）条以及适用的结算利率的定义中第（a）（ⅳ）款、第（b）（ⅰ）（3）款和第（b）（ⅱ）（1）款的目的而言，指根据以上第（a）款确定的利率和有关收款人（经其认证的）如获得有关金额须付的资金成本的年利率（无须提供任何实际成本的证明或证据）的算术平均值。

"自动提前终止"具有第 6（a）条规定的含义。

"有负担方"具有第 5（b）（ⅳ）条规定的含义。

"税法变更"指在双方达成有关交易之后制定、发布、执行、批准、变更或修订法律（或任何法律的适用或官方解释）。

"结算款项"对于每项终止交易或每组终止交易及某一决定方而言，指为决定方替换或提供与第（a）、（b）项相同的经济效果在当时的情况下决定方所付或将付的损失或费用（以正数表达），或由决定方所实现或将实现的收益（以负数表达）：（a）该项终止交易或该组终止交易的主要条款，包括关于该终止交易或该组终止交易若未出现提前终止日时，根据第 2（a）（ⅰ）条的规定本应由各方在此日之后做出的付款或交付［假设已满足第 2（a）（ⅲ）条中规定的先决条件］；（b）各方对于该终止交易或该组终止交易的期权。

决定方（或其代理人）将按诚信原则并按合理的商业程序确定任何结算款项，以达到合理的商业效益。决定方可为任何一组终止交易或一项终止交易（但总数不得少于所有被终止交易）确定结算款项。每笔结算款项应在提前终止日确定，或如果这一日期在商业上不合理可行的话，亦可按提前终止日之后商业上合理之日确定。

在决定结算款项时不应考虑有关一项终止交易或一组终止交易的未付款项和第 11 条所指的律师费及实付费用。

决定方可在确定结算款项时参考任何有关信息，包括但不限于以下一类或多类信息：

（ⅰ）一个或多个第三方提供的有关替换交易的（确定的或指示性的）报价，第三方在提供这些报价时可以考虑决定方在提供报价之时的资信状况以及决定方与提供报价的第三方之间的任何有关文件，包括信用支持文件的条款；

（ⅱ）一个或多个第三方提供的相关市场数据的资料，包括但不限于相关利率、价格、收益率、收益率曲线、波动性、利差、相关性以及相关市场的其他相关市场数据；

（ⅲ）源于内部的（包括源于决定方的任何关联公司）以上第（ⅰ）款和第（ⅱ）款所述类型的资料，但该资料应是决定方在评估同类交易的日常商务过程中使用的同类资料。

决定方将按本定义中的标准及程序考虑以上第（ⅰ）款的报价或以上第（ⅱ）款的相关市场数据，除非决定方按诚信原则合理地认为无法获得此类报价或有关市场数据或其产生的结果可能不符合本定义下的标准。决定方在参考以上第（ⅰ）、（ⅱ）和（ⅲ）款所述的资料时亦可参考资金成本，只要其使用的其他资料没有包括资金成本。根据以上第（ⅰ）款提供报价或根据以上第（ⅱ）款提供市场数据的第三方可包括但不限于相关市场的交易商、相关产品的最终用户、资料销售者、经纪人和市场资料的其他来源。

在不重复计算根据以上第（ⅰ）、（ⅱ）和（ⅲ）款所述的资料或其他有关资料计算出的款项的前提下，并在商业上合理可行时，决定方在计算结算款项时可另外参考就有关一项终止交易或一组终止交易而终止、清算或重建任何抗风险安排所产生的任何亏损或成本（或因此引致的任何收益）。

确定结算款项合理的商业程序可包括：

（1）适用按以上第（ⅱ）款由第三方提供的相关市场数据或适用按以上第（ⅲ）款来源于内部的信息或其他评估模式，只要这些数据、信息或模式是在决定结算款项时，决定方在日常商业过程中评估与第三方之间的类似于该项或该组终止交易的过程中所使用的模式；

（2）根据一项终止交易或一组终止交易的类型、复杂性、规模和数量对该项或该组终止交易适用不同的评估办法。

"确认书"具有前言规定的含义。

"同意"包括同意、批准、行动、授权、豁免、通知、备案、注册或外汇管制同意。

"合同货币"具有第8（a）条规定的含义。

"公约法院"指需要在诉讼中适用1968年《关于民商事案件的司法管辖以及承认和执行判决的布鲁塞尔规定》第17条，以及1988年《关于民商事案件的司法管辖以及承认和执行判决的卢根诺公约》第17条的任何法院。

"因合并造成的信用事件"具有第5（b）条规定的含义。

"信用支持文件"指本协议规定为信用支持文件的任何协议或文件。

"信用支持提供者"具有附件规定的含义。

"交叉违约"指第5（a）（ⅵ）条规定的事件。

"违约利率"指相等于收款人（经其认证的）获得有关资金的资金成本的年利率（无须对任何实际成本提供证明或证据）加1%。

"违约方"具有第6（a）条规定的含义。

"指定事件"具有第5（b）（ⅴ）条规定的含义。

"决定方"指确定结算款项的当事方。

"提前终止款项"具有第6（e）条规定的含义。

"提前终止日"指按第6（a）条或第6（b）（ⅳ）条决定的日期。

"电子信息"不包括电子邮件，但包括以标记语言表达的文件。"电子信息系统"将据此予以解释。

"英国法律"指英格兰及威尔士的法律。"英国的"将据此予以解释。

"违约事件"具有第5（a）条规定的含义及附件（按情况适用）规定的含义。

"不可抗力事件"具有第5（b）条规定的含义。

"一般营业日"指商业银行开门营业（包括外汇交易及外币存款）的日子。

"非法"具有第5（b）条规定的含义。

"可获补偿税项"指任何税项，不包括本来不会对本协议项下的付款征收，而只是因为征收该税项的政府或税务机关的管辖地与该款项收款人或与该款项收款人有关的个人之间现时或之前有联系方才征收的税项。这种联系包括但不限于因该收款人或有关人员为该管辖地的公民或居民，或正在或已在该管辖地组织或从事贸易或其他业务，或在该管辖地有永久机构或固定的营业地而产生的联系，但是这种联系不包括仅因该收款人或有关人员签署、交付本协议或信用支持文件或按本协议或信用支持文件履行义务或收款，或执行本协议或信用支持文件而产生的联系。

"法律"包括任何条约、法律、规则或条例（及经任何有关政府税务机关的惯例所修改的税务事宜），并且"非法"将据此予以解释。

"当地营业日"：（a）对于第2（a）（i）条项下任何义务，指有关确认书规定的地点的一般营业日，并且有关确认书规定的有关结算系统开门营业的日子，或如果没有规定相关地点或结算系统，则双方以其他书面方式同意的或按本协议所载或纳入的规定而决定的地点；（b）当确定等待期何时届满时，指构成或导致非法或不可抗力事件（视情况而定）或情况发生地的一般营业日；（c）对于其他任何付款，指有关账户的所在地的一般营业日，如账户所在地不同则指付款货币的主要金融中心（如有的话）的一般营业日，或如果该货币没有一个单独获认可的主要金融中心，则指结算系统为完成该付款而需开门的日子；（d）对于任何通知或其他通信，包括第5（a）（i）条下的通知，指收款人提供的接收通知地的一般营业日（或若非某一事件或情况的发生而本应为一般营业日的一日，条件是这一事件或情况如发生于某项交易的付款、交付或遵行协议的行为时会构成非法或不可抗力），如为第2（b）条下的通知则指有关新账户的所在地的一般营业日；（e）对于第5（a）（Ⅴ）（2）条，则指该特定交易的履行地的一般营业日。

"当地交付日"就第5（a）（i）条和第5（d）条而言，指有关确认书规定地点的完成有关交付所必须的结算系统能够按照市场惯例为完成有关交付而通常开门营业的一日，或如果确认书没有规定地点，则指按有关交付的市场惯例决定的地点。

"主协议"具有前言规定的含义。

"不承担债务的合并"具有第5（a）（iii）条规定的事件。

"多项交易付款净额预算"具有第2（c）条规定的含义。

"不受影响方"若仅有一个受影响方的，指另一方。

"守约利率"指经守约方认证的在有关银行同业市场上一家主要银行就有关货币隔夜存款给予守约方的利率，该银行由守约方按诚信原则选择以获得可合理反映该市场当时状况的有代表性的利率。

"守约方"具有第6（a）条规定的含义。

"办事处"指一方的分支机构或办事处，有可能是该方的总部或总办事处。

"其他款项"具有第6（f）条规定的含义。

"收款人"具有第6（f）条规定的含义。

"付款人"具有第6（f）条规定的含义。

"潜在违约事件"指任何经发送通知或随时间推移（或两者同时发生）可构成违约事件的任何事件。

"诉讼"具有第13（b）条规定的含义。

"传票代理人"具有附件规定的含义。

"兑换率"包括但不限于就购买或兑换合同货币应付的任何溢价或兑换成本。

"有关管辖区"指有关一方而言：（a）该方成立、组成、被管理及控制或视作有其席位的管辖区；（b）该方为本协议的目的采取行动的办事处的管辖区；（c）一方签署本协议的管辖区；（d）若与支付款项有关，则为该等支付款项的管辖区。

"附件"具有前言规定的含义。

"预定结算日"指有关交易根据第2（a）（i）条应做出付款或交付的日期。

"特定机构"具有附件规定的含义。

"特定负债"除非附件另有规定，指有关借款的任何义务（不论是现有的或将来的、或有的或其他的，作为主债务人或担保人的债务或其他义务）。

"特定交易"除非附件另有规定，一般指：（a）本协议一方（或该方的任何信用支持提供者或该方的任何适用特定机构）与本协议另一方（或该方的任何信用支持提供者或该方的任何适用特定机构）现在或日后达成的任何交易（包括与任何此等交易有关的协议），该特定交易不包括本协议项下的交易，但属于：（i）利率互换交易、互换期权、利率基础互换交易、远期利率交易、商品互换交易、商品期权、股权或股权指数互换交易，股权或股权指数期权、债券期权、利率期权、外汇交易、上限交易、下限交易、上下限交易、货币互换交易、交叉货币利率互换交易、货币期权、信用保护交易、信用互换、信用违约互换、信用违约期权、全部利润互换、信用利差交易、回购交易、逆回购交易，买回/卖出交易，证券出借交易、天气指数交易或证券、商品或其他金融工具或利益（包括以上任何交易的期权）；（ii）任何与（i）款中所列交易类似的，目前或将来在金融市场上重复进行的交易（包括该协议中的条款和条件），并且该交易是以一种或多种利率、货币、商品、股票或其他股权凭证、债券或其他债权凭证、经济指数或经济风险或价值的测量方法或其他基准作为付款和交易基础的远期、互换、期货、期权或其他衍生交易。（b）任何该些交易的组合。（c）任何本协议或有关确认书中规定为特定交易的任何其他交易。

"印花税"指任何印花税、登记税、文件税或类似的税项。

"印花税司法管辖区"具有第4（e）条规定的含义。

"税项"指印花税、登记税、文件税或类似的税项以外的与本协议项下任何付款有关的任何政府或其他税务机关征收的任何性质的现有或将征收的税项、征税、进口税、关税、收费评估或费用（包括其利息、罚款及附加费）。

"税务事件"具有第5（b）条规定的含义。

"因合并造成的税务事件"具有第5（b）条规定的含义。

"已终止交易"对于任何提前终止日而言：（a）如因非法或不可抗力事件产生，指根据第6（b）（ⅳ）条做出的通知中规定的所有受影响交易；（b）如因任何其他终止事件产生，指所有受影响的交易；（c）如因违约事件产生，指在载明提前终止日的通知生效前，或如适用自动提前终止指在该提前终止日之前有效的所有交易。

"终止货币"如附件中规定终止货币，而该货币可无限制获得，指该货币；否则，如本协议表明是适用英国法律，指欧元，或如本协议表明是适用纽约州法律，则指美元。

"终止货币等值额"对于以终止货币为单位的任何款项，指该终止货币额，对于以终止货币以外货币为单位的任何数额（"其他货币"），则指做出决定的一方在有关提前终止日，或如果有关结算款项在较后日期才确定，则于该日用以购买该数额的其他货币所需的终止货币，购买时使用的汇率应为（按以下方式选择的）外汇机构的现货兑换率：在该日上午十一时或左右（以该外汇机构所在的城市为准），在有关提前终止日或该较后日期用终止货币购买其他货币时，通常适用的汇率。如果只有一方有义务按第6（e）条决定，该方应以诚信的原则选择外汇机构，如果不只有一方则以各方同意的方式选择。

"终止事件"指非法、不可抗力事件、税务事件或因合并造成的税务事件，或（如规定适用）因合并造成的信用事件或其他终止事件。

"终止利率"指相等于各方（经该方认证的）获得有关金额的成本（无须提供任何实际成本的证明或证据）的算术平均值的年利率。

"起点金额"如附件加以规定的话，具有附件规定的含义。

"交易"具有前言规定的含义。

"未付款项"对于提前终止日而言，指欠任何一方的下列各项之和：（a）就所有已终止交易而言，指按第2（a）（ⅰ）条或第2（d）（ⅰ）（4）条应在该提前终止日当日或之前支付给该方但在该提前终止日仍未付［或本来应付，但因按第2（a）（ⅲ）条未付或第5（d）款到期未付］的数额；（b）对于每一笔已终止交易，就第2（a）（ⅰ）条之下的每一项需在该终止日或之前向该方交付而未交付，或本应交付但因第2（a）（ⅲ）条或第5（d）条而未交付的义务而言，指应该或本来应该在原定交付日交付的实物的公平市值；（c）如因违约事件、因合并造成的信用事件或其他终止事件导致提前终止日，而使所有未完成交易变成受影响交易，指该提前终止日前到期，而截至该提前终止日仍未清偿的任何提前终止款项。在以上任何一种情况下均包括根据第9（h）（ⅱ）（1）条或（2）条（视情况而定）决定的有关该义务或迟延履行的义务（视情况而定）累计的利息或其他补偿。上述第（b）款所指的任何义务的公平市值将根据第6（e）条由有义务做决定的一方按诚信原则并使用合理的商业程序于原定交付日确定，或如各方均有责任，则为各方按上述办法确定的公平市值的平均终止货币等值额。

"等待期"指：（a）除第5（b）（ⅰ）（2）条实际上于当日要求有关付款、交付或遵守协议（此时不适用等待期）的情况以外，就第5（b）（ⅰ）条下的事件或情况而言，指发生事件或情况之后的3个当地工作日（或若非该事件或情况的发生本应为当地营业日之日）；（b）除第5（b）（ⅱ）（2）条规定的实际上于当日要求有关付款、交付或遵守规定（此时不适用等待期）的情况以外，就第5（b）（ⅱ）条事件或情况而言，指发生事件或情况之后的8个当地工作日，或若非该事件或情况的发生本应为当地营业日之日。

兹证明双方已于下列日期签署本文件，生效日为本文件首页载明的日期。

（签署方名称）

签名：_____

姓名：_____

职位：_____

日期：_____

（签署方名称）

签名：_____

姓名：_____

职位：_____

日期：_____

（多币种——跨国界）

ISDA

国际互换及衍生工具协会

主协议附件

____年____月____日

与

_____ _____

（"A方"） （"B方"）

第一部分 终止条款

（a）"特定机构"就 A 方而言，下列条款的目的指：

第 5（a）（ⅴ）条，_____

第 5（a）（ⅵ）条，_____

第 5（a）（ⅶ）条，_____

第 5（b）（ⅴ）条，_____

就 B 方而言，下列条款的目的指：

第 5（a）（ⅴ）条，_____

第 5（a）（ⅵ）条，_____

第 5（a）（ⅶ）条，_____

第 5（b）（ⅴ）条，_____

（b）"特定交易"具有本协议第 14 条规定的含义，指_____*

（c）第 5（a）（ⅵ）条"交叉违约" 将会/不会*适用于 A 方

将会/不会*适用于 B 方

"特定负债"具有本协议第 14 条规定的含义，指_____

____*

"起点金额"指_____**

（d）第 5（b）（ⅴ）条"因合并造成的信用事件" 将会/不会*适用于 A 方

将会/不会*适用于 B 方

（e）第 6（a）条"自动提前终止" 将会/不会*适用于 A 方

将会/不会*适用于 B 方

（f）对提前终止的支付。出于本协议第 6（e）条考虑。

（ⅰ）将会采用市场报价或损失法。

---

* 视情况删除。

** 如交叉违约适用于 A 方或 B 方，应包括。

（ⅱ）将会采用第一方法或第二方法。

（g）"终止货币"具有本协议第 14 条规定的含义，指＿＿＿＿＿＿＿＿＿＿＿*

（h）其他终止事件将会/不会*适用。下列事件构成一项其他终止事件：＿＿＿＿＿

＿＿＿＿＿＿＿＿＿＿＿＿＿＿＿＿＿＿＿＿＿＿＿＿＿＿＿＿＿＿＿＿＿＿＿＿＿

＿＿＿＿＿＿＿＿＿＿＿＿＿＿＿＿＿＿＿＿＿＿＿＿＿＿＿＿＿＿＿＿＿＿＿＿＿

＿＿＿＿＿＿＿＿＿＿＿＿＿＿＿＿＿＿＿＿＿＿＿＿＿＿＿＿＿＿＿＿＿＿＿＿＿

为上述终止事件之目的，受影响方或各受影响方指：＿＿＿＿＿＿＿＿＿＿＿＿＿

＿＿＿＿＿＿＿＿＿＿＿＿＿＿＿＿＿＿＿＿＿＿＿＿＿＿＿＿＿＿＿＿＿＿＿＿***

第二部分　税务陈述**

（a）付款人陈述。为本协议第 3（e）条的目的，A 方和 B 方不会*做出任何陈述：

（ⅰ）A 方和 B 方各自做出陈述如下：

经有关政府财税部门的惯例修改的任何有关管辖地的任何适用的法律均不要求从该方根据本协议向另一方支付的任何款项［本协议第 9（h）条下的利息除外］中扣除或预提任何税项。在做出此项陈述时，该方可以依赖：（ⅰ）另一方按本协议第 3（f）条所做出任何陈述的准确性；（ⅱ）本协议第 4（a）（ⅰ）条或第 4（a）（ⅲ）条中所载的约定的履行，以及另一方按本协议第 4（a）（ⅰ）条或第 4（a）（ⅲ）条所提供的任何文件的准确性和有效性；（ⅲ）本协议第 4（d）条中所载另一方约定的履行，但是，若该方依赖上述第（ⅱ）款时，另一方为免对其法律或商业地位造成严重损害而没有递交第 4（a）（ⅲ）条项下的表格或文件则不构成对本陈述的违背。*

（ⅱ）A 方和 B 方各自做出陈述如下：＿＿＿＿＿＿＿＿＿＿＿＿＿＿＿＿

＿＿＿＿＿＿＿＿＿＿＿＿＿＿＿＿＿＿＿＿＿＿＿＿＿＿＿＿＿＿＿＿＿＿＿＿*

（b）收款人陈述。为本协议第 3（f）条的目的，A 方和 B 方不会做出任何陈述：

（ⅰ）A 方和 B 方各自做出陈述如下：

该方具有完全资格获得适用于本协议项下收到或将收到之款项的特定条约中规定的"商业利润"或"工商业利润"条款（视情况而定），及"利息"条款或"其他收入"条款（如有的话）所赋予之利益，并且该款项与该方在特定司法管辖区的永久营业地从事的商业或贸易没有任何关联。

"特定条约"就 A 方而言，指＿＿＿＿＿＿＿＿＿＿＿＿＿＿＿＿＿＿＿＿＿

＿＿＿＿＿＿＿＿＿＿＿＿＿＿＿＿＿＿＿＿＿＿＿＿＿＿＿＿＿＿＿＿＿＿＿＿＿

***　如其他终止事件适用的话，应包括。

****　如任何一方为拥有多个办事处的交易方，下述陈述可能需进行调整。

　　"特定司法管辖区"就 A 方而言，指＿＿＿＿＿＿＿＿＿＿＿＿＿＿＿＿＿

＿＿＿＿＿＿＿＿＿＿＿＿＿＿＿＿＿＿＿＿＿＿＿＿＿＿＿＿＿＿＿＿＿＿＿

　　"特定条约"就 B 方而言，指＿＿＿＿＿＿＿＿＿＿＿＿＿＿＿＿＿＿＿＿＿

＿＿＿＿＿＿＿＿＿＿＿＿＿＿＿＿＿＿＿＿＿＿＿＿＿＿＿＿＿＿＿＿＿＿＿

　　"特定司法管辖区"就 B 方而言，指＿＿＿＿＿＿＿＿＿＿＿＿＿＿＿＿＿

＿＿＿＿＿＿＿＿＿＿＿＿＿＿＿＿＿＿＿＿＿＿＿＿＿＿＿＿＿＿＿＿＿＿*

　　（ii）A 方和 B 方各自做出陈述如下：

　　其就本协议收到或将收到的每一笔款项将会与该方在特定司法管辖区从事的贸易或商业行为具有实际联系。

　　"特定司法管辖区"就 A 方而言，指＿＿＿＿＿＿＿＿＿＿＿＿＿＿＿＿＿

＿＿＿＿＿＿＿＿＿＿＿＿＿＿＿＿＿＿＿＿＿＿＿＿＿＿＿＿＿＿＿＿＿＿＿

　　"特定司法管辖区"就 B 方而言，指＿＿＿＿＿＿＿＿＿＿＿＿＿＿＿＿＿

＿＿＿＿＿＿＿＿＿＿＿＿＿＿＿＿＿＿＿＿＿＿＿＿＿＿＿＿＿＿＿＿＿＿＿

　　（iii）A 方和 B 方各自做出陈述如下：

　　就美国联邦税务目的而言，其为一名"美国人"（如美国财政法规第 1.441~4（a）（3）（ii）条中所使用的该词的含义）。*

　　（iv）A 方和 B 方各自做出陈述如下：

　　就美国联邦税务目的而言，其为一个"外国人的非美国办事处"（如美国财政法规第 1.441~4（a）（3）（ii）条中所使用的该词的含义）。*

　　（v）A 方和 B 方各自做出陈述如下：

　　关于向美国以外的地址做出付款或向美国以外的账户汇入资金事宜，就美国联邦税务目的而言，其为一个"外国人的非美国办事处"（如美国财政法规第 1.441~4（a）（3）（ii）条中使用的该词的含义）。*

　　（vi）A 方和 B 方各自做出陈述如下：

　　就美国联邦税务目的而言，其为一个"外国人"（如美国财政法规第 1.6041~4（a）（4）条中使用的该词的含义）。*

　　（vii）A 方和 B 方各自做出陈述如下：＿＿＿＿＿＿＿＿＿＿＿＿＿＿

＿＿＿＿＿＿＿＿＿＿＿＿＿＿＿＿＿＿＿＿＿＿＿＿＿＿＿＿＿＿＿＿＿＿＿

＿＿＿＿＿＿＿＿＿＿＿＿＿＿＿＿＿＿＿＿＿＿＿＿＿＿＿＿＿＿＿＿＿＿*

第三部分　同意提交的文件

　　为第 4（a）（i）条和第 4（a）（ii）条的目的，每一方同意交付下列相关的文件：

　　（a）须交付的税务表、文件或证书为：

须交付文件一方	表格/文件/证书	交付的期限
＿＿＿＿＿＿	＿＿＿＿＿＿	＿＿＿＿＿＿

—————————   —————————   —————————

—————————   —————————   —————————*

(b) 其他须交付的文件为:

须交付文件一方	表格/文件/证书	交付的期限	是否为第 3 (d) 条下之陈述所涵盖
—————	—————	—————	是/否*
—————	—————	—————	是/否*
—————	—————	—————	是/否*
—————	—————	—————	是/否*
—————	—————	—————	是/否*

第四部分　其他规定

(a) 通知地址。为本协议第 12 (a) 条之目的:

A 方收取通知或通信的地址为:

地　　址: _____

收件人: _____

电传号码: _____　应 答 码: _____

传真号码: _____　电话号码: _____

电子邮件: _____

电子信息系统资料: _____

特殊指示: _____

B 方收取通知或通信的地址为:

地　　址: _____

收件人: _____

电传号码: _____　应 答 码: _____

传真号码: _____　电话号码: _____

电子邮件: _____

电子信息系统资料: _____

特殊指示: _____

(b) 传票代理人。为本协议第 13 (c) 条之目的:

A 方指定其传票代理人如下: _____

B 方指定其传票代理人如下: _____

(c) 办事处。第 10 (a) 条的规定将会/不会*适用于本协议。

(d) 拥有多个办事处的交易方。为本协议第 10 (b) 条之目的:

A 方是/不是一个拥有多个办事处的交易方,可以通过以下任何办事处进行交易:

_____　　_____　　_____
_____　　_____　　_____　＊

B 方是/不是一个拥有多个办事处的交易方，可以通过以下任何办事处进行交易：

_____　　_____　　_____
_____　　_____　　_____　＊

（e）计算代理人。除非有关交易的确认书另有规定，否则计算代理人为：_____
_____ ＊＊

（f）信用支持文件。信用支持文件的详情如下：_____
_____
_____
_____ ＊

（g）信用支持提供者。就 A 方而言，信用支持提供者指：_____
_____
_____ ＊

就 B 方而言，信用支持提供者指：_____
_____
_____ ＊

（h）管辖法律。本协议将受英国法律/纽约州法律（不包括法律选择原则）的管辖并按其解释＊。

（i）付款净额结算。"多项交易付款净额结算"为本协议第 2（c）条的目的适用/不适用于所有交易、下列交易或交易组：_____
_____

（每种情况下从本协议之日期起_____）＊
（j）"关联企业"具有本协议第 14 条规定的含义，指：_____ ＊

附录4 国际互换及衍生工具协会衍生品交易确认书示例短期互换交易确认书

基于一个已执行的 ISDA 主协议及附件

> 确认—商品互换—现金结算

从：XYZ 银行股份有限公司

至：ABC 小型交易者有限公司

2002 年 12 月 16 日

互换参考（对方会在执行的时候同意交易的参考代码或序号）：

尊敬的先生/女士：

本书面协议书的目的是确认我们双方在以下指明的交易日所达成的交易条件和内容。本协议书包含了一个 ISDA 主协议下的确认书。

2002 年 ISDA 定义中所包含的定义和条款已经包含在本确认书中。如果哪些定义和条款与本确认书有任何不一致，以本确认书为准。

（1）本确认书补充、构成、从属于 2002 年 12 月 15 日出台的 ISDA 主协议，并在你我双方之间不时地修订和补充。除了下文特别更正外，主协议包含的所有条款都优先于本确认书。

（2）本确认书相关的特别交易条款如下：

交易日：2002 年 12 月 16 日

商品：普氏系统（PlAtts）上的新加坡含硫 5%柴油

有效日期：2003 年 1 月 1 日（互换定价期间的始点）

终止日期：2003 年 1 月 31 日（互换定价期间可能的最后一天）

货币：美元

计算期间：

开始日	结束日	名义数量	固定价格
2002 年 1 月 1 日	2002 年 1 月 31 日	50000.00 万桶	25.55

支付期：每个计算期期末后第 10 个工作日

固定数量明细：

固定价格支付者：ABC 小型交易者有限公司（买固定价格的公司）

浮动数量明细：

浮动价格支付者：XYZ 银行股份有限公司（卖固定价格的公司）

商品：

参考价格：新加坡柴油

协定价格：普氏系统公布的高/低参考价的均值

取均值方法：协定价格的算术平均数，保留三位小数（四舍五入）

相关金融中心：

浮动价格：新加坡

支付：纽约

计算方：XYZ 银行股份有限公司

（3）账户明细：

付给 XYZ 银行股份有限公司：_____

付给 ABC 小型交易者有限公司：_____

（4）办公地址：

XYZ 银行股份有限公司　　　ABC 小型交易者有限公司

伦敦金丝雀码头

伦敦 EC2V 4JU

注意：互换交易接待处

电话：+44 207 550 2207

传真：+44 207 550 2381

请确认上文所述已经阐明了我们协议书的条款。确认是通过执行本确认书副本并将其以书信或电报的方式还给我们来达成的。书信或电报阐明了本确认书相关的交易物资条款。

XYZ 银行股份有限公司非常高兴能与您达成这项交易。

XYZ 银行股份有限公司

签名：

职位：

ISDA 附件示例（无注释）

ISDA 主协议附件
协议自 2002 年 12 月 15 日起
协议双方当事人分别是
ABC 小型交易者有限公司 A 方和
XYZ 银行股份有限公司 B 方

第一部分 终止

在本协议中：

（1）"特定机构"就 A 方而言，为下列条款的目的指：

第 5（a）（v）条：[特定交易下的违约]

第 5（a）（vi）条：[交叉违约]

第 5（a）（vii）条：[破产]

第 5（b）（v）条：[终止事件——因合并导致的信用事件]

"特定机构"就 B 方而言，为下列条款的目的指：

第 5（a）（v）条：不适用

第 5（a）（vi）条：不适用

第 5（a）（vii）条：不适用

第 5（b）（v）条：不适用

（2）"特定交易"具有本协议第 14 条规定的含义。

（3）"交叉违约"：第 5（a）（vi）条"交叉违约"的条款将会适用于 A 方和 B 方。

"特定负债"具有本协议第 14 条规定的含义，但以下情况除外：（i）该条款不应包括在一方的银行业务的正常情况下接收有关存款的义务；（ii）在该条款末尾应该补充一点"或者通过其他别的方式筹集的资金，无论是通过发行中期票据、债券、商业票据、存单等方式，或者是其他的债务工具、融资租赁、推迟购买计划或者是外汇或利率互换协议等任何别的什么方式"。

"起点金额"是指，对于 A 方而言，该金额为 10000000 美元或者是相当于 10000000 美元的其他货币、货币单位或者是其组合；对于 B 方而言，该金额等于其最近一个完整财政年度末股东权益的 5%（或者是用任何货币表示的等价金额）。

（4）"因合并造成的信用事件"：根据第 5（b）（v）条，因合并造成的信用事件将会适用于 A 方和 B 方，同时做下列修改：

根据本协议第 5（b）（Ⅴ）条，将来出现的机构、现有的机构或受让机构（以下简称"Y"）是否是"实质性弱者"要根据另一方的合理判断来做出决定。虽然有上述说法，但是如果 Y 同意并且做到了在要求的两个当地工作日内提供出符合条件的信用支撑（具体定义见在信用支撑附件）其金额等于或超过交割金额，后者以对 Y 而言应该是零的起点金额为基础，那么 Y 的信用度也不应该被定为是实质性弱者。需要指出的是，之前任何与信用支撑附件不符之处，在以后都要维持始终是符合条件的信用支撑，以便与根据该条款修改的信用支撑附件相一致。

信用事件也会发生，如果：（a）任何个人或机构直接或间接获得受益人股权所有权证券，使其能有权选举 X 公司董事会多数董事、任何 X 公司的信用支撑提供者或者是任何 X 公司可适用的特定机构，再或者就是直接或间接地获得对 X 公司政策决策制定的控制权；（b）X 公司、X 的信用支撑提供者或任何一家 X 公司可适用的特定机构达成协议，同意为主协议第 5（b）（Ⅴ）条所列或者上述条款中所列的任何信用事件负责。

（5）第 6（a）条"自动提前终止"条款将会适用于 A 方和 B 方。

（6）对提前终止的支付。出于本协议第 6（e）条考虑：（ⅰ）将会采用损失法。（ⅱ）将会采用第二方法。

（7）"终止货币"是指由当事一方选择的货币，但该当事方不是违约方或某个受影响方。如果有不止一个受影响方时，则终止货币须由 A 方和 B 方共同决定。然而，终止货币必须是对有关交易进行支付的货币的一种。如果选定的终止货币不是可自由兑换的货币，或者受影响方有两个并且他们不同意该终止货币，那么此时终止货币只能采用美元。

（8）"其他终止事件"应按下列情况加以适用：

如果一方（即"甲方"）依据其唯一并且合理的判断发现另一方（即"受影响方"）的业务、财务状况或信用度出现实质性不利改变，那么甲方有权根据有关信用支持附件的记载要求该受影响方提供符合条件的信用支持文件，其金额等于或高于交割金额。之前任何与信用支撑附件不符之处，在以后都要维持始终是符合条件的信用支撑，以便与根据该条款修改的信用支撑附件相一致。根据该条款，任何符合条件的信用支持金额在需要时要么支付要么被返还，其数目为整数 100000 美元。如果受影响方在甲方书面请求之日起的 2 个当地工作日内没有存入甲方认可的符合条件的信用支持金额，那么该疏忽就会构成一次其他终止事件。

第二部分　税务陈述

1. 付款人税务陈述

（1）为本协议第 3（e）条的目的，双方做如下陈述：

经有关政府财税部门的惯例修改的任何有关管辖地的任何适用的法律，均不要求从该方根据本协议向另一方支付的任何款项［本协议第 9（h）条下的利息除外］

中扣除或预提任何税项。在做出此项陈述时，该方可以依赖：（ⅰ）另一方按本协议第3（f）条所做出的任何陈述的准确性；（ⅱ）本协议第4（a）（ⅰ）条或第4（a）（ⅲ）条中所载的约定的履行，以及另一方按本协议第4（a）（ⅰ）条或第4（a）（ⅲ）条所提供的任何文件的准确性和有效性；（ⅲ）本协议第4（d）条中所载另一方约定的履行，但若该方依赖上述第（ⅱ）款时，另一方为免对其法律或商业地位造成严重损害而没有递交第4（a）（ⅲ）条项下的表格或文件则不构成对本陈述的违背。

2. 收款人税务陈述

（2）为本协议第3（f）条的目的，双方做如下陈述：

收到的或即将收到的与该协议有关联的每一笔支付款项都要与一方当事人的日常业务运作相关（但与该方的投资无关）。

3. 其他陈述

（1）各方向对方做如下陈述并保证（这种陈述和保证在每次交易发生当日应该由一方重述一次）：

（a）从最近一个经审计的财务报表日期的最后一天开始，本方的财务状况不会发生任何实质性不利改变，为第3（d）条而提供的"特定信息的准确性"适用于该财务信息，根据本附件一方要向另一方提交该财务信息。

（b）是作为委托人达成协议和每一笔交易（而不是作为代理人或任何别的身份或受托人等）。

（2）各方应该在达成交易的当日向对方做如下陈述（双方之间缺少书面协议，该书面协议清楚地将一些相反的义务强加给此交易）：

（a）非依赖性（Non-Reliance）。各方只为自己考虑，凭自己的独立决策达成该交易。至于交易是否合适或适当，则依赖于自己的判断或者依赖于咨询顾问的建议（如有必要的话）。交易的达成不依赖于另一方的任何投资建议或推荐方面的交流信息（书面或口头的）；需要理解的是，有关交易条款和条件的信息和解释不应被视为达成该交易的投资建议或推荐。应该保证或担保不从对方接收任何有关该交易预期结果的信息（书面或口头的）。

（b）评估与理解。能够评估交易价值并该理解交易（自己理解或通过独立的专业建议理解），理解并接受交易的条款、条件和风险。同时，也能够假定交易的风险。

（c）双方身份。对该交易而言，另一方不是受托人身份或交易顾问的身份。

（3）诉讼缺失。为便于陈述，通过限制"关联企业"的定义（比如关联企业为第5（e）条中的某个特定机构）而在此对本协议的第3（c）条做一定的修改。

第三部分 提交的文件

出于第4（a）（ⅰ）条和第4（a）（ⅱ）条的目的，各方同意交付下列相关的文件（见附表4-1）：

附表 4-1 提交的文件

被要求提交文件的一方	表格/文本/凭证	提交日期	是否涵盖第 3 (d) 条陈述
A 方	一份经核验的董事会决议，该决议授权执行、交付和履行本协议及本协议下的各项确认书，同时注明被授权履行该协议和确认书的人员的姓名、职务和签字样本	在执行当日或执行之前提交文件，另外如果在提交前授权发生改变，则在每个确认书执行当日或之前提交文件	是
A 方	对于每一笔交易都要提交一份被认可的确认书，该确认书已由被授权人签字	收到来自 B 方相关确认书的 24 小时内提交文件	是
A 方	一份能力证书，其以表格形式附在本协议后作为附录 A	在有关协议执行当日或之前提交文件	是

第四部分 其他规定

（1）通知地址。为本协议第 12 (a) 条之目的：

A 方收取通知或通信的地址为：

地　　址：＿＿＿＿＿＿＿＿＿＿＿＿＿＿＿＿＿＿＿＿

收件人：＿＿＿＿＿＿＿＿＿＿＿＿＿＿＿＿＿＿＿＿

电传号码：＿＿＿＿＿＿＿＿＿＿＿　　应 答 码：＿＿＿＿＿＿＿＿＿＿

传真号码：＿＿＿＿＿＿＿＿＿＿＿　　电话号码：＿＿＿＿＿＿＿＿＿＿

B 方收取通知或通信的地址为：

地　　址：＿＿＿＿＿＿＿＿＿＿＿＿＿＿＿＿＿＿＿＿

收件人：＿＿＿＿＿＿＿＿＿＿＿＿＿＿＿＿＿＿＿＿

电传号码：＿＿＿＿＿＿＿＿＿＿＿＿＿＿＿＿＿＿＿＿

传真号码：＿＿＿＿＿＿＿＿＿＿＿＿＿＿＿＿＿＿＿＿

（2）传票代理人。为本协议第 13 (c) 条之目的：

A 方指定其传票代理人：＿＿＿＿＿

B 方指定其传票代理人：不适用

（3）办事处。第 10 (a) 条的规定将不会适用于本协议。

（4）拥有多个办事处的交易方。为本协议第 10 (c) 条之目的：

A 方不是一个拥有多个办事处的交易方。

B 方不是一个拥有多个办事处的交易方。

（5）计算代理人。除非有关交易的确认书另有规定，否则计算代理人为 B 方。

（6）信用支持文件。信用支持文件的详情如下：

就 A 方而言：＿＿＿＿＿＿

就 B 方而言：不适用

（7）信用支持提供者。就 A 方而言，信用支持提供者指：＿＿＿＿＿＿＿＿＿
＿＿＿＿＿＿＿＿＿＿＿＿＿＿＿＿＿＿＿＿＿＿就 B 方而言，信用支
持提供者指：＿＿＿＿＿＿＿＿＿＿＿＿＿＿＿＿＿＿＿＿＿＿＿＿ *

（8）管辖法律。本协议将受英国法律的管辖并按其解释。

（9）付款净额结算。"多项交易付款净额结算"为本协议第 2（c）条的目的从本协议之日期起不适用于本协议下的所有交易。

第五部分　其他条款

对本协议做如下变更：

（1）定义。除非在确认书中特别说明，本协议体现国际互换及衍生工具协会出版的 2000 年版 ISDA 定义（"2000 定义"）和 1993 年 ISDA 商品衍生工具定义（"1993 定义"）的内容，并受其约束与管辖。一旦本协议条款和"2000 定义"或"1993 定义"出现不一致，均以本协议为准。如果"2000 定义"中的某些条款与"1993 定义"中的条款出现不一致，以"1993 定义"为准。如果确认书的某些条款与本协议不一致，或者与"2000 定义"或"1993 定义"中的条款不一致，则为了有关交易的目的，以该确认书为准。如果附件条款与本协议不一致，以该附件为准。

（2）账户变更。在第 2（b）条的末尾补充如下内容：

"如果通知方的任何新账户在权限方面与初始账户不相同，那么另一方则没有义务在此账户变更发生后支付比变更未发生情况下更高的金额或收取更低的金额。"

（3）平等条款。A 方在此同意，将保证其付款义务和交付义务一直处于优先状态，至少保证在各方面与 A 方其他未担保义务或非次要义务平等（那些法律强制实施的除外）。

（4）确认书。每一份确认书都应该采用 B 方经常使用的格式或者是双方同意的其他格式。对于每一笔交易，B 方都应该在交易当日或之后适当的日子里，向 A 方发送一份确认书。A 方应该正确地签字并将一份签好的确认书副本返回给 B 方，或者向 B 方指出该确认书与 A 方自己的记录存在出入，并建议双方同意采用 A 方签过字的替换确认书的文本。

（5）违约事件。一个新的第 5（a）（ⅲ）（4）条（如下）应该被加入到本协议中："（4）信用支持提供者改进或修订任何信用支持文件的条款。"

（6）自动提前终止。如果自动提前终止特定适用于上述第一部分第 5 节，那么一方应该在违约事件一发生就立即将其通知给另一方。进一步假定，如果自动提前终止不适用于任何一方，则在事先没有告知的情况下可撤回起诉。如果在违约事件发生当日缺少这样的通知，那么违约方应该根据需要全部赔偿非违约方的所有费用、损失、毁损或非违约方在本有关协议和每笔交易上可能发生的负债，此负债是由于在提前终止日和非违约方第一次获知提前终止日期已经发生的当地营业日中间利率、汇率或其他相关比率或价格的变动而导致的。出于此目的，非违约方可能将所有的费用、损失、毁损或负债转换成终止货币。

（7）提前终止。在第 6 条末尾补充如下条款，第 6（f）条和第（g）条：

（f）某些确定的付款条件。尽管第 6（e）条的条款有规定，但是非违约方没有义务就提前终止而向违约方做任何支付，除非并且直到非违约方收到依其唯一判断而符合条件的确认书（确认书可能含有无条件意见）。该判断是基于：（ⅰ）根据本协议第 6（c）（ⅱ）条，有关终止交易在第 2（a）（ⅰ）条或第 2（e）条下的进一步付款或交付不做要求；（ⅱ）每笔特定交易应该按照其特定终止日终止，或者通过一方的具体执行来终止。每笔这类交易下的所有义务都应该被全部并最终履行。

（g）（ⅰ）在不影响本协议有关要求计算确定净支付额的条款的情况下，本协议下的所有款项都将无抵消或无索赔地进行支付。然而，只有在第 5（b）（ⅰ）条到第（ⅴ）条下所包含的违约事件发生时，并且在只有一个违约方或受影响方的情形下，在 X 方而不是违约方或受影响方的选择下，一方（付款人）支付给另一方（收款人）的任何金额（提前终止金额）才会根据由收款人支付（无论是当前支付、未来支付或者是有事件发生时支付均可）给付款人（不论其币种、付款地点或债务出售地点）的抵消金额（其他协议金额）而减少。这需要收款人和付款人之间先前存在其他的协议，或者是之前一方向另一方发行或承销过债务工具或存在延期支付的债务等（其他协议上金额会被相应清偿，从该角度来说就是这里的抵消）。X 方将给予另一方有关本条下抵消效果的通知。

（ⅱ）出于该目的，无论是提前终止金额还是其他协议金额（或这些金额的相关部分）都可由 X 方按一定汇率将其转换为其他货币作为面值的金额，并且 X 方能够合理善意地以该汇率购买到相应金额的这种货币。

（ⅲ）如果某一义务处于不确定状态，X 方应善意地对该义务进行估计并确定出有关该估计的抵消金额。但该估计应当与义务明确情形下的金额一致。

（ⅳ）本第 6（g）条在创造费用或证券利息方面没有任何作用。第 6（g）条应该是无偏见的，同时任何一方在任何时候万一没有被授权（无论是法律授权还是合约授权或其他别的授权）时，该条款就是一种附加授权，允许一方有抵消权、合并账户权、留置权和其他别的权利。

（8）转让。本协议下或任何交易下的权利和义务，无论是整体的还是部分的，都不允许转让，除非事先得到双方的书面同意。任何无书面同意的这类转让都是无效的。

（9）违约利率。违约利率按每日复利计算，等于 LIBOR 加上 1%。这里的任何一天的 LIBOR 是指在《金融时报》上公布的一月期伦敦银行同业拆借利率，或者如果《金融时报》临时或永久停止出版时，那么 LIBOR 就是指 B 方指定的其他在伦敦出版的类似报纸上的利率。

（10）可赔偿税务。可赔偿税务的定义应做一定修改使其在第 9 行末尾包括如下内容：

可赔偿税务还指缴税一方政府或有权限的税务部门对税法的变更所导致的任何

与付款有关的税务，除非另一方通过一个位于该司法管辖权限内的分公司或办事处来履行其协议所规定的义务，或者是被该管辖权内的公司合并、重组、管理和控制，或者是在该管辖权内有一席之地。

（11）实物交割。除非在签过字的确认书上有相反的特别说明，根据本协议条款和达成的交易的条款，任何一方都将不进行实物交割，而只有现金结算。

（12）电话记录。协议各方知悉并同意在一方或者另一方或者双方之间建立双方（包括每位总经理、高级职员、一般员工、代理人或代表等）电话谈话的电子记录。这些谈话记录将会作为法庭证据提交或者是出于建立有关交易资料的目的而保存下来。

（13）美元付款的指定账户明细。

（a）对A方而言：按A方返回B方发过来的确认书时所指定的为准。

（b）对B方而言：

银行名称：

账户号码：

账户名称：

（14）"市场扰乱事件"是指在计算代理人合理决定下，下列事件的发生：

（a）价格源头扰乱；

（b）交易暂停；

（c）商品参考价格消失；

（d）规则的实质性变更；

（e）内容的实质性变更；

（f）交易限制。

（15）与商品交易有关的扰乱依据：

下列扰乱依据（以1993年商品定义为准）按其出现顺序适应于各种情形：

（i）对于任何一笔含有计算期且计算期等于或大于一个日历月份的交易：

（a）平均每日价格扰乱；最大扰乱天数为5天。

（b）扰乱依据参考价格。

（c）议付依据。

（d）双方应指定一位唯一的独立专家来决定可选择的定价方法，如果双方没有就专家指定达成一致，那么任何一方可要求时任的英国石油协会主席在两天内做出该指定；如果专家被指定，那么该专家不能被视为仲裁人，而是作为提交决定的专家，其提供的决定对双方而言应该是终局的并应当遵守，但决定有明显错误和欺诈的除外。

（e）无过失终止。

（ii）拥有一个计算期或拥有不超过一个日历月份的几个计算期的任何交易：

（a）平均每日价格扰乱。如果最大扰乱天数为零，那么计算期就等于或小于2

个商品营业日；如果最大扰乱天数为 1，那么计算期就在 3~5 个商品营业日（含 3 和 5）；如果最大扰乱天数为 2，那么计算期就在 6~10 个商品营业日（含 6 和 10）；如果最大扰乱天数为 3，那么计算期就在 11~15 个商品营业日（含 11 和 15）；如果最大扰乱天数为 4，那么计算期就大于或等于 16 个商品营业日。

（b）依据参考价格。

（c）议付依据。

（d）双方应指定一位唯一的独立专家来决定可选择的定价方法。如果双方没有就专家指定达成一致，那么任何一方可要求时任的英国石油协会主席在两天内做出该指定。如果专家被指定，那么该专家不能被视为仲裁人，而是作为提交决定的专家，其提供的决定对双方而言应该是终局的并应当遵守，但决定有明显错误和欺诈的除外。

（e）无过失终止。

计算代理人所做出的所有决定和计算应当是以诚实善意和商业上的合理判断为基础，并事先与另一方咨询讨论。

（16）生效日期。本协议应在 2001 年____月____日生效。

ABC 公司　　　　　　XYZ 银行

签名：　　　　　　　　签名：

职位：　　　　　　　　职位：

信用支持附件示例

在此，我们列出一些可接受的信用支持类型，这些都是双方相互进行衍生交易以及其他有关该交易的条件等方面的信用支持。

ISDA 主协议下的附件中所含的

信用支持附件

开始日期××××

双方当事人为

ABC 小型交易者有限公司（A 方）和

XYZ 银行股份有限公司（B 方）

本附件是上面提到的 ISDA 主协议的补充，构成 ISDA 主协议的一部分并受其约束。同时，本协议也是 ISDA 主协议下的附件的一部分。为了本协议下（包括但不限于）第 1（c）、2（a）、5、6 条的目的，本附件中所陈述的信用支持安排构成交易（该附件构成交易确认书）。

尽管本附件还有任何别的条款，但是根据本附件条款 A 方和 B 方从有关日期起就应该向对方提供符合条件的信用支持。B 方可以在任何时候依其绝对判断通过书面通知来变更 A 方的起点金额和（或）最小转让金额。当根据主协议第 5（b）条（经主协议之附件修改）要求应该出具信用支持时，双方应按照本附件之款项提供符合条件的信用支持。尽管前面提到，根据本附件之款项，B 方可以在任何时候依其绝对判断要求 A 方提供符合条件的信用支持，但出于该目的，B 方还是应该不时建议 A 方采用起点金额和最小转让金额。

第一节　释义

如无其他别的定义，本附件或者主协议中其他地方出现的大写术语，都应按照本附件第十节所下的定义来理解。本附件中各节提到的内容都服从本附件各节的解释。如果本附件和主协议附件条款之间有任何不一致，则以本附件为准。为避免其他疑问，本附件中出现的"转让"一词均指与现金、付款、其他资产和交付有关的转让。

第二节　信用支持义务

（a）交付金额。根据第三节和第四节的规定，一旦受让人在估值日或估值日后的适当天数内做出要求，如果估值日交付金额等于或超过出让人最低转让金额，那么出让人应向受让人转让符合条件的信用支持，该信用支持的价值相当于到转让日为止至少等于可适用的交付金额（四舍五入到 100000 美元的整倍数）。对任何一个估值日，适用于出让方的"交付金额"将等于：

（i）信用支持金额（加上超过的部分）；

（ii）到对出让方信用支持平衡表进行估值的当日为止时的价值（经调整为包含任何先前的交付金额，不包括任何先前返回的金额。不论是哪种情况下，该转让都未完成，相关的结算日则推后到估值日或估值日之后）。

（b）返还金额。根据第三节和第四节的规定，一旦受让人在估值日或估值日后的适当天数内做出要求，如果估值日返还金额等于或超过受让人最低转让金额，那么受让人应向出让人转让由出让人指定的相当的信用支持，根据要求，该信用支持到转让日为止的价值要尽量符合可适用的转让金额（四舍五入到 100000 美元的整倍数）。对任何一个估值日，适用于受让方的"返还金额"将等于：

（i）到对出让方信用支持平衡表进行估值的当日为止时的价值（经调整为包含任何先前的交付金额，不包括任何先前返回的金额。不论是哪种情况下，该转让都未完成，相关的结算日则推后到估值日或估值日之后）（加上超过的部分）。

（ii）信用支持金额。

第三节　转让、计算及交换

（a）转让。本附件下的所有转让，包括符合条件的信用支持的转让、相当的信用支持的转让、利息金额或等量分销物的转让等为便于适用都应该根据受让方或出让方的指示进行，并且还要做如下安排：

（ⅰ）对于现金的转让，应转让到由接受方指定的一个或一个以上的银行账户当中。

（ⅱ）对于凭证证券的转让，证券本身不能通过账面记录交付或者双方同意不通过账面记录交付该证券，则应通过合适的物理形式将证券交付给接受方或通过任何适当的转让实施工具将证券转让到接受方的账户中。转让税收邮戳和其他必要的文本构成了一次合法有效的转让，转让方应以接受方的名字作为合法受益人。

（ⅲ）对于双方同意通过账面记录交付转让的证券，应通过将书面指示和一份该指示的书面副本（为避免疑问，书面指示包括通过电报、传真或电子信息系统发送的指示）发送给有关存款机构或由受让方指定的其他机构。如果符合条件的话，那么该次转让就是一次以接受方的名字为合法受益人的合法有效的转让。

根据第四节规定以及除非有特别规定，如果在通知书时间内收到转让符合条件的信用支持或相当的信用支持的转让要求，那么应该在不迟于收到转让要求日之后的结算日收市时刻进行相关的转让；如果在通知书时点后收到该要求，那么也应该在不迟于收到转让要求日之后的结算日收市时刻进行相关的转让。

（b）计算。根据第二节以及第四节（a）的规定，所有的价值和风险的计算都应当由相关估值代理人按照有关的估值时点执行。该估值代理将会通知各方（或另一方，如果该估值代理人就是其中一方的话），其计算的进行将不迟于可适用估值日期之后［或者是符合计算日期，如果按照第四节（a）］的本地营业日的通知书时点。

（c）交换。

（ⅰ）出让方可在任何一个本地营业日以通知的形式告知受让方，其希望向受让方转让该通知中指定的符合条件的信用支持（即"新信用支持"），以交换该通知中所指定的、出让人信用支持平衡表中的一定量的符合条件的信用支持（即"初始信用支持"）。

（ⅱ）如果受让方通知出让方，同意对方提出的交换，那么：（A）出让方将必须在收到受让方同意通知（也可能是口头电话通知）之日后的第一个结算日将新信用支持转让给受让方；（B）受让方将必须在不迟于其收到新信用支持日（即"交换日期"）之后的结算日内将与初始信用支持相关的等量信用支持转让给原出让方。假如受让方只须向出让方转让与新信用支持价值相当的等量信用支持的话，那么受让方无论如何都不要超过其价值。

第四节　争议解决

（a）有争议的计算或估值。如果一方（即"争议方"）就：(i)估值代理人的有关交付金额或返回金额的估算；或者(ii)任何符合条件的信用支持或等量信用支持的转让价值这两大问题提出争议，那么：

（1）对于上述第(i)种情况，争议方应该在不迟于要求收到日之后的一个本地营业日内停止营业前通知另一方和估值代理人（如果估值代理人不是另一方的话）；对于上述第(ii)种情况，争议方应该在不迟于转让日之后的一个本地营业日内停止营业前通知另一方和估值代理人（如果估值代理人不是另一方的话）；

（2）对于上述第(i)种情况，适当的一方应该在不迟于要求收到日之后的一个本地营业日内停止营业前向另一方转让无争议的金额；

（3）双方将相互咨询以图解决该争议；

（4）如果到解决时间为止还没有解决该争议，那么：

（i）如果争议内容涉及交付金额或返还金额，那么计算代理人要重新计算到重新计算日为止的风险和价值：

（A）利用双方同意的不在争议当中的交易风险计算方法；

（B）在中间市场上找到四个参考做市商的真实报价，计算其算术平均值，以此来计算争议中的交易风险部分；假如对于某一特定交易，找不到四个参考报价，那么就采用不到四个的参考报价来计算，如果一个报价都找不到，那么就用估值代理人的初始报价。

（ii）如果争议内容涉及任何符合条件的信用支持或等量信用支持的转让价值，那么估值代理人将重新计算到转让日为止的价值。

采用符合本节要求的再计算规则，估值代理人应尽快通知各方（或另一方，如果估值代理人是其中一方的话）这一情况，无论如何都不能晚于争议解决日之后本地营业日的通知书时点。合适的一方应在根据估值代理人出具的通知或符合上述第（3）条和第三节（a）条的要求下，做出适当的转让。

（b）非违约事件。只要第四节中所规定的程序正在进行，那么一方即使未做任何金额的转让（这构成第四节中所描述的争端主题），也不能构成违约事件。为避免质疑，一旦这些程序完成，主协议第5（a）（i）条将适用于在相关到期日根据本附件第四节（a）条最后一句的要求应进行转让而未转让的一方。

第五节　名称转让、无担保利益、红利及利息金额

（a）名称转让。在本附件条款下各方同意转让给另一方的任何符合条件的信用支持、等量信用支持、相当红利分配或利息金额中的所有权利、名称和利益都应该无偿归属于接受方，且不带有任何的留置权、索赔权、收费权或财务负担或任何其他转让方利益或任何第三人利益（例行惯例而在有关清算系统中对所有证券强加的留置权除外）。

（b）无担保利益。在本附件条款下，一方无须以现金或其他财产的形式向另一方提交任何的抵押、付费、留置、保证、收费权或其他证券利息。

（c）红利及利息金额。

（i）红利。受让方应在不迟于每个分配日后一天的结算日将现金、证券或其他与有关分配红利具有相同类型、名义价值、描述说明和金额的财产（"相当红利"）转让给出让方，根据估值代理人计算（此时计算日将被视为估值日），从某种程度上该红利分配不会通过转让而产生或增加交付金额。

（ii）利息金额。本附件下，转让给受让方或受让方收到的与符合条件的信用支持相关的任何利息、红利或其他已支付或可视为已支付的金额不是以现金形式进行的。取而代之的是，受让方将在每月的最后一个本地营业日和某笔金额转让给出让方的本地营业日将利息金额转让给出让方，根据估值代理人计算（此时计算日将被视作估值日），从某种程度上该利息金额不会通过转让而产生或增加交付金额。

第六节 违约

如果提前终止日期被指定或被视为有关一方的违约事件发生日，那么将提前终止日作为估值日从而决定出的价值等同于信用支持平衡表的金额，根据第6（e）条将被视为对出让方（出让方可能是也可能不是）的未支付金额。为避免质疑，如果市场报价是可适用的付款措施［为了第6（e）条的目的］，那么由第6（e）条所决定的有关本附件内的交易的市场报价将被视为零；如果损失是可适用的付款措施［为了第6（e）条的目的］，那么由第6（e）条所决定的有关本附件内的交易的损失将被限制为代表信用支持平衡表价值的未付金额。

第七节 陈述

各方向对方陈述（在每个转移符合条件的信用支持日、等量信息支持日或等量红利分配日，都将重复该陈述），对于在本附件下向对方转让的信用支持、等量信用支持或等量红利分配，自己是上述转让对象的所有者或者要不然就是有上述转让对象的转让权，保证该转让是自由的，并且不带有任何的担保利息、留置权、收费权或其他限制（例行惯例而在有关清算系统中对所有证券强加的留置权除外）。

第八节 费用

对于与履行本附件下的义务有关的成本和费用（包括邮戳费、转让或类似交易的传真费或者是有关本附件要求的转让产生的应付费用），各方自己承担。任何一方都不负责支付对方发生的成本和费用。

第九节 其他规定

（a）违约利息。除了根据第四节（a）条中的争端而应支付的金额外，如果在到期日受让方未能将符合条件的信用支持、等量的分配红利或利息金额转让给对方，那么其就有义务向出让方（某种程度上现行法律许可的）支付一笔等同于利息的金额，该金额等于违约率乘以应该要求被转让的财产项目在估值日的价值，利息计算期间则是从要求转让的符合条件的信用支持、等量的分配红利或利息金额的转让日（含当日）开始到上述转让真实发生日（不含当日）为止。该利息将以日复利和实际耽误的天数来计算。

（b）诚实善意的和商业合理的方式。履行本附件下的所有义务，包括但不限于所有由任一方进行的计算、估值和决定，应该以诚实善意的方式和商业上合理的方式。

（c）要求和通知。根据本附件由一方出具的要求和通知应该根据主协议通知条款的规定进行。

第十节　定义

本附件中所用的：

"基础货币"是指美元。

"基础货币等价物"是指有关在估值日的一笔金额，如果用基础货币作为面值，那么该金额就是基础货币金额；如果是以基础货币以外的货币（"其他货币"）作为面值，那么该金额就是用来购买其他货币所要求的基础货币金额，购买汇率由估值代理人在该估值日来决定。

"信用支持金额"是指，在某一估值日，对于出让方而言（i）受让方的风险敞口减去；（ii）出让方的起点金额。然而，加入信用支持金额被视为零的话，则无论何时，信用支持金额的计算结果都是一个小于零的数。

"信用支持平衡表"是指，在某一估值日，对于出让方而言，所有在本附件下转让给出让方或出让方接收到的符合条件的信用支持的总数，再加上这些符合条件的信用支持或红利分配所产生的任何分配额和所有的收益，然后减去第二节（b）条、第三节（c）（ii）条和第六节中所规定的有关金额，由此构成信用支持平衡表。任何未转让的等量分配红利或利息金额（或两者中任何一个的一部分）按照第五节（i）条和第（ii）条规定，都将构成信用支持平衡表的一部分。

"交付金额"，其含义同第二节（a）条中所定义。

"争议方"，其含义同第四节中所定义。

"红利分配"是指，对于由证券组成的信用支持平衡表中所含的任何符合条件的信用支持而言，所有的本金、利息和其他现金支付或分配，或者与该符合条件的信用支持一样具有相同类型、名义价值、描述和金额的其他财产的定期支付。

"分配日"是指，除了现金以外，对于信用支持平衡表中所含的任何符合条件的信用支持而言，每一个符合条件的信用支持平衡表的持有者被授权接受红利分配的日期，或者如果该日非本地营业日，那么就取本地营业日的后一天为分配日。

"符合条件的信用支持"如附表4-2所示。

附表4-2　符合条件的信用支持

		估值百分比（％）
（A）	以符合条件的货币标明的现金	100
（B）	由美国财政部发行的自发行日起到期日不超过一年的可转让债务工具（短期国债）	99.25
（C）	由美国财政部发行的自发行日起到期日在一年以上十年以下的可转让债务工具（中期国债）	96.5
（D）	由美国财政部发行的自发行日起到期日超过十年的可转让债务工具（长期国债）	95.5

还包括对于任何证券而言，由有关发行人全部或部分赎回时的收益。

"符合条件的货币"是指基础货币。

"等量信用支持"是指，对于信用支持平衡表中所含的任何符合条件的信用支持而言，与该符合条件的信用支持一样具有相同类型、名义价值、描述和金额的符合条件的信用支持。

"等量红利分配"，其含义同第五节（c）（i）中所定义。

"交换日期"，其含义同第三节（c）（ii）中所定义。

"风险敞口额"是指，在估值日就一方而言，在第四节有关争议的情况下，如果所有交易（除了本附件所指交易）在有关估值时点都被终止，那么在该方不是受影响方以及基础货币充当终止货币的基础之上，按照主协议第 6（e）（ii）条，应该由另一方支付给该方（以正数表述）或由该方支付给另一方（以负数表述）的金额。假如市场报价由代表该方的估值代理人运用其根据中间市场得出的估计值来决定，那么风险敞口额就是为替代交易所支付的金额（如同该词在"市场报价"的定义中所定义的）。

"利息金额"是指，就某一利息期间而言，每一种有关货币的利息金额换算成相当的基础货币之后的总和，在利息期间内根据信用支持平衡表的一定比例的该种货币的本金额按天计算，具体每一天的利息由估值代理人按下列方法计算：

（x）当日该种货币的现金金额；乘以

（y）当日正在实行的利率；除以

（z）360（或者如果是英镑的话，就用 365）。

"利息期间"是指，从利息金额被转让（如果利息金额还没有被转让，那么就从符合条件的信用支持或等量信用支持以现金形式转让给受让方或受让方收到的那个本地营业日开始）的最后一个本地营业日（含该日）开始，到当前利息金额被转让的本地营业日（不含该日）为止的一段期间。

"利率"是指，就某一符合条件的货币而言，利率等于当前一个月期限的美元 LIBOR 利率。这里的任何一天的 LIBOR 是指在《金融时报》上公布的一月期伦敦银行同业拆借利率，或者如果《金融时报》临时或永久停止出版时，那么 LIBOR 就是指 B 方指定的其他在伦敦出版的类似报纸上的利率。

"本地营业日"：

（i）就本附件下的有关现金或其他财产转让而言，是指有关账户所在地或者是支付货币所在的主要金融中心所在地的商业银行开门营业（包括外汇交易和外币存款）的日子。

（ii）就本附件下的有关证券转让而言，是指双方同意进行证券交付的清算系统开业接受和执行结算指示的日子，或者如果证券交易通过其他方式进行，"本地营业日"就指双方同意进行证券交易的地方的商业银行开门营业（包括外汇交易和外币存款）的日子。

（iii）就本附件下的有关估值转让而言，是指估值代理人所在地或者双方同意进行估值的地方的商业银行开门营业（包括外汇交易和外币存款）的日子。

（ⅳ）就本附件下的有关通知或通信而言，是指接受人提供的最近一个通知的陈述中指定地商业银行开门营业（包括外汇交易和外币存款）的日子。

"最低转让金额"，对于一方而言最低转让金额为零。

"新信用支持"，其含义同第三节（c）（ⅰ）中所定义。

"通知书时点"是指一个本地营业日的伦敦时间下午 1：00。

"重算日"是指引起第四节下的争议发生的估值日；然而，假如根据第二节后来的估值日发生在争议解决之前，那么重算日就指第二节下的最近一个估值日。

"解决时点"是指引起第四节下的争议发生的通知被发出日之后一天的本地营业日下午 1：00。

"返还金额"，其含义同第二节（b）中所定义。

"结算日"是指一个日期：（ⅰ）就现金或其他财产（证券除外）而言，是指本地营业日的下一天；（ⅱ）就证券转让而言，是指有关证券交易结算的日期之后的第一个本地营业日。如果交易在当日就生效，那么根据实践惯例，当结算是通过双方认可的证券交割清算系统或该证券主要交易的市场（对于两者中的任何一个结算形式，如果不存在该实践惯例，结算日就是合理可行的交割证券的日期后的第一个本地营业日）进行结算的话，则证券交易当日就进行结算。

"起点金额"是指，就 A 方而言为 100000 美元，就 B 方而言为 100000 美元。

"受让方"，就估值日而言，是指有关风险敞口额为正数的一方，就信用支持平衡表而言，是指根据附件规定在信用支持平衡表或其价值方面欠对方的一方。

"出让方"是指与受让方相对的另一方。

"估值代理人"是指 B 方。

"估值日"是指每个本地营业日。

"估值百分比"是指，对于符合条件的信用支持，在其定义中所规定的百分比。

"估值时间"是指，每个本地营业日或可适用的计算日的停止营业时间。

"价值"，对于任何一个计算价值的估值日或其他日期，根据第四节有关争端情形下的规定，如果：

（ⅰ）涉及包含在信用支持平衡表当中的符合条件的信用支撑，那么"价值"就是指：

（A）一个现金金额，它等于等量的基础货币乘以适用的估值百分比；

（B）一定量的证券，它等于估值代理人获得的等量基础货币的报价乘以适用的估值百分比。

（ⅱ）涉及包含在信用支持平衡表当中的不符合条件的项目，那么"价值"就是零。

ISDA 协议的适当执行

绝大多数时候，同某一公司达成 ISDA 协议的银行都会要求公司出具一份全面的董事会决议，以表明该公司已得到允许并且董事会也同意该公司进入衍生市场、运用衍生工具。除此之外，多数银行也会要求公司出具一份能力证明书。

能力证明书示例

本人是［此处填公司名］（某公司）的高级执行官，根据［插入公司所在地］法律，在公司组建以来的存续期内、在其主要营业场所［插入地址］，本人未曾直接参与到公司的交易活动中。由于本人总体上对公司事物的熟悉，在此我保证：

（1）本公司有能力签订互换、场外期权或能源与其他商品及金银的组合等方面的合约。签订这些交易合约并不违背公司当前适用的法律、不与这些法律相冲、不违背公司章程、不违背公司或公司资产所适用的法庭或其他政府机构的任何规则和判例、不违背用来约束和影响公司的合同限制条款。

（2）所有要求获得的政府同意文件或其他机构同意证明都已经获得，并且全部生效。公司遵从左右这些同意证书的具体条件。

（3）根据所有达成的交易，公司的义务包括合法、有效和受约束的义务，并且在破产、重组、延期偿付或是法律所规定的其他影响债权人权利的情形下，按照普遍适用的对等原则执行各自相关条款中规定的义务，而不论该强制执行是否能在法律诉讼程序中找到。

（4）公司有权行使指导交易条款的主协议，在必要的时候有权递交书面确认书以证明这些合同和交易。

诚挚地
谨代表
［公司名称］

_____

_____

姓名：　　　　　　日期：
职务：

董事会决议示例

有必要核查一下同你们达成一份 ISDA 协议的交易对方的法人机构方面的细节。例如，他们在协会（ISDA）中的备忘录和一些记录，以确保其中没有直接的规定禁止另一方与其达成衍生品交易。

此外，还有必要获得一份董事会决议的副本，该副本表明董事会同意该机构与你方达成 ISDA 主协议。

银行通常坚持在与一公司交易前一定要先得到一份该公司的董事会决议。

ABC 交易者有限公司
（简称"公司"）

于 2002 年 12 月 15 日在 ABC 交易者有限公司总部举行的董事会会议记录。

出席人员：R Leighton 先生

A Rose 先生

A Gooch 先生

D Oxley 先生

记录人：公司董事会秘书 M Spencer 先生

会议达成如下决议：

（1）为了公司的最大利益，同时凸显公司优势和进一步的复利而达成本协议。协议细节如下：

（2）公司应该在 2002 年 12 月 15 日前以附件的形式同 XYZ 银行进一步达成一份 ISDA 主协议。R Leighton 先生和 M Spencer 先生被授权代表公司去签署协议。

董事会主席的签名

兹证明为原件的真实副本

秘书签名

日期：

术语表

A

Abandon 废弃

停止在不出产的油井上工作；用水泥填充物堵塞油井并抢救所有可恢复的设备。也用于其他废弃矿产地。

ABC

波浪理论中用于描述三段波的逆势价格波动的术语。A 波是第一波与市场走势逆向的价格波动，B 波是 A 波的修正，C 波是最后的价格波动，完成整个逆势波动。Elliott 波的追随者用 A 波与 C 波研究基于斐波那契数列的价格比率。

Absolute Viscosity 绝对黏度

液体在压力下的流速的观察值，用于消除密度的影响。这个单位也被称作动态黏滞度，通过除法可以转化成运动黏度。密度以克/立方厘米为单位，运动黏度以厘泡为单位，绝对黏度以厘泊为单位，有绝对黏度（厘泊）/密度=运动黏度(厘泡)。

Accrued interest 应计利息

从最近一次支付利息起到当日这段时间中应付而未付的利息。

Accumulation

（1）交易者原始市场地位的提高。交易者做多的市场趋势中三个明显表现之首。

（2）单独的油气存储器，使用以存储、再充、蓄积为特点。

Accumulation/distribution line

见 Chaikin Oscillator。

Acidising 酸化

用盐酸或其他化学溶液处理含石油的石灰石或者碳酸岩层来增产的方法。通过压强把酸导入岩层中可溶解石灰石增大流动的通道。

Activity 活性

催化剂的催化水平。催化水平从初始最佳（完全催化能力，刚从容器箱或复活器中取出）降至耗尽（被覆盖、丧失活性或者失效）。

Actual specifications 真实规格

特定小部分煤矿或原料的规格报告。这种真实规格并不能作为石油质量的保证，除非有卖方的允诺。但是，它是对在船上和储油罐中的石油的很好描述。

Actuals 现货

相对于期货，指实际的有实体的商品。也可见 Cash Commodity。

Adaptive Filter 自适滤波器

通过持续更新近期价格权重来平稳和/或预测价格。

Add-On Method 复利计法

在票据到期或付息时把利息计入本金的利息计法。

Adjusted Future Price 调整的期货价格

反映在当前期货价格中的等价现金价格。在特定金融工具（如债券和期票）交易时，用期货价格乘以转换因子计算而得。

Adsorption 吸附

固体、液体或气体表面接触时发生的吸引现象。

AFRA（Average Freight Rate Assessment）平均货运等级评估

每月由伦敦油轮经纪公司发行的油轮等级评估。综合全世界的信息，AFRA 协助大型石油公司进行内部清算，为部分交易提供货运信息，也为日常石油交易以外的业务提供服务。

Against actuals 兑现货

通常指两方套期保值者进行的将期货兑换成现金头寸的交易。也指 EFP（Exchange Furures for Physics，期货兑现）。

Aggregation 合并计算

将单人或单个集团持有或控股的所有期货结合起来决定须申报的持仓量和投机限制的政策。

Air Draft 水平面至船舷的高度

通航水道（如海峡）表面和水面上建筑物（如桥梁）最低点之间的距离。如果船需要的垂直高度大于此间距，则不能在水道上通行。这样做是出于禁止某些油轮到达特定站点的考虑。

AKA Automated Knowledge Acquisition 自动知识获取

指使用程序为其他程序（通常是专家系统）提供需要的信息。

Aliphatic 脂肪类化合物

直碳链或曲碳链化合物；无碳链的碳氢化合物。脂肪类化合物包括三类分子：烷烃、烯烃和一种包含三个碳键的特别反应物——炔烃。

Alkylate 烷化（汽油）

一种高质量的发动机汽油成分，由异丁烷和丙烯或丁烯结合而成。丁烯烷化汽油有极高的辛烷比率，同时能够很好地符合汽车和飞行器燃料中的无铅标准。丙烯和异丁烯烷化汽油沸点较低的特点使它们成为很好的"前置"辛烷。

Alkylation Unit 烷化器

一种炼油设备，含有异丁烷和烯烃馏分，通常富含丁烯，使发动机汽油烷化。

American Depository Receipts（ADRs） 美国存托凭证

由美国银行发行的、在美国国内上市的证券。这种证券代表美国的银行持有非美国企业在原国家发行的股票。

Amortisation 分摊

一种记账方法，资产的成本分摊到各期。

Analysis of Variance（Anova） 方差分析

将总平方和分解为能够由模型解释的平方和和剩下的不能由模型解释的平方和两部分的分析方法。

Anaume 低档位五阳线

烛柱图的一种形成过程。一种突然触底的含五根阳线的图形（指跳空），发生在市场价格逆转后跳空区被填满时。这种图形伴随着其他图形表示强势的上涨潜力和牛市的大逆转。

Anchoring-and-Adjustment 定位与调整

在行为金融学中指用过去的事件评价当前决定的倾向。

Andrews Method Andrews 方法

技术员以极高点或极低点为轴点，并以这一点为中点画出一根中值线，穿过轴点后的下一个调整阶段。从这一阶段的高点和低点做中值线的平行线。这些平行线定义了价格通道的顶部与底部。

Angle of Deflection 偏差角

油井偏离垂直方向的角度，以度为单位，由油井斜向器或其他偏离器测得。

Aniline Point 苯胺点

一种表现碳氢化合物中芳香族化合物含量的规格，在美国以华氏为单位，其他国家以摄氏为单位。这个指标表明了真空汽油裂化反应的易感程度，因为烷烃容易裂化而芳香族不容易裂化。苯胺点越高越好，因为温度越高芳香族含量越少，烷烃越多。

Annealing（Stimulated） 退火

通常在由人工智能控制的冶金工序中，中枢系统查找一系列度量值将错误减到最少。查找的范围随着更好的度量值的出现不断缩小。类似于金属杆从热到冷时分子的重组过程。

Annual Earning Change（%） 年收益变化

最近报告的财政年度收益和前一年收益间的变化。

Annual Net Profit Margin（%） 年度净利润率

在最近报告的财政年度收入中公司从毛销售额中赚取的百分比。

Annual Sales Change （%）年销售变化

最近报告的财政年度和以前年份间的销售额的变化。

Annualised 以年计

将给定年份的数值折算成一年计的比率。

Annular Space 环形空隙

悬挂在井筒内的管道（套管或装管）周围的空隙通常称为环面，它的外层可能是凿洞或者套管的壁。

Anthracite 无烟煤

煤中最高等级的品种，主要用于住宅和商业场所的加热。它坚硬、易碎，具有黑色光泽，属于硬煤，固定碳含量高和挥发物含量低。新采的无烟煤水汽含量小于15%。在潮湿无矿物环境中，每吨无烟煤的热含量可达2200万~2800万Btu。在既有环境中（如含固有水分和矿物质），美国消耗的无烟煤平均热含量为2500万Btu。（注：从19世纪80年代起，无烟煤或煤矿废料用于蒸汽电力发电厂。这种燃料热含通常为每吨1500万Btu或以下。）

Anthracite Briquets

见 Coal Briquets。

Anthropogenic 人类中心说

人类制造或者人类行为引起。此术语指全球气候变化中废气排泄是人类行为的后果，也指其他潜在导致气候变化的行为，如森林砍伐。

Antiknock Index 抗爆指数

发动机汽油或混合成分的 RON 和 MON 值的平均值，（ROM+MON）/2，也写为（R+M）/2。

Antithetic Forecast 相反预测

错误结果负相关的两种预测。

API 美国石油协会

贸易协会之一。

API Degrees（API）

API 的密度单位。

API Gravity 美国石油协会燃油密度度数

由美国石油组织制定的表述液态石油产品重力或密度的任意标度。度量衡以API度为准。API度越高，混合物越轻。轻质原油API度通常超过38，重质原油以API度小于等于22为区分。API度介于22~38的为中质原油。

Apparent Consumption（Coal）表面消费量（煤）

此处的计算值等于煤的原始产量加上煤和焦炭的进口量减去两者的出口量再减去煤和焦炭存货的变化。（注：①在美国，煤消费量的数据由主要使用终端场所提供，不需要计算；②煤和焦炭存货的净减少增加消费量而存货的净增加会减少消费量。)

Apparent Consumption（Coal） 表面消费量（天然气）

此处的计算值等于天然气的原始产量加上天然气的进口量减去天然气的出口量再减去天然气存货的变化。（注：天然气存货的净减少会增加消费量，而存货的净增加会减少消费量。）

Apparent Consumption of Refined Petroleum Products 表面消费量（精炼石油产品）

Apparent Consumption（Petroleum） 表面消费量（石油）

此处的计算值包括国内消费量、精炼燃料及其损耗与国际船用燃料。如果有的话，也包括从天然气生产厂家卖出的用于燃料和化学用途的溶解汽油气。

Appraisal Well 评估石油井

作为评估的挖掘项目的一部分而挖掘的石油井，用于评定矿产地的地理情况、储量和可能的出产率。

Aquifer 蓄水层

含有水的岩石层。在水力驱动的矿产地，蓄水层是储油区下的储水区域。

AR 美国费率

根据美国油轮费率表的油轮租金定价。该制度适用于起运港和目的港都是美国港口的航行。美国法律（琼斯法案）仅仅只允许悬挂美国旗帜的船只在美国国内适用该项服务。

Arbitrage 套利

对同一商品在不同市场同时进行的买进和卖出，从价格差异中获取利润。

Arbitration 仲裁

解决成员之间或成员与顾客间争议的过程。

Aromatics 芳香族

碳氢化合物中的一族，以单个或多个含有不饱和碳键的环状结构为特征。在汽油成分中，普通的芳香族化合物（特别是苯、甲苯、二甲苯）有很高的辛烷率。汽油转化器通过制造芳香族化合物能够生产含高辛烷的化合物。PONA 和 N+A 中的 A 都是指芳香族化合物。

Artificial Intelligence 人工智能

计算机科学领域中致力于研发能够模仿人脑模式的程序。

Artificial Lift 人工泵

为出产和增产向井筒内液柱添加动力的装置。人工泵运用一系列的操作装置，包括棒状泵、气升器和电子潜入式泵。

Ash 煤灰

燃烧原油和石油制品产生的含碳的残余。工业上会检测燃料和其他碳氢化合物来判断在产品正常使用后会产生多少燃烧副产品。精炼工业等也使用煤灰来减少碳氢混合物中金属皂质、耐磨金属和其他会产生煤灰的杂质的存在。

Asphalt 沥青

含有很高比例的三环芳香族的高含碳化合物的混合物，许多含有硫、氮和氧原子。也有将 asphalt 等同于其中一种成分 bitumen 的说法。（注：沥青的转换因数是每短吨 5.5 桶。）

Asphalt（refined）

见 Asphalt。

Asphalt Cement 沥青膏

某种原油的衍生物，在室温下几近或完全是固体。这种黑色的焦油物通常来自减压渣油。它有多种工业用途。铺路时将其加热至液态并和砂砾混合作为马路的表面材料，叫作沥青质原料、碎石、柏油路材料或者"沥青"。建筑时它可用于制造和黏合砖块、覆盖屋顶和制作屋顶板，它能黏合多种制成品。

Asphaltenes 沥青质

复杂分子，溶于芳香族溶剂而不是石蜡时可以显现其环状结构。如果浓度足够高的话，这些化合物会影响残油的燃烧和融合性能。沥青质有助于沥青和沥青膏的高温熔解和混合。

Assay 化验

精确描述原油等级和质量的实验报告。报告的数据包括密度、含硫量、含环烷量、倾点、黏度、蒸馏和个别样本的质量信息等。这些数据告诉精炼者从特定的原油中可生产哪种产品。

Assign 指定、分配

让期权卖方履行其义务，承担某一空头期货头寸（作为看涨期权的卖方）或多头期货头寸（作为看跌期权的卖方）。

Associate Membership 协会会员资格

允许个人交易金融工具期货和其他指定市场交易的期货交易所会员资格。

Associate/Dissolved Natural Gas 伴生/溶解气

在原油存储中天然气存在形态，既可以是游离气体（伴生），又可以是溶解在原油溶剂中的（溶解气）。可见 Natural Gas 天然气。

Associated Gas 伴生气

见 Associate/Dissolved Natural Gas 伴生/溶解气和 Natural Gas 天然气

Associated natural gas 伴生天然气

见 Associate/Dissolved Natural Gas 伴生/溶解气和 Natural Gas 天然气

Associated Person（AP）相联者

是指代表在商品期货交易委员会注册过的期货佣金商、经纪人、期货交易顾问、期货基金经理人招揽订单、顾客或顾客基金的人（或是监督履行这些职责的人）。

ASTM 美国试验与材料协会

这个组织确定和公布出版包括石油和提炼产品在内的大量不同材料其适宜性和质量方面的统一标准。ASTM 审核检验碳氢化合物属性的方法，同时也对诸如燃料油、航空煤油、燃烧煤油及机车汽油等提炼产品给出明确的分类定义。

ATM

见平价期权（At-the-Money Option）。

Atmos

是常压蒸馏物的缩写，如常压蒸馏留下的底部物质和柴油。

Atmospheric Crude Oil Distillation Unit 大气原油蒸馏设备

见蒸馏设备。

Atmospheric Distillation 常压蒸馏

这是在常压下用蒸馏设备分离混合的碳氢化合物的一种技术。通常，企业会根据一定的压力标准使诸如天然蒸馏物和大气中的部分物质从真空闪蒸产品中分离出来。然而真空闪蒸产品，顾名思义，就是在部分真空的状态下蒸馏出来的大气残留物。

Atmospheric Gasoil 柴油

柴油是由常压下运行的原油蒸馏设备产生的最重的产品。它通常以纯的或者和裂化油混在一起的形式作为馏出燃料油出售。在混合出售时，柴油经常被简称为AGO，通常被作为优质油品的组分。特定的乙烯厂被称为重油裂化器，使用 AGO 作为原料。

Atmospheric Residue 大气残留物

它是在常压下运行的原油蒸馏设备产生的底层物质，是原油的一部分。大气残留物还有其他一些名字，包括如大气蒸馏底层物质、大气燃料油和最顶层的原油。

At-the-Money Option（ATM）评价期权

一种期权，其执行价格等于或近似等于基础期货合约的当前市场价格。

Attenuation 衰减

由于平滑或过滤导致的能量减少或消失的那一小部分。

Autocorrelation 自相关

某一时间序列上的值和同一时间序列上前期的值之间的相关关系。

Auto Regressive Integrated Moving Average（ARIMA）自回归综合移动平均数

预测方法论的一种线性随机模型，Box 和 Jenkins 在《时间序列分析：预测和控制》一书中提到。

Autoregessive 自回归

用过去的数据预测将来的数据。

Availability 可供量

供应商可以卖出的原油和产品的数量。

Average Directional Movement Index（ADX） 平均定向运动指数

J. Welles Wilder 建立的测量市场走势强度的指示方法。

Average Reserve Life Index 平均储备指数

年末储备量和全年产量的比率。

Average True Range 平均实距

实际全距的移动平均数。

Avgas 飞机用汽油

用于活塞式飞行器发动机的高辛烷航空汽油，与航空汽油标号相近。

Aviation Gasoline Blending Components 航空汽油混合成分

使混合或合成的汽油形成成品航空汽油的石油脑（如直馏汽油、烷基化物和重整油），不包括氧化物（酒精、醚）、丁烷和戊烷等。

Aviation Gasoline（Finished） 成品航空汽油

相对易挥发的碳氢化合物的复杂混合物。可能有少量添加剂，混合而成适于飞行器往复式发动机。燃料的规格可见 ASTM 的 D910 和军用规格 MIL-G-5572。（注：混合成分的数据不计入成品航空油的数据。见 Jet Fuel；Kerosene-Type Jet Fuel 和 Naphtha-Type Jet Fuel。）

Aviation Gasoline 航空汽油

高级发动机汽油，特别混合以适应活塞式飞机引擎的要求，这种特制品与涡轮飞机燃料（喷气机）在所有关键方面都有所不同。

Aviation Turbine Fuel（ATF） 航空涡轮燃料

喷气机引擎所用燃料。民用航空器使用各种煤油燃料如喷气机煤油、Jet A-1、Avtur、DERD-2494 和 JPI。战斗机需要特别的燃料。JP-4 和 JP-5 这两种军用规格通常也算作 AFT 的范围。

B

%b

表示收盘价在 Bollinger 区间里。

Backhaul 回程

油轮的盈利回程。有些轮船往返于两个油轮码头之间。它们按照正常的石油流动或者精炼系统的需要往某个方向开。通常它们卸货后需要回到原来的码头继续装载，此回程是没有报酬的。它们会另找一船货物来支付其回程成本；否则必须压舱回程。租船者通常将回程廉价转租，毕竟收入聊胜于无。

Back Month 远期月份

合同到期月，与当月合同相反，合同有效月比当月或者现货交货月更晚。

Backpropagation Network 背向传播神经网络

一个多层前馈的中枢系统，通常用于中枢系统示例。

Back-Testing 复查

历史数据检验和优化的策略再用于新的数据，以检查其结果是否具有连续性。

Backwardation 升水/现货溢价

期货市场上相同商品在两个交易月中的结算关系不同，与贴水相反，见 Inverted Market。

Bad Oil 不良石油

不能通过管道运输给买方的石油，需要另外处理的石油。

Baffles 挡板

油轮或其他船只里用来改变流动方向的平板或障碍物。

Balance of Payment 国际收支

一国在一定时期内全部国际交易的总和，包括商品交易、服务交易和黄金流动。

Ballast 压舱物

船只上装的水，用于增加船的吃水深度、稳定船的运行、调整航向，或者在没有装载时更利于航行。行业用语表示调整航程或者空载的回程，因此有"Ballasting Trans-Atlantic"一说。

Bank Investment Contracts（BICs） 银行投资合约

由商业银行发行的一种议定条款的存款，见 Guaranteed Investment Contracts（GICs）。

Bar Chart 条形图

在给定时段里描绘特定交易中的高位、低位和成交价的图表。

Barge Lots 驳船量

石油制品适于装在驳船里的量，以供特定地区使用。驳船量通常指为地区分销设计的较小的量（小于轮船载量）。如在墨西哥湾，石油制品驳船量是 10000 ~ 50000 桶，在莱茵河上，驳船量通常是 1000 吨。

Barrel 桶

容量单位，等于 42 美加仑。

Barrels of Oil Equivalent（BOE） 石油桶数等值

用相等的能量的石油桶数表示的气体体积，6000 立方英尺燃气等于 1BOE 或 40 华氏时 42 美加仑石油。

Barrels Per Calendar Day 日产桶数

在普通生产条件下蒸馏设备可以处理的投入量。该数值用 24 小时内的处理量减去连续运作下所有单位的最大处理量来表示（见 Barrels Per Stream Day）。这样计算考虑到了如下可能延迟、打断或者减慢生产的限制：

（1）下游处理单位会吸收特定的精炼厂的原油处理出的产量。不需扣除作为精炼操作的一部分的中游损耗，这里的中游不是分配给下游设备的。

（2）待处理的投入品的种类和等级。

（3）制成品的预期种类和等级。

（4）与精炼运作有关的环境制约。

（5）计划的停工期造成的处理量减少，停工原因包括例行检查、维护、修理和周转。

（6）计划的停工期造成的处理量减少，停工原因包括机械故障、维修和减速。

Barrels Per Steam Day 开工日产桶数

在24小时内，满负荷运作没有停工，并且在有最佳的原油和生产条件下，蒸馏设备可处理的最大投入桶数。

Base Stock 基本原料

汽油混合物中占绝大部分的碳氢化合物。通常这些原料与成品燃料属性相近，因为即使较少成分必须保证整个混合物在汽油质量限制之内。现今美国发动机汽油中的基本原料包括催化汽油、重整汽油和烷基化物。

Basis 基差

现货价格和期货或其衍生物的合约价格的差价。除非另外指明，最近期货合约月份的价格通常用于计算基差。

Basis Points 基点

各种债券的收益的度量，一个基点等于收益的0.01%。

Basket Trades "一揽子" 交易

由多种不同证券种类组成的大型交易。

Batch 一次投料量

在一次处理或操作中确定数量的石油、泥浆、化学品、水泥或其他材料。

Bayes Decision Rule Bayes 决策规则

此规则说明的策略是在可供选择的范围中挑选预期收益最大的。

Bbl 桶

一桶油，1桶≈35英国加仑或159升；7.5桶≈1吨；6.29桶＝1立方米。

Bcf

十亿立方英尺；1Bcf＝83万吨石油体积。

Bcm

十亿立方米（1立方米＝35.31立方英尺）。

B/D 每日桶数

每日桶数（Barrels Per Day）的缩写。其他有关的缩写有：BPD 每日桶数（Barrels Per Day）；BOPD 每日石油桶数（Barrels of Oil Per Day）；BWPD 每日水桶数

（Barrels of Water Per Day）；BLPD 每日液体桶数（Barrels of Liquid Per Day）。

Beam 船幅

船体的最大宽度。

Beam Well 横梁井

由横梁泵装置单位驱动的杆和泵提升液体的井。

Bean 节流口

用于控制井内液体流动的一种节流口，不同大小的节流口用于不同的生产速率。

Bear 空头

预计市场价格会下跌的人。

Bear Market（Bear/Bearish）熊市

价格会下跌的市场。认为价格会下降的市场参与者被称作空头，会导致价格下降的新闻被称为利空消息。

Bear Spread 熊市价差

在大多数商品和金融工具中，该词指卖出近期合约和买进延期合约，从价格关系变化中获利。

Benzene 苯

最简单的芳香族化合物。六个碳原子形成的不饱和的环是整个芳香族化合物的基础结构。起初煤处理业生产供商业用的苯。这种来源仍为市场提供一部分原料，但现在绝大多数的苯是由精炼石化工厂重整业、甲苯加氢脱烷基化业和蒸汽裂解业提供。从装鸡蛋的纸箱到杀虫剂再到尼龙袜都是苯的产品。

Beta（Coefficient）系数 β 系数

给定某种证券，市场和非多样化风险的度量。个人所持股票的历史回报与股市历史回报的比率。如果某只股票价值上升 12%，股市价格上升 10%，该股票的 β 系数是 1.2。

Bias 偏移

评价者的预期值和被评估的实际值的差别。

Bid 报价（买方）

表达在特定价格买入商品的愿望，与出价（卖方）相反。

Bid and Ask 报价与询价

一宗交易里投资者愿意支付的最高价和最低价。

Bilateral Energy Trading 双边能源交易

两方（如生产方和供应方）签下合约同意在将来协定的时间送电的交易。

Bill of Lading 提单

船长与合同供应方签署的有关石油特定运载量的文件。

Bimodal Distribution 双峰分布

观察值显示出有两个明显峰值的分布。

Biodiesel 生态柴油

由大豆、其他可榨油农作物或动物油脂合成的可再生燃料，可替代石油柴油燃料。

Biofuels 生态燃料

由生物（植物）给料生产出的液态燃料和混合物，主要用于运输。

Biogas 沼气

一种中等 Btu 气体，包含甲醛和二氧化碳，由垃圾中有机成分的无氧分解产生，也叫作生物气。

Biomass 生质

生物类非化石物质，可再生能源的来源，包括树木和废弃物。

Biomass Gas

见 Biogas。

Biosphere 生物圈

地球和大气层中能支持生命的部分，包括有生命的有机体和生物有机成分的全球碳循环的一部分。

Bit 钻锥

切割和钻孔的组成部分，在开采石油和钻井中使用。

Bitumen 沥青

沥青和其他高分子量分子中富含的柏油。大量碳氢化合物和树脂组成的混合物是沥青膏和焦油的基本成分，也提供了黏性和半固体坚固性。

Bituminous Briquets

见 Coal Briquets。

Bituminous Coal 生煤

重煤，通常黑色，有时呈暗棕色，有明显的明暗色带。生煤主要用于蒸汽发电，也大量用于制造业的电力和热能供应和焦炭生产。生煤是美国开掘的矿产区里最丰富的矿产。它的水汽含量通常小于 20%。在潮湿无矿物环境下，每吨生煤热含量是 2100 万~3000 万 Btu。在既有环境中（如含固有水分和矿物质），美国消耗的生煤平均热含量为 2400 万 Btu。

Black Box 黑盒子

私有的、计算机控制的交易系统，其中的规则未被透露或者不可轻易进入。

Black Liquor 黑液

制纸过程中的副产品，可用作能源的来源。

Black-Scholes Option Pricing Model 布莱克—斯科尔斯期权定价模型

用于估计期权合约的市场价值的一种模型。

Blender 混料

集合多种成分来生产发动机汽油的人或组织。该词用于精炼者可能更正确，因为他们将发动机汽油和他们生产或购买的原料混合。然而很多情况下，该词专指不精炼任何原油的汽油制造者，以和精炼者区分。

Blendstock 混合原料

含有其他物质的一种成分，用于生产最终石油产品，该词最常指发动机汽油成分。

Block 街区

一块 10 千米×20 千米的面积，组成一地区的一部分。例如，Block9/13 是第九区的 13 街。

Block Trades 大宗交易

对某只出售的股票的大量交易。

Blow-Down 放空

生产开始时同时产生的冷凝物和气体。

Blow-Off Top 回落

价格急剧上升后伴随价格的急剧下跌。

Blow-Out Preventers（BOPs）防喷器

高压水源阀，用于关闭碳氢化合物的非控制流动。

Board of Trade

见 Contract Market。

Board of Trade Corporation 交易所公司

一家为在芝加哥交易所进行的所有交易提供结算的独立公司，为所有在该公司进行清算的交易充当担保人。它每天都会清理所有清算会员公司的账目，以确保所有收益都计入贷方，所有损失都计入借方，并在市场状况出现变化时，设置和调整清算会员公司的保证金。也叫清算公司。期货交易所中的一家这样的机构或独立公司，负责交易账户结算、交易清算、收缴及维持保证金、监管头寸交割、报告交易数据。清算所在所有的期货或期权合约中扮演第三方的角色，对于所有处于卖方状态的清算会员而言清算所是买方，而对于所有处于买方状态的清算会员而言，清算所是卖方。

BOE

见 Barrels of Oil Equivalent。

Boiler 锅炉

产生水蒸气的装置，目的是发电、处理或加热，或为生产热水用来加热或供应热水。外部燃烧产生的热量传导到锅炉内管道所含的液体中。这些液体以需要的压强、温度和质量传递到最终使用者。

Boiling Range 沸程

物质开始汽化的温度到汽化结束的温度形成的区间。该词可以抽象使用，如石油脑范围，也可以具体指，如"石油脑140~350 华氏度范围"。

Bond（长期）债券

公司或政府发行的长期证券，有规定的利率和固定的到期日，到期必须支付利息和本金，债券有很多种类。

Book Entry Securities 记账式证券

以电子化方式记录的证券。记录的内容包括每一位债权人的姓名、住址、社会保障或税收识别码和贷款金额（即没有实物凭证发给债券持有者，而是转付代理人在指定日期以电子化手段把利息存入每位债权人的银行账户里）。

Boolean 布尔（数学体系）

描述仅有真或假两个可能值之一的变量，属于英国逻辑学家 George Boole 发明的布尔逻辑。

Bottoms 底部沉积物

从分馏柱最低点提取的未汽化的物质。

Box-Jenkins Linear Least Squares Box-Jenkins 线性最小二乘法

有多项式的 Box-Jenkins 模型的附加结构。

Box-Jenkins Method Box-Jenkins 方法

来自 G. E. P. Box 和 G. M. Jenkins 著的《时间序列分析：预测和控制》。这个方法指自回归综合移动平均数的使用，使季节模型和非季节模型适合时间序列。

Bozu 光头

日语中秃头或和尚的书面语。在 K 线图术语里指交易期间以最高点或最低点开盘或收盘，表明做多方或做空方的胜利。

Bracketing 托架

市场交易区间和非交易的价格范围。

Breakaway Gap 缺口

交易脱离交易区间，在没有柱形图中没有交易发生的价格区域里成交，这些缺口很典型出现在重要图形形成的完成阶段。

Break Out 突破

市场价格移出趋势通道的点。

Brine 盐水

含有大量盐特别是氯化物的水。

Briquetting Plant 压煤厂

把煤转化成煤饼的装置，见 Coal Briquets。

British Thermal Unit（Btu）

见 Btu（British Thermal Unit）。

Broker 经纪人

个人或组织代表金融和商业机构和/或公众执行期货和期权的操作订单。

Brokerage Fee 经纪费

经纪人执行交易收取的费用。

Brokerage House 经纪行

个人或组织找到或承接订单、买卖期货或期权，并从客户处接受钱和其他资产来支持订单，也叫作 Commission House（代办行）或 Wire House（电信化经纪公司）。

Bromine Number 溴价

碳氢混合物中石蜡成分的度量。在石油中介业中，溴价主要用来表明货物或馏分中裂化原料的存在。加利福尼亚空气污染法也把溴价作为洛杉矶发动机汽油和混合原料的一种规格，凭经验，混合物的溴价约等于其石蜡含量的两倍。

Btu（British Thermal Unit） 英国热量单位

度量热能数值的标准单位，等于在 39.2 华氏度附近把 1 磅水升高 1 华氏度所需的热量。Btu 是比较各种燃料所含热量的方便度量。可见 Heat content of a quantity of fuel，gross 和 Heat content of a quantity of fuel，net。

BTX

苯、甲苯和二甲苯的缩写。

BTX Extraction BTX 提取物

从精炼和石化处理馏分（重整和裂解汽油）里提取苯、甲苯和二甲苯的溶解回复过程。

Bull 多头

预计市场价格会上涨的人。

Bull Market（Bull/Bullish） 牛市

价格会上涨的市场。认为价格会上涨的市场参与者被称为多头，会导致价格上涨的新闻被称为利好消息。

Bull Spread 牛市价差

在大多数商品和金融工具中，该词指买进近期合约和卖出延期合约，从价格关系变化中获利。

Bunker C 船用 C 级锅炉燃料油

一种船用的燃料。通常含硫量高，黏度大。

Bunker Fuels 船用和飞行器燃料

船用和飞行器用燃料，用于国内和国外，主要由剩余和蒸馏燃料组成的，船用和煤油型喷气机用。国际船用燃料一词用来表示国际运输活动中燃料的消耗量。（注：①温室气体排放记录的需要，国际船用燃料燃烧排出的气体会从全国总排量中减去。但是由于难区分国际船用燃料，在这里估计二氧化碳排量时没有做这种调整。②历史上，该词仅指船用燃料。见 Vessel Bunkering。）

Bunkers

见 Bunker Fuels。

Burning Kerosene 灯用煤油

特别用于家用油灯的煤油。

Butadiene 丁二烯

四碳原子的石蜡。更准确地说是二石蜡，因为分子有双键，合成橡胶生产业消耗大量丁二烯，小部分用于高强度树脂制造。

Butane 丁烷

通常气态的碳氢化合物（C_4H_{10}），直链或弯链。从天然气或精炼馏分中提取。它包括正丁烷和异丁烷，商用丁烷符合 ASTM 规格 D1835 和气体处理协会规格。

Butterfly Spread 蝶式差价期权

两个同一中心交易月份的相关交易在相反方向的差价。

Butylene 丁烯

烯类碳氢化合物，来自精炼处理。

Buy and Hold 买入并持有

买入可交易物，长期持有而不是短期周转。

Buy/Sell 买/卖

为了记账或其他需要，A 公司把货物卖给 B 公司，同时 B 公司把另一批货物卖给 A 公司的交易情况中，每一方都记买进一种卖出另一种。

Buying Hedge 买入套期保值

为了避免在将来购入的现货价格的可能上升而买入的一种买方期货合同。在购入现货时，通过卖出与最初买入的合约数量相等、种类相同的期货合同，使未平仓期货合约得以平仓。

C

Calendar Spread 日历价差

买入在某个交易月份进行交割的特定期货合约，同时在同一交易所卖出在另一个交易月份进行交割的相同商品。买入看涨或看跌期权同时以相同成交价卖出不同到期月的同种期权。

Call Option 看涨期权

给买方在某段时间内以特定价格优先买入证券的权利（非义务）的一种合约。

Calmar Ratio Clamar 比率

以过去 36 个月的平均回报率除以相同时期的最大跌幅，通常以月为基础。Clamar 比率如果是负值，说明交易者或交易系统在过去三年里的表现不好。

Cancelling Order 撤单

取消客户前次订单的单子。

Candlestick Charts K 线图

源于日本的绘图方法，高位和低位用一根线表示，称为影区。开盘和收盘间的价格用窄长方形表示，称为身。如果收盘价高于开盘价，线身是白色。如果收盘价低于开盘价，线身是黑色。

Capital Losses 资本损失

在亏损位卖出造成的损失。

Carbon Budget 碳平衡

碳循环中在碳沉积（大气圈和生物圈）之间碳的交换（获得和损失）的平衡。可见 Carbon Cycle 和 Carbon Sink。

Carbon Cycle 碳循环

所有碳沉积和在各种化学、物理、地理和生物过程中从一个沉积层到另一个的碳的交换。

Carbon Dioxide（CO$_2$）二氧化碳

无色、无味、无毒气体，地球大气层中的普通成分，二氧化碳是矿物燃料燃烧或其他处理的产物。它被认为是温室气体，因为它阻止地热辐射（红外能）到大气层，成为全球变暖的潜在原因。其他温室气体的全球变暖程度（GWP）以二氧化碳的全球变暖程度作单位，国际科学约定它的值为 1。可见 Global Warming Potential（GWP）和 Greenhouse Gases。

Carbon Dioxide Equivalent 二氧化碳当量

一种给定量的活跃辐射气体，与其产生等量辐射的排到大气层中的二氧化碳的量。二氧化碳当量等于气体（如甲烷）估计重量乘以其估计全球变暖程度（甲烷为 21）。碳当量单位定义是二氧化碳当量乘以二氧化碳中的碳含量（也就是 12/44）。

Carbon Intensity 碳密集度

消耗的每单位能源排出的碳的重量。碳密集度的一个普通的算法是每英国热量单位（Btu）的能源碳的重量。只有一种矿物燃料的情况下，碳密集度和排放系数是一样的，如果有几种燃料，碳密集度取决于由它们能量消耗水平加权而成的综合排放系数。可见 Emissions Coefficient 和 Carbon Output Rate。

Carbon Output Rate 碳输出率

每千瓦时电力制造的碳的重量。

Carbon Residue 碳渣

碳氢燃料燃烧后留下的固体非纯净沉积物（焦炭）。工业上用康拉孙残炭（ConCarbon）和兰氏残炭两种方法来测量石油形成碳渣的可能程度。

Carbon Sequestration 碳分离

通过生物或物理过程，大气中的二氧化碳在碳沉积层中的固定。

Carbon Sink 碳沉积层

从碳循环中吸收其他部分释放出来的碳的储层。四个碳沉积层分别是大气层、陆地生物圈（通常包括淡水系统）、海洋和沉淀物（包括化石）。在这些地球的组成部分中，碳进行系统的循环运动。

Carrying （Clearing） Broker 结算经纪人

期货交易所的成员，通常是清算所的成员。其他公司、经纪人或客户可选择他来清算全部或部分交易。

Carrying Charge 持有费用（成本）

对于实物商品，如谷物或金属，在持有期间发生的存储成本、保险和金融费用。在利率期货市场，它指金融工具的产出和购入这些金融工具必需的资金成本之间的差，也叫运输成本。

Carryover 延期

上市年份没有被消费的谷物和油种商品保存到年底。这些原料被"延期"到下一个上市年份，添加到该年生产的原料中。

Cash Commodity 现货

买进或卖出的现实的有实体的商品，如大豆、玉米、金银或者公债，也叫现货。

Cash Contract 现货合同

即刻或在将来的现货产品交易的销售协议。

Cash Market 现货市场

买进和卖出现货（如谷物升降机、谷仓）的场所。即时结清是指兑现商品可以买上交易的市场价格，远期合约是指卖方同意将某一特定现货在未来某一时间与买方交易的现货合同。与期货合约不同的是，远期合约由私人议定，没有标准化。可见 Forward （cash） contract 和 Spot。

Cash Settlement 现汇结算

与基于指数的期货合同有关的交易，结算以最后交易日指数的实值为准，与那些特定交易的商品或金融工具不同。

Catalytic Cracker 催化裂化装置

精炼单位，也作 Cat Crackers 和 FCCs（液态催化裂化装置）或 FCCUs。它将重馏分，最常见的如减压石油，转化成轻的小部分。精炼者主要用它打破重馏分中的分子，形成更易挥发的短碳氢链，更适于制造发动机汽油。

Catalytic Cracking 催化裂化

打破较大、较重和较复杂的碳氢分子，形成简单的、较轻的分子的精炼过程。催化裂化通过使用催化裂化装置完成，是提高原油的汽油产量的有效方法，催化裂化过程可以更新和循环使用原料。

Catalytic Reforming 催化重整

精炼过程，控制温度和压强，通过催化剂重整某些碳氢分子，把石蜡和环烷类碳氢化合物（如低辛烷汽油燃烧组分）转化成石化给料和高辛烷原料，更适于混合制成成品汽油。

Catfeed 催化投料

投入催化裂化装置的原料，通常只用于描述减压汽油。

Cat Gasoline 催化（裂化）汽油

催化裂化单位生产的发动机燃料的混合组分。

Cat Naphtha 催化石脑油

见 Cat Gasoline（催化汽油）。精炼者在市场需要时可以氢化催化汽油来制造合适的石脑油，例如用于蒸汽催化裂化装置的原料，但发动机混合燃料除外。

CBOT（Chicago Board of Trade）芝加哥交易所

Centigrade Degrees 摄氏温度

一种温度单位，以水的沸腾温度为100℃，结冰温度为0℃，与华氏温度的转换公式如下：（C×1.8）+32=F。

Centistoke 厘泡

运动黏度的单位，通常简写为 cSt，以液体测得的黏度除以它的密度来表现它的流动的难度。

Central Limit Theorem 中心极限定理

在统计学，这个定理表明从数量较大的总体中取出的样本分布接近于正态分布的高斯曲线。

Certificate of Deposit（CD）存单

有特定期限的定期存款凭证。

Cetane 十六烷

碳氢化合物，属于烷烃，用于柴油燃料的添加剂。

Cetane Index（CI）十六烷指数

评估柴油燃料性能的指数，取决于样本的 API 比重和中点值：$CI = -420.34 + 0.016G^2 + 0.192GloyM + 65.01(\log M)^2 - 0.0001809M^2$。其中 G 是 API 比重，M 是华氏温度单位的中点值。

Cetane Number 十六烷值

柴油燃料的性能指标，类似于汽油的辛烷值。柴油中石蜡烃越多，十六烷值越高。

Cetane rating 十六烷率

见"十六烷值"。

CFD（Contract For Differences）差价合约

一种原油互换合约。

Chaikin Oscillator 佳庆震荡指标

证券中用于衡量成交量的一种指标。该指标通过用累积/派发线的3日指数移动平均值（EMA）减去 10 日指数移动平均值得到。

Chains 链

在石油业务中，该术语有着化学和商业两方面的用途。它描述了碳氢分子中基本的碳原子的排列（碳链），它也用来表明一系列的交易，这些交易集中在一起以安排一个时期内非常规的票据业务，如俄罗斯石油。

Channel 通道

价格通道包括一阶段走势中的各种价格。有三种绘制价格通道的基本方法：平行线、圆形线和连接低价熊市和高价牛市的通道线。

Chaos Theory 混沌理论

用于描述非线性系统的行为特征。混沌理论是非线性动力分析系统中的一个子集，也是数学中的一个分支，研究不规则和复杂的但是有潜在规律的行为。股市中，混沌理论用于预测股价的未来走势，包括发生在大量市场行为时期中的突发情况。

Charge

见 Feedstock。

Charter Party 租船契约

船主与租赁者关于船载的协议文件。

Charterer 租船者

船租中的签约使用方。船的使用可以是计程的短期租赁，也可以是计时的长期租赁。

Charting 图形分析

使用图表来分析市场行为和预测未来价格走势。使用制图作为交易方法，可绘出如高价、低价和成交价、平均价格移动、成交量、公开利率等要素。两种基本的价格图表是条形图和点状图。分析者利用历史价格、成交量、公开利率和其他交易数据来研究价格图形，预测未来价格走势。见 Technical analysis。

Charts 图表

标有价格和/或成交量（卖出股数）的股票的显示图。图表是技术分析的基础，多年来人们发明了多种不同类型的图表。

Cheap 便宜

俗语，指商品价值被低估。

Cheapest to Deliver 最低价交易

在交割期货合约时，一种决定交割哪种现金债务工具才是最盈利的方法。

Chemical Carrier

见 Parcel Tanker。

Chlorides 氯化物

含氯的化合物。涉及石油脑时，氯化物在石油交易中非常重要，精炼者需要特定数量的氯化物使催化剂正常工作，数量多或少都会有不良影响。石油脑投料中含有任何过量的氯化物都会破坏微妙的平衡，减少重整物的产出。

Christmas Tree Spread 圣诞树差价期权

同时买进和估出期权，成交价不同或者到期日不同，或者两者皆不同。

C. I. F（Cost, Insurance and Freight）到岸价

销售交易中，由卖方支付货物的运输和保险费用到买方指定的终点口岸。

Circuit 电路

电流流动的导体或导体系统。

Circuit Breaker 断路

资产和衍生物市场上交易暂停和价格限制的系统，在一日内市场价格大幅下跌时提供一个缓和期。

Classifiers Systems 分类系统

人工智能中，分类系统是从样本中求得规律的一种机器。

Clean 清洁

无铅的，用于描述发动机汽油或混合原料。

Clear 清算

清算所在市场记录的基础上为其清算成员保存所有交易记录和处理保证金。

Clearing Corporation 清算公司

一家为在芝加哥交易所进行的所有交易提供结算的独立公司，为所有在该公司进行清算的交易充当担保人。它每天都会清理所有清算会员公司的账目，以确保所有收益都计入贷方，所有损失都计入借方，并在市场出现状况时，设置和调整清算会员公司的保证金。

Clearing Margin 清算保证金

一种财务保障，保证清算会员（通常是公司或企业）执行其客户的未平仓期货和期权合约。清算保证金不同于客户保证金，后者要求期货和期权合约的个人买方和卖方在经纪人处存入一笔钱（见 Customer Margin）。在期货业中，期货合约的买卖双方和期权合约的卖方被要求提供财务担保以确保他们能履行合约义务。期货佣金商们（FCMs）有责任监察顾客保证金账户。保证金的多少取决于市场风险和合约价值，也叫作"履约保证金"。

Clearing Member 清算所会员

清算所的成员。清算机构的会员资格通常是由一些公司持有。清算所会员负责为通过本公司结算的客户提供资金保证。

Clearing House 清算所

期货交易所的代理机构或者是分离出来的独立公司，负责处理交易账户、交易结算、收缴及维持保证金、管理资金交付、报告交易数据。清算所在所有的期货或期权合约中扮演第三方的角色，对于所有处于卖方状态的清算会员而言，清算所是买方，而对于所有处于买方状态的清算会员而言，清算所是卖方。

Climate 气候

一段时期内（通常为几年）的天气平均状况，如气温、湿度、风速和降雨。

Climate Change 气候变化

用来描述各种类型气候不连续性的术语，尤其是在普通气候状况下发生的显著气候变化。在某些情况下，"气候变化"被等同于"全球变暖"；但是，科学家们更愿意用它表示含义更宽泛的自然界的气候变化，也包括气候变冷。

Closed Trades 平仓

已结算或者已冲销的头寸。

Closing Price 收盘价

一个交易日商品的最后交易价格。清算所基于期货或期权合同的执行价格，确定公司的净利润或净亏损、保证金要求和次日价格上下限。如果存在一个收市时候的价格幅度，那么合同执行价格就取决于价格幅度中的平均值。

Closing Range 收市价幅

在收市阶段，买卖双方的成交价范围。

Cloud Point 浊点

在冷却的碳氢混合物中开始出现石蜡晶体时的温度。通常应用于汽油，表明空气有多冷才会使汽油变成流状固体阻碍过滤器，进而阻止燃料输送。汽油的浊点类似于煤油的凝固点。

Clustering 聚类

把某些特征相似的向量归聚到一起。

CME（The Chicago Mercantile Exchange）芝加哥商业交易所

CNR（Charterer not revealed）匿名的租船主

COA（Contract of affreightment）包运合同

船主和租船者之间的一个协议，该协议规定了通过既定航线在一定期限内运输特定数量和特定等级的货物。只要满足合同要求，租船者可以使用任何可支配的合适船只。

Coal 煤炭

一种易燃的黑色或者灰黑色矿石，天生潮湿，是一种含碳量大于70%的物质。它由植物在漫长的地质年代中经过化学反应和热压变形而成，见煤级。

Coalbed 煤床

含煤层，也叫 Coal Seam（煤层）。

Coalbed Methane 煤层沼气

煤层中产生的沼气，类似于其他地层中产生的天然气，见 Methane。

Coal Briquets 固硬燃料

无烟煤、沥青和褐煤是二级固体燃料，通过煤部分干燥、加热去除多余水分、压成煤饼制成，不需捆绑物。

Coal Coke

见 Coke。

Coal Production 煤的生产

销售、消耗、给矿产主、给焦炭、煤饼和其他副产品生产厂的总和。生产数据包括从煤矿表面和地下炼出的数量，通常不包括煤矿或其他有关准备工厂中的废弃物。

Coal Rank 煤级

根据煤的向前转化程度，从褐煤到无烟煤的分类，美国煤级标准包括褐煤、亚沥青煤、沥青煤和无烟煤。分级基于其固定碳、挥发物、热值和聚集（或结块）的属性。

Coal Stocks 煤的存量

供未来使用和处理而储存的煤的数量。[注：特定报告期（月、季或年）的煤的数据中，煤的存量通常以该期最后一天为准。]

Coefficient 系数

乘以另一个数或数列的常数。如 3x 和 ax，3 和 a 是 x 的系数。

Coefficient of Determination 判定系数

R^2。模型解释的数据中变量的比例。

Cogeneration 共生

生产电能，继而产生另一种有用能源（如热能或蒸汽）。

Cogenerator 共生器

生产电能和另一种有用能源（如热能或蒸汽）的设备，用于工商业的加热或冷却目的。见 Electric utility 和 Nonutility power producer。

Coiled 绕线油罐

装有通热水或蒸汽的管道的油罐，使其中黏性货物保持液态。

Coincidence 重合

甘氏理论中投影的拐点。

Coke 焦炭

固体，几乎无氢的碳。在燃料油焦化和其他处理设备自然或特别生产。焦炭在催化裂化装置和乙烯制造炉中产生，国际间生产的焦炭如果达到一定标准可用于石墨工业，其他用于固体燃料，伴随产生的焦炭需要去除以保证处理的效率。

Coke Oven Gas 焦炉气

去除其他化学物的焦炭处理过程中挥发物中的气体成分。

Coke（Petroleum） 焦炭（石油）

高含碳低含氢的残留物，裂解的凝结过程中热分解处理的最终产物。该产品被称为可售焦炭或催化焦炭。转换因数是每短吨五桶（42 美加仑一桶），石油业中的焦炭热含量每桶是 602.4 万 Btu。

Coke Plant 焦炭工厂

煤在蜂巢炉或槽里和碳合成制造焦炭的工厂。

Coker 焦化设备

热处理装置，将精炼重馏分，如减压残余物，转化成轻产物，同时减少固体碳的大部分给料。这些装置产生的液体，通常叫作焦化石油脑和焦化汽油，通过浓缩设备形成成品燃料。

Coking Coal 炼焦煤

适于制造焦炭的沥青煤，见 Coke。

Cold Blender 冷混料

欧洲的发动机汽油制造者没有蒸馏或其他精炼设备用这种装置。他们通过混合购入的"冷"成分制造产品，这种装置比美国的单纯的混料好，因为它能很明显地区分低资本发动机燃料制造商和基于精炼的汽油生产者，当然后者也是通过混合馏分来得到成品，可见 Blender。

Cold Filter Plugging Point 常温滤器堵塞点

柴油燃料在寒冷天气的适用程度的度量，首字母简称 CFPP。该指标表明多冷时凝结蜡会阻止燃料通过检测滤器。CFPP 高于浊点，表明问题的起因所在，燃料在该温度会出现如卡车失速等问题。

Collinear

见 Multicollinearity。

Colonial Grade Colonial 等级

符合 Colonial 管道公司规格的轻质石油产品。

Colonial Pipeline Colonial 管道

连接墨西哥湾的精炼者与美国东南部和大西洋沿岸市场的管道系统。主管道从得克萨斯州的 Deer Park 到新泽西州的 Linden。它运力很强，每天运输约 210 万桶清洁产品，包括汽油、民用燃料油、柴油和煤油燃料，该系统供应 13 个州超过 280 个石油终端市场。通过 Colonial 管道的发动机汽油和 II 号油的规格成为美国东海岸进口的质量标准。通过 Colonial 管道从得克萨斯州的休斯敦运输到纽约港需要 2.3 美分。产品通过大约 1550 英里的管道一般需要三周到四周。

Colour 色彩

从完全无色（通常形容水）到浊色（黑色不透明）的色谱。该特性适用于轻质精炼产品和气液。它很方便地表现如石油脑和未染色的发动机汽油等淡色物质中的污染物和蒸馏残余。色彩报告规格有赛波特（Saybolt）和 ASTM 等几种。

Combination Carriers 通用性货轮

能运输一种以上货物的货轮。石油业使用大型 OBOs 船队来运输干燥货物或石油。

Combined Cycle 混合循环

一种发电技术，用一种或多种气体（燃烧）涡轮排出的废热发电。排出的热能被送到常规的煮沸器或热蒸汽恢复器中，用于发电的蒸汽涡轮，这样的设计增加了发电装置的效率。

Combined Cycle Unit 混合循环装置

发电装置，由一个或多个燃烧涡轮或煮沸器组成。燃烧涡轮排出的废气按比例导入煮沸器中。

Combined Forecast 复合预测

若干预测的加权平均。

Combined Pumped Storage Electric Power Plant 混合提水蓄能发电站

提水蓄能的水力发电站，使用提水和自然水流来发电。可见 Pumped storage Hydroelectric power plant 和 Pure pumped storage Hydroelectric power plant。

Combustion 燃烧

伴随光和热的化学氧化过程。

COM Membership 芝加哥交易所成员制

芝加哥交易所成员制，允许个人进行期权市场目录中上市商品的合约交易。

Commercial Field 可盈利矿产地

被认为能有足够净收入，值得开发的油田或天然气产地。

Commission Fee 佣金费

经纪人执行交易收取的费用，也叫经纪费。

Commission House 代办行

个人或组织找到或承接订单，买卖期货或期权，并从客户处接受钱和其他资产来支持订单，也叫作"电信化经纪公司"（Wire House），见 Futures commission merchant。

Commodity 商品

商业物品或用于商业的产品。狭义上指在授权的商品交易所中交易的产品。商品种类包括农产品、金属、石油、外汇、金融工具、指数等，不一而足。

Commodity Credit Corp 商业信用公司

美国农业部下属的一个分支机构，建于 1933 年，监管政府农业贷款和补贴项目。

Commodity Exchange Act（CEA）商品交易法案

美国联邦法，规范各联邦的期货交易。

Commodity Futures Trading Commission（CFTC）美国商品期货交易委员会

建于 1974 年，监管美国期货交易的委员会。

Commodity Pool 商品（期货）基金

以交易期货和期权合约为目的的多人集资的企业，这一概念类似于证券行业中的共同基金，也叫作"联营"。

Commodity Pool Operator（CPO）商品基金经理

运作或清顺商品联营的个人或组织。

Commodity Trading Adviser（CTA）商品交易顾问

为补偿或获利，直接或间接地给他人建议，指出买卖期货期权的价值或合理性。间接建议包括在客户账户上执行交易特权或者通过书面发行物和其他媒体提供推荐。

Comparative Relative Strength 比较相对强弱指标

将某一股票的价格波动和它的竞争者、所在行业或整个市场的价格做比较。与 J. Welles Wilder 的相对强弱指数（RSI）不同，它比较的是同一金融工具即期和前期的价格波动。

Comparator 比较仪

比较两种投入的某种装置。

Compatibility 兼容性

若干种残留物适于混合的程度。某些原料，比如特定的减黏裂化残留和氢化剩余，不能很好地混合来生产稳定的燃料汽油。

Component 成分

混合物的一部分。该词最常指制造发动机汽油混入的蒸汽，是 Mogas 成分的简称。汽油成分、重油成分和类似的词虽然不常用，但意思相似。

Completion 完井

石油或天然气生产中永久设备的安装。如果安装的井只用于一个地区或储层的油气生产，井的定义（分油井和气井）和完井相同，但安装的井用于多个地区的油气生产，完井和井的意义不同，见 Well。

Compounding 复利

基于本金和所得利息总和的利息支付。

Concession Contracts 特许合约

现主要在西方国家使用的合约，规范政府和石油公司间涉及碳氢化合物开发和生产的关系。拥有开发特权的公司在开矿活动上有排他性，为此它要求在碳氢化合物开采上享有权利，来应对政府特许开采权的收费和石油收益征税。

Concurrent Indicators 并发指示

表现经济大体走势，证实或否认前导指数显示的趋势的市场指示。

Condensate 冷凝物

重于丁烷的天然气液化物。该词通常包括两个不同的意义：天然汽油和重质冷凝物。天然汽油来自 LPG 或 LNG 工厂，它具有和石油脑相似的属性。重质冷凝物类似于很轻的原油，有时也叫矿场冷凝物。如同伴生气是原油产业的副产品，它们是天然气生产的副产品，可以叫作伴生原油。

Conference of the Parties（COP）联合国气候变化纲要公约缔约国会议

通过气候变化纲要公约（FCCC）的国家。COP 的主要任务是做出必要的决定，贯彻 FCCC 的执行。见 Framework Convention on Climate Change（FCCC）。

Confidence Factor 置信因数

一条规则正确的可能程度的度量，可能是过去被证实的次数的百分比，或者只是主观相信的程度。

Confidence Level 置信水平

没有超过特定失误概率的确信程度。

Confirmation 证实

至少两种指数，如道琼斯工业指数和运输业指数，确证了市场走势或者转折点。

Confirmation Statement 确认书

由期货经纪商发表的关于期货和期权发行的声明，说明合约买卖的数量和价格，有时伴有买卖协议。

Congestion Area or Pattern 盘整

连续交易日中价格没有明显的上升。

Conradson Carbon（ConCarbon） 康拉孙残炭

测量碳氢混合物在作燃料或进行如催化裂解等密集热处理时形成碳渣的可能程度。康拉孙残炭试验包括分解蒸馏——投入高温中进行裂解和焦化并去除挥发的水分——然后测量残渣的重量。一个相似的试验——兰氏残炭，也是测量混合物形成碳渣的可能程度。为实验方便起见，分析者只把兰氏方法用于 90 摄氏度时流动的碳氢化合物。为了得到如高速柴油等轻质蒸馏物的残余形成的有用指示，工业上通常测量最后 10% 的煮沸物，这种技术可称为 10% 沉积物的康拉孙残炭。

Consolidation 巩固

也作调整期。允许市场参与者重新定价并为下一步价格变动做准备的时期。

Consumer Price Index（CPI） 消费者价格指数

美国商业部关于通货膨胀的主要计算测量方法。它测量包括 385 种货物和服务在内的"一揽子"固定商品在前一个月的价格变化。

Consumption

见 Energy Consumption。

Contango 贴水

期货市场上随后的交易月的价格日益上升。反义词是升水。

Continuation Chart 持续图形

在该图中，某一合约末期的价格数据和下一合约始期价格数据相融合，便于合同连续交易。

Continuous-Type Deposit 连续型沉淀物

大范围碳氢化合物的积聚，不受水力影响，分散积聚的大小和数量的标准评测方法不适用。

Contract 合约

协议，期权中按照法律交换权利。

Contract Deal

见 Term Deal。

Contract Grades 合约等级

在现货和期货交易时，上市的商品或金融工具必须达到的标准等级。通常伴有多于或少于交易所要求的标准的贴现或者溢价。

Contract Market 合约市场

由 CFTC 指定的交易所进行特定商品的期货和期权交易。通常指所有的期货交易所，也叫作交易所（Exchange）。

Contract Month 合约月份

根据期货合同进行交易的月份。也作交易月。

Controlled Account 补助账户

账户持有者给其他人（通常是经纪人）书面地做出交易决定的代理权，也叫全权账户或管理账户。

Conventional Accumulation 普通积聚物

分散的沉积物，通常以接触下沉水域为界。从中可以通过传统开发方法提炼石油、天然气或者液态天然气。这些方法包括：通过地下储层的自然压力在地表获得产品、在合适的储层利用人工油泵，通过喷水、喷气保持储层的压力。

Conventional Gasoline 普通石油

发动机成品油，不包括氧化或重整类石油。［注：这类石油不包括重整油氧化混合的原料（RBOB）及其他混合原料，见 Motor gasoline（finished）。］

Conventional Mill（uranium）普通轧机（铀）

主要为处理含铀矿石制造的设备。这些含铀物质来自于陆地、铀和/或其他处理品的有副产品成分的回收。

Conventional Thermal Electricity Generation 常规火电厂

发电厂使用煤、石油或天然气作为能源来发电。

Convergence 汇聚

在期货合约到期时现货和期货价格趋于一致（也就是说差价接近于零）。

Conversion 转化

沸点高于临界温度的分子裂解为低沸点的小分子。通常指催化裂解，沸点 430 华氏度以上的石油转化成沸点低于 430 华氏度的碳氢化合物。也就是说，把石油转化成石油脑。现在常用的残余物裂解建立了另一种 720 华氏度的转化标准，该温度标志着燃料油到轻质产品的提升，该词泛指所有把分子裂解为低沸点小分子的处理过程。

Conversion Arbitrage 转换套利

交易者买入和卖出两种不同证券（或合成证券），以求等价证券的相同价格。

Conversion Factor 转换因子

用来使在各种符合交割条件的现金长期及中期债券与长期及中期债券期货合约等价的因子。该因子由现金工具息票利率相对于期货合约的可交割等级下所要求的8%的收益率的关系来决定，同时考虑现金工具的到期期限和赎回期限。

Co-products 副产品

在一个处理装置中同时产生的物质。许多精炼硬件特别是裂解装置会自动产生许多碳氢化合物。工业中，"副产品"指工厂不想把这些物质列为产品于是把它们贬低为副产品，这个名称很好地暗示了乙烯裂解工厂建成的原因，石化公司把生产的石蜡和芳香族化合物称为副产品。

COP

见 Conference of the Parties（COP）。

Cost，Insurance and Freight

见 C. I. F（Cost，Insurance and Freight）。

Cost of Carry（or Carry）运输成本

持有实物商品，如谷物和金属等，所需的储存空间成本、保险和其他费用。在利率期货市场，该词指现货工具收益和购入现货工具必要成本的差额。

Coppock Curve 估波曲线

也叫估波向导，长期价格动向预测：14 个月，Djia 中 11 个月变化率中十个月的加权移动平均数。

Correction 调整

市场内引起之前获利 1/3～2/3 的调整的价格反应。

Correction Wave 调整波动

与当前推动趋势反向的波动或周期波动。

Correlation Coefficient 相关系数

两个数列直线相关的程度。相关系数为 1（或者-1）表示两个数列能描绘成完全的直线。相关系数为 0 表示两个数列中没有线性关系。运用于两个投资组合，相关收益间的高相关系数表示投资组合的价值连接的移动，低相关系数则相反。相关系数高时，一个投资组合可以作为另一个的代替或者保值。

Correlogram 相关图

自相关分析中试验数据的数值和图表的表现。

Cost Basis 成本基础

给定份额或份额群的成本。

Countermove 反向运动

价格图中显示与前期方向相反，折回。

Coupon 息票利率

债券工具的利率，到期时发行者保证支付给持有者的以年计算的百分比。

Covariance 协方差

每个变量的平均值偏离相乘，乘积相加后除以样本数目。

Cover 补进

买回先前卖出的合约。

Covered Option 有保护期权

卖出的看涨或看跌期权头寸被基础期货合约或实物商品的买入和卖出所保护。

Covered Write 有保护卖出

卖出一份认购基础股票资产的看涨期权。通过收取期权费，该期权出售者打算实现基础资产——普通股票的额外收益或者针对基础股票的跌价增加保护要素（限于期权费减去交易费用）。

COW 原油清洗

一些轮船使用的清洁技术。将几吨原油洒在油罐里来清洗之前的装载。这种方法不能使脏的船只变干净，但是可以很好地防止对色彩非过度敏感的货物被过度弄黑。

Crack Spreads 裂解差价

原油及其产品的差价：民用燃料油和无铅汽油在交易过程中扮演着重要的角色。

Cracked 裂解

用热过程或者催化过程破裂。该词频繁用于描述通过这类过程生产的含有裂解成分的石油制品。

Cracked Component 裂解成分

裂解过程生产的碳氢混合物的成分。与新鲜成分或直馏成分相反。含有任何裂解成分的混合物不符合直馏的要求。裂解成分的存在使精炼流程不适合某些原料的使用。这种现象在重质燃料油中最常见。公司购入馏分来生产裂解原料需要不含裂解成分的新鲜原料。

Cracked Cutters 裂化裁切器

用于减少硫的成分，特别是燃料油黏度的催化裂化油。

Cracked Fuel 裂化燃料

含有裂化装置中分解的分子的燃料油。该词最常用于残余物，它区分了不适于改良的馏分和直馏物质。

Cracked Gas

见 Unsaturated Gases。

Cracked Naphtha 裂化石油脑

泛指通过分子裂解过程生产的所有石油脑范畴的部分。此类包括催化裂化装置生产的裂化汽油、减黏裂化炉生产的减黏裂化石油脑、焦化炉中生产的焦化石油脑。

常用该词表示高石蜡含量的馏分。通常不习惯将其用于水化裂解产物和高温分解石油，因为它们分别集中含有环烷和芳香物。

Cracked Stock 裂化原料

裂化装置生产如催化裂化油、催化裂化石油脑，用于混合成成品，见 Cracked component。

Cracker 裂化器

破坏分子键，生产低沸点轻碳氢物的处理过程。商用裂化器（裂化装置）包括催化裂化器、水力裂化器、热处理裂化器、减黏裂化器和流体裂化器。

Cracking 裂化

打破较大、较重和较复杂的碳氢分子，形成简单的、较轻的分子的精炼过程，可见 Catalytic cracking 和 Thermal cracking。

Credit 期限

支付的用语，比如 5 天或 10 天。

Credit Spread 贷方价差

两种期权的价差，卖出期权的价值高于买进的期权。

Cross Correlations 交叉相关

单个企业中个体交易者的收益源流的范围在一段时间内趋于相同。

Crop（Marketing）Year 农事年

农产品两次丰收的时间间隔。各种农产品的农事年略有不同，但是基本在丰收时开始，在下一年丰收时结束。比如大豆的农事年是 9 月 1 日到下一年的 8 月 30 日。11 月的期货合约是大豆的第一个主要的农事月，期货合约的 7 月是最后一个主要的农事月。

Crop Reports 农作物报告

美国农业部编写的全年发布的关于各种农产品的报告。报告的内容包括：种植面积、产量、预期产品估计以及和以前年份的比较。

Cross-Hedging 交叉保值

没有现货商品的期货合约被保值时，同时期货和现货市场价格走势相似，使用不同但有关的期货合约为现货商品保值（如使用大豆粉期货为鱼粉保值）。

Crude Oil（Including Lease Condensate）

见 Crude Oil。

Crude Oil Landed Cost 原油卸岸成本

每桶原油在港口卸货的价格，包括采购费、运输费和采购点到卸货岸的保险费用。不包括卸货岸发生的费用（如进口税费、码头费和滞期费）。

Crude Oil Less Lease Condensate 不含井区冷凝物的原油

地底储层天然的液态碳氢混合物，在大气压下通过表面分离装置后保持液态，不包括通过天然气井或矿场分离装置后呈液态并与原油流混合的井区冷凝物和天然汽油。从原油馏分的特征来说，它可能包括：①地底储层天然的少量气态碳氢化合物，大气压下通过专用分离油井气装置后呈液态，混合着未被分离的原油流。②伴随石油产生的少量非碳氢化合物，如硫和多种金属。不包括天然气处理工厂的液态产物。原油精炼后用于广泛的石油产品的生产，包括燃料油、汽油、柴油和喷气机燃料、润滑剂、沥青、乙烷、丙烷、丁烷和其他作燃料和化学用途的产品。

Crude Oil Production 原油产量

在给定时间内从油层生产的原油的量。给定时间的产量计算以专用储油罐（也就是说，密闭输送点）向管道、卡车和其他通向精炼处和终端的媒介输送的量为准。调整情况：①存货打开和封闭时的净差值。②碱性沉积和水。

Crush Spread 挤压式价差交易

买入大豆期货同时卖出大豆油和豆粉期货。卖出大豆期货同时买进大豆粉和豆油期货。

cSt

厘泡的缩写。

CT12

商业清算成员的市场概况的术语，与针对场内交易者的 CT11 相反。

Cubic Foot（cf），Natural Gas 天然气立方英尺

标准温度和气压（60 华氏度和每平方英寸 14.73 磅标准气压），一个边长一英尺的立方体中天然气的含量。

Cull Wood 废材

烧掉的圆木、木片和木制品。

Cup and Handle 杯子与杯柄

条形图的累积图形。这种图形持续 7~65 个星期，杯子呈"U"形，把手通常持续一到两周，把手是图像右手边低成交量时向下的走势。

Current（Electric） 电流

电导体中电子的流动。电流的强度或速率单位是安培。

Current Ratio 流动比率

公司的流动资产除以流动负债，资产负债表的指标。

Current Yield 现时收益

息票与债券工具市场现价的比率。

Curve 曲线

单位时间内连续的图形。

Curve-Fitting 曲线拟合

使图形符合已知条件的复杂规则。

Customer Margin 客户保证金

在期货业中，期货合约的买卖双方和期权合约的卖方被要求提供财务担保以确

保他们能履行合约义务。期货佣金商（FCMs）有责任监察顾客保证金账户。保证金的多少取决于市场风险和合约价值，也叫作"履约保证金"。该保证金能从财务上保证清算会员（通常为公司或企业）有能力履行其客户的未平仓期货和期权合约。清算保证金与客户保证金不一样，后者要求个人期货合约和期权合约的买卖者把一定的资金存入到经纪人处。

Customer Segregated Funds

见 Segregated Account。

Cut 馏分

通过蒸馏把碳氢混合物分成小部分，也是得到的小部分的名称，如煤油馏分和石油脑馏分。

Cutter（Cutter Stock）截煤（截煤原料）

用于燃料油和汽油减重的精炼流程，降低黏度和硫含量的调整使原料更适合截煤的要求。

Cutoff Frequency 截至频率

高通滤波循环不能通过滤器的点（例如 10 天的 SMA 滤油器会减少 20 天以下的循环）。

Cycle 循环

观察点回到原始点的过程。

Cycle Oil 催化裂化油

催化裂化装置生产的燃料油或汽油沸点范围的产物，轻质催化裂化油一词指适于和柴油或民用燃料油混合的产品。相应地，重质油指沸点属于燃料油类的催化裂化物质。

Cycling 循环

天然气的生产方法，从天然气液中提取天然气后，把干燥的残余物放回生产储存器中保持压力，增加天然气液的最终产量。

Cycling Plants

见 Natural Gas Processing Plants。

D

%D 随机指示值

其价值每一秒变动一次，通常是一个三期的移动平均值。

Daily Range 每日变化

一个交易日中最高成交价和最低成交价之差。

Daily Trading Limit 每日交易限额

交易所设定的单份合约的每日最大价格波动范围。

Data Preprocessing 数据预处理（加工）

为了更准确地分析而在某种程度上变更数据资料，滤除、减少不需要的数据，排除某种趋势。数据加工是指运用数学方法将数据从一种形式转换成另一种形式，其目标是给交易者增加相关信息。

Day Order 即日指示（盘）

在放盘当日如果不被执行，则在当日交易结束时自动失效的指示。

Day Traders 即日（平仓）买卖者

在同一交易日收市前买进期权或期货合约后又将其卖出清算的投机者。

Dead Cat Bounce "死猫弹"

（金融）市场价格复苏和轻微的反弹。

Deadweight Tonnage 载重吨位

船舶的标准载重量。贸易中通常将该术语缩写成 Deadweight（载重量）。它用长吨做单位，描述某一船舶所能运载的淡水、储备、燃料和货物的总重量。对于油船而言，所运载货物的重量是总载重量的 95%～96%。

Debit Spread 买入价差

两个期权价值差额。这里指期权多头头寸价值超过空头头寸价值的部分。

Deductive Logic 演绎逻辑

计算机专家系统中常用的一种逻辑，是一种从一般到特殊的推理方法。

Deep-in-the-Money 极具实值

一份极具实值看涨期权是指其期权执行价格远远低于当前基础资产市场价格的期权。一份极具实值看跌期权是指其期权执行价格远远高于当前基础资产市场价格的期权。

Deep Water 深水

深度超过 200 米的水。

Default 违约

没有按照交易所规则的要求执行期货合约，比如说没有交易所要求的保证金或没有交割。

Deferred（Delivery）Month 远期交割月

距离期货交易发生日较远的月份，与近期交割月相区分。

Deforestation 森林开伐

从森林伐取树木。

Degrees API Gravity 美国石油协会比重度数

其值等于（141.5/华氏 60 度时的比重）×131.5。

Degrees of Freedom 自由度

独立观测值的个数，它等于总观测值的个数减去估计参数的个数。

Delay 延迟

输入事件的改变到与之相关的输出事件的改变中间间隔的时间差额。

Delayed Coker 延迟焦化装置

一种提供给受热的分子在其中裂解和焦化的类似鼓状圆桶的焦化设备。

Delayed Coking 延迟焦化

重质原油部分用加热方法在高温和高压下分解成一种较轻质石油和石油焦混合物的过程。

Deliverable Grades 可交割等级

根据交易所规则上市商品或金融工具必须满足的用现货交割期货合约时的标准等级。对于与交易所要求的标准相比，质量较差或较好的商品的交割，该等级会附有允许浮动的贴水或升水表，也可见"合约等级"。

Delivery 交割

指现货从期货合约的卖方转移到期货合约的买方。每个期货交易所都有其特定的现货交割程序，有些期货合约如股指期货是需要现金结算的。

Delivery Day 交割日

芝加哥交易所期货交割过程的第三天，在该日买方清算公司向卖方清算公司出示交割通知书和含有到期金额的保付支票。

Delivery Month 交割月

根据期货合约交割可以进行的特定月份。也可见"合约月份"。

Delivery Point 交割地点

根据交易所设定的程序，在交易所指定下的期货合约所代表的库存商品实现交付的地点和设施。

Delta 避险比率、变动量

基础资产每变动一美元所导致的期权价格变动的数额。

Delta hedged 变动量保值

针对期权的基础资产价格小幅变动而保护期权价值的一种期权策略。这种保值策略主要是通过买进一个与原期权价值变动幅度相同但方向相反（正负号）的基础资产来构造的。

Delta Neutral 变动中性

通过"期权/期权"或"期权/基础资产"的头寸持有来构造出一种组合，该组合对基础资产价格变动是不敏感的。这种做法要通过选择一个已知的平仓空头和多头头寸的比率来安排。

Delta Position 变动头寸

期权价格相对于作为基础资产的期货合约或股票价格而变动的大小。

Demand 需求

见 Energy Demand "能源需求"。

Demand（Electric）需求（电力）

见 Electricity Demand "电力需求"。

Demand Index 需求指数

通过算术方法计算交易量和价格比率来显示市场和股票买卖力量对比的指数。

Demand, law of 需求定律

产品需求和产品价格的关系。

Demonstrated Reserves 已探明储量

见 Energy Reserves "能源储量"。

Demurrage 逾期费

延期运送的成本。航道繁忙、泊位占用、商业原因、岸上油罐储量短缺、抽油泵能力限制以及其他一些相关的不可预测事件，如租船者怎样和在哪里使用一艘能适当装卸的船舶。当上述这些事件发生时，船公司会收取等待费用。

Density 密度

通过重量除以体积的比率来对石油的一种描述。石油行业通常依赖两个指标来描述石油：体积—重量关系（比重）和 API 度数。比重值越大、API 值越小，石油密度就越小。

Density Function 密度函数

对于任何一个给定的测量值 m，通过对某一函数进行积分便能得到 m，这个函数就是密度函数。概率密度函数则是一个函数，其在一个区间的积分值应该等于随机变量的取值落在该区间的概率。

Dependence 依赖性

两个不同实验结果之间的关系，其中第一个结果并不直接影响第二个结果发生的机会，但反过来，两个试验结果又都是受同一外部因素影响，因而它们之间又是间接相关的。

DERD Directorate of Engine Research and Development 发动机研发管理局标准

一种英国国防部喷气发动机燃料规格。

Derivative 衍生工具

一种在交易所场内或场外交易的金融工具，其价格依赖于一种或多种基础证券、权益指数、债务工具、商品以及其他衍生工具或任何议定价格指数的价值。衍生工具含有基于基础资产的权利和义务，但其本身并不直接转移基础资产的所有权。衍生工具常常用来对风险进行套期保值或者将固定回报率替换成浮动回报率。

Derrick 铁架塔

一种像塔一样的覆盖大部分起降设备和给进控制的结构。

Derrick Hand 铁架手

在管道升起和降落进井中时，那些在铁塔架上工作的人员。铁架手通常是在钻孔者的直接指挥下工作。

Designated Self-Regulatory Organization（DSRO）指定自律组织

当一家期货佣金商（FCM）是多个自律组织的会员时，这些自律组织就在所有组织中选定哪一个自律组织主要负责强制执行最低财务和销售要求。对于上述那家特殊的期货佣金商而言，这家自律组织就是被选派的指定自律组织。对于所有非交易所期货佣金商会员而言，美国期货协会（NFA）是其指定自律组织，见 SRO。

Deterministic 确定性

①事先知道何时一阶估计值的平均方差的和为零；②类似于货币供应量这样的外生变量的根本上的连续结果，这类外生变量由外部因素来决定和解释。

Deterministic System 确定性系统

一种结果由某一方程来决定的系统；一个原因和结果都很容易确定的系统。

Detrend 趋势分离、去势

将一组与时间相关的统计数据中的一般性变化、长期趋势或倾向进行分离。

Development 矿井开发

以获得石油和天然气产品为目的的钻井和后续勘探。

Development Well 开发井

在已知可生产的地层层位的一定深度已证明有石油或天然气储备的区域钻探的油井。

Diesel Index 柴油指数

用一个含有燃油比重及其苯胺点指在内的公式计算出来的柴油着火性的测量指标。

Differencing 差分化

为了得到一个稳定的时间序列而采用的一种用当期值减去上一期值的做法。

Difference-in-Means Test 平均值差异检验

一种统计检验方法。如果真实差为零的话，就表明观测差具有似然性。该统计值较大，则表明之前真实差为零的零假设不可接受。

Differentials 差价

同种商品在类别、等级和不同仓储地点方面而形成的价格差额。

Diffusion Equation 扩散方程

用来解决随机游走问题的偏微分方程。

Diffusion Equation 扩散指数

用来测量单个序列百分比的标准指数，而总体序列百分比的指数高于标准普尔 30 周的移动平均数。

Direct Current 直流电

沿着固定的方向传输的电流，电流强度不发生变化。

Directional Movement Index（DMI）趋向指标

由 J. Welles Wilder 提出的指标，用来测量市场的趋势。

Disclosure Document 披露文档

为潜在客户提供的文档，包括的内容有交易策略、交易费用和交易的业绩情况。

Discount 折扣

①购买商品所降低的价格数量。②有时用来指不同交割期限期货的价格差异，如"7月的交易价格在5月的基础上打了折扣"所说的意思是7月的价格要低于5月的价格。③用在谷物的现货价格上，指现货价格低于其期货价格。

Discount Method 贴现方法

以低于面值发行的证券定期支付利息，到期支付面值的一种方法，更高的面值和更低的购买价格之间的差额就是利息。

Discount Rate 贴现率

联邦储备银行贷款的利率。

Discretionary Account 全权账户

账户持有者将法律上的签字权利授予其他人（通常是其经纪人），从而由其他人来做出交易决策的一种协议，也被称为控制或者管理账户。

Distillate Fuel Oil（USA）馏分燃料油

用传统的蒸馏方法得到的一种石油组分，包括柴油燃料和燃料油。如大家知道的1#、2#、4#柴油燃料产品被用在高速公路柴油机引擎上，像用在卡车、汽车等；也有用在非高速公路引擎上的，比如用在铁路上行驶的机车和农用机械等。1#、2#、4#燃料油产品主要被用于民用取暖和发电。

Distillation Curve 蒸馏曲线

一种材料组成分子的沸点分布曲线。该曲线检测了某一样品在不同百分比下沸腾的温度特征或在不同温度下沸腾的百分比。

Distillation Unit（Atmospheric）蒸馏装置（大气）

在近似的大气环境下加工原油（包括其他碳氢混合物）的一种主要蒸馏设备。该设备包括一个蒸发原油的管道和一个分馏塔，后者是用来将已蒸发出来的原油中的不同碳氢化合物按不同的沸点范围分离成各个部分。通过连续的蒸发和冷凝原油中的各种成分才能分离出较高沸点的材料。沸点范围是根据加工计划、原油属性和产品规格等来选择和设定的。

Distiller 原油蒸馏装置

见 Distillation Unit。

Distribution 分布状态

一种有关价值的设定，可以通过标示了中点的平均值来描述（即均值分布），也可通过差幅测量来描述（即标准分布），或者通过形状度测来描述（即歪斜分布或峰态分布）。

Distribution Syetem 配电系统

电力系统中负责将电传送到终端用户的部分。

Distributors 分销商

国内零售商。

Divergence 背离

在技术分析中两个或两个以上的平均值或指数没能显示确定的走向。

Dividend 股利

公司利润中按股东所持股份对股东进行的支付。

Dividend Reinvestment Plan 股利再投资计划

一项由某一上市公司提供的投资计划，该计划使得股利被用来购买更多的该公司股票。

Doctor Test 博士法试验（亚铅酸钠检硫试验）

一种检测轻质烃混合物中硫醇存在数量的指标。通过该项检验的原料才能够被标上"低硫"的名称。对汽车用汽油而言，低硫的油料含有的硫醇级别要低得多。高硫的原料不一定就含较多的硫醇，但需要进一步的定量检测。

Doji 十字线

指开盘水平与收盘水平相当或基本相同。十字线的不同变化（如墓碑十字线或长脚十字线）由整个市场在什么地方开盘和收盘决定。十字线是最重要的单个烛台线，它们也是重要的烛台线图案的组成部分。

Dollar Cost Averaging 资金成本平均法

使用相等金额的资金进行定期投资（通常是按季或按月）而不考虑购买证券的价格是高还是低的投资方式。通过资金成本平均法，投资者容易看到他们的投资成本和市场涨跌波动之间的平均值。

Domestic Inland Consumption（Petroleum）国内消费（石油）

所有供给国内使用的石油产品总量之和（不包括船用重油）。该值通过将自产石油产品、进口石油产品和燃烧掉的原油三者直接相加再减去基础库存油料的出口和交换而得来。

Double Bottom 双重底

证券或市场平均值的一种价格行为。主要指价格以大约相同的幅度下跌两次，它表明价格在底部存在着一个很强的支撑以及下降趋势已经结束的可能性，见Double top。

Double-Smoothed 双平滑

被用移动平均等之类的数学方法调整过的价格序列。第一次调整过的价格数据序列之后就会再次被调整。

Double Top 双重顶

在图中看到的一种价格图形。价格先涨到一个较高的受阻水平并伴有大量成交量，然后价格退回到支撑水平，之后价格又反弹回升到先前的受阻水平，但成交量有所减少。这种情况发生时在图上就表现为双重顶。如果价格下跌并跌破支撑价格，这就昭示着股价新跌趋势的开始，见 Double Bottom。

Downstream 下游

一个描述从起点开始比某个参照点下更进一步的迁移的术语。比如，裂解石油脑的石油化工厂就是炼油厂的下游企业。与销售原油的收益相比，销售石油产品所获得的资金就构成了下游石油企业的利润，"上游"的反义词。

DPK 双效煤油

既适合用作燃烧煤油，又能作为飞机涡轮机燃料油的一种石油产品。

Draft 吃水

指船体浸入水中的深度，即吃水线和船龙骨之间的距离。船舶的最低部分位于水面以下的吃水部分。每艘船的吃水会随着船舶所装载货物的重量而变、随着船舶的平衡度而变或者随着船舶所在的水域水温和含盐量而变。在温暖的淡水中，并且满负荷装载的情况下，船舶能达到其最深吃水。航运业将该吃水深度称为"热带淡水"或"FT"吃水。淡水（F）、热带（T）、夏天（S）和冬天（W）表示轮船吃水依次变浅，水密度越来越大。

Drawdown 亏损

一笔或一系列交易导致的账面权益的减少。

Drunkard's Walk 醉汉走路

见 Random Walk。

Dry (coal) Basis 干基

理论上基于样品湿度计算的煤炭质量。该理论基于低温下风干后加热到沸点以上煤炭内部失去多少水分来衡量。

Dry Gas 干气

见 Dry Natural Gas。

Dry Hole 干井

被发现不能开采出足够数量的石油或天然气以证明是一个石油或天然气完井的探井或开发井。

Dry Natural Gas 干天然气

通过以下处理之后得到的天然气：①液化烃部分已经被从气流中移除（即经过矿区、气田或者工厂分离出来的天然气）；②所有非烃天然气从大量产生的地方被迁移提供给滞销的天然气（注：干天然气也称为消费级天然气，其测量参数是60华氏度下立方英尺和14.73磅/平方英寸）。

Dry Production 干产品

见 Dry Natural Gas。

Dual Fired Unit 混合燃烧设备

一种将两种或两种以上燃料添加在一起进行燃烧来发电的发电设备。在这类设备中，有些设备只是让一种主要燃料持续燃烧，而另外替补的燃料只是在一开始或者是紧急时刻才会使用。

Dual Trading 双重交易

双重交易在以下情况下发生：①某一场内经纪人在执行客户指示的当天同时为自己的账户或自己拥有全部或部分所有权的账户进行交易；②某一期货佣金商在代理操作客户账户的同一天，自己或允许其员工为自己所有的账户进行交易。

Durbin–Watson Statistic 德宾—沃森统计量

用于检验时间序列回归模型误差项中的一阶序列相关的统计量。该统计值范围在 0~4，该值越接近 2，表明一阶相关性概率越低。

Dynamic Date Exchange（DDE） 动态数据交换

指应用软件从一个版本自动升级到另一个版本的能力。

Dynamic Linked Library 动态链接时库

指运行 Windows 时，被主程序使用（或调用）的程序代码。

E

E-4

CIS 标准下的高硫给料。正式场合称作 F-10。

Early Entry 提前进入

每天开盘后的第一个 15 分钟内，价格向一个方向大幅变动。

Earnings Estimates 盈利估计

对公司未来一个财政年度盈利情况的预测估计。

Eavesdropper 偷听者

偷听别人谈话的人。

Econometrics 计量经济学

将统计和数学方法应用于经济学领域以检验和量化经济理论及经济问题解决方案的学科。

Efficient Market Theory 有效市场理论

所有已知信息都可以从市场得到，且由于市场参与者依赖这些信息行动，市场的价格可以完全反映所有信息。

Elasticity 弹性

恢复到原始状态的能力。

Electric Plant 电厂

见发电厂（Electric Power Plant）。

Electric Power 电功率

量度电能转换大小的功率。电功率由负载率度量，单位是兆瓦特。

Electric Power Plant 发电厂

包括了将机械能、化学能、裂变能转化成电能的一系列设备，如原动机、发电机和其他一些辅助设备的工厂。

Electric System 电力系统

将电力的生产、传输和分配厂家组合成一个统一的整体，只有一个操作管理中心或运营监管中心。

Electric Utility 电力事业

拥有或者操作发电、传输、分配和销售公共用电设备的公司、个人、中介、政府或者其他法人和媒介。在美国，这些事业在联邦法规第 141 部分第 18 条的规定下和特定许可的服务区内供电。

Electrical Generating Capacity 发电量

见电机容量。

Electricity 电

摩擦、感应和化学反应引起的基本的带电颗粒的存在和运动生成的一种能量形式。

Electricity Capacity 电力负荷量

发电器、涡轮、变压器、传输电路、电站或电力系统所能负载的最大电功率，单位为兆瓦特。

Electricity Demand 电力需求

Electricity Generation 发电

产生电能的过程或者转化其他能量得到的电能量，单位为千瓦时或兆瓦时。

Electricity Generation, Gross 毛发电量

见总发电量（Gross Generation）。

Electricity Generation, Net 净发电量

见发电净产量（Net Generation）。

Electricity Installed Capacity 发电装机容量

见发电铭牌装机容量。

Electronic Communications Network 电子通信网

由经纪公司设立，用系统中合适的订单匹配零售限价订单的独立执行系统。

Electronic Order 电子订单

通过互联网或者电子交易系统等电子方式（无经纪人）发出的订单。

Electronic Trading Systems 电子交易系统

允许交易所在交易所公开喊价交易时间结束之后还能够发布交易产品的系统（例如，芝加哥交易所的 ProjectA 电子交易系统、芝加哥商业交易所的 GLOBEX 电子交易系统和纽约商品交易所的 ACCESS 电子交易系统）。

Elliott Wave Theory 艾略特波浪理论

一种由拉尔夫·尼尔森·艾略特于 1939 年创立的股票图形识别技术。该理论认为，市场是以重复的模式运动着的，这种模式由 5 个上升浪再接着 3 个下降浪构成，而这些上升浪和下降浪就构成了一个完整的 8 波浪周期。3 个向下的波浪被看作是 5 个向上的波浪的预测。该理论通过计算和测量价格变动，预测可能的市场走势。

EMA

见 Exponential Moving Average 指数。

Emissions 排放物

人为排放到大气中的各种气体及废气物。在全球气候改变的环境下，这些排放是带有辐射性的重要温室气体的组成部分（例如，煤燃烧时释放出来的二氧化碳），见 Greenhouse Gases（温室气体）。

Emissions Coefficient 排放系数

一种用单位活动标准排放率来测量排放物相对于某种活动的数据的唯一值。

Energy 能量

根据做功能力（势能）或转化成运动的能力（动能）测量的一种容量。能量有若干种形态，其中一些形态的能量可以很容易地转换并且变化成适于做其他工作的能量形态。世界上的大多数可转换能量来自于矿物化石燃料，这些燃料被燃烧后就产生热量，从而热能被充当成机械或其他方式的能量装置的转换媒介，使其能完成工作任务。电能通常用千瓦时作为度量单位，而热能则常以英热单位作为度量单位。

Energy Consumption 能源消费

将能源用于加热、发电或制造加工过程的原材料投入等的能源使用形式。

Energy Demand 能源需求

对于投入进行生产产品或提供服务能源的需要。

Energy Loss（Power） 能源损失

见 Power Loss。

Energy Production 能源生产

见 Production Terms Associated With Specific Energy Types。

Energy Reserves 能源储备

基于地质数据或工程数据的估计，有合理的确定性能证明存在的预计能源资源的数量，或者是从能够支持预测的已证实储备的证据出发，以该地质证据为基础能够合理预测存在的能源资源的数量。仅仅知道地理位置、大概数量以及可能储备等级，对于已证实能源储备而言通常都是不够完善或不够确定的。［注：该词等同于"Demonstrated Reserves"（已证实储备），后者是 1980 年美国地质调查通告第 831 号中对资源（储备）分类的定义，它包括已测量到的储备和指示储备，但不包括推断储备。］

Energy Source 能源资源

任何能够用来消费或经过转换后用来供热或供电的物质或自然现象，包括石油、煤炭、天然气、核能、木材和废弃物、电力、风力、日光、地热以及水流。

Energy Supply 能源供给

为能够获得能源的未来部署，供应量能够从能源供应商或接收方的角度来进行计量。

Engler 恩格勒黏度

一种测量和报告黏性的非主流方法。

Enhanced Recovery 强化开采

用来增加或扩展油井产油量的技术。

Enriched Uranium 浓缩铀

U235 同位素含量（按重量计）高于天然铀中所含 0.711% 水平的铀。

Enrichment Services

见 Separative Work Units。

Envelope 包络通道、包络曲线

环绕股价指数或指标的那些线，也称作买卖频带。

Entry 进入点

交易商在市场中买入头寸的时点。

Equity Holders 股权持有者

由于在先前的石油开发中进行了投资从而在后续的石油领域的生产中有权拥有一定比例的公司。

Estimated EPS Change（%）估计每股收益变化率

当前财政年度中以当前月份为基准的最近一个月、最近三个月和最近六个月的预计平均收益的变化。

ETBE

见 Ethyl Tertiary Butyl Ether。

Ethane 乙烷

一种通常情况下呈气态的直链碳氢化合物，化学式为 C_2H_6。它是一种无色烷类气体，在华氏 -127.48℃沸腾，乙烷主要从天然气和炼厂气流中提取。

Ether 醚

一类有机化合物的通称。该类物质由碳元素、氢元素和氧元素组成，通常主要特征是以一氧原子与二碳原子相连（例如乙基叔丁基醚）。

Ethylene 乙烯

一种烯烃，从炼油厂生产过程或石油加工工序中挥发出来。乙烯被用来作为大量化学应用和日用消费品生产的石化原料。

ETBE 乙基叔丁基醚

一种无色、易燃的氧和烃的混合物，也可见 Oxygenates。

EU 欧盟

见 European Union（EU）。

Eurodollar 欧洲美元

美国本国的美元存款。欧洲美元不受美国法律管制，存放欧洲美元的银行可能是一家外国银行，也可能是一家美国银行的外国分支机构。

European Union（EU）欧洲联盟（欧盟）

目前成员主要包括：奥地利、比利时、丹麦、芬兰、法国、德国、希腊、爱尔兰、意大利、卢森堡、荷兰、葡萄牙、西班牙、瑞典和英国（2004 年 5 月 1 日欧盟扩容后新增加 10 个国家，分别是：波兰、匈牙利、捷克、斯洛伐克、爱沙尼亚、拉脱维亚、立陶宛、斯洛文尼亚、马耳他和塞浦路斯，目前共有 25 个成员国，译者注）。

Evening Star Pattern 晚星形态

市场走熊的信号，与晨星形态相反。

Exchange 交易所

见 Contract Market。

Exchange for Physicals 实物交换

一般发生在两个套期保值者之间的交易，其中一个打算用期货交换现金，也被称作"以期换现"（Against Actuals 或 Versus Cash）。

Exchange-Traded Funds 交易所交易基金

在交易所进行"一揽子"买卖的股票集合。这种交易主要在美国证券交易所（AMEX）进行，但同时也在纽约交易所（NYSE）和芝加哥期权交易所（CBOE）交易。

Ex-Dividend Date 除息日

指股票除息后开始交易的日期，在那天或那天之后，当期的股利就不会自动转移到买方账户。

Exercise 执行

期权持有者做出或接收基础证券份额的过程。

Exercise Price 执行价格

期权持有者买入（如果是看涨期权持有者）基础证券或卖出（如果是看跌期权持有者）基础证券的价格，也被称为"敲定价格"。

Exit 退出点

交易商结清一笔交易的时点。

Expanded Trading Hours 延长的交易时间

在芝加哥期货所交易的特定期货和期权合约的附加交易时间，该附加时间覆盖了其他时区的工作时间。

Expert Systems 专家系统

动态但不可修改的专家系统是规则驱动系统。

Expiration 到期

期权可以交易的最后一天。

Expiration Date 到期日

期货期权通常在期货合约交割月之前的那个月份中的一个特定日期到期。比如，一份基于 3 月期货合约的期权就在 2 月到期，但该期权却被称为 3 月期权，因为执行该期权就会导致一个 3 月期货合约头寸出现。

Exploration 勘探

主要是指石油勘探和天然气勘探。勘探包括土地测量、地质学和地球物理学研究、地震数据收集和分析以及钻井。

Exploratory Well 探井

钻探过的洞。目的有三个：①在以前认为不产的地区发现和开采石油或天然气；②在以前发现的现在已在出产石油或天然气的地方再去发现新的储备；③扩大已知石油或天然气储备的限量。

Exponential Moving Average 指数移动平均值

D 日指数移动平均值（EMA）按下式计算：

$$EMA = Close\frac{2}{n+1} + \sum_{j}^{n} = \frac{Close_j}{n}(100 - \frac{2}{n+1})$$

其中，n 代表天数。指数移动平均值与简单移动平均值有关。换句话说，指数移动平均值是加权简单移动平均值，后者赋予了当日收盘价更多的权重。EMA 可用百分比测量。将移动百分比转化为一定天数内的简单移动平均数的公式如下：

指数百分比＝2/（天数+1）

Exponential Smoothing 指数平均

一种数理统计预测方法，该方法假设将来的价格为过去时期价格的加权平均数；在过去的一系列价格中，离计算日期越近的价格所赋予的权重越高。

Exports（US）输出额（美国）

从美国 50 个州以及哥伦比亚特区运送到美国领地以及外国的商品，见 United States of America（USA）。

Extreme 极值

任意一段时期的最高价或最低价，价格的极值。在 CBOT（芝加哥交易所）的市场档案中，又指一个交易日内市场价格的最高值与最低值。

Extraction Loss 提炼损失

由于在天然气制造工厂内除去天然气中的液体成分，比如乙烷、丙烷、丁烷等而造成的天然气总量的减少。

Extrinsic Value 外在价值

期权买者由于这样的预期：即经过一定的时间，标的产品期货价格的变化会导致期权价值的上升，而愿意购买期权。总的来说，期权价值是时间价值与内在价值的总和。期权价值超过期权内在价值的部分都可被视为时间价值，该词也被称为"时间价值"。

F

Fabricated Fuel 装配燃料

由一系列装有浓缩油二氧化物小颗粒的燃料棒组成的燃料部件。

Face Value 面值

印刷在证券凭证上的货币金额；负债产生时的初始美元金额。

Fade 淡入淡出

在市场价格上升时卖出证券，在市场价格下降时买入证券。例如，一个淡出交易者在跳高开盘时就会做空头卖掉手上的证券。

Fahrenheit 华氏温度

一种温度度量单位。按华氏度来算，在标准大气压下，水的沸点是零上212华氏度，冰点是零上32华氏度。

Failure Swings 高低顶/脚

在上升趋势中价格不能再次达到新高，或者在下降趋势中，价格没有达到新低。

Failure 失败形态

根据艾略特波浪理论，一个五波运动图形中，第五波的高点未能突破第三波的高点，或者是第五波不包含前面的五个次级波。

Fair Values 公平价值

根据期权定价模型（如布莱克—斯科尔斯期权定价模型）计算出来的理论价格。

F. A. S. Value（Free Alongside Ship Value） 船边交货价

在出口港交货的商品的价格，该价格通常包括商品采购价外加所有将货物置于出口国港口承运人处的费用。

Fast Fourier Transform 快速傅立叶变换

一种转换方法，通过此方法把数据分解成一系列波长不同的正弦曲线的和，每一个曲线的波长都是整个曲线波长的一部分。

Fast Market 快市（速度市场）

市场因某一突发性因素造成市场价格剧烈的波动，此时交易所公布进入"快市"，由于此时交易秩序混乱，可能造成无法成交或成交价格价差很大，待市场平静后交易所会再宣布结束"快市"状态。不论行情对投资人是否有利，均由投资者全数承受，场内经纪商对上述状况下执行的交易不承担责任。

FCCC 联合国气候变化框架公约

见 Framework Convention on Climate Change（FCCC）。

Federal Deposit Insurance Corporation 联邦存款保险公司

给所有进行了联邦存款保险的美国银行存款提供保险的独立机构。

Federal Funds Rate 联邦基金利率

对使用联邦基金而收取的利率。

Federal Funds 联邦基金

各家会员商业银行存于联储的存款。这些资金可以在会员商业银行之间相互借贷。

Federal Housing Administration 联邦房屋管理局

美国住房与城市发展部的分支机构，为住房抵押贷款提供担保以及制定建筑标准。

Federal Reserve Bank 联邦储备银行

美国的中央银行。

Federal Reserve System 联邦储备系统

美国的中央银行体系，根据1913年的联邦储备法案创立以协助国家达到经济和财政上的政策目标。联邦储备体系的结构包括理事会、联邦公开市场委员会以及12家联邦储备银行。

Federal Open Market Committee 联邦公开市场委员会

联邦储备银行的政策制定委员会，定期会晤并制定经济政策。

Feedforward Computation 前馈计算

神经网络系统中，神经细胞只从上一层中接收信息，并把处理结果传输给下一层。

Feedstock 给料

生产过程中使用的原料供给。

Fibonacci Ratio 斐波那契比率

斐波那契序列中两个连续数字间的比率，定义为 Phi（Φ）。在最前面四个连续的数字之后的任何数字与下一个较大数字的比率大约是 0.618（也即黄金均值或黄金比率），并且与前一个比其小的数字的比率大约是 1.618（黄金比率的倒数）。序列给出的三个重要比率是 0.618、1.0 和 1.618。

Fibonacci Ratio 斐波那契数列

13 世纪意大利数学家 Leonardo de Pisa 发现的数字序列，即 0，1，1，2，3，5，8，13，21，34，55，89，144，233……该数列也是艾略特波动理论的数学基础，其中数列的头两项是 0 和 1，后面的数字依次是前两个数字的和。从技术上来讲，它是一个序列，并不是一个数列。

Field 油田

Field Separation Facility 油田隔离设施

Fill 执行

指执行客户要求买进或卖出股票、债券或商品的指令，有时候该术语指订单的价格。

Fill Order 供应指令

必须被立即执行或取消的指令。

Fill-or-kill 执行或作废指令

某一客户的指令必须立即执行，否则立即取消指令。

Filter 过滤

一个装备设置或程序，依据具体的标准来分离数据、信号或信息。

Filter Point 过滤点

一个套保投资组合调整交易的时机。

Financial Analysis Auditing Compliance Tracking System（FACTS）财务分析审计追踪系统

美国期货协会的计算机化系统，用来维持及监控成员公司的财务状况。

Financial Instrument 金融工具

金融工具有两种基本类型：①债务工具，通过贷款合同，约定偿还本金和利息；②权益证券，主要指某一公司的股份或股票。

First Notice Day 首次通知日

根据芝加哥交易所规则，将某一特定月份的期货合约交易通过清算所交割的通知送达合约买方的第一天，清算所也要通知相应的合约卖方。

Fit Criterion 拟合准则

一种用来最小化模型误差的定量比较测度方法。

Fixed Carbon 固定碳

煤中除了灰分以外的不挥发物质。固定碳是运用规定方法对煤进行破坏性蒸馏后除煤灰以外的固体剩余物。固定碳是全部所有碳的一部分，后者是煤在密闭容器中加热时所有挥发性物质被蒸发后的剩余物。

5% Confidence 5%置信度

在进行统计检验之前，检验分析人员必须事先选定一个置信水平，以便用来决定是否接受零假设。5%的置信水平表明，如果零假设为真，根据样本计算的平均净收益在 100 个样本中只有 5 个到达，那么检验人员将不愿接受原先的零假设。

Flaglike 旗形

与市场主流趋势相反，横向市场价格轻微变动。

Flash Fill 闪电填单

在交易大厅内通过手势迅速完成交易指示。

Flash Point 闪点（着火点）

在特定条件下，易燃液体在标准化容器中释放出大量蒸汽形成与空气的易燃混合物所需的最低温度，也是产品挥发性的评估值。

Flared 燃烧（天然气）被燃烧的天然气

通常在生产现场或天然气加工工厂可见。

Flared Natural Gas 燃烧天然气

见 Flared。

Flexicoking 灵活焦化

一种将原油、含沥青砂或沥青以及蒸馏残余物等重烃转化为轻烃的热裂过程。给料可以是任何烃类，包括那些含有高浓度硫和金属的烃类。

Float 流通股数量

可供公众交易的流通股数量。

Floor Broker（FB）场内经纪人

在任一合约交易市场内，为他人执行购买或出售商品期货或期权合约指令的经纪人。

Floor Trader（FT）场内交易商

在任一合约交易市场内，为自己账户进行购买或出售商品期货或期权合约的人。

Fluid Coking 流化焦化

在将低级重油持续转化为轻油的过程中，运用流化固体技术移除其中的碳（焦炭）的一种热解过程。

Flyers 投机或高风险交易

F. O. B.（Free On Board）装运港船上交货价（习惯称"离岸价"）

出口商将商品运送到指定港口或地点的交易的出口价格，而随后的运费和保险费则由买方支付。

FOD

即 Fuel Oil Domestique 的缩写。

Forecast Origin 预测起始期

为构建预测模型所采用的最近期限，在此期限之后的下一期便是第一期预测期。

Foreign Exchange Market 外汇市场

买卖双方通过电话或其他通信方式进行外汇业务交易的场外市场，也被写成"Forex Market"。

Forex Market

见 Foreign Exchange Market。

FORTIES 油田名

英国北海最大的油田。

Forward（Cash）Contract 远期（现货）合约

在该现货合约中，合约卖方同意在未来某一时刻向买方交割某一特定现货商品，与期货合约相反，远期合约是私下协商而非标准化的。

Forward Rate Agreements（FRAs）远期利率协议

当即期利率高于或低于事先协商好的远期利率时，就按日进行利差的现金支付。远期利率协议能够用来对欧洲美元期货进行套期保值。

Fossil Fuel 矿物燃料

地壳中经衰变分解的有机原料而形成的一种能源资源。

Fossil Fuel Steam-Electric Power Plant 矿物燃料热力发电厂

通过燃烧矿物燃料加热锅炉以产生高压蒸汽，以此推动作为主要原动机的涡轮进行旋转，从而进行发电的电厂。

Fractal Dimension 分形维数

从分析几何衍生而来，用来描述直线、曲线、平面或体积的不规则特征。

Fractals 分形

对用来识别数据类型的数学模型的一种描述。

Fractionation 分馏

将饱和烃从天然气中分离出来形成各种不同的产品或者馏分，如丙烷、丁烷和乙烷。

Framework Convention on Climate Change（FCCC）联合国气候变化纲要公约

1992 年 6 月 4 日，在巴西里约热内卢举行的地球高峰会议上，公开签署的一份协议公约。公约的目标之一便是建立一个大气中温室气体浓度水平，此水平能有显著防止人为因素对气候的改变，见 Climate Change。

Framing or Frame Dependence 框架依赖

行为金融学中的一个概念，是指在一个既定的决策框架内来评估当前决策的倾向。制定决策是基于对风险/收益的感觉，而不是基于纯粹的风险和收益。与框架依赖对立的则叫作"框架独立"，在这种情况下，行为不受决策框架的影响，比如损失厌恶、享乐编辑、自我控制损失、后悔和货币幻觉。

Free On Board

见 F. O. B.（Free On Borad）。

Frequency

单位观测期内的循环数（如每年循环数）。

Frequency Component 频率成分

时间序列中可以表示成循环的那部分。

Frequency Distribution 频率分布

用来表示针对事件的每一可能取值，事件发生的次数（或频率）的图，图中的纵轴 y 表示频率，横轴 x 表示变量可能取到的不同值。

Frequency Domain 频域

时间序列中可以用不同频率下的循环分量解释的变化。

Frequency Response 频率响应

基础数据通常是价格的频率转换到其移动平均值的频率。

Front-Loaded 前端费用

在实际投资之前发生的佣金和费用。

Front Month 即月

在一系列月份中的第一个到期的月份。

Front-Running 抢先交易

在下大额指令发出前为从价格变动中获利而进行的交易，经纪人禁止从事此类交易。

F-Statistics F-统计量

可解释方差与不可解释方差之比。

Fuel 燃料

可以用来提供热能和动力的物质，包括石油、煤、天然气（化石燃料）以及其他物质，例如铀、生物燃料和氢，可参考能源一项。

Fuel Cells 燃料电池

通过把化学能直接转换为电能而产生电流的一个或多个电池，它不同于传统的电池，因为其活性物质如燃料和氧并不在电池内而是来自外部。

Fuel Ethanol 燃料乙醇

用于和汽油混合的脱水脱脂的乙醇，见 Oxygenates。

Fuelwood 薪柴

见 Wood Energy。

Full Carrying Charge Market 完全持有费用市场

不同交割月份的价格差异反映了利息、保险费和仓储总成本的期货市场。

Full Membership 完全会员资格

允许个人交易在交易所挂牌的所有期货和期权合约的会员资格。

Fully Disclosed 完全公开账户

以单独客户名义开立但由期货佣金商持有的账户，与综合账户相对。

Fundamental Analysis 基本分析

只对交易资产的价格、收益和价值进行分析的一种分析方法。

Fundamentals 基本面理论

认为股票市场的活动可以通过分析股票的相关数据指标以及相应公司的经营管理活动来预测的理论。

Future Volatility 未来波动性

对未来（价格）波动的预测。

Futures Commission Merchant（FCM）期货佣金商

接受期货合约或期货期权买卖指令，并收取佣金的个人或组织。

Futures Contract 期货合约

根据期货交易所场内交易规则制定的一份法律协议，约定以特定价格在未来的特定日期买卖商品或金融工具。期货合约对每个商品的质量、数量、交割日和交割地点都进行标准化。期货合约唯一可变的便是价格，而价格是要在期货交易所场内才能被发现出来。

Futures Exchange 期货交易所

设定了一系列规则的供买卖双方进行期货合约交易或期货期权合约交易的集中场所。

Futures Industry Association（FIA）期货业协会

全美期货佣金商交易协会。

Futures Market 期货市场

对特定数量的商品在未来某一特定时间和地点交割的期货合约进行报价的场所。

Fuzzy Systems 模糊系统

一种能够应用于神经网络、专家系统和其他计算方法的问题解决方法。模型系统用不精确的方式处理不精确的信息，描述发生的某件事情的多意性、模糊性而不是不确定性，模糊系统在执行控制和决策制定任务中是有用的。

G

Gamma 伽马值

随着基础期权价格改变，德尔塔的变化程度。

Gann Theory 甘氏理论

由传奇交易商 W. D. Gann 提出来的多种分析技术。

Gap 缺口、间断

某日的证券或商品交易区间没有与前一日交易区间交叉（完全在前日上方或者

下方）而引起的缺口。

Gas Condensate Well 天然气冷凝井

一种天然气井，该井能从含有大量重烃等液态烃的天然气蓄池中进行生产，见 Lease Condensate。

Gas（Electric）发电用气

在容器内燃烧并通过内部燃烧引擎进行发电的燃料。这类气体包括天然气、人造气和废气。

Gasohol 酒精—汽油混合燃料

含有 10%或以下酒精（通常是乙醇，但有时也是甲醇）的酒精汽油混合物，见 Motor Gasoline（finished）and Oxygenated Gasoline。

Gasoil 瓦斯油/粗柴油

欧洲和亚洲标识的 2#民用燃料油和 2#柴油。

Gasoline Blending

见 Motor Gasoline Blending。

Gasoline Grades 汽油等级

根据辛烷值对汽油进行的分级。每种类型的汽油（常规的、氧化的、再生成的）都被分成三个级别：一般级别、中等级别和优质级别。（注：汽油销售是根据与销售时分类相一致的汽油等级来进行报价的。一般来说汽车用汽油的辛烷值要求在高纬度地区比较低一点。因此，在美国某些地区，如洛杉矶，该级别汽油辛烷值可能比正常辛烷水平低 2 个或 2 个以上的点。）

（1）一般级别汽油：抗爆指数也即辛烷值大于或等于 85 但小于 88 的汽油。

（2）中等级别汽油：抗爆指数也即辛烷值大于或等于 88 但小于 90 的汽油。

（3）优质级别汽油：抗爆指数也即辛烷值大于 90 的汽油。

Gas to Liquids（GTLs）气液转换

将天然气分子中的碳氢元素结合来制造出合成液态石油产品（如柴油等）的加工过程。

Gas Turbine Electric Power Plant 燃气涡轮发电厂

用燃气涡轮机作为原动机的发电厂。一台燃气涡轮机主要由一个轴向空气压缩机和一个或多个供液态或气态燃料燃烧的燃烧室组成。热气膨胀扩张驱动发电机并接着被用来推动压缩机运行。

Gas Well 气井

一个或多个气层中专门用来生产天然气的井（生产原油和天然气的井被归类为油井）。

GDP

见 Gross Domestic Product（GDP）。

Generating Facility 发电工厂

用于发电或即将用来发电的已有或规划中的地点和场所。

Generating Unit 发电单元

将发电机、反应器、沸腾炉、燃烧涡轮机和其他原动机通过物理方式连接在一起用来发电的一个组合。

Generation（Electricity）

见 Electricity Generation。

Generator 发电机

将机械动能转化为电能的机器。

Generator Capacity 装机容量

发电设备能够供应的最大输出容量，通常用兆瓦（MW）作单位。

Generator Nameplate Capacity（Installed） 发电机额定容量（安装）

在由制造商设计的特定条件下某发电机、原动机或其他发电设备的最大额定输出。安装发电机的额定容量通常用兆瓦（MW）作单位，并且以铭牌的形式贴在发电机上。

Genetic Algorithms 基因算法式

模拟与进化论相关的特征以及优化问题（如优化神经网络参数）的算法式。

Genetic Programming 基因编程

在人工智能中，这种编程形式会自动从一套基本构造中生产一个程序。

Geothermal 地热

有关地球内部的热。

Geothermal Electric Power Generation 地热发电

通过地球表面的热而获得的电。在地球内部，有大量熔岩和金属，被与之相连的冷却层覆盖，直到地球表面的地壳。地下河流通过地球表面的裂缝，以喷泉形式将产生的蒸汽释放出来。

Geothermal Energy 地热能源

从地壳中的地热储层里抽取出的热水或蒸汽。这种水或蒸汽能够用于地热泵，加热水或发电。

Geothermal Plant 地热厂

以蒸汽涡轮机作为原动机的工厂。涡轮机由热水产生的蒸汽驱动或者是由天然蒸汽驱动，后者的能量来自于地表下不同深度处的岩石或流质携带的热量。这些流质通过钻井或泵吸可以获得。

Giga

十亿、千兆、10 的九次方。

Gigawatt 十亿瓦特

Gigawatt Hour（GWh）十亿瓦特时

Gilsonite 黑沥青

一种硬沥青的名字，主要是在犹他州或科罗拉多州西部的部分地方发现的一种黑色的、有明亮光泽的天然沥青品种。

GIM Membership（CBOT）通用机构会员资格（芝加哥交易所）

芝加哥交易所的一种会员资格，允许单个个体买卖所有在政府金融工具市场范畴内上市的期货合约。

Give-Up 让与

一方经纪人为另一方经纪人的客户执行交易指令，佣金由这两方经纪人共同分享的一种行为。客户无须为此多付额外费用。

Global Climate Change 全球气候变化

见 Climate Change。

Global Warming 全球变暖

地球表面温度的上升。在过去，全球变暖是由于大自然的影响而发生的，但这个词今天通常用来指科学家描述的变暖，他们预测，全球变暖是由于人为排放的温室气体日益增加而导致的，见 Climate Change。

Global Warming Potential（GWP）全球变暖指数

用来反映不同温室气体的相对强度的指数，该指数没有直接计算大气凝聚物的变化。其计算方法是某一千克质量的温室气体在一定时间内（比如 100 年）相对于一千克 CO_2 的累积辐射力。

GLOBEX

一种全球营业时间外的电子交易系统。

Golden Mean or Golden Ratio 黄金分割（黄金比例）

斐波那契序列中任何相邻两个数字的比率，被记作 Φ，其值等于 0.618。黄金分割率是音乐、艺术、建筑以及生物等方面的一个重要现象，见 Fibonacci Ratio。

Golden Section 黄金分割

任意一段长度被分割成两段，短的部分与长的部分的比率等于长的部分和原整个长度的比率，比值都是 0.618，见 Fibonacci Ratio。

Grain Terminal 谷物码头

一种大型谷物升降设施，能够通过铁轨或驳船将谷物运送到国内外市场。

Grantor 期权出售方

卖出一份期权同时承诺承担在未来某一时期以某一特定价格卖出基础期货合约（对于看涨期权）或买入基础期货合约（对于看跌期权）的义务的当事人。

Greeks 期权敏感性指标

行话，一个比较自由的术语，指期权交易商对一系列风险变量进行度量的指标。

Greenhouse Effect 温室效应

水蒸气、二氧化碳和其他空气中的气体辐射出的能量而使得地球表面变得比没有这些因素影响时更加温暖的结果，见 Greenhouse Gases。

Greenhouse Gases 温室气体

指包括如水蒸气、二氧化碳、氮氧化物、甲烷、HFCs、全氟化碳（PFCs）以及六氟化硫等在内的一类气体。它们对于太阳光（短波）辐射是可以穿透的，但对于长波（红外线）辐射却是不可穿透的，从而就阻止了长波辐射能量离开地球表面。该类气体对两种波长反应的净效应就是不断吸收辐射热，并造成了地球表面逐渐变暖的趋势。

Grid 高压输电网

电力分布系统的布局。

Gross Domestic Product 国内生产总值

一国国内生产的全部商品和提供的所有劳务的总价值。

Gross Electricity Generation

见 Gross Generation。

Gross Generation 总发电量

发电中心发电量总额，通常用千瓦时（kWh）或兆瓦时（MWh）作计量单位。

Gross Heat Content of a Quantity of Fuel 一定量燃料的总热含量

见一定量燃料的毛热含量（Heat Content of a Quantity of Fuel，Gross）。

Gross Input to Atmospheric Crude Oil Distillation Units 原油汽化蒸馏单位的总投入量

指将原油，包括伴生气凝析油、液化天然气、未加工的石油、液化精炼气、废油以及其他从沥青砂、硬沥青或者油页岩中提取的碳氢化合物，进行汽化蒸馏的设备的总投入量。

Gross National Product 国民生产总值

国内生产总值加上本国国民在国外投资的收益减去外国居民在本国的收益。

Gross Processing Margin 加工毛利

购买大豆的成本和加工后的大豆油和大豆粉的销售收入之间的差额。

Gross Production，Natural Gas 天然气总产量

见 Gross Withdrawals，Natural Gas。

Gross Withdrawals，Natural Gas 天然气总开采量

已开采天然气的全部井内液态流量，包括所有天然气厂的液态天然气、非烃气体等，但不包括矿场气凝析油。

GW 十亿瓦

见 Gigawatt。

GWh 十亿瓦时

见 Gigewatt Hour。

H

Harami 孕妇线

在 K 线分析术语中，一个较小的实体包括在前一天较大的实体中。

Head and Shoulders 头肩形

走势图中某种可交易商品的价格高于前后时期的价格。

Heap Leach Solutions 堆摊浸出溶剂

自然地将准备好的化学溶剂渗滤一堆矿石，从中分离或者溶出可溶解的铀成分。矿石一般是含有低级别的矿物质或者是露天或者地下矿场中开采出的废料，溶剂在渗滤过程结束后回收，经过处理得到有价值的物质。

Heat Content of a Quantity of Fuel，Gross 一定量燃料的总热含量

燃料燃烧后释放的总热量。煤炭、石油和天然气都包括了碳和氢的化合物。当这些燃料燃烧时，碳和氢同空气中的氧化合成为二氧化碳和水。燃烧过程中损失部分能量，被用来将水变成蒸汽。这部分损失的热量计入燃料的毛热含量，但是不计入净热含量。毛热含量也指较高的热值，但是，能源信息管理局通常采用的转化要素表示的是毛热含量。

Heat Content of a Quantity of Fuel，Net 一定量燃料的净热含量

Heating Value 热值

见 Heat Content of a Quantity of Fuel，Gross 和 Heat Content of a Quantity of Fuel，Net。

Heavy Crude Oil 重油

API 密度低于 28 度的原油。API 值越低，原油越重。

Heavy Gasoils 重汽油

在 651~1000 华氏度沸腾范围内分馏出来的汽油。

Hedge Fund 对冲基金

对股票和期权进行投机性投资的共同基金。

Hedger 对冲者

拥有或计划拥有谷物、大豆、小麦、长期国债、中期国债以及短期国债等的现货，但又担心在未来某一时刻在现货市场上他们的购买成本或出售价格会发生变动的个人或公司。对冲者通过购买（出售）同一或相似商品的期货合约，随后又通过出售（购买）与最初交易数量和类型相同的期货合约来冲销头寸，从而防范现货价格的波动风险。

Hedging

（1）套期保值。通过在期货市场持有数量相等、方向相反的头寸在冲销现货市场价格的操作行为。套期保值者运用期货市场保护他们的业务免遭逆向价格变动的损失。卖出（空头）套期保值：卖出期货合约，以此来防止未来现货市场价格可能下降时出售现货所发生的损失。在卖出现货商品时，将期货合约进行平仓，按照初始约定的出售价格卖出同样数量和类型的期货合约。买入（多头）套期保值：买入期货合约，防止未来现货市场价格可能上升时购买现货所发生的损失。在购买现货商品的同时，将期货合约进行平仓，按照初始约定的购买价卖出相等数量和类型的期货合约。

（2）设置绿篱。在日常讲话中，Hedging 是一个有关园林领域的词汇，主要是指将花园与花园进行隔离开来的一排排的灌木丛或小树。

Herrick Payoff Index 哈里克获利指数

要求输入两个量的指数：一个是平滑因素作为放大因子；另一个是移动一个点的价值。

Heuristic Bias 启发式认知偏向

拇指规则在决策中的使用。

Heuristic Method 启发式方法

通过试验几种不同的方法从而比较哪一种方法能够提供最好解决方案的问题解决方法。

Heuristics 启发法

计算机科学中的一种计算方面的拇指规则。

HFCs

见 Hydrofluorocarbons。

Hidden Node 隐藏点

赋予神经网络知悉非线性图形的能力的元素。

Hierarchical Neural Network 分级神经网络

在人工智能中，从一个层级中获得的预测被作为在另一个层级预测中的输入量。这种结构借助于自身进行快速训练。

High 最高价

某一特定期货合约在当天的最高价格。

High Pass Frequency Filter 高通滤波器

让高频噪声通过而拒绝低频趋势的滤波器。实施方法是先对数据进行低通滤波器过滤，然后再从原始数据中减掉过滤出来的数据。

High Sulfur No. 2 Diesel Fuel 高硫二号柴油

含硫量按重量算超过 0.05% 的 2# 柴油。

High-Temperature Collector 高温收集器

见 Solar Thermal Collector, High-Temperature。

Hines Ratio Hines 比率

一种修正的看跌/看涨期权比率,通过将未结清权益数额纳入方程中从而改进传统的期权比率分析。其计算式如下:

$$\frac{总看跌期权数量/总看跌期权未结清权益数量}{总看涨期权数量/总看涨期权未结清权益数量}$$

Historical Data 历史数据

指一系列过去的每日、每周、每月市场价格(开盘价、最高价、最低价、收盘价、成交量以及未结清权益)。

Holder 持有者

看涨或看跌期权的购买者。期权买方得到权利(而不是义务)处置期货头寸,也称为 Option Buyer(期权买者)。

Hook Day 钩日

开盘价高于(低于)前一交易日最高(低)价,收盘价略低于(高于)前一交易日收盘价的交易日。

Horizontal Spread 水平价差

在购买看涨或看跌期权的同时,出售同种类型、同样执行价格但不同到期月份的期权,也称作 Calendar Spread(日历价差)。

Hydrocarbon 烃、碳氢化合物

以气态、液态或固态形式存在的碳和氢的有机化合物,碳氢化合物的分子结构从最简单(如天然气的构成成分甲烷)到最复杂(重烃)都有。

Hydroelectric Power Generation 水力发电

通过落水的势能驱动发电厂涡轮机转动从而发电。除非特别指定,一般水力发电包括电力设施和水力发电工业装置。

Hydrofluorocarbons(HFCs) 氢氟碳化物

一组人为合成的化合物,主要由一个或两个碳原子和不同数目的氢原子及氟原子组成,大多数氢氟碳化物的全球暖化潜能都很高。

Hydrogen 氢

一种无色无味易燃的气体元素。它是所有气体中最轻的气体,也是宇宙中最丰富的元素。它主要与氧结合形成水,也会与其他元素结合形成酸、碱、酒精、汽油和其他碳氢化合物。

I

IEA 国际能源机构

见 International Energy Agency（IEA）。

Implied Volatility 隐含波动性

利用期权合约的真实市场价格和某一种定价模型计算出来的波动性。比如，如果基础资产（或期货）价格没有改变而期权的市场价格却上涨了，那么隐含波动性就会增加。

Imports（US）输入额（美国）

美国 50 个州以及哥伦比亚特区收到的来自美国领地以及外国的商品，见 United States of America（USA）。

Improved Recovery 提高的开采方法

原油或天然气的萃取方法得以提高，而不是像原来那样主要依赖天然储备压力、气体升力或抽吸系统。

Impulse 冲击

一系列研究数据如市场价格或成交量的急剧变化。

Impulse Wave 冲击波

将当前趋势继续朝同一个方向推动的波浪。

In Play 正在进行（被接管）

指某只股票正在成为公众竞相报价的目标，处于要么被接管，要么被空头袭击的境况中。

In Situ Leach Mining（ISL）地浸开采

通过化学浸析而不是物理萃取的方法从矿石中开采有价值的成分。

In-the-Money 实值期权

执行价格低于基础股票或期货市场价格的看涨期权，或者执行价格高于基础股票或期货市场价格的看跌期权。比如，某商品价格是 500 美元，而基于该商品的看涨期权的执行价格是 400 美元，则该看涨期权被认为是实值期权。

Income Dividends 收益股利

对基金持有者的支付包括扣除基金营运费用后基金投资组合证券的股利、利息和短期资本利得。

Independent Introducing Broker 独立中介经纪人

能够履行经纪人的所有职责，接受客户商品期货交易指令，但不向客户收取资金、证券或财产的公司或个人。与担保中介经纪人不同，独立中介经纪人有最低资本金要求，并且能够给注册期货佣金商介绍账户。

Index Fund 指数基金
复制某一给定指数行为的共同基金。

Indicated Recoverable Reserves，Coal
见 Probable（Indicated）Reserves，Coal。

Indicated Reserves
见 Probable Energy Reserves。

Inductive Logic 诱导逻辑
从对特定事件的描述进展到一般规律的陈述。

Inefficient Markets 非有效市场
行为金融学中的一个概念。受框架依赖和启发式认知偏差的驱使，市场价格与基本价格发生偏离。

Infilling Wells 井网加密井
井网加密井是在生产区域挖掘的井，目的是提高油田烃类化合物的开采量，维持或者增加产量水平。

Initial Balance 初始平衡
芝加哥交易所第一个或前两个"半小时"交易期间，市场价格趋于收敛的市场概况。

Initial Margin 初始保证金
期货市场参与者在下单买入或卖出一份期货合约时，必须存入保证金账户的一笔金额，也被称为 Original Margin。

Initial Public Offering 首次公开发行
某只股票首次可以由公众进行购买。

Inside Day 内部日
某证券总的价格变化范围完全在前一交易日价格范围之内的日期。

Intercommodity Spread 跨商品价差
在一个期货市场购买一个既定交割月份的期货，同时在另一个不同但相关的期货市场卖出一个相同交割月份的期货。

Interdelivery Spread 交割期价差交易
指在同一交易所，同时进行同一商品但不同交割月份的交易，也称为 Intramarket 或 Calendar Spread。

Interest Rate Swaps 利率互换
要求交易双方基于两种不同的利率来给对方进行支付的一种安排。最常见的利率互换交易便是要求一方支付给另一方固定利率，而另一方支付给对方浮动利率。

Intergovernmental Panel on Climate Change（IPCC）政府间气候变化专门委员会

世界气象组织（WMO）和联合国环境规划署（UNEP）于 1988 年联合建立的一个专业小组，主要负责对与气候变化相关的科学信息进行评估并制定现实应对策略。

Intermarket Analysis 跨市分析

观察一个市场的价格运动是为了对另一个不同的市场进行评估。

Intermarket Spread 跨市价差

指投资者在某交易所出售某月份的期货合约，同时在另一交易所购买相同月份的期货合约。

Internal Combustion Electric Power Plant 内燃发电厂

以内燃机作为原动机的发电厂。内燃机在燃烧进行的部位有一个或多个汽缸，将燃料和空气混合物迅速燃烧形成的能量转化为机械能。柴油机或燃气机是发电厂里使用的主要类型的内燃机。

International Bunker Fuels

见 Bunker Fuels。

International Energy Agency（IEA）国际能源署

当前成员国包括：澳大利亚、奥地利、比利时、加拿大、捷克、丹麦、芬兰、法国、德国、希腊、匈牙利、爱尔兰、意大利、日本、卢森堡、荷兰、新西兰、挪威、葡萄牙、西班牙、瑞典、瑞士、土耳其、英国和美国。〔注：关岛、前夏威夷贸易区、波多黎各和美属维京群岛（通常写作维京群岛，美国）的数据也包括在国际能源署相关数据中。〕

Intrinsic Value 内在价值

指期权费中的一个部分，表示现货市场价格高于期权执行价格，也就是人们常说的执行价格和基础资产市场价格之差。

Introducing Broker（IB）中介经纪人

接受客户买卖期货合约或商品期权的指令，但不向客户收取资金或其他资产的个人或组织。

Inverted Market 反转市场

同一商品在两个不同交割月关系非正常的期货市场。

Invisible Supply 隐形供应

批发商、加工厂、生产商手上不能精确识别的未统计的库存商品，或者是指商业渠道之外但理论上来说市场可以获得的库存。

IOC 印度石油公司

Indian Oil Corp

IPE 国际石油交易所

International Petroleum Exchange

IRA（Individual Retirement Account）个人退休账户

雇主根据税法特别规定而设置的退休计划，该计划允许员工通过自主选择以降低或消除其退休时应纳税收入。

Irregular Flat 不规则平坦

一种呈现 3-3-5 波形的艾略特波浪调整。在这种情形下，B 波以超过 A 波的开始而终止。"平坦"即是处于进展中，暗示着一轮更大的波形要发起。比刚刚调整完的 A-B-C 波形更高的波将会出现。

Island 电子通信网络

Isomerate 异构糖

在异构单元中制造出来的一种汽油混合库存。

Isopentane 异戊烷（2-甲基丁烷）

一种带支链的饱和烃（C_5H_{12}），通过石油裂解或者戊烷异构获得。

J

Jet Fuel 喷气发动机用燃料

用于喷气式飞行器引擎的一种炼化的石油产品。它包括煤油喷气发动机燃料和石脑油喷气发动机燃料两种类型。

Joule 焦耳

做功或者能量的单位，它等于在一牛顿的力的作用下，物体朝某一方向移动一米所做的功，也等于 10^7 尔格或是一瓦特秒。

K

Kerogen 油母岩质、油原

油页岩中的一种固态、含沥青的类矿物质。页岩经过破坏性分馏便能产出石油。

Kerosene 煤油

一种轻质汽油分馏物，用于空间加热器、饭炉、热水器，也适用于作为油灯用油。在 10% 恢复点下，煤油最高蒸馏温度是 400 华氏度；煤油最高沸点是 572 华氏度；煤油最低闪点是 100 华氏度。根据 ASTM 规则 D3699 号划分等级的 1#煤油和 2#煤油以及其他灶用煤油和炉用煤油都有与 1#燃油类似的特性，见 Kerosene-Type Jet Fuel。

Kerosene-Type Jet Fuel 煤油型喷射机燃油

一种基于煤油的石油产品。它在 10% 恢复点下最大蒸馏温度是 400 华氏度，它的最大沸点是 572 华氏度，它满足 ASTM 规则 D1655 号、军用规格 MIL-T-5624P 和 MIL-T8133D（JP5 和 JP8 级别）。该种产品应用于商用和军用涡轮喷气飞机和涡轮螺旋桨飞机的引擎中。

Kilowatt（kW） 千瓦

一千（10^3）瓦特。见 Watt。

Kilowatt Hour（kWh） 千瓦时

一千（10^3）瓦特小时。见 Watt Hour。

Knowledge Base 知识库

人工智能中有关一系列规则下的既定知识和信息数据库。

Kondratieff 康德拉捷夫

波浪理论的开创者。

Kurtosis 峰度系数

描述某变量所有取值分布形态陡缓程度的统计量。

kW 千瓦

见 Kilowatt（kW）。

Kyoto Protocol 京都协议

1997 年 12 月，在日本京都召开的第三次缔约国会议上达成的谈判结果。京都协议给认可并签订协议的国家设定了温室气体排放限制。协议涉及的气体包括：二氧化碳、甲烷、氮氧化物、氢氟碳化物（HFCs）、全氟碳化物（PFCs）及六氟硫化物（SFs）。

L

Lag 滞后次数

经过移动平均法等方法过滤后追踪已输入价格的数据的次数。

Lagging Indicators 滞后指标

显示经济发展方向、确认或否认领先指标所暗含的发展趋势的市场指标，也称为一致指标。

Landed Cost（Crude Oil）

见 Crude Oil Landed Cost。

Last Trading Day 最后交易日

某一特定期货或期权合约可以进行交易的最后一天。

Latest Quarterly Earnings 最新季度盈利

与前一年同季度相比最新盈利报告中的百分比变化。

Law of Series 连续规则

一连串的随机事件，比如抛一枚硬币。

Lead 前置点个数

某些数据点的个数，通过该数据点某一过滤器（如移动平均值）会在输入的价格数据之前出现。

Leading Indicators 领先指标

能够提供信号、反映未来几个月经济发展状况的市场指标。一些领先指标包括：平均制造工作周、首次失业保险索赔、消费品和原材料订单、公司公布减缓交货的百分比、制造商未完成的耐用品订单的变化、工厂和设备订单、新建筑物许可证、消费者预期指数、原料价格变化、股价、货币供应量变化等。

LEAPS 长期普通股预期证券

Long-Term Equity AnticipationSecurities 的首字母缩写。指到期期限长达两年半的上市长期期权。

Lease Condensate 矿场气凝析油、伴生气凝析油

一种主要由戊烷和重烃组成的混合物，后者是通过分离装置中的天然气得到的液态物。该类物质不包括天然气厂的液态物质如丁烷和丙烷，丁烷和丙烷是在下游天然气加工厂得到的。

Lease Separation Facility（Lease Separator） 油矿矿场隔离设施（矿场隔离器）

一种安装在外表面的设施，目的：①在隔离器设定的温度和压强下将气体和产出的原油以及水进行隔离；②在隔离器设定的温度和压强下将气体与部分液态天然气流进行隔离。

Least Squares Method 最小二乘法

让给定点与曲线的方差平方和最小的一种技术。

Leg 腿

差价交易的一方。

Leg Out 出腿

在期货转运当中，一种导致清算头寸的方法。

Leverage 杠杆

用相对较少的资本金来控制巨大金额商品的能力。

Lifting 装卸船

在转载点装卸石油的油船和驳船。

Light Crude Oil 轻质原油

API 比重值高于 33 度的原油。API 值越高，原油就越轻。

Light Gasoils 轻油

比石脑油略重的轻质石油分馏物，其沸点在 401~650 华氏度范围。

Light Products 轻质产品

低沸点的石油产品组合，包括汽油和分馏油。

Lignite 褐煤

最低等级的煤，一般被称为褐煤，几乎专门用作蒸汽发电的燃料。它是褐黑色的，内含高度的湿气，有时甚至高达 45%。在潮湿无金属的基础上，褐煤所包含的热量每吨在 0.9 亿~1.7 亿 Btu。在美国消费的每吨褐煤所释放的热量为 1.3 亿 Btu。

Lignite Briquets 硬质褐煤

见 Coal Briquets。

Limit Move 限制移动

基于贸易合同所产生的交易而带来的超过限制价格的变动。

Limit Order 限价指令

价格固定时的买卖指令。

Limit Up/Limit Down 涨停板/涨跌板

是指对于一个商品在一个交易日中对于最大价格上涨和下跌所设置的限制。

Limits 限制

指由商品期货交易委员会或者交易合约所在的交易所制定的一个人或者机构能持有的投机期货交易合约的最大数量，也被称为交易限制。也就是说，根据交易所规则规定，某一合约在一个交易过程中相对于前一交易日所允许的最高涨幅和最低跌幅。根据芝加哥交易所的规则，在波动的市场中设置的允许变动的价格范围。

Linkage 连接

指在一个交易所买进（卖出）合约而后在另一个交易所卖出（买进）合约的能力。

Liquefied Natural Gas（LNG）液化天然气

在大气压强下将温度降到零下 260 华氏度而得到的液态的天然气（主要是甲烷）。液化天然气的体积是它在气体状态下的 1/600。

Liquefied Petroleum Gases（LPN）液化石油气

从原油中提炼或天然气蒸馏而得到的一组由氢元素组成的气体，包括乙烷、乙烯、丙烷、丙烯、丁烷、丁烯、异丁烷、异丁烯。为了运输的方便，这些气体通过压力进行液化。

Liquefied Refinery Gases（LRG）液化精炼气

液化石油气是从精炼厂和惰性气体中蒸馏出来的，通过压榨和冷冻，它们被保存在液体状态。现在有的种类有乙烷、乙烯、丙烷、丙烯、丁烷、丁烯、异丁烷。不包括用于提供石化原材料的化学和橡胶工业的惰性气体，也不包括容易和汽油混合物，比如汽油混合的液化石油气。

Liquid 流动性

证券市场或商品市场拥有足够的稳定性以至于在进行大量交易的同时价格不会发生变化的一种特征。机构投资者倾向于寻求投资于流动性投资，以便他们的交易活动不会受市场价格影响。

Liquid Collector 液体集尘（捕集）器

见 Solar Thermal Collector。

Liquidate 变现、清算

指卖出（或买入）早前买入（或卖出）的具有相同交割月份的期货合约，或者指作出（或接受）之前期货合约代表的现货商品的交割。也指做一笔与初始头寸相反的期货合约头寸或期权头寸，也叫作 Offset。

Liquidity（Liquid Market）流动性（流动市场）

证券市场或商品市场拥有足够的稳定性以至于在进行大量交易的同时价格不会发生变化的一种特征。

Liquidity Data Bank 流动数据库

芝加哥交易所市场交易活动中的一种计算机化的数据库。技术交易商们用它来分析价格趋势并研究制定交易策略。这个数据库中详细列出了每一种在芝加哥交易所交易商品的价格时间分布和每天的交易量数据。

LISP

一种基于谓语语言逻辑的编程语言，在人工智能实验中广泛运用。

Ljung-Box Statistic Ljung-Box 统计

检测更高顺序相关性存在显著的 X 平方检测，边际显著水平是指没有更高顺序相关性存在的可能性。

LLS Light Louisiana Sweet 轻质路易斯安那原油

LNG

见液化天然气（LNG）。

Load（electric）负荷（电力）

指一个电力系统中在任何一个节点和节点集合上输送和需求的电力总量。也就是说，使消费者在能量消费装备上所产生的需求。

Loan Rate 贷款利率

特指借给农民一单位商品的金额。

Local 自营交易商

指在商品交易所为自己账户进行买卖的交易商。

Locked Limit 锁定限制

市场如果没有限制，那么它会在限制之外寻求价格均衡。但如果有限制的话，市场会向这个限制移动并且最终中止交易。

Long 多头

买进或持有预期价格将上涨的证券。

Long hedge 多头对冲

买进期货合约以防止未来购买的现货商品价格的可能上涨。在未来，购买现货商品时，通过卖出初始时购买的等量同类型的期货合约将持有的期货头寸进行平仓。也叫作 Buying Hedge（买入套期保值）。

Lookback Interval 回顾间隔

用于观测和计算的历史数据时间间隔数量。

Low 最低价

指某一特定期货合约在一个交易日中的最低价格。

Low Pass Frequency Filter 低通滤波器

指一个数据平整器或者过滤器，它可以让低频率倾向的正弦曲线通过，并且拒绝高频率的噪声（见 SMA）。

Low Sulfur No. 2 Diesel Fuel 低硫 2#柴油

含硫水平按重量计算低于 0.05% 的 2#柴油。主要用于高速公路上行驶的机动车的柴油机。

Low-Temperature Collector

见 Solar Thermal Collector，Low-Temperature。

Low-Ticking 按买价卖出

按买价出售一项资产。

LPG

见 Liquefied Petroleum Gases。

LRG

见 Liquefied Petroleum Gases。

Lubricants 润滑剂

用来减少轴承表面摩擦的物质，或者是制造其他产品过程中作为加工助剂放入生产材料中的物质。石油润滑剂要么是通过分馏物得到要么是通过残余物得到。润滑剂包括各种级别的润滑油，从锭子油到汽缸润滑油，再到工业润滑脂中用到的润滑油。

M

MACD

见 Moving Average Convergence/Divergence。

Macro 宏

一种在电子数据表中普遍应用的根据记录的按键自动重复原来步骤的计算机方法。

Maintenance 维持保证金

客户为了继续持有期货头寸而必须在保证金账户中存放的最低金额的保证金（对每一发行在外的期货合约而言），参见 Margin。

Major Auction 多数出售

一种市场总体趋势，在条形图上可以观察到。

Managed Account 管理账户

一种确保清算会员（通常是一些公司或企业）执行其客户未平仓期货和期权合约的金融安全措施。清算保证金不同于客户保证金，后者是期货和期权合约的个人买者或卖者被要求必须存于经纪人处的资金。在期货行业，对期货合约的买卖双方和对期权合约的卖方要求预先支付必需的资金保证，是为了确保他们能够完全履行合约义务。期货佣金商负责监督客户保证金账户，保证金的多少取决于市场风险和合约价值，也叫作 Performance-Bond Margin（履约保证金）。

Managed Funds Association（MFA）管理基金协会

Managed Futures 管理期货

将期货作为主要投资资产的基金。

Mandelbrot Set 芒德布罗集

通过一个能自动反馈结果到方程本身的方程得到的一种复杂但有结构的图形。

Manufactured Gas 人造气

通过对煤进行破坏性分馏，或者对石油进行热解，或者将水蒸气与碳或焦炭共同反应从而得到的气体，如煤气、焦炉煤气、发生炉煤气、高炉气、蓝（水）煤气以及渗碳气等。

Mapping 映射

两个不同变量之间的函数或关系。

Margin 保证金

期货合约的买方和卖方以及期权合约的卖方存入的货币资金，目的是确保他们能够履行合约条款（交割商品或冲销头寸）。商品交易或证券交易的保证金并不是一种跌价损失支付，而是一种履约保证。见 Initial Margin（初始保证金）；Maintenance Margin（维持保证金）；Variation Margin（变动保证金）。

Margin Call 追加保证金通知

清算所对清算会员的通知或者是经纪公司对客户的通知，要求被通知者往其保证金账户中存入一定资金以满足最低保证金要求。

Marginal Significance Level of Test Statistics 检验统计量临界显著性水平

用来检验 β 系数不等于 0 的假设的概率分布。某一 T 统计值近似为 1.65，则反映出 90% 的置信度，从而临界水平便是 1-0.9=0.1，即 10%。

Marked-to-Market 盯市

在每个交易日末，经纪公司开立保证金账户的未平仓头寸都要根据当天结算价格进行保证金资金的存入或取出。

Market-Based Pricing 基于市场定价

在开放的供求市场体系中，电或其他形式的能源价格由买方愿意支付卖方愿意接受从而达成的协议来唯一决定。这样，价格可能会低于或高于商品的全部成本，而这取决于买卖双方对机会和风险的看法。

Market Breadth 市场宽度

一段时期内某只股票公开交易的数量，通常指市场综合强度和总成交量。

Market if Touched 触及市价指令

当证券价格达到某种特定价格时，立即变为场内经纪人市价指令的一种指令。

Market Information Data Inquiry System（MIDIS）市场信息数据询问系统

通过芝加哥交易所计算机系统能够获得芝加哥交易所过去的价格、成交量、未平仓合约数等数据以及其他市场信息。

Market Maker 做市商

在市场上持续买入（出现超卖时）或卖出（出现超买时）某种证券或货币的经纪商或银行。

Market on Close 收盘买卖指令

要求经纪人在交易收盘时争取最有利的价格进行买卖的指令，通常在一个交易日的最后 5 分钟下达。

Market Order 市价指令

投资者对经纪人要求按最有利的价格买入或卖出某种证券的指令。

Market Reporter 市场报告员

受雇于证券交易所的工作人员，在交易所内或附近负责记录证券交易的价格。

Market Risk 市场风险

由于整个市场波动而带来的收益的不确定性。

Market Sentiment 市场气氛

群体心理，最典型的就是投资者和交易商中间的一种对牛市和熊市的态度的衡量。

Market Timing 市场时机选择

利用分析工具设计入市和退市时机及方法。

Market Value 市场价值

由投资者决定的公司价值，通过公司当前股票价格乘以发行在外的普通股股数得到。

Marketed Production，Natural Gas 上市产量（天然气）

来自油层的总的天然气抽取量，减去因用于恢复压力而重新注回油层的天然气，再减去通风溜走的、被燃烧的以及加工过程中移除的非烃气体，最后剩下的天然气数量。

Marking-to-Market 盯市

见 Marketed-to-Market。

MATIF 法国国际期货交易所

Maxima 最大值

最高值或最大值。

Maximax 最好结果中的乐观决策

具有可能的最好结果的乐观决策。

Maximin 最差结果中的悲观决策

具有可能的最差结果的悲观决策。

Maximum Adverse Excursion 最大逆向执行

对于交易系统中封闭式交易损失者与封闭式交易盈利者的历史计量，用于决定保持盈利交易继续盈利的止损水平；对于盈利和不盈利的交易都是最不理想的交易价格。

Maximum Entropy Method 最大熵方法

比级数分析更灵活，最大熵方法既是一种光谱分析工具，又是一种适应性过滤和趋势分析的方法。作为光谱分析的一种工具，最大熵方法可以提供更高分辨率的光谱用于确认在较短时间序列中主要的数据循环，比如开放的、高的、低的、封闭的，交易量和有效期权总数，或者提供研究结果，诸如 RSI，TRIX 等（级数分析则是对六个月以上的时间序列给予最好的结果）。作为一种预测工具，最大熵方法与移动平均分析一起使用，可以预测数据趋势的上下界线。

Maximum Price Fluctuation 最大价格波动

见 Price Limit（价格限制）。

Maximum Entropy Spectrum Analysis

见 Maximum Entropy Method（最大熵方法）。

Mean 均值

数值之和除以观察值的个数。

Mean Deviation 平均偏差

各数值与平均值之差的绝对值的平均值。

Mean P/L 平均概率

给定一段时间内，交易者账户的平均盈利概率。

Mean Return 平均回报

某一股票总收益的月平均值，总收益是股票价格变化值加上股息。

Mean Reverting 均值回归

在学术文献中采用的描述价格序列的一种可能状态的术语，该状态是指价格在某个（未知的）平均值上下波动，即价格不呈现出趋势性。

Measured Recoverable Reserves，Coal

见 Proved（Measured）Reserves，Coal and Proved Recoverable Reserves，Coal。

Measured Reserves

见 Proved Energy Reserves。

Median line 中线

Medium-Temperature Collector

见 Solar Thermal Collector，Medium-Temprerature。

Mediation 调解

双方当事人就有关期货的争端在一个中立第三方的参与下找到相互都可接受的解决办法的资源参与过程。

Megawatt（MW）兆瓦

一百万瓦特电，见 Watt。

Megawatt Hour（MWh）兆瓦时

一百万瓦特小时，见 Watt hour。

Mental Stop-Loss 心理止损

从心理上考虑下达止损订单，但没有告诉经纪人操作。

Metallurgical Coal 冶金焦炭

一种坚硬的焦炭，主要在钢铁行业中作为化学剂和能量来源使用。

Metallurgical Coke

见 Coke（coal）。

Methane 甲烷（CH_4）

一种碳氢化合气体，是天然气的主要成分，甲烷的 100 年全球气温变暖潜力指数为 21。

Methanol 甲醇

一种轻质的酒精，可用于汽油的混合，见 Oxygenates。

Methyl Tertiary Butyl Ether（MTBE）甲基叔丁基醚

一种无色、可燃、液态的含氧碳氢化合物，其氧气含量为 18.5%，见 Oxygenates。

Metric Ton 公吨

相当于 2204.6 磅的重量单位。

Midgrade Gasoline 中级汽油

抗爆指数即辛烷值大于等于 88 小于等于 90 的汽油（注：辛烷值要求可能随纬度高低而变化），见 Gasoline Grades（汽油等级）。

Midgrade Unleaded 中级不含铅汽油

辛烷值为 89（R+M）/2 的不含铅汽油。

Milling of Uranium 铀的选冶

铀的处理过程有从矿石中提出的传统方式，如地下或开放式开采，也有从矿石中的不太好的材料中分离出铀。

Million Btu 百万英制热能单位

一百万英制热能单位，见 British thermal Unit（英制热能单位）。

Mineral-Matter-Free Basis 无矿物质基准

煤中的矿物质是燃烧煤后产生灰烬的主要物质。这种矿物质来源于矿石，而这种矿石则出现在那些形成煤的原始植物当中；或者这种矿物质也来源于外生资源，如矿化过的水中的沉积物。煤中所含的矿物质不可能通过将煤分解来测定其含量多少，通常的做法是运用燃烧后的灰烬和灰烬形态的组成物来计算。为降低总体煤炭中的矿物质权重，煤炭分析在计算时以无矿物质为基础，调整计算中所用的公式。

Mineral Potential 矿藏潜能

预计的能源可再生储量，由于一些原因，它们不能作为储备。这些原因包括：暂时没有发展起来的市场，可能依赖于新技术的商业再利用，该位置的储量有待积累或者对已知储量的评估还处于起步阶段。

Mineral Storage 矿藏存量

出于技术和经济方面的原因，意大利天然气地区最佳作业所需要的储量。

Minima 最小值

最小值或最低值。

Minimum Price Fluctuation 最小价格波动

合约价格波动中所允许的最小增幅。

Minor 小拍卖

市场的最新趋势。

Mode 众数

出现频率最高的值。

Model 模型、方程

Modern Portfolio Theory 现代投资组合理论

投资组合经理们用来评估、管理风险和收益的投资理论。

Modified Endowment Contract 修正资金合约

一种寿险合约，通过其保单贷款、背书转让、抵押以及部分放弃等获得的资金被视为毛收入，应予以缴税。

Modulation Storage 调节储备

为满足每小时、每天和每个季度需求变动而必备的用来调节的数量。

Moist（Coal）Basis 湿基（煤）

"湿"煤含有其内存天然水分和底层水分，但不包括附着于其表面的水。对煤进行分析所用的"湿基"的说法，主要是用来描述仅含底层水分的煤的有关数据，这种煤没有因为干燥而失去任何水分。

Momentum 动能

反映当日价格变化的时间序列。

Momentum Filter 动能过滤器

测度在一段时间序列内基础趋势的变化、衍生物或斜率。实施起来就是，先对数据运用一个低通滤波，然后其结果应用一次差分操作。

Momentum Indicator 动能指标

运用价格和交易量统计资料来预测当前市场强弱和超买超卖情况，以及时发现可能的市场转折点的市场指标。

Money Flow 货币流量

将成交量和价格行为联系起来测量买卖压力的一些技术指标。

Money Market 货币市场

交易商交易无风险短期证券（如存单和短期国债）的市场。Money Market Fund 货币市场基金投资于短期货币市场工具的共同基金。

Money Stop 止损资金

交易停止限额发生时，市场参与者将会发生损失的一笔固定金额的资金。

Money Supply 货币供给

经济体中的货币数量，主要由流通中的货币加银行存款构成。M-1：美国 M-1 货币供应量包括公众持有的现金、履行支票、支票账户余额、可转让提款单和超级可转让提款单账户余额、自动转账服务账户以及贷方余额。M-2：美国 M-2 货币供应量等于 M-1 加上在存款机构的储蓄存款和小额定期存款（低于 100 万美元）、商业银行隔夜回购协议以及货币市场共同基金账户余额。M-3：美国 M-3 货币供应量等于 M-2 加上在存款机构的大额定期存款（100 万美元或以上）、到期日一天以上的商业银行回购协议和机构货币市场账户余额。

Monowave 单波

在艾略特波浪理论中，一整套波浪中的一个单一的波浪。

Motor Gasoline Blending 车用汽油调和物

将车用汽油混合物各种成分进行机械的混合，必要时进行氧化，用来生产成品车用汽油。成品车用汽油可以与其他车用汽油混合物成分或氧化物进一步混合，从而增加成品汽油容积或改变其配方（如传统车用汽油和 MTBE 即甲基叔丁基醚混合而得到的加氧车用汽油）。

Motor Gasoline Blending Components 车用汽油调和物组分

用于混合而得到最终车用汽油的石脑油（如直馏汽油、烷基化油、重整油、苯、甲苯、二甲苯等）。这些组件不包括氧化物（酒精、乙醚）、丁烷、戊烷等。

Motor Gasoline，Conventional 车用汽油（传统）

见 Conventional Gasoline（传统汽油）。

Motor Gasoline（Finished）车用汽油（成品）

由相对易挥发性的烃类物质和少量添加剂（或者不加入后者）在一起混合形成的一种用于点火式发动机的复杂混合物。根据美国材料测试协会 ASTM 标准 D4814 和联邦标准 VV-G-1690C 的定义，车用汽油在 10% 恢复点下，沸点范围在 122~158 华氏度；在 90% 恢复点下，沸点范围在 365~374 华氏度。"车用汽油"包括传统汽油、各种形式的加氧汽油、酒精—汽油混合燃料以及改良汽油，但不包括航空汽油。调和成分（如氧化物）的容积数据是在其混合到汽油中后才计算到成品车用汽油容积当中的。

（1）传统汽油：不在氧化汽油或改良汽油范畴之列的成品车用汽油。（注：该类别不包括调和料库存和其他调和库存。）

（2）加氧汽油：一种成品车用汽油（非改良汽油），其含氧量按重量计占到 2.7% 或以上，并且根据美国环境保护署（EPA）的要求，销售到环保署指定的一氧化碳未达标地区。（注：加氧汽油不包括氧化燃料项目改良汽油和调和料库存，含量低于 2.7% 并打算在一氧化碳未达标地区销售的汽油，其数据也包括在加氧汽油数据内，其他汽油的数据则包括在传统汽油数据内。）

（3）改良汽油：经改良后应用于机动车的成品油，其成分和属性满足美国环境保护署根据空气清净法（CAA）211（k）条款而颁布的规则（注：该类汽油包括氧化燃料项目改良汽油，但不包括调和料库存）。

Motor Gasoline Grades 车用汽油等级

见 Gasoline Grades。

Motor Gasoline，Oxygenated 加氧车用汽油

见 Oxygenated Gasoline。

Motor Gasoline，Reformulated 改良车用汽油

见 Reformulated Gasoline。

Moving Average 移动平均

排除数据波动帮助决定何时买进卖出的一种算术方法。移动平均法着重于走势方向，确认趋势逆转，消除混淆市场判断的价格和交易量波动或"噪声"。

Moving Average Charts 移动平均线

一种识别不同价格趋势的统计上的价格分析方法。

Moving Average Crossovers 移动平均交叉点穿越移动平均线

各条移动平均线相互交叉的点或者是指某个移动平均价格条形图上的价格线。技术分析师利用该交叉点或穿越线来发出买卖时机的价格信号。

Moving Average Convergence/Divergence（MACD）移动平均值背驰指标

Moving Window 移动视窗

一段时间序列在某一瞬间的及时快照，窗口沿着时间序列以一个固定的比率移动。

MTBE

见 Methyl Tertiary Butyl Ether。

Multicollinearity 多重共线性

在回归模型中，两个变量之间的相关系数大于 0.7 或小于-0.7。

Multiple Linear Regression 多元线性回归

用一个以上的解释变量来估计一个因变量的变化程度。

Municipal Bonds 市政债券

州和地方政府以及一些特别的地区和县发行的债务凭证。

Municipal Solid Waste 城市生活固体废物

居民生活固体废弃物以及一些无危险商业、机构或工业废弃物。

MW 兆瓦

见 Megawatt（MW）。

MWh 兆瓦时

见 Megawatt Hour（MWh）。

N

Naked Option 无保护期权、裸期权

见 Uncovered Option。

Naked Put 无保护看跌期权

没有对基础证券资产做空的看跌期权持有者。

Naphtha 石脑油

沸点范围为 122~400 华氏度的石油分馏物的总称。

Naphthas 石脑油

精炼或部分精炼的轻质石油分馏物，其沸点在 27~221 摄氏度。石脑油进一步调和或与其他材料混合，就会成为高等级车用汽油或喷气发动机用燃料。石脑油也用来作为溶剂、石化给料，或者是生产煤气的原材料。

Naphtha-Type Jet Fuel 石脑油型喷气发动机用燃料

重石脑油沸点范围内的一种燃料，其平均比重为 52.8 度（API），20%~90%的分馏温度在 290~470 华氏度，并且满足军用标准 MIL-T-5264L（等级为 JP-4）。该种燃料主要应用于军用涡轮喷气式飞机引擎和涡轮螺旋桨飞机引擎，因为它的冻点比其他飞行燃料要低，能够满足飞机引擎在高纬度地区的要求。

Naphthenic Naphtha 脂环烃石脑油

通常作为改良物给料。

Narrow Range Day 窄幅交易日

价格变化幅度相对于前一日变化幅度要小的交易日。

National Association of Investors Corporation 美国投资者公司协会

也叫作"美国投资俱乐部协会"（National Association of Investment Clubs）。

National Futures Association（NFA） 美国期货协会

美国期货和期权市场的自律性组织。它的主要职责是：强化职业道德和规范；落实客户保护条例；甄选期货专业人员的会员资格；审计监督专业期货人员的财务以及一般规则的执行情况；解决在期货交易中出现的纠纷。

Natural Gas 天然气

一种由各类碳氢化合物混合得到的气体，其中最主要的一种是甲烷。[注：能源信息管理局将天然气分为湿天然气（还包括湿天然气的两种生产原料：结合的液化天然气和非结合液化天然气）和由湿天然气加工得到的干天然气。]

（1）湿天然气：烃类物质和少量非烃物质的一种混合物，它存在于气态阶段，或者和原油一起溶解在油层状态下多孔岩石结构中。混合气体中主要的烃类物质通常包括甲烷、乙烷、丙烷、丁烷、戊烷。典型的可在油层天然气中出现的非烃气体是水蒸气、二氧化碳、硫化氢、氮气和少量的氦气。在油层条件下，天然气和附着其上的可溶解的部分要么以单一气态形式存在于油层中，要么和原油一起溶解，变得不可分辨。注：美国证券交易委员会和美国财务会计准则委员会只将该品种视为天然气。①附着/溶解天然气：在原油油层中产生的天然气，要么是自由天然气（附着），要么是溶解在原油中的气体（溶解气体）。②非附着天然气：没有与油层中大量原油接触的天然气。

（2）干天然气：通过以下步骤后得到的天然气：①液态烃已经被从气流中排除（如经过矿厂、油田和/或加工厂分离后的气体）；②那些阻碍气体流动的所有非烃气体在它们大量产生的地方就被移走。（注：干天然气也就是我们所知道的消费级别天然气，其测量参数是 60 华氏度下立方英尺以及 14.73 磅每平方英寸绝对值，见 Natural Gas。）

Natural Gas，"Dry" 干天然气

见 Dry Natural Gas。

Natural Gas，Dry Production 干天然气产量

见 Dry Natural Gas。

Natural Gas Dry Production 天然气干产量

从油层中得到的天然气总开采量减去用于恢复压力重新注回到油层的天然气，减去燃烧或通风排除的天然气，再减去传送过程中的损失以及收缩量，最后得到的天然气产量。它代表了能够上市消费的天然气数量。

Natural Gas Gross Production 天然气总产量

见 Gross Withdrawals，Natural Gas。

Natural Gas Gross Withdrawals 天然气总开采量

见 Gross Withdrawals，Natural Gas。

Natural Gas Hydrate 天然气水合物

由水、甲烷和少量其他气体组成的一种固态蜡状结晶物质，其中气体被包裹在冰水混合物形成的笼形结构的空隙中。天然气水合物在适度高压及接近冰点的温度等条件下形成，常见于永久冻土层下和海底中。

Natural Gas Liquids（NGL）液态天然气

在天然气加工和循环处理厂中，一切由天然气分离出的液态产品的总称，液态天然气包括了天然气厂生产的液态物质和天然气凝析液。

Natural Gas Marketed Production 天然气销售产量

见 Marketed Production，Natural Gas。

Natural Gasoline 天然汽油

气体加工业使用的术语，专指由天然气提取出的液态烃类混合物（通常为戊烷和重烃），天然汽油包括异戊烷。

Natural Gas，Pipeline Quality 天然气，管道质量

见 Pipeline Quality Natural Gas。

Natural Gas Plant Liquids（NGPL）天然气厂馏液态物

指在下游天然气加工厂或分馏循环厂中，从天然气中分离出的液态烃类物质，其中不包括天然气凝析液，通常包括液化石油气和戊烷。

Natural Gas Processing Plants 天然气加工厂

天然气气流通过或未通过分离器或是分离场设备时，为了获得液态天然气而设计的设备。这些设备也控制了将要销售到市场上的天然气的质量。循环工厂也被认为是天然气加工厂的一种。

Natural Gas Production 天然气生产

见干气生产（Dry Natural Gas Production）。

Natural Gas Storage 天然气储藏

指在距离交易市场较近的已开采完毕的油气田或油气井里，储藏从另外的油气田或油气井买来的天然气。

Natural Gas，Wet 湿天然气

见 Wet Natural Gas。

Nearby（Delivery）Month 最近交割月份

距离到期日最近的期货合约交割月份，也称作 Spot Month。

Near-Month Contract/Far-Month Contract 近月份合约/远月份合约

离到期期限最近/最远的合约。

Near-the-Money 准平价期权

执行价格接近基础资产市场交易价格的期权。

Neckline 颈线

一条沿着各种背离图形或巩固图形上的支撑点和阻力点画出的趋势线（如头肩形、双重顶、双重底、三重顶、三重底等形态）。

Negative Amortization 负摊销

指支付的钱甚至不足以偿还债务利息，意味着总负债在每个月不是降低而是升高。

Negative Divergence 反向发散

两个或两个以上的平均值或指标没有显示出明确的趋势。

Negative Yield Curve 负收益率曲线

以收益率水平为纵轴、以类似于信贷的债务工具的到期期限为横轴的坐标图。当长期利率高于短期利率时，收益率曲线就是正的。但是，如果长期利率比短期利率低的话，收益率曲线就是负的，或者说是逆向的。

NETA 新电力交易制度

英格兰和威尔士的新电力交易制度。

Net Asset Value 资产净值

包含共同基金在内的所有证券的总市值，也叫"每股价格"。

Net Electricity Consumption 电力净消费量

根据发电量加进口电量、减出口电量、再减传输供电损失计算而得到的电力消费量。

Net Electric Power Generation 净发电量

见 Net Generation。

Net Generation 净发电量

总发电量减去发电站发电正常工作或辅助工作消耗的电能得到的发电量。（注：在抽水蓄能厂抽水用的电被视为发电站用电，从而应该从总发电量中减掉。）

Net Heat Content of a Quantity of Fuel 一定量燃料的净热含量

见 Heat Content of a Quantity of Fuel。

Net Performance 净业绩表现

除增资、撤资和赎回之外，资产净值的增加或减少。

Neural Network 神经网络

一种能够通过试验和出错的训练过程来学习的人工智能项目。

NGL 液态天然气

见 Natural Gas Liquids。

Nitrogen Oxides（NO$_x$）氮氧化物

由化石燃料燃烧而得到的氮和氧的化合物。

Nitrous Oxide（N$_2$O）一氧化二氮

一种无色的在空气中自然产生的气体。一氧化二氮的百年全球变暖指数（100-year Global Warming Potential）是310。

No-Action Letter 非表决意见条款、无异议函制度

美国联邦储备系统、美国证券交易委员会或者商品期货交易委员会在监管和指导证券业务的某些方面，一致同意不采取行动组织交易所或公司的提案。

No. 1 Diesel Fuel 1#柴油

一种轻质分馏燃料油，它在90%恢复点下的分馏温度为550华氏度，并且满足ASTM标准D975条所定义的规格要求。这种柴油通常用在那些频繁变化速度和载重的高速柴油发动机中，比如那些用在城市公交车和类似的机动车辆中的柴油，见No. 1 Distillate。

No. 2 Diesel Fuel 2#柴油

一种满足ASTM标准D975条所定义的规格要求，在10%恢复点下的分馏温度为500华氏度，在90%恢复点下的分馏温度为640华氏度的燃料。这种柴油通常用在那些保持恒定速度和载重的高速柴油发动机中，比如那些用在铁路机车、大卡车、小汽车等的发动机中的柴油。

No. 4 Diesel Fuel 4#柴油

见No. 4 Fuel。

No. 1 Distillate 1#分馏物

一种轻质石油分馏物，既能作为柴油（见"1#柴油"），又能作为燃油（见"1#燃油"）使用。

No. 2 Distillate 2#分馏物

一种轻质石油分馏物，既能作为柴油（见"2#柴油"），又能作为燃油（见"2#燃油"）使用。

No. 4 Fuel 4#燃料

一种通过将分馏燃料油和残余燃油库存而形成的分馏燃料油。它遵从ASTM标准D396条款或者是联邦标准VV-F-815C，它最主要用于工业工厂和没有装备预热系统的商业燃烧装置。它也包括用于中低速柴油发动机并遵从ASTM标准D975条款的4#柴油。

No. 1 Fuel Oil 1#燃料油

一种满足ASTM标准D396条款所定义的标准要求，在10%恢复点下的分馏温度为400华氏度，在90%恢复点下的分馏温度为550华氏度的轻质分馏燃料油。它主要作为便携式户外炉灶和便携式户外加热器的燃料，见No. 1 Distillate。

No. 2 Fuel Oil 2#燃料油（加热油）

一种蒸馏燃料油，在10%的恢复点下分馏温度是400华氏度，在90%的恢复点下分馏温度为640华氏度，并符合ASTM标准D396条的要求。主要用于内部加热雾化火炉和中等容量的商业或者工业用途的燃料器，见 No. 2 Distillate。

No. 4 Fuel Oil 4#燃料油

见 No. 4 Fuel。

No-Load 无费用

指没有任何销售费用，对于共同基金来说，基金股份按其资产净值来销售。

Noise 噪声

干扰市场走向判断的价格和交易量的波动。

Noisy Signal 噪声信号

一种随机影响效果不能消除的信号。

Nonassociated Natural Gas 非附着天然气

在油层中没有与大多量原油接触的天然气，见 Natural Gas。

Nonattainment Area 未达标地区

指在指定污染物（如二氧化碳和臭氧）方面没有达到美国环境保护署制定的关于国家一级和二级空气质量标准的区域。

Nonconventional Plant（Uranium）非常规工厂（铀）

主要是为了用于加工含铀溶液而建立的一种工程设施。

Nonhydrocarbon Gases 非烃气体

典型的非烃气体存在于油层天然气中，比如水蒸气、二氧化碳、氢硫化物、氮和微量氦气。

Nonlineardynamics Analysis 非线性动力学分析

从设定好的结果开始到复杂混乱结果的相关性分析。

Nonlinear Statistics 非线性统计

试图定义从无序到一个更有序的状态（比如股票市场波动）的概率分布的统计理论。

Non-Seasonal Autocorrelation 非周期性的自相关

指滞后间隔期不是 12 个月的自相关。

Non-Trend Day 非趋势日

在任何一个方向都缺乏可辨别运动的窄幅日。

Nonutility 非公用事业

见 Nonutility Power Producer。

Nonutility Power Producer 非公用发电商

拥有或者经营发电设施的公司、个人、机构、组织或者其他法人，他们所做的不是公用发电业。非公用发电商包括合格小发电商和其他非公用发电商（包括独立发电商）。非公用发电商没有指定许可的服务区，也不用填写联邦法规 141 部分第 18 条的所列表格，见 Electric Utility。

Normal Butane 正丁烷

见 Butane。

Normal Distribution 正态分布

出于统计检验的目的，模拟的净收益被假设服从一个特殊分布。如果净收益服从正态分布，那么较高和较低收益差不多等同，同时最可能的季度净收益就是平均净收益。

Normalisation 标准化

调整一时间序列以便让该序列能在标准正态范围内。

Notice Day 通知日

指把一个准备交割的通知发给期货合约持有人的那一日。

NOx

见 Nitrogen Oxides（惰性气体）。

Nuclear Electric Power（Nuclear Power） 核电（核能发电）

指在一个反应堆中通过运用核燃料裂变的热能来发电。

Nuclear Fuel 核燃料

指可裂变的燃料。当被放置在核反应堆中，这种材料可以浓缩成一种化合物，它们能够进行自我裂变链的反应，以此来在一种控制的状态下产生热能从而进行运用。

Nuclear Power 核能

见 Nuclear Electric Power。

Nuclear Power Generation 核能发电

见 Nuclear Electric Power。

Nuclear Power Plant 核电厂

在一个或者多个装置中，通过核燃料裂变在一个或者多个反应堆中产生热能来驱动一个或者更多的蒸汽涡轮机来发电的电厂。

Nuclear Reactor 核反应堆

一个可以用来产生、控制和在特定速度下持续的核裂变反应链装置。一个反应堆包括燃料（裂变材料）、用来控制裂变速度的中间材料、一个较厚耐压的用来装反应物质的容器、保护工作人员的护盾、用来传导以使热量远离反应堆的系统，以及用来运行和控制反应堆制度的设备。

Null Hypothesis 零假设

指同一事件的两种变化形式（处理方式）能通过一个特定的程序来进行区别，而对于这样一个具体的说明不存在有效性的假设。

NYMEX 纽约商品交易所

O

Observer 观察器

在雷达研究中使用的一个概念。用在交易当中，指的是用什么样的频率和方式检测才能获得成功。

OBV 平衡成交量指标

见 On-Balance Volume。

Octane 辛烷

在石油中发现的一种可燃烧的液态烃，用作测量车用燃料抗爆剂的标准。

Octane Rating 辛烷值

衡量汽油在机动车发动机内抗爆性能的一种数字指标。有两种被认可的在试验室中进行发动机测试来确定汽油抗爆震级方法，即研究法汽油辛烷值和马达法汽油辛烷值。在美国，为了给消费者提供一个单一的数据作为参考，把研究法汽油辛烷值和马达法汽油辛烷值的平均数（R+M）/2 作为抗爆指数以表明汽油的抗爆性能。

Odd Lot 零手

买卖股票少于 100 股的交易。

OECD 经济合作与发展组织

见 Organisation for Economic Cooperation and Development。

OECD Europe 欧洲经济合作与发展组织

见 Organisation for Economic Cooperation and Development，Europe。

Off Farm 外部资源

非生产厂商拥有的资源，包括各种小作坊、中转站、小规模加工者等拥有的供给量。

Off Peak 非高峰期

系统需求相对较低的时期，这些时期经常以每日、每周和季节性的方式发生。

Offer 报价

一种价格表述方式，表明某人想要以既定价格卖出一件商品的意愿；与出价相反。

Offset 冲销

持有一份初始头寸或未平仓头寸相反的期货或期权头寸。卖出（或买入）与早先通过交易买进（或卖出）的头寸有相同交割月份的期货合约；或者以现金的形式对期货合约进行交割。

Offshore／Onshore 离岸／在岸

归纳来说，术语离岸表示了业务活动发生在远海，而在岸则指发生在内陆的业务。

Ohm 欧姆

电阻的度量单位。电路中单位电阻使得每一伏特的电势差产生 1 安培的电流。

Oil 油

见原油（Crude Oil）。

Oil Reservoir 储油池

一种地下的液态油池，含有烃（碳氢化合物）、硫、氧和氮。这些液态油由于埋在特定的地质构造中，被上层的矿石层所保护而不会蒸发。

Oil Shale 油页岩

一种包含油母岩质的沉积岩，是一种固体有机物质。

Oil Well 油井

从一个或多个拥有石油储备的地区进行原油开采的井，同时开采原油和天然气的井也被归为油井。

Oil Well（Casinghead）Gas 油井气（天然瓦斯）

从油井里产出原油时所附带的相关溶解气体。

Olefins 烯烃

一组拥有或直或分岔的分子结构的石油化工品，包括乙烯（产量最大的石油化工品）、丙烯和丁二烯。

Omnibus Account 综合账户

一个期货佣金商与另一个期货佣金商共同使用的账户。通过这个账户将两人或多人之间的交易联系起来，以初始的期货经纪商的名义而非个体客户的名义进行交易，与全封闭账户相对。

On Farm 内部资源

有厂商持有的库存资源数量。

On-Balance Volume 平衡场交量指标、能量潮指标

反映累积总场交量的一条线。若某证券今日收盘价较前一交易日高，则今日交易量被设定为正交易量；若今日收盘价较前一交易日低，则今日交易量被设定为负交易量。分析 OBV 的基本假设是 OBV 变化领先于价格变化。

One-Tailed T-Test 单尾 T 检验

一种统计上的显著性检验方法，主要用来检验当样本数 N 变小形状就发生改变的分布。T 等于样本均值与总体均值的差，再除以样本个数平方根与样本标准差的商。

OPEC 石油输出国组织

见 Organization of Petroleum Exporting Countries。

Opening Print 开盘印记

某只股票在某一时期遇到行情显示器时的第一个价格。

Open 开盘

由交易所官方指定的交易时段的开始，所有的交易都在此点开始交易。

Open Interest 未结清权益、未平仓收益

指尚未被反向期货或期权合约冲销，或者没有进行商品交割，或者期权没有被执行的某一既定商品期货或期权合约的总量。每一笔未平仓交易都有一个买方和一个卖方，但计算未平仓权益时，只将合约一方数量计算在内。

Open Market Operation 公开市场操作

由联储出面直接买卖政府证券，如短期国债、中期国债和长期国债等。

Open Outcry 公开喊价

在期货交易所，交易商们以口头方式喊出报价和出价进行交易的一种公开竞价方法。

Open Trade Equity 未结清权益

风险头寸尚未实现的利得或损失。

Open Trades 开放交易、未平仓交易

客户账户中尚未平仓的一笔交易。

Opening Call 开盘叫价

在期货市场开盘的这一段时间，每份合约的价格均通过公开叫价的方法达成。

Opening Range 开盘价格范围

交易的前30秒到5分钟内发生的交割范围，它主要取决于单个分析师的偏好。

Operable Nuclear Unit（Foreign） 可操作核电站（外国）

在美国之外为电网供电的核能发电站。

Operable Nuclear Unit（US） 可操作核电站（美国）

已完成低功耗检测、拥有美国核管理委员会颁发的全功率营运执照的美国核能发电站。

Opportunity Costs 机会成本

将资源用作其他用途而放弃的本可获得的收入。

Optimization 最优化

在一定规则制约下让系统得以最好发展的方法。

Option 期权

一种合约，提供给持有者某种权利（而不是义务）在特定期限内买卖一定数量的某种证券。

Option Buyer 期权买方

看涨或看跌期权的购买者，期权买方有权利而不是义务去行使其期货头寸。

Option Contract 期权合约

一种提供给持有者某种权利（而不是义务）在特定期限内买卖一定数量的某种证券的合约。如果期权被执行，则合约卖方有义务向买方出售商品或期货合约，或者以特定价格从期权买方购买商品或期货合约。

Option Premium 期权费

即期权的价格，由于期权所赋予的权利，而由期权买方支付、期权卖方收取的一定金额的货币资金。

Option Seller 期权卖方

以赚取期权费为目的而出售期权的人，当期权持有者执行期权时，期权卖方有义务履行期权合约，也被称为"立权者"，见 Grantor。

Option Spread 期权价差

同时买卖一份或多份期权合约、期货合约或现货头寸。

Option Writer 立权者

以赚取期权费为目的而出售期权的人，当期权持有者执行期权时，期权卖方有义务履行期权合约，也被称为"期权卖方"（Option Seller）。

Optional Cash Purchase 选择性现金购买

利用股利在投资账户购买额外的股票。

Organization for Economic Cooperation and Development（OECD）经济合作与发展组织

当前成员国包括：澳大利亚、奥地利、比利时、加拿大、捷克、丹麦、芬兰、法国、德国、希腊、匈牙利、冰岛、爱尔兰、意大利、日本、卢森堡、墨西哥、荷兰、新西兰、挪威、波兰、葡萄牙、斯洛伐克、韩国、西班牙、瑞典、瑞士、土耳其、英国和美国。[注：关岛、前夏威夷贸易区、波多黎各和美属维京群岛（通常写作：维京群岛，美国）的数据也包括在与经合组织相关的数据中。]

Organization for Economic Cooperation and Development, Europe（OECD Europe）欧洲经济合作发展组织

成员国包括：奥地利、比利时、捷克、丹麦、芬兰、法国、德国、希腊、匈牙利、冰岛、爱尔兰、意大利、卢森堡、荷兰、挪威、波兰、葡萄牙、斯洛伐克、西班牙、瑞典、瑞士、土耳其、英国。

Organization of Petroleum Exporting Countries（OPEC）石油输出国组织

石油输出国组织作为一个主要的石油定价力量在 1973 年涌现，此时中东地区石油开采所有权从经营公司转向了产油国政府或国有石油公司。最初的成员包括：阿尔及利亚、厄瓜多尔、加蓬、印度尼西亚、伊朗、伊拉克、科威特、利比亚、尼日利亚、沙特阿拉伯、阿拉伯联合酋长国和委内瑞拉（厄瓜多尔于 1992 年 12 月 31 日退出 OPEC，加蓬于 1994 年 12 月 31 日退出 OPEC）。

Original Margin 初始保证金

期货市场参与者在其开始下单买卖期货合约时必须存入其保证金账户的资金，也被称为 Initial Margin。

Order 阶数

预测未来一天价格所用到的过去历史价格的天数。

Oscillator 摇摆指数

用来确定超买和超卖价格区域的技术指标。

Other Hydrocarbons（Petroleum） 其他烃（石油）

炼油厂拿来作为原材料使用的各种烃类石油材料。包括：氢气、煤焦油衍生物、硬沥青和炼油厂收到的用于再形成氢气的天然气，用作燃料的天然气不包括在其他烃之内。

Out Data 输出数据

来自某一统计检验的结果（单一的）。

Out-of-Sample 样本外

在样本范围内不符合样本均值的项。

Out-of-the-Money 虚值期权

执行价格高于现行基础证券或期货合约市场价格的看涨期权。例如，如果一商品价格为 500 美元，那么一份以 550 美元的执行价格购买该商品的看涨期权便被认为是虚值期权。

Out-Turn 卸货产量

在卸货点从船舶上卸下的石油数量。

Out Trade 错账

发生在两个交易者之间的一笔不匹配的交易，该交易在第二天被结清。

Outlier 无关项

由于其存在对偶然因素的随机组合没有影响，而被其他数值排除的一个数值。

Outside Reversal Month 外部逆势月

最近一个月的交易范围超过了前个月的交易范围，但收盘价却与前个月相反的月份。

Overbought 超买

市场价格上涨得过于急剧和迅速。

Overbought/Oversold Indicator 超买/超卖指标

用来定义价格朝任一方向迅速大幅度变动从易受反向操作攻击的一种指标。

Overfitting 过度拟合

①交易系统中设定的模拟参数，其返回值的最高利润超过了所有历史数据。②在一定规则下精确适合历史数据的模型。

Over/Under Lifting 过度调节/调节不足

合作双方签订的调节各自在某一设定期间内分享产品数量的协议。协议任何一方的不同数额决定了临时的过度调节或调节不足的状况。

Overshoot 超调

超过或高于原来特定的目标水平。

Oversold 超卖

市场价格下跌得过于急剧和迅速。

Over-the-Counter Market 场外交易市场、柜台交易市场

通过电话或其他通信方式买卖股票、外汇及其他产品的交易市场。

Oxidise 氧化

通过化学方式让某物质与氧元素结合。

Oxygenate 充氧、以氧处理

用于提高辛烷及清洁燃烧质量的含氧调和库存，包括甲基叔丁基醚（MTBE）和乙醇。

Oxygenated Gasoline 充氧汽油

一种成品车用汽油（非改良汽油），其含氧量按重量计占到 2.7%或以上，并且根据美国环境保护署（EPA）的要求，销售到环保署指定的一氧化碳未达标地区，见 Nonattainment Area。注：加氧汽油不包括氧化燃料项目改良汽油和调和料库存。含量低于 2.7%并打算在一氧化碳未达标地区销售的汽油，其数据也包括在加氧汽油数据内，其他汽油的数据则包括在传统汽油数据内。

Oxygenates 充氧物

将充氧物加入汽油后，可增加汽油混合物的氧气数量。乙醇、甲基叔丁基醚（MTBE）、乙基叔丁基醚（ETBE）以及甲醇都是常见的充氧物。

P

PADD 石油防御配置区

位于美国五个区域管理石油分配的集团。

Par 票面价值

证券的票面价值。例如，以票面价值出售的债券与它发行时或到期兑换时的价格相等。

Parabolic 抛物线的

抛物线形的或与抛物线相关的。

Paraffin（Oil）石蜡油

通过压榨石蜡蒸馏物而获得的不含蜡的浅色油。

Paraffin（Wax）石蜡

通过冷却压榨石蜡馏分而得到的蜡，与溶液分离后，它是一种无色无臭无味些许半透明的晶状体，手感有些油腻，内含石蜡系常有的混合固态碳水化合物。

Paraffin Base Stock 石蜡油库存

从地下开采出的原油分为三类。环烃油和石蜡原油通常用作机油，而石蜡油本身具有更高的黏着性指数，用以生产最好的机油。

Paraffinic 高石蜡含量的

Paraffinic Naphtha 高石蜡含量的石脑油

通常为乙烯加工厂提供给料的石脑油。

Parameter 参数

为一个模型建立准确运算形式的一套参数或规则。

Pareto's Law 巴雷特法则

该法则认为，80%的结果取决于20%的努力。

PASCAL　PASCAL 语言

最初为辅助指令开发的分块编程语言，现广泛用于应用开发。

Passive Solar Heating 被动式太阳能加热

这种太阳能加热系统可不使用任何外部机械动力（如泵或吹风机）来移动聚集的太阳热量。

Payment-in-Kind Program 实物支付项目

一项政府计划，农民按政府的规定，自愿圈出一块指定土地，并凭借获得的证书兑换政府的粮食。

Peak Load 峰负荷

一定时期内的最大负荷。

Pennants 楔形物

体积逐渐变小的楔形物。

Pentanes Plus 戊烷附加物

碳水化合物的混合物，从天然气中提取的较重的物质，大部分由戊烷组成，还包括异戊烷、天然汽油和工厂冷凝物。

Percentile 百分位数

一个范围为 100 的值，表明一个分布所占的等于或小于 100 的百分比。

Perceptron 视感控器

一种模拟人类神经系统的模板认知机器，可以根据认知反馈系统来强化正确答案，排除错误答案。

Prefluorocarbons（PFCs）碳氟化合物

人工合成的不含氯的化合物，由 1~2 个碳原子和 4~6 个氟原子组成。PFCs 没有商业价值，是炼铝和半导体生产的副产品，PFCs 有着非常高的 100 YEAR，并且会长期逗留在大气层中。

Performance Bond Margin 履约保证金

由期货合约的买卖双方或期权合约的卖方支付的保证金，目的是确保合约条款的履行，商品的保证金并非是商品资产或商品本身的定金，而是一种信用定金。在期货业，要求期货合约的买卖双方或期权合约的卖方投入财政保证，以确保合约中义务的完成，期货经纪商有义务对其客户的保证金进行监管。保证金数量由市场风险及合约价值决定。财政保证确保了其清算会员（通常是公司或企业）执行其客户的开放期货和期权合约，清算保证金与客户保证金不同，它要求期货和期权合约的买卖双方与经纪人一起支付保证金。

Pessimistic Rate of Return 悲观回报率

通过调整一般的获利/损失数据来预测交易的最坏结果。它是获利数据减去实际获利数的开方；损失数据加上实际损失的开方。由此得出的获利/损失数据又乘以平均获利/损失，再除以要求的投资额。

Petrochemical Feedstock 石化给料

从石油衍生出来的化学品，主要用于制造化学药品、合成橡胶及大部分塑料制品的进料，属于石脑油（终点低于 401F）和其他终点高于 401F 的范畴。

Petroleum 石油

一类定义十分广泛的液态碳氢化合物，包括原油、浓缩物、未完成油、从原油加工过程中得到的炼制产品，以及天然气液体，制成的石油产品的体积中应包括非碳氢化合物，如混合进石油产品中的添加剂和催化剂等。

Petroleum Coke 石油焦炭

见焦炭（石油）。

Petroleum Consumption 石油消耗量

见明显消耗量（石油）。

Petroleum Jelly 矿脂

一种产生于除蜡润滑油的半固体油性物质。

Petroleum Products 石油产品

由原油（包括浓缩）、天然气和碳氢化合物加工所得的产品，包括未完成油、液化石油气、戊烷附加物、航天汽油、马达汽油、石脑油喷气机燃料、煤油喷气机燃料、煤油、蒸馏燃料油、残余燃料油、石化 FEEDSTOCKS、特殊石脑油、润滑油、石蜡、石油焦炭、沥青、公路油、蒸馏气及其他各种混杂产品。

Petroleum Stocks 石油储备

原油及石油制品在炼油、天然气加工、管道、油罐车内的一级储存，也包括一些储存量在 50000 桶以上的存储站，同时也包括从阿拉斯加航运来的原油及联邦战略石油储备的石油，但不包括外国在保税仓库储存的原油。

PFCs

见碳氟化合物。

Phase Delay 相位延迟

某一过滤数据在时间上迟于先前过滤的数据。

Phasor 相位

用来描述某一信号的频率、振幅、相位等所有频率组成部分。

Photovoltaic Cell 光电元件

一种电子设备，由几层半导体材料组成（相邻层具有不同电子特性），这些层组成交叉点，通过电子接触，可以把入射光线直接转化为电流（直流）。

Photovoltaic Energy 光电能

由于太阳光通过非移动固态半导体设备而获得的直流电。

Photovoltaic Module 光电单元

由一串经整合的相互连接的光电元件组成，来传送特定的工作电压及电流至其输出终端，可用于防止环境恶化，也可与光电能系统结合，其电能主要运用于需要远程能量的设备，如无线电广播、阴极射线保护及航海援助等，可见光电元件。

Pipeline Quality Natural Gas 管道质量天然气

碳氢化合物在气态阶段与足够的能量（一般高于900单位热能）相结合，由于杂质含量少，可随商业管道煤气一起销售给用户。

Pit 交易场

交易层中期货和期货合约进行买卖的区域，交易场通常是一个高起的、八边形的平台，由台阶进入，以使买卖双方相互看见。

Pivot Point 枢点

在市场活动中，价格出现颠倒的那一点。

Plant 工厂/机器

通常用以描述某一特定的工业设施或建筑等，也可指工厂里的特定机器设备。

Plant Condensate 工厂冷凝

某些天然气液体中的物质，通常为戊烷或更重的碳氢化合物在天然气加工厂里通过气体分离设备或气体洗涤塔被分离并恢复成液体，不包括伴生气凝析油。

Plant（Electric）发电站

装有原动机、电子发生器及其他把机械化学能或核能转化为电能的辅助设备的设施，一个发电站里可能拥有几个不同的原动机。

Play

Play是一系列有相似地理地质特点的油或气的集合，比如有着相似的来源岩石、迁移路径、时机及碳氢种类等。

Play Area　Play 区域

Plug 堵塞

防止油流向连接已终止使用的油井的那一层。

Point and Figure Chart OX 点数图

一个只显示价格的图，用 X 表示上涨的价格，0 表示下跌的价格，最低的价格称为盒型价，通常三个盒型价反转代表着价格的方向性变化。

Polymers 聚合物

由单体组成的长链分子，最常见的如聚乙烯、聚丙烯、聚苯乙烯等塑料。

Pool

见 Commodity Pool。

Position 头寸、仓位

一种市场承诺，期货合同的买方持多仓，卖方持空仓。

Position Day 持盘日；交易头寸日

根据芝加哥交易所规则，在提供或者接受某期货合约的实物商品的交割过程中的第一天。清算公司代表卖方，向交易清算公司委员会通报其空头客户意图交割某期货合约。

Position Limit 头寸限制；限仓

交易所对投资者能够在市场中进行交易的契约数量的限制。

Position Management Ratio 仓位管理率

由获利交易除以清债后的亏损而得出的获利比例。

Position Trader 头寸交易商

交易者买卖契约之后长时间持仓的一种交易方式。

Possible Reserves 推定储量

具有较低稳定性的碳氢化合物，不太可能投入生产。

Posted Price 交易价

原油或原油产品卖家要求的价格，见 List Price。

Pour Point 流动点

石油能够流动的最低温度。

Power 电力

见 Electric Power。

Power Exchanges 电力交易

电力在实际交易前两天常通过互联网而进行交易的平台。

Power Loss 电力流失

电作为电能在两点间输入输出间的差异。

PPM 百万分率

Prearranged Trading 预先交易

中间商在经过签署协议或达成默契后进行的交易，这是违反商品交易行动的行为。

Premium 溢价；升水

①为买到更好的商品而进行的加价；②期货在交货月以更高价格卖出；③现金价高于期货价；④由买家支付的价格；⑤卖方接受的价格。

Premium Gasoline 优质汽油

抗爆指数如辛烷值大于 90 的汽油。（注：对辛烷值的要求可能随不同海拔高度而异。）

Preparation Plant 选矿厂

将原煤进行粉碎、分筛和机械化清洗的采矿厂。

Preprocessing 预处理（加工）

为了更准确地分析而在某种程度上调整数据、减少不需要的数据、去除某种趋势。数据加工是指运用数学方法将数据从一种形式转换成另一种形式，其目标是给交易者增加相关信息。

Prewhitening 预白噪声化

利用非线性回归的方法来排除一阶、二阶甚至有可能存在的三阶自相关所导致的数据失真。

Price Discovery 价格发现

通过期货市场得出的关于未来现货市场价格的信息。

Price/Earnings Ratio 市盈率

股票价格除以每股年收益的比值。

Price Limit 价格限制

根据交易所规则，在一宗交易的期货合约中根据前一个交易日结算价格而设置的允许上升和下跌的最大价格。根据芝加哥交易所规则，在市场波动较大时，允许价格波动区域变大。

Price Limit Order 价格限制指令

客户指定交易能够被执行的价格的指令。

Price to Sales Ratio 市价/收入比率

股票市价除以最近一个财政年度内的公司每股销售收入的比率。

Primary Coal 原煤

所有被粉碎（必要时冲洗和分类）的煤。

Primary Dealer 一级交易商

由联邦储备系统指定的符合特定标准的商业银行或经纪人（交易商），其标准包括资本充足率的要求及其需有目的地参与国债交易。

Primary Market 一级市场

证券新发行的市场。

Prime Mover 原动机

用来驱动发电机的发动机、涡轮、水轮或类似的机械，或者是能直接将能量转换为电力的设备（如太阳能照相机和燃料电池）。

Prime Rate 优惠贷款利率（最低银行利率）

一些主要的大银行针对其最有信誉的客户收取的利率。

Probability Density Function 概率密度函数

描述某一特定数据点（或价格）发生概率的曲线图。

Probable Energy Reserves 概略能源储量

地质学上有证据可以证实的，预计确实存在并在现有经济和技术条件下可被开采的能源，但又无法得到其确实的具体位置、质量和级别。这样的能源储藏数量叫作概略能源储量（注：该术语等同于 1980 年第 831 期《美国地质调查》中提到的资源/储备分类定义里的"推定储量"一词。"确定储量"和"推定储量"合在一起就构成了证实储量，见"能源储量"）。

Probable（Indicated）Reserves，Coal 概略煤储量

其数量和等级部分可从特定的计量、样本及生产数据得出，部分也可基于地质学证据从一定的距离外影射得出，但矿址所在地较为偏远或不适合定位或确定等级，也可见概略能源储量。

Processing Gain 加工收益

见炼油加工收益。

Processing Loss 加工损失

见炼油加工损失。

Process of Uranium 铀加工

以非传统方法（即原位浸析开采法 ISL）从溶液中获取铀，这是铜或磷酸盐矿或 Heapleaching 的副产品。

Processing Plant（Natural Gas）加工厂（天然气）

见天然气加工厂。

Producer Price Index（PPI）生产者价格指数

这一指数显示了上月生产产品所需的原料成本。

Production 生产

见与各个能源种类的生产相关术语。

Production Sharing Agreement 合作开采协议

在非洲、中东、远东及拉美国家适用的合约，是国家和石油公司就开采和生产碳氢化合物产品问题调节相互关系。国内石油公司和国外石油公司被共同给予了特许权，它们拥有独家特权可以进行探测、开发和生产，并且可以同其他地方或者国际组织签订协议。在这种合约下，国内石油公司授权国外石油公司用其设备和资金进行勘探和生产活动。勘探风险由承包商承担，产品分为两部分："成本油"，用于涵盖承包商的成本；"利润油"，代表了勘探和生产过程中的获利，由承包商和国内石油公司根据先前制订的可变方案分配，其中，进一步的条件和其他术语可能因国而异。

Profit Margin Expansion 边际利润扩大

作为长期参考，可由企业上一季的净利润除以上一个财政年度的利润而得出。作为短期参考，可由企业上一季的净利润除以前一季度的利润得出。

Profit Taking 获利完成

出售先前购买后得以增值的可买卖货品，以获得增值的利润。

Program Trading 程序贸易

建立在计算机程序信号上的交易，通常此信号从交易商计算机直接传至市场计算机系统。

Propane 丙烷

一种正常状态下为直链气体的碳氢化合物（C_3H_8），它是一种无色的石蜡油气体，沸点在-43.67华氏度，可从天然气或炼油气蒸汽中获得，它包括所有气体加工协会关于商业丙烷项目说明中的产品，以及HD-5丙烷和ASTM项目D1835。

Propylene 丙烯

一种在石油加工炼制过程中提炼出的烯属碳氢化合物。

Prospectus 招股说明书

由运作共同基金的公司所出具的报告。该报告描述该基金的投资目标、基金经理及其经历、基金相关费用以及政策和一些限制等。

Proved Energy Reserves 探明能源储量

经过对地质、工程数据的分析，证明在现有的经济技术条件下，较确信可以得以开采的能源估计数量。在这类储量中，能源的位置、数量和等级往往比较确定。注：该术语等同于1980年第831期《美国地质调查》中提到的资源/储备分类定义里的"确定储量"一词。"确定储量"和"推定储量"合在一起就构成了证实储量，见"能源储量"。

Proved（Measured）Reserves, Coal 探明（确定）煤储量

此储量或资源的数量可由岩石、沟渠、钻孔的面积计算得出，而其等级则可由详细样本结果计算得出。由于进行查探、抽样和计算的矿址分布靠近，地质特征明确，因此很容易确定某矿的大小、形状和内容。计算得出的数量和等级的误差会在一定的限制内，而通常此误差不超过20%，可见Proved Energy Reserves探明能源储量。

Proved Recoverable Reserves, Coal 探明可开采煤储量

世界能源委员会将其定义为，在现有或可达到的当地经济技术条件下，可开采（可从地下以原煤形式获得）的证实当地煤储量。它与美国术语Proved（Measured）Reserves, Coal大致一致。见Proved（Measured）Reserves, Coal探明（确定）煤储量。

Proved Reserves, Crude Oil 探明原油储量

根据地质、工程数据的分析证实，在现有的经济技术条件下，在未来几年中可开采的原油液体的估计数量。

Proved Reserves, Natural Gas 探明天然气储量

根据地质、工程数据的分析证实，在现有的经济技术条件下，在未来几年中可开采的天然气的估计数量。

Public Utility Regulatory Policy Act of 1978 公共事业公司管理政策法案

见 PURPA。

Pulpit 操纵室

在交易场或期货交易所附近或中间高起的地方，在这里交易所雇用的市场报告员会就交易场里的价格变化做出即时记录。

Pulpwood 软木/木制纸浆

圆木、整树片或木屑。

Pumped Storage 泵蓄电

见水电泵蓄电。

Pumped Storage Hydroelectric Power Plant 抽水蓄能电站

在发电容量允许的范围内，在低峰负荷期间把水抽到位置较高的蓄水池中，高峰负荷期间进行发电的发电站。当需要额外发电量时，蓄水池内的水可以通过导水管输送至位于发电站低处的涡轮发电机，可见纯抽水蓄能电站和抽水蓄能电站。

Purchase and Sell Statement 买卖声明

由交易所发给客户的声明，表明了期货或期权的变更，如其买卖合约数量、买卖时的价格、大致受益或损失、所需支付的佣金、交易的净利润或损失等。

Purchasing Hedge or Long Hedge 购买对冲或多头对冲

打算未来购买现货，而先买进期货，以防现货价格上涨买到高价。

Pure Pumped Storage Hydroelectric Power Plant 纯抽水蓄能电站

仅通过高位蓄水池里储存的水进行发电的发电站。

PURPA 公共事业公司管理政策法案

美国国会 1978 年通过的公共事业管理实施细则，它要求各州实施公用事业保护项目，并为符合一定标准的小生产商建立特殊市场，要求包括各州公用事业部门必须从这类生产商中购买一定数量、一定价格的能源。

Put Option 淡出期权/卖出（认估）期权

在约定的时间按一定的价格卖出一定数量的股票或商品的合约。

Pyramid 金字塔交易

投资者利用保证金账户中最大的购买力来增加持有部位。

Pyramiding 金字塔交易法

利用现有期货头寸的未变现利润作为保证金，以增加头寸规模，通常是逐渐小幅增加。

Pyrolysis Gasoline 裂解汽油

一种具有高芬芳含量的石脑油类产品，可用作混合石油或 BTX 提炼原料。裂解汽油是由乙烯厂在生产加工丁烷、石脑油和柴油时获得。

Q

Quadrillion Btu 千万亿 Btu

10 的 15 次方 Btu，见热量单位 Btu。

Quarterly Earning Change 季度收入变化

近期回报的收入与前一季度收入的历史性收入变化。

Quarterly Net Profit Margin 季度净利润边际

最近一个季度的税后经营运收入除以此季度收入得出。

Quick Ratio 速动比率

表明了公司的财政实力，将流动资产减掉存货，再以所得到的差额除以流动负债后所得到的比率。

Quotation 报价

在一定时期现金商品或者期货期权的实际价格或询问价格。

Quotron

一种产权金融数据服务。

R

R-Squared R^2

回归方程式里的因变量的变化比例，合适度的相对测试。

Rack Pricing 装运架价格

在炼油厂卖给石油批发商的 FOB 价格，买方需支付运输费，石油产品的价格在炼油厂装运架上，运送至炼油厂码头并支付。

Radiative Forcing 辐射力

由于射入的太阳光线或离开对流层的红外线变化导致的对流层上部的平均辐射的变化。积极辐射力一般可以升高地球表面温度，消极辐射力会导致地球表面变冷。当温室效应气体被排放进大气层中后，它会阻止红外线气体离开，因此会造成积极辐射力，见温室效应气体。

Radiatively Active Gases 积极辐射气体

会吸收射入的太阳光线及离开大气层的红外线的气体，这样会改变大气层的垂直温度形态，见辐射力。

Rally Tops 价格回升制高点

在持续的走势中，价格短期回涨时的水平，牛市由一系列的价格回升制高点组成。

Random Shock 随机冲击

一段时间内方程式的未预测成分，即预测错误。

Random Walk 随机游走

此理论认为，价格每天的变动没有必然联系，当价格应对供需水平时，会自由变化，无法预测。

Range 波动幅度

在一定时期内的价格最高与最低的差价。

Range Extension 区域扩大

在 CBOT 市场中，价格波动在预先设定的区域之外。

Rate of Change 变化率

该变化率由当天的收盘价除以几天前的价格乘以 100 之后再减去 100 而得出，即（Ctoday/Cn）×100−100。

Ratio 比率

两个相似量之间关于量或数值的比值。

RBAR−Squared 平均 R^2

根据随机度调整后的 R^2。

Reaction 反转/回跌

价格的短期下跌。

Realized/Unrealized Profit/Loss 实现/未实现收益/损失

由平仓部位产生的交易收入与开放部位产生的收入的差额。

Reciprocal of European Terms 相互欧洲汇率

用每一欧洲货币单位对应的美元数表示的汇率，即美元/欧洲货币，见欧洲汇率。

Reciprocity 互惠

这一术语由欧洲天然气管理会提出。在国际上，指的是适用互惠原则的两国以本国同样待遇对待对方国家的公司。根据 164/00 法令，意大利天然气公司可以销售至其他欧盟国家的公司，但只有这些公司在意大利享受同一待遇时才可销售。这一限制适用于其他国家及意大利本土的公司，但其他欧洲国家的公司对此有所控制。

Recoverable Coal 可开采煤

见探明可开采煤储量和探明（确定）煤储量。

Recoverable Reserve of Coal 可开采煤储量

见可开采煤储量和探明（确定）煤储量。

Rectangle 长方形

长方形，即箱形，指股价走势反复上落，多空实力相近，属于整理或调整形态，它可由成交量决定是为反转或者为持续形态。

Recursive 递归

一个不断重复的过程并且通常取决于先前重复的结果。

Refiner Acquisition Cost of Crude Oil 炼油者原油采购成本

即炼油者付出的原油成本，其中包括交通运输及其他一些费用，是由国内成本及原油进口成本加权平均而得出的复合成本。另外，也可见美国炼油者进口原油采购成本。（注：此炼油者采购成本不包括战略石油储备（SPR）的原油采购成本。）

Refinery Fuel 炼油燃料

在各种用途的炼油过程中所消耗掉的原油及石油制品。

Refinery Gain（Petroleum）炼油收益（石油）

见炼油损失和收益。

Refinery Gas 炼油气

见蒸馏气（炼油气）。

Refinery Input（Petroleum）炼油投入（石油）

在炼油过程中为生产最终的石油产品而使用的原材料及媒介材料。其中包括原油、天然气处理厂产品、未完工油、其他碳氢化合物和酒精、马达汽油及航空混合油、完工的石油制品。

Refinery Loss 炼油损失

见炼油损失和收益。

Refinery Losses and Gains 炼油损失和收益

在炼油过程中所产生的收益和损失，不包括炼油过程外的损失，比如洒出、火灾损失及在混合、运输及储藏过程中的污染等。

Refinery Output 炼油产出

在炼油过程中的总体石油产量，其中包括炼油中消耗的油量。

Refinery（Petroleum）炼油厂（石油）

一种从原油、未完工油、液态天然气、其他碳氢化合物及酒精中生产石油制成品的工厂。

Refinery Processing Gain（Petroleum）炼油加工收益（石油）

在一定时间内，总的炼油产出多于总炼油投入的那部分数量。当原油及其他碳氢化合物所制成的石油产品密度比投入低时，加工收益就会增加。

Refinery Processing Loss（Petroleum）炼油加工损失（石油）

在一定时间内，总的炼油产出量比总投入少的那部分就是炼油加工损失量，当原油及其他碳氢化合物所制成的石油产品密度比投入高时，加工损失就会增加。

Reforestation 重新造林

在砍伐过树木的地方重新植树。

Reformate 重整油

在炼油过程中的一种高芳香、高辛烷值的产品，用于混合汽油和航空汽油。

Reforming, Catalytic 改良催化剂

见催化剂改良。

Reformulated Gasoline 改良汽油

一种汽车汽油，其配方符合美国环境保护局211号空气洁净法案。（注：此系统包括氧化汽油。）

Regression, Simple 简单回归

在两个变量之间说明数据之间关系的一种数学方法。

Regular Gasoline 常规汽油

抗爆指数（即辛烷等级）大于等于85小于88的汽油，辛烷要求可能根据纬度不同略有差异，另可见汽油等级。

Regulation CFTC CFTC 条例

为了管理商品交易，由CFTC制定并执行的条例。

Reinjected, Natural Gas 重新注入（天然气）

把天然气重新压到油气藏里以提高开采量。

Relative Return 相对回报

某一投资的回报相对于同期美国三个月国债回报多出来的收益部分，这一数据比较了某一投资相对于无风险投资的获益。

Relative Return Standard Deviation 相对回报标准偏差

相对回报偏差测量相对回报的变化量。如果相对回报偏差很大，就说明在这一投资持有期内，相对投资回报发生了很大的波动，也就是说，如果持有时间改变，相对回报就会发生很大的改变，如果相对回报偏差比较小，结果也就相反。

Relative Strength 相对强弱

某项股票价格在一段时间内相对有关市场指数（如强弱500指数）的表现。

Relative Strength Index 相对强弱指数

用来显示走势的强弱，在判断超买超卖时尤其有效，由 J. Welles Wider 发明。

Renewable Energy Resources 可再生能源资源

会自然补足的能源资源，它们事实上不会消耗殆尽，但是在单位时间内可用的数量有限，可再生能源包括水能、地热能、太阳能、风能、海洋热能、潮汐能等。

Renko Renko 走势图

烛形图的一种，构图时没有考虑时间因素。

Reparation 补救

CFTC客户索赔过程中用来恢复民事损坏时使用的术语。

Reportable Positions 呈报单子/需申报部位

投资人未平仓合约若超过一定数量时，CFTC规定其必须向CFTC或其指定机构报告。

Repressuring 重新加压

在油藏中注入有压力的液体（如空气、水等），以提高最终开采量。

Repersentativeness 代表性

行为金融，有偏见和陈规的判断。

Repurchase Agreement（Repo）回购协议

买卖双方以协议的价格在协议日期购回已售出的证券协定。

Reserve Requirement 储备要求

联邦储备局的成员银行要求客户必须保留其存款的一个比例所要求的现金或流动资产的数额。

Reserves，Coal 煤储备量

可供将来生产的而尚未开采的煤的数量，包括探明储量和概略储量，可见概略能源储量、探明能源储量、能源储量、探明煤储量、概略煤储量。

Reservoir 油气藏

一个多孔的、有渗透性的地下空间，独立储存了可供生产的碳氢化合物（原油或天然气等），它们被不具穿透力的岩石或水所限制，具有单独天然压力系统的特征。

Residual Fuel Oil 残留燃油

对较重的石油的一种自然分类，比如5#和6#燃油，它们是燃油蒸馏后剩余物，而在炼制过程中较轻的碳氢化合物已被蒸馏掉，这种燃油符合 ASTM 细则 D396 和 D975 和 VV-F-815C 的规定。5#燃油是一种具有中等黏度的残留燃油，被军事细则 MIL-859E，包括2号修正案（北约 F-770）规定为海军用油，它被用于政府部门的蒸汽船和近岸发电站。6#燃油包括 Bunker C 燃油，主要用于发电、供暖、船只燃料及各种工业用途上。

Residual Value 余值

月回报未解释部位的一种标准偏差。

Residuum 残渣

原油蒸馏后的残留物，沸点往往高于1000华氏度。

Resistance 阻力

某一特定证券的股价重复上涨到达某一价位附近，如有大量的卖出情形，或抛售多于购买，使股价停止上扬，甚至回跌的价位，通常以图形表示。

Resistance Line 阻力线

在一个图表中，当股价上升至某种价位时，股价无法再上升，或者反转回跌，这个现象称为阻力，而这个阻力的价格水平称为阻力线。

Response 反应

针对某一冲击的所发生的价格变化。

Resting Order 限额订单

具有条款或者符合条件但尚未实行的订单。

Resumption 复牌

某一期或期权市场的重新开市，芝加哥期货交易所也可在夜间交易。

Retracement 回转、反转

价格波动与之前的价格趋势相反。

Return of Asset（ROA） 资产回报率

公司净收益除以其总资产所得的数字。

Return of Equity（ROE） 股权回报率

公司净收入除以其股本所得的数字。

Reverse Crush Spread 反挤压价差交易/反变形套利

卖出大豆期货合同的同时买入豆油和豆粕期货合同。

Reverse Exponential Moving Average 反向运动指数

一个时间往回计算起的运动指数，而标准的 EMA 则是往前算，REMA 用在仅会影响期货市场时，而不会导致假性相关性的过去的交易。

Reward-Risk Rank 回报风险榜

按回报风险率降序排列的股票。

Reward-Risk Ratio 回报风险率

每月额外回报与风险间的比较，由 α 除以标准背离计算得出。

Reversal Gap 反转沟

在此图形中，当日的最低价在前日的价格区域之上，并且当日收盘价高于中间价和开盘价。

Reversal Stop 反转点

当触及这一点时，就是当前交易部位的反转信号，意即多头变为空头，也叫作点反转。

Rich 价格偏高

比预测高的价格。

Risk 风险

通过价格、平均波动及期权波幅考量合约超买超卖的比例，可推算出风险。

Risk-Adjusted Return on Capital 风险调整资本回报率

衍生于收益和损失的比率及资本风险的另一种衡量风险调整可行性的方法。

Road Oil 公路油

各种重石油产品，包括用于马路和高速公路表面的沥青等，通常分为 6 个等级：0 为最具流动性的液体，5 为黏性最强。

Roll 展期

以同样的履约价格把即期期权合约换为同一期权合约的远期合约。

Root Mean Square Percentage Error 均方根误差百分数

误差的均方根，以百分率表示。

Rotary Rig 旋转钻塔

一种用以钻井的工具，有一根旋转的导管用来在岩石上打孔。

Rotation 流转

随着商业周期的展开，把资金从证券市场的一个部门转向另一个部门的行为。

Round Turn 完全交易

一种完全的期货交易，包括购买和清算，或者有补进跟随的卖出。

Round Wood 圆木

由树木砍伐下来的圆木及其他圆形木材。

Rules（NFA）条例

想成为美国全国期货协会成员必须符合的条件和标准。

Runner 接线员

电话接线员接到订单后快速告知交易场中的交易人员。

Running Market 流动市场

此市场中的价格从同一方向变化迅速而在另一方向却几乎没有变化。

Running Total 连续加总

每天的价格都被加入到前一天的总价中，如果是负值即为减去。

S

Sales Growth 销售增长

一个公司中销售业绩的增长。

Sales Load 销售费用

在购买股票的成本上附加的费用，用来涵盖共同基金的服务费。

Saucer Base 圆底形

与杯状相似，但更浅、更圆一点。

Savings and Loan Investment Contracts（SLICs）储蓄和贷款投资合约

一种协议的存款和贷款的保证。

Scallop 扇形

一种图形，显示价格暂时下跌，形成一个像杯子的形状，随即开始上扬。

Scalp 抢帽子交易

在一个交易日结束后，如果买进和卖出的数量相等的话，就不会有净部位，在股市上，投机者当天先低价买进股价要上涨的股票，然后待股价上涨到某一价位时，当天再卖出所买进的股票，以获取差额利润。

Scalper 小投机商；抢帽子者

经常进行少量短期交易的交易者，很少持仓过夜。

Schwarz-a-Tron Schwarz-a-Tron 系统

一种复杂的计算和模拟期权的系统。

Seasonal Autocorrelation 周期性自相关

在 12 个、24 个、36 个、48 个月或 4 季、8 季、12 季、16 季延迟出现的自相关。

Seasonality 周期性

从持续、可预测的市场活动中发生的持续的、可预测的变化。

Seasonal Trend 季节性趋势

由于季节或日期的可预测变化而发生的市场活动中的一种持续但短暂的起伏。

Secondary Coal 二级煤

由原煤生产出来的固体燃料，包括焦炭（煤）、冶金焦炭和煤饼等。

Secondary Market 二级市场

证券在发行市场后的转让的市场。

Sector Fund 类群基金、板块基金

投资于一系列特定产业的共同基金，如技术板块、能源板块和金融服务板块等。

Sector Rotation 类群轮换、板块流转

投资基金将资金由一个产业部门转向另一个产业部门的行为。

Secular Trend 长期趋势

商品的价格等长期变化的趋势，不受季节变化因素的影响。

Security 证券

共同持有的股票、公司或国家的债券等。

Security Selection Rate 证券选择率

在一个账户中获利交易的比例。

Seed 种子

开始用以计算的第一个数据。比如说当天的 EMA（平滑移动平均数）需要用到前一天的 EMA 数据，在第一天的 EMA 的计算中，可以用到一个简单的移动平均数。

Segregated Account 分离账户

用来区分客户资产和公司或经纪人资产的特殊账户。

Seismogram 震波图

地震调查得出的记录。

Seismograph 地震仪

用来测量和记录地球内震动的仪器，用来探测可能的含油结构。

Seismographic Survey 地震仪调查

由地震仪在浅层岩石中收集到的地质物理数据，通过记录分析人为震波及其在岩石上的反射来进行地层调查。

Seismometer 地震表

用来接收和记录地下岩层反射的爆破震波的仪器。

SelectNet SelectNet 技术

一种纳斯达克的执行技术。

Self-Affine Transformation 自仿射分型

几何分型中在双变量体系中进行的调节过程，比如说，在一个以 x 轴表示时间、y 轴表示价格的坐标体系中，x 轴可以调整到某一个比率，而 y 轴则可以调整到另一个比率。

Self-Regulatory Organization（SRO） 自律监管组织

自律监管组织（即期货交易所和全国期货协会），对其成员做出最低金融销售量的规定。

Selling Hedge and Short Hedge 卖出套期保值、空头对冲

期货出售合约，以保障现时手头持有的资产值，免受将来价格波动影响。当现货卖出时，购买与先前抛出的种类、数量相同的期货合约以填补未平仓期货头寸。通过在期货市场持有等量反向头寸以规避现金市场的价格风险，对冲者利用期货市场来防止反向价格变化。

Selling Short 卖空

卖出并未拥有的证券或卖出借入的证券，以期在价格较低的时候买入。

SIMEX（Singapore Monetary Exchange） 新加坡国际货币期货交易所

现称新加坡交易所（SGX）。

Simple Moving Average 算术移动平均数

一系列价格值在一段时间内的算术平均或平均数。所考察的时间段越长（即平均数的分母越大），单个数值对平均数的影响越小。

Simple Regression 简单回归

一种用于统计自变量和因变量之间线性关系的数学方法。

Simulation Analysis of Financial Exposure 金融风险模拟分析

一种用于监控芝加哥期货交易所结算会员和大额交易者风险的复杂电脑风险分析程序。它计算市场价格变化的风险和含有未结头寸公司的波动性。

Sine Wave 正弦波

一种振幅随时间推移呈现为正弦线性函数的波。

Shrinkage（Natural Gas） 收缩量（天然气）

在加工过程中（主要在天然气加工厂）转变为液体产品的天然气量。

Skew 斜度

对数据不均匀分布的一种度量。

Slippage 滑动量

估计的交易成本与实际交易成本之间的差异。

Sludge 淤泥

通过物质提纯的工业和技术工序最终得到的一种浓厚、泥泞、近似于流体和半流体之间的产品。加工能源原材料、化工产品、水、矿石、污水以及其他天然和人造产品常产生工业淤泥。自然活动也可产生淤泥，如降雨产生的泥流以及沉积在沼泽、河流、湖泊和湿地底部的堆积物。

SMA

见算术移动平均数。

Small Order Execution System（SOES） 小额订单执行系统

纳斯达克推出的、用于快速电子处理不超过 1000 份股票的电脑化系统。

Small Power Producer（SPP） 小型发电厂

根据《公用事业管理政策法案》（PURPA），小型发电设备（或小型发电厂）使用可再生能源（木头、垃圾、传统的水电、风力、太阳能和地热）作为主要的能源来源生产电力，也可使用矿物燃料，但是使用的可再生能源必须达到能源总输入的 75% 以上，见非公共事业发电厂。

Spike 峰值

在一两天内价格急剧增长，涨幅可达 15%~30%，用于表明即刻销售的时机。

Spline 样条函数

一条曲线上相邻两点间的线性内插。

Spot 现货

通常指某一能即刻交货的实体商品在市场上用现金交割的价格。

Spot Market Price 现货市场价

见现货价格。

Spot Month 现货交货月

在交易中表示订约的当月，也作当前月和邻近交货月。

Spot Price 现货价格

在公开市场上，在特定地点以该地当前市场利率购买可即刻交货的特定数量产品的一次性交易价格。

SPR

见战略石油储备。

Spread 价差

两个相关合约、股票、债券、期权间的交易，以利用两者间的价格差异。

Spreading 转价差、套利

在两个相关市场上同时买进和卖出，希望通过对冲头寸获利。例如，买进一份某商品的期货合约，再卖出另一份同一商品但有不同交货期的期货合约；在不同的期货交易中买进和卖出交货期相同的同一商品；以及在某一期货市场上买进某给定交货期，再在另一不同但相关的期货市场上卖出同样的交货期。

Spread Rolls 滚动套利

一种套利顺序，一个头寸结束后接着开设另一个新头寸。

Spring 反弹

（1）一种两天内的模式，第一天，市场跌至支持点之下，然而第二天，市场强力回升至震荡区。

（2）上冲的另一术语，表示价格上升至关键最高点之上，并普遍跟着出现如下逆转：①之前的两个收市逆转；②在关键最高点下收盘；③收盘价低于开盘价和价格中值；④日价格变动区域大于前一天的变动区域。

Stair-Stepping 阶梯状变化

市场活动表现出某种趋势，然后朝着这一方向发展，跟着再表现出另一种趋势，并朝另一方向继续发展。

Standard Deviation 标准差

一个随机变量与均值间的差异的平方的期望值的正平方根，用以测量某股票在前一年的月回报波动。

Standard Error of the Estimate（SEE）标准误估计

绝对拟合优度的度量方法。可用以比较模型的最后部分和同一因变量的其他部分。

Standardised Unanticipated Earnings（SUE）标准化后的未预计收益

将一个公司的平均意外收益和分析师的收益评估离差进行比较，用以评估可能的意外收益。

Stationarity 平稳性

数量不随时间变化的一种分布。

Stationary Time Series 平稳时间序列

暗示在时间序列中未观测到特定发展趋势，当时间序列有固定的均值和方差时可被视为固定时间序列。

Steam Coal 锅炉用煤

所有非冶金用煤。

Steam Cracker（Ethylene Plant）蒸汽裂化设备（乙烯厂）

生产烯烃，特别是乙烯，在有些情况下，也生产芳香烃的石化厂。

Straight-Run 无油

指由常压蒸馏而来且未经裂化或重组的材料，通常用来做给料。

Strange Attractor 奇异吸引子

一组抗力的平衡点。

Strangle 勒束式期权组合

购买或出售相等数量的某只股票的看涨期权和看跌期权，期权具有相同的到期日，但执行价格不同，通常看跌期权的执行价格较低。

Strategic Petroleum Reserve（SPR）战略石油储备

美国联邦政府所保留的石油存货，仅当发生重大的石油供应中断时才动用。

Strategic Storage 战略性储备

避免发生能源短缺或欧洲之外市场供应减少，或发生天然气供应危机时的储备量。

Street Name 街名

指登记于经纪人公司或其他金融机构处并由其持有的股权。

Strike Price 执行价

指期权持有人能以此买入或卖出标的商品的单位价格，也被称为行使价。

Stripper Well（Natural Gas）低产井（天然气）

连续三月最高日产量不超过 60000 立方英尺的油井。

Stripper Well Property（Petroleum）低产井特性

指自 1972 年 12 月 31 日起，在任何连续 12 个月内，每口油井日平均产量（不包括天然气冷凝回收所得）不超过 10 桶。

Strips 反叠做期权

指这样一种策略，投资者买入一份看涨期权、两份看跌期权，期权的标的证券、执行价和到期日相同。

Struck 交割价

期权交易商以此价格卖出标的证券。

Student 学生（分布）

爱尔兰化学家 W. S. Gosset 的笔名，1908 年他用此笔名发表了"平均值的概率误差"。

Sub-Bituminous Coal 次烟煤

性质范围在褐煤和烟煤之间的煤，主要用作蒸汽发电机的燃料。低端的次烟煤颜色暗淡，呈深棕色至黑色，质软易碎。高端的次烟煤呈亮黑色，坚硬，相对不易碎。次烟煤含水量占总质量的 20%～30%。不含水分和矿物质的次烟煤含热量为 17000000～24000000Btu/吨。在美国主要消费的次烟煤（含有水分和矿物质）含热量为 17000000～18000000Btu/吨。

Sulphur 硫黄

一种黄色非金属元素，有时被称为明石。它在化石燃料中有不同程度的聚集，经燃烧后会释放出有害环境的硫化物。一些最常用的化石燃料会按照它们的硫含量分类，含硫量低的燃料通常售价较高。

Sulphur Dioxide（SO_2）二氧化硫

一种无色有毒的刺激性气体，可溶于水、酒精和乙醚，用来作为制作纸浆和矿物提炼的化学中介物，也是一种溶剂。

Sulphur Hexafluoride（SF_6）六氟化硫

一种无色气体，可溶于酒精和乙醚，水中的溶解度较小，在电子学中被用作电解质，它有着一切气体中最高的 100 年全球变暖的潜力。

Sulphur Oxides（SO_x）硫氧化物

含有硫和氧的化合物，比如二氧化硫（SO_2）和三氧化硫（SO_3）。

Sum of Squared Residuals（SSR）残差平方和

一种与平方剩余价值相关的测量方法；数值越小，平方剩余越大，回归的也就越好。

Supply 供给

见能源供给。

Supply，Law of 供给法则

产品供给与产品价格间的关系。

Support 官方购买

在走势图上，期货合约的购买已经足够阻止价格下跌的某一点位置。

Support 支撑价

一个历史价格水平，在这一水平上不断下降的价格停止下降，并且要么走平要么逆转方向，常被看成价格图的样式。

Support Line 支撑线

在一张图上一条指示价格水平的线，在该价格水平上不断下降的价格停止下降，并且要么走平要么逆转方向。

Surface Mine（Coal）表层挖掘（煤）

一种产煤的挖掘，通常在地表的几百英尺以内。煤上面和周围的土壤与岩石都被移开以使煤床显现出来，然后再用诸如拉索、机铲、推土机、装填手和螺旋钻的浅层挖掘设备来开采煤床，它可能是以露天矿而闻名。

Suspension 暂停

在芝加哥交易委员会交易的特有的期货和期权市场的晚间时段的结束。

Swing Chart 行情涨落图

一张图上由直线连接着每一个价格极端，这些价格极端是以一个设定的标准诸如百分比或天数为基础的。例如，价格变动的百分比小于 5% 在这张图上就不会被测量出来。

Swings 行情涨落

一种可贸易商品的价格在极高值和极低值之间移动的测量。

Synergistic Market Analysis 综合市场分析

也称为"综合分析"，一种将技术分析和基本分析相结合的分析方法，强调市场间分析。

Synthetic Natural Gas（SNG）合成天然气

与天然气在大多数方面相似的一种制造产品，因为它来自于石油烃的转换或改造，或者煤的气化。它很容易被管道质量的天然气替代，或与之交换。

Synthetic Securities 合成证券

通过购买和承销一组期权创造的证券，在风险和利润上都模仿了证券。

System（Electric）

见电力系统。

SWU

见独立单元。

T

T-Statistics T 统计值

一种概率分布，用来证明若干次观察的随机分布是从给定的正态总体中得出的。

T-Test T-检验

比较两大类数据的波幅平均值，及从统计学而言两者是否有差别。

Take-or-Pay 必付合同；接受或付款合同

天然气运输合同的条款，根据此条款，买方必须为合约里的最小天然气量支付合约规定的价格或价格中的一部分，客户有权在合约后的几年内以同剩下天然气部分相同的价格得到已付款但尚未运输的天然气。

Tall Oil 塔罗油

在对松树进行纸浆处理时对其中的碱性液体进行酸化，得到的松香酸、脂肪酸和其他材料的油性混合物就是塔罗油。

Tangibles 有形

期货合同的现金等价物。

Tanker and Barge 油轮

用来运输原油和石油产品的交通工具。

Tar Sands 沥青栭

天然生成的含有沥青的沙子，会产生液态碳氢化合物的混合体，需要经过机械混合以外的进一步加工才能成为石油成品。

Tax-Deferred 延税

某些投资项目可以在投资人取回投资及利得款项时才予以课税，称为延税。

Technical Analysis 技术分析

基于证券市场的成交量和价格研究而对市场需求和供给进行分析的一种方式，技术分析人员试图通过图表和模型预测市场的价格走向。

Telegrapher's Equation 电报方程式

扩散方程的一种变化，描述了随机走势的细微差别，指出随机决策控制了方向的变化，而不是方向本身控制。

Term Structure 期限结构

也叫收益率曲线，期限结构的斜率是政府债券的长期收益率减去短期金融工具（如国库券）的收益率。

Therm 千卡、摄姆

10 的 5 次方的英国热量单位。

Thermal Cracking 热裂化

一种用热量和气压来分解、重整及组合碳氢化合物分子的提炼过程，热裂化包括汽油减黏裂化、硫化焦化、延迟焦化及其他热裂化过程（比如灵活焦化）。

Theta 西他

指期权价格的变动对期权到期期限变动的比率。

Third Party Access to Natural Gas Networks 天然气网络第三方允入

意大利 164/00 号立法引入了欧盟天然气管理会的规定，规定了活跃于天然气传送业务的公司应向第三方开放其网络系统，只要后者有足够实力而且其网络技术上可行并且符合电气管理会制定的标准。管理委员会还有义务制定天然气传送服务的关税、从业者义务，及制定确保所有网络成员能得到相同条件的公平中立的原则。

Thrust 上冲

对于持续低点和持续高点价格的比较，比如说，低点的差额减少表明动力减少，差额变大表明动力变大。

Tick 最小波动点

期货合约的最小波动单位，比如债券交易在第 32 档，而大多数股票则在第 8 档。

Tick Indicator 涨跌点指标

最后交易时报升或报跌的股票代码。

Time and Sales Ticker 时间和成交量显示

芝加哥期货交易所的市场信息的一部分，包括一整天的在线图表，提供服务、传递价格和时间信息等服务。

Time Domain 时域

由自相关函数和其他时间序列统计出来的时间序列的变化。

Time Limit Order 限时订单

制定了执行时间的客户订单。

Time Series 时间序列

一系列按时间顺序做出并且进行索引的观察所得。

Time-Stamped 盖时间章的

订单排序过程的一部分，在每张订单上加盖时间章印。一张订单有两种情况会被加盖时间章：①被交易所收到时；②完成后。

Time Value 时间价值

期权买方因期待随着时间的推移而增长交易标的的期货契约价格会改变致使期权的价值提高而愿意支付的价金。一般而言，期权金=内含价值+时间价值，亦即期权金−内含价值=时间价值，可见外在价值。

Topping Process 拔顶过程

一个基本炼油过程，这是一个简单的蒸馏过程，原油被加热后进入分馏塔，其中的不同部分在不同的温度下被分馏出来。

TPO 时间价格机会

在指定的各个半小时交易期内出现的价格，由芝加哥交易所市场部和流动性数据库报告所开发出来的一种价格—时间关系。

Tradable 可交易的

指交易工具。

Trade Facilitation 简化交易

指偿债能力。

Trade Balance 贸易平衡

一个国家进口的和出口的商品的差额。

Trading Bands 交易波幅

在价格结构周围描绘的线，形成信封状，使用指标来预示买入和卖出的时间。

Trading Limit 交易限制

由商品期货交易委员会或者合约交易所在的交易所决定的每人最多可持有的投机性期货合约的数量，也叫作"头寸限制"。

Trading Range 成交范围

在某一时期内成交的最高价和最低价之差；商品期货交易所规定的某一特定商品期货在一个交易日内的最高价和最低价的限制。

Trailing Stop 追踪止损

持续价格变动趋势之后的止损指令。

Transfer Agent 过户转账代理商

管理公司股票所有权记录的金融机构。

Transfer Function 转换方程

控制系统产出和线性系统投入之间的数学关系，是由初始能量为零的情况下投入的拉普拉斯交换量对产出进行的划分。

Transfer Response 转换响应

经过滤波器前后波的变化情况。

Transform 转换

改变或转变的过程，例如，简单的移动平均数用于过滤噪声干扰，移动平均数是一个转换公式。

Transmission 传输

供应点与转换递交给用户或其他电力系统的点之间相连的一组线和相关设备上的电能运动和传输。一般认为，能量传输在为分发给用户而进行转换时结束。

Transmission and Distribution Loss 传输和分发损失

由于传输和分发造成的电能损失，大部分的损失实质上是热量损失，见"能量损失"。

Transmission System（Electric）传输系统（电力）

供应点与转换递交给用户或其他电力系统的点之间相连的一组线和移动与传输大量电能相关设备。

Trap 阀门

为截留油和（或）气体而设置的阀门设备、渗透性变动及其他相似功能。具有这一性能的还有足以截留碳氢化合物，能在适当的地质学时间段内容纳的油和气体的密封设备。

Treasury Bill 短期国库券

短期国库券是美国政府的短期债务，一般一年或一年内到期。与证券和票据不同，短期国库券没有每半年一次的固定利率分红，短期国库券通常以低于票面价值发行，因而是一种折扣工具，折扣率由利率决定，投资者从国库券获得票面价与发行价之间的差额。

Treasury Bond 长期国库券、长期国债

含有息票利率的政府债券，发行日起到期期限一般为 10 年以上，利息一般为半年一付。

Treasury Note 中期国库券、中期国债

含有息票利率的政府债券，发行日起到期期限一般为 1~10 年。

Trend 趋势

一系列时间相关的统计数据的走向。

Trend Channel 趋势轨道

分别用一条直线将一路反复波动的低点与高点贯连起来，而且贯连高位的直线与贯连低位的直线是接近平行的，过去此术语指基础趋势线和反应趋势线之间的区域。

Trend Day 趋势日

在趋势日里，期货合约的价格向着开放区域相反的方向持续波动，并且不再回到开放区域内。

技术分析人员将证券过去的价格走势，以直线的描绘显示其变动特征，并用以预测证券价格未来可能的变动方向与形态。

Trend-Following 趋势法

价格向着一般价格的方向运动。

Trending Market 趋势市场

市场价格朝着一个单一的方向运动，通常会在当天的最高/最低价收盘。

Trendless 无趋势

价格走向不明确，无法得出清晰的价格趋势。

Trendline 趋势线

连接一系列在趋势里的最高点和最低点的线，在上升趋势中趋势线可代表支撑，在下降趋势里可代表阻力，合并可以水平趋势线表示。

Triangle 三角形

三角形属于技术分析图表中常见的调整形态，显示了在一段时间内价格波动越来越小，其中最高和最低边界不需要等长。

Trianglular Moving Average 三角形移动平均数

移动平均线的一种，每天的数据加权后除以变量的数字。

TRIN

见武器索引。

Trix 三重线指标

为价格的三重指数平滑移动平均线。

Troposphere 对流层

大气层里的一层，大约在 15000 米以下，在对流层中一般随着纬度的上升温度会下降。基本上所有的云系和气象现象都是在对流层中形成的，它的热量结构主要是由太阳对地球表面的辐射造成的，也受紊流混合及对流的影响。

True Range 真实区域

是以下三个结果中的最大数：今天的最高点减去今天的最低点；今天的最高点减去昨天的首盘点；今天的最低点减去昨天的收盘点。

Tulip Sector 郁金香型板块

最近投机者最为关注的板块。

Turbine 涡轮

利用液体蒸汽（水、蒸汽、热空气）为能源驱动旋转机械的机器，涡轮根据作用力与反作用力的原理把液体的动能转化为机械能。

Turning Point 转折点

趋势发生变化的大致时间。

Tweezers Bottoms and Tops 镊子底部和头部

烛台形状。两根蜡烛有同样的最高位和最低位，其意义在于，当在合约最高点和最低点发现此形状时，可能预示着突围的存在。

U

UKPX 英国电力交易所

一个可供电力提前一至两天进行买卖（通常是在互联网上进行）的交易平台。

Unconventional Accumulation 非常规积聚

大多数类型的碳化氢物经沉淀释放出气体，诸如从"紧致"砂岩释放出的瓦斯、瓦斯页岩和煤床瓦斯等，历史上没有用传统的发展方法来生产这种气体。此类积聚包括大多数的可持续类型沉淀物。

Uncovered Option 无抛补期权

在优先期货合约中没有持有部位的情况下买入或卖出期权。

Underground Mine （Coal） 地下矿井 （煤矿）

这种矿井通过挖隧道进入地下煤床来开采煤矿，同时使用地下采矿设备如开凿机器和连续型、长壁开采法型和短壁开采法型的采矿机器一起挖掘。地下矿井可根据挖掘隧道的类型来分类，也就是漂流状（水平隧道）、倾斜状（倾向隧道）或杆状（垂直的隧道）。

Underlying Futures Contract 优先期货合约

期权有权进行买入（买权时）和卖出（卖权时）。

Underlying Instrument 优先工具

可以进行 Purchase Upon Exercise 的交易工具。

Underlying Security 优先证券

在期权中，可对期权进行 Purchase Upon Exercise 的股票。

Unfinished Oils 未完工油

除了只需要机械混合的油以外，所有的原油都需要更进一步的处理。未完成提炼的油部分是由原油精炼生产出来的，而且包括石脑油、轻石油、煤油、轻型气态石油、重型气态石油和残存石油。

Uniform Gifts to Minors Acts 未成年人赠与统一法案

该法律允许未成年人无须使用信托就可以拥有财产。

United States of America（USA）美利坚合众国

除非另有注明，在本书中出现的美利坚合众国即指美国的 50 个州和哥伦比亚特区。[注：美国在除此 50 个州和哥伦比亚之外对很多其他领土也有控制权，比如波多黎各、美国维京群岛（一般称为维京群岛，美国）、关岛、美属萨摩亚群岛、约翰斯顿环礁、中途岛、维克岛和北马里亚纳群岛。EIA 数据可能包括所有这些领地的信息，因此可能含有"美利坚合众国"地理区域的注解，可见进口（美国）和出口（美国）。]

Univariate 单变量的

只包含一个变量。

Upthrust 上冲

当价格向支点头部上方移动时会产生上冲现象，随即出现大范围反转：①前两个收盘价反转；②收盘价低于支点头部；③收盘价低于开盘价和中间区域；④日间价格区域大于前日的价格区域。

Upstream/Downstream 上游/下游

上游指的是碳氢化合物勘探和生产的活动，下游指的是所有与油类勘探和生产有关的下游活动。

Uranium 铀

一种具有辐射型的重金属元素（原子号码为 92），其两种常见同位素是铀 235 和铀 238。其中，铀 235 是核工业中不可缺少的元素，因为它是可知自然界中唯一存在的可由热中子裂变的同位素。铀 238 也相当重要，因为它可以吸收中子以产生辐射同位素，最终衰退成钚 239，另一种是可由热中子裂变的同位素。

Uranium Concentrate 浓缩铀

由铀矿石磨粉而产生的一种黄色或棕色的粉末，由现场浸取采矿法加工所得，或者可以是磷酸制品的副产品，可见现场浸取法（ISL）。

Uranium Milling 铀矿冶

见 Milling of Uranium。

Uranium Ore 铀矿石

可在浓缩中被矿化的含铀岩石，一般每吨铀矿石含 1~4 磅的 U_3O_8（或者 0.05%~2.0%），铀矿石可以被经济地开采。

Uranium Oxide 铀氧化物

浓缩铀或者"黄饼"，缩写为 U_3O_8，可见"黄饼"。

US Refiner Acquisition Cost of Imported Crude Oil 美国炼油者进口原油购置成本

美国炼油者按传统共识的会计程序计算出来的进口非美国产原油所需的价格，美国炼油者进口原油购置成本由炼油者支付的运输费及其他费用，见炼油者进口原油购置成本（美国）。

US Treasury Bill 美国短期国库券

一种美国政府的短期债务工具，一般为一年或更短时间到期，短期国库券通常以低于票面价值发行，投资者从国库券到期时获得票面价与发行价之间的差额。

US Treasury Bond 美国长期国库券

含有息票利率的政府债券，原始期限一般为 10 年以上，利息一般为半年一付。

US Treasury Note 美国中期国库券

含有息票利率的政府债券，原始期限一般为 1~10 年。

USSR 苏维埃社会主义共和国联盟（或称苏联）

由 15 个加盟共和国组成，包括：亚美尼亚、阿塞拜疆、比拉热斯、爱沙尼亚、乔治亚、哈萨克斯坦、吉尔吉斯斯坦、拉脱维亚、立陶宛、摩尔多瓦、俄罗斯、塔吉克斯坦、乌克兰和乌兹别克斯坦。苏联在 1991 年 12 月 26 日解体。

Underlying Futures Contract 基础期货合约

可以由行使期权买入或卖出的特定期货合同。

Utility 电业

见 "电力事业"（Electric Utility）。

V

Value Area 价值区域

在芝加哥交易所（CBOT）的商业情报中大约占一天交易量 70% 的价格区域。

Value at Risk（VAR）风险价值法

某个给定投资组合的风险评估，由投资组合里的股票最近走势估计此投资组合可能出现的亏损。

Value Averaging 价值平均数

从一系列价值中所获得的平均数。

Value-Weighted Index 价值加权指数

计算时考虑到每个股票的市场价值而并非直接计算出的市场平均数，如 Standard & Poor's 500 指数。

Vanadium 钒

出现在几种特定的燃料中的一种金属。

Variable-Length Moving Average 变动长度移动平均数

移动平均数的一种，其用于平滑的时间间距是根据价格波动性来选择的，一般而言，价格的波动是用价格的标准差来衡量的，波动幅度越大，用于平滑的时间间距就越小。

Variable Limit 可变限幅

按照芝加哥期货交易所制定的规则，在市场波动大时价格波动允许扩大的范围。

Variation Margin 价格变动保证金

当市场波动非常大时，或者账户风险非常高的情况下，清算会员公司在交易所增加的保证金。

Vega 维伽

当标的物价格波动性增加时，期权价格变动的数目。

Vented 排放物

在生产场地或是炼油厂向空中排放的气体。

Vented，Flared（Natural Gas）排放气体，燃烧物（天然气）

排放或燃烧处理后的气体。

Vented Natural Gas 天然气排放物

见 Vented。

Versus Cash 以期换现

通常由所要现金头寸而交换期货的两个对冲交易者间所进行的交易，也称为"以期换现"。

Vertical Spread 垂直价差

基于同时买和卖相对于同一标的股票、具有相同到期日但不同执行价格的期权之间的差价。

Vesting 特别保护权

雇员所获得的为公司从事一个特定时间长度的工作的权利。

Vessel 油轮

运送原油、石油产成品或者天然气产品的船只，其种类包括：特大原油装船（ULCC）、大型原油装运船（VLCC）、其他油轮，以及特殊船舶（LPG/LNG），也可见"油轮与驳船"。

Vessel Bunkering（US）船只燃料

包括所有商用或私人船只的燃料销售，比如游艇、渔船、拖船及远洋轮，也包括石油公司拥有的油船，但不包括美国军用油销售量。

Visbreaking 减黏裂化

一种热裂化过程，较重的大气或真空蒸馏底部在中等温度下裂化，以提高蒸馏产品的产量，并且减少蒸馏残留物的黏度。

Viscosity 黏性，黏度

液体的物理性质之一，即它的流动程度，但黏度是一个反向衡量的值，黏度越低，流动性越强，储油区的油的黏度会影响到其开采率和开采量。当黏度与比重联系时，它也会受油的溶液中气体的数量的影响，要想达到较高的开采量，就必须确保在油被开采出油田前没有气体逸出。

Volatile Matter（Coal）挥发性物质（煤）

这类物质除了水分外会释放出如气体或蒸汽等物质，当煤在严格控制的条件下被加热到 950 摄氏度时，通过计算减少的重量（已排除在 105 摄氏度失去的水分重量），可得到挥发性物质的数量。

Volatility 股价波幅

基于过去 12 个月某股票的历史价格变化来计算其价格上涨或下跌的走势。

Volume 成交量

在某一段特定时间内的期货合约的买入和卖出的数量，通常指一个交易日的总成交量。

Volume Price Trend（VPT）成交量价格趋势

计算时先以某天为基准日，若当天股价上升，便加上当天成交量，如果当天股价下跌，则减去当天成交量。将若干天成交量累积下来，便做能量分析，可见成交量净额法（OBV）。

W

W Formation W 形图

一种双底部形状。

Warehouse Receipt 库存收据

保证一定质量和数量的商品的储存并可使用的一种单据，通常作为现金和期货交易中转移所有权的工具。

Warrant 认股权证

由上市公司发行的有权在未来某一特定时间购买其股票的凭证。

Waste 废弃物/垃圾

市政固体垃圾、垃圾气、沼气、消化气、液体乙腈废弃物、塔罗油、废弃酒精、医用垃圾、纸板、淤泥、固体副产品、轮胎、农业副产品、鱼油及稻草等。

Waste Energy 废物能源

市政固体垃圾、垃圾气、沼气、消化气、液体乙腈废弃物、塔罗油、废弃酒精、医用垃圾、纸板、淤泥、固体副产品、轮胎、农业副产品、鱼油及稻草等制成的燃料。

Water Vapor 水蒸气

水的蒸汽状态，特别会在沸点以下的温度时弥漫。

Wasting 减耗

此术语指的是期权价值随着时间推移而降低，比如在持仓后每天都有一部分期权的时间价值被消耗掉。

Watt（W）瓦特

电能的单位，相当于 1 安培除以 1 伏特（电压）。1 瓦特等于 1/746 马力。

Watt Hour（Wh）瓦特时

电能计算单位，相当于某一电器 1 小时持续供电或使用 1 瓦特的电能。

Wave 波浪理论

根据 Elliott 的波浪理论，市场价格向同一方向的持续变化将由其反向点开始和终结。

Wave Cycle 波浪周期

修正波跟随着冲击波，冲击波由五个较小的不同方向的波组成，设计为 1、2、3、4、5，而修正波由三个较小的不同方向的波组成，设计为 a、b 和 c。

Waxes 蜡

一种固体或半固体物质，由石油蒸馏产生或是冷却、溶剂沉淀或脱油的过程中产生的残留物。蜡是一种浅色，半透明结晶物质，触感较油，含有固体碳氢化合物的混合体，其中主要是石蜡系物质，包括所有原蜡或加工过的可售蜡。它有三个等级：微晶体、完全加工晶体、其他晶体，蜡较多应用在工业涂层及表面防护。

Wedge 楔形图

由分别连接一组价格最高点和最低点的两条相交线条形成的图形。

Weighted Average Purchase Price 加权平均进货价格

将每一份进货订单的数量乘以其相关进货价格，将其结果加总，然后将所得总数除以总的货物数量，其结果就是加权平均进货价格。

Weighted Industry Index 加权工业指数

一种指数，其中每一只股票的重要性都与其市值相关。

Weighted Moving Average（WMA）加权移动平均数

一种给予近期价格更高权重的移动平均数。如一个三天期加权移动平均数，第一天权重为 1，第二天为 2，第三天为 3。

Well 井

由地面向地心钻洞用：①探测和生产原油或天然气；②用来给原油或天然气的生产提供服务。相关词有完井、开发井、干井、探井、气井、油井。

Wellhead 井头

井的顶端，或是井上的结构性建筑。

Wet Natural Gas 湿天然气

在储集层条件下，一种由碳氢化合物和少量不同种类的非碳氢化合物形成的混合物，常存在于多孔岩石地层的气相或与原油溶在一起。混合物中含有的主要碳氢化合物多为甲烷、乙烷、丙烷、丁烷和正戊烷。在储存天然气中可能出现的、典型的非碳氢化合物气体为水蒸气、二氧化碳、硫化氢、氮气。在储集层条件下，不论在储集层的单一气相中或是与原油溶在一起的情况下，都会产生天然气及其相关的可液化部分，并且它们不可被分离为单独的物质。（注：证券交易所和财务会计准则委员会均统称此种产品为天然气。）

Whiplash 鞭挞式损伤

由于买和卖的信号交替导致的损失。

Whipsaw 双重损失

由于价格的持续反复波动造成买入和卖出时的双重损失。

White Spirit 漆溶剂

一种沸点范围在 150~200℃ 的高度精炼蒸馏物。它被用来作为油漆溶剂或干洗用途。

Wholesale Sales 批发销售

所有的国内石油销售活动，但不包括加油站网络的经销，船用燃料库以及销售至不属于特种消费行为税、批发商和经销商（尤其是汽油）、大客户（例如，恩奈尔汽油、航空喷气燃料）、公共行政管理部门和工业的货物等之外的销售行为。

Wildcard 通配符

引证符号或数字式操作系统文件名中的一个字符，用来代替一个尚未定义的但确实存在的值。

Williams' % R 威廉指标

判断市场是否处于超买超卖状态，从而决定市场进入和退出点的指标。

Wind Energy 风能

风的动能，可由风轮机（即转叶围绕盘心旋转）转化为机械能从而带动发电机生产电力。

Window 开口

为仍不确定的市场指标设置一段用来回顾观测的有限期间。

Wire House 电信化经纪公司；交易室

招揽或接受客户买卖期货或期权合约，并且接受客户为此合约支付的金钱或其他资产的个人或组织，也叫作代理室或期货代理商。

Wizard Wizard 程序

一种设定好的程序，一步一步地帮助用户完成某一任务。

Writer 立权人；承保商

出售期权合约并借此获得权利金的人，在持有人行使其对于此期权合约的权利时，立权人有义务加以执行，也称为期权出售人。

WTI

西得克萨斯州中质原油，其原油的现货价格来自俄克拉荷马州的库欣。

WTS

西得克萨斯含硫油。

Y

Yates's Correction 叶兹校正

当只有一小部分数据可供测试时，把小样本的四格表近似统计值进行调整。

Yield 收益率

某项投资的年回报率计算。

Yield Curve 收益率曲线

一种图形，y 轴表示收益率，x 轴表示类似风险的债券的期限。当长期收益率比短期高时，收益率曲线为正数；反之为负数。

Yield to Maturity 到期收益率

投资者持有的债券直至到期还本为止所收取的回报率。

Z

Zero-Coupon Government Bonds 零息债券

投资者以较高折扣购入的国债和常规债券不同，零息债券没有到期利息。

Zeta

隐含波动率每变化 1%，期权价格的变化百分比。

Zigzag 之字形

在牛市时，Elliot 的三波浪图形会被分为一个 5-3-5 图形，波浪 B 的最高点要比波浪 A 的起始点低得多；在熊市时，则会出现反向的图形。